『大乗荘厳経論』第III章の和訳と注解

――菩薩の種姓――

編集　早島　慧　翻訳・執筆　上野隆平
岡田英作
桂　紹隆
加納和雄
北山祐誓
桑月一仁
間中　充
高務祐輝
内藤昭文
中山慧輝
能仁正顕
早島　理
藤田祥道
若原雄昭
Vo Thi Van Anh

法藏館

はしがき

この度，能仁正顕編『『大乗荘厳経論』第 I 章の和訳と注解――大乗の確立――』(2009 年)，同編『第 XVII 章――供養・師事・無量とくに悲無量――』(2013 年)，同編『第 II 章――大乗への帰依――』(2020 年)，若原雄昭編『第 IV 章――菩薩の発心――』(2023 年) に続く，シリーズ 5 冊目として本稿『第 III 章――菩薩の種姓――』を上梓することとなった。

周知のように，『大乗荘厳経論』は『瑜伽師地論』『菩薩地』を換骨奪胎した章構成を有している。本稿が収録する第 III 章「種姓品」は『菩薩地』第 I 章「種姓品」に対応するものであり，発心や真実義に先立って『菩薩地』冒頭に種姓が論じられることは，種姓という主題の重要性を物語るものであろう。この種姓について『菩薩地』「種姓品」は

> 菩薩は種姓に依拠して〔種姓を〕基盤として資質ある者となり，無上正等菩提を証得する力のある者となる。それ故に，種姓が資質あることの基礎と言われる。

と説き，悟りを得るための基礎として種姓を位置付ける。さらに，種姓が無ければ，たとえ発心したとしても悟ることがないと，その重要性を強調するのである。『大乗荘厳経論』においても，この種姓の重要性は踏襲されており，特に菩薩種姓の重要性として強調され，それが無ければ般涅槃を獲得することができないと論じられる。

この「種姓 (gotra)」とは「本来，家族，家を意味し，次いで家系，血統，種族などの義がある」と長尾［1987: 330］が論じるように，先天的な素質を意味するものであるが，「『菩薩地』などに説かれているように，先天的に持って生まれた素質（本性住種姓）と，後天的に育成された素質（習所成種姓）とに分けられるから，先天的・運命的に定ったもののみを指すのではない」(長尾［1987: 330］) というように，育成するものでもあるという。悟りへと到達するためには種姓が必要であるが，それが存在するだけでは悟りへと到達するこ

とはできず，それを育成する必要がある。この悟りのための先天的な素質とそれを育成したものとの偉大性を，本篇が収録する第 III 章「種姓品」とその諸注釈は論じるのである。

さて，『大乗荘厳経論』研究会は故長尾雅人先生が主催する研究会，通称「長尾塾」から始まり，この『『大乗荘厳経論』の和訳と注解』シリーズは，長尾先生から面授を受けた直弟子の荒牧典俊（京都大学名誉教授），早島理，若原雄昭，能仁正顕，内藤昭文を中心に刊行されてきた。一方，筆者は残念ながら長尾先生にお会いしたことがない。正確には，1984 年筆者が 0 歳の時に一緒に撮っていただいた一枚の写真が残されているが，もちろん記憶にはない。そのような筆者が 40 年の時を経て，本稿の編集責任者を務めることになったことは，不思議な巡り合わせであり，有難いご縁である。

前述のように，唯識学派にとって種姓は悟りに至るための最も根本的な基礎である。しかしながら，種姓が存在するだけでは悟ることはできない。種姓を育成してこそ悟りへと至ることができるのである。そして，種姓を育成するために必要なものを，注釈者は「導き」であるという。善き師友による導きである。この師友について，研究会［2013］の「はしがき」において能仁は，

> 求法者が師事し教えを授かる先生は，「ミトラ」，すなわち「友」という語で表現される。…「ミトラ」に由来する言葉が梵語の「マイトリー」（慈）である。「慈」がある故に友であり，その人が学道において教えを授ける「師」とされる。灌水にたとえられる慈（マイトリー）は，そのような友としての存在を予想させるのである。
>
> 教えられなければ気づかないことがある。テクストの言葉を借りるならば，われわれにとって長尾先生はまさに「師友」と云うべき存在であった。

と述べている。筆者は長尾先生という師友に導かれる機会には恵まれなかったが，その薫陶を受けた先生方に導かれて仏道を学ぶ機会に恵まれた。筆者の入学と同時に龍谷大学教授に着任された桂紹隆先生のもと唯識思想を学ぶことになり，大学院修士課程に入学する際に「長尾塾に出てくるように」と声をかけていただいたことが，本研究会に携わることになったきっかけである。当時最年少だった筆者はその後多くの後輩に恵まれ，彼らと共

に本書を刊行することができた。筆者も含め皆長尾先生の孫弟子にあたるといえよう。長尾先生という慈ある師友がおられたからこそ，我々も良き師友に恵まれることができたのである。本稿が長尾先生から始まる師資相承の一端を担うことになれば幸いである。

本稿の執筆に関しては，第 II 章の全体検討が終わった後の，2015 年 10 月 8 日から第 III 章の検討が始まった。第 II 章の次に第 III 章を選んだ理由は，研究会［2020］の「あとがき」に内藤が「既刊の第 I 章に続き，最初から丹念に解読して行こうという思いで一致したから」と記してある通りである。しかし，これほどまで長期間に渡って「種姓」に関わることになろうとは，始まった当初は想像もしていなかった。これまでのシリーズは荒牧が下訳を作りそれを全体で検討してきたが，第 II 章を読み終えた時点で荒牧が研究会から勇退したため，研究会の進め方を大きく変更する必要に迫られた。そこで若手メンバーが下訳を作成し，それを全体で検討することとなった。具体的には，上野隆平，岡田英作，北山祐誓，桑月一仁，間中充，高務祐輝，中山慧輝，Vo Thi Van Anh，そして筆者がそれぞれ下訳を担当し，それを研究会全体で検討した。下訳の担当者はいずれも，長尾先生に面授がかなわなかった世代である。

毎週木曜日に，龍谷大学の大宮キャンパスに集まり研究会が開催された。その際には下訳を作成したメンバーのほか，早島理，能仁，内藤，藤田祥道，大西薫（本学講師），乗山悟（元本学講師），岩本明美（鈴木大拙館研究員），加納和雄が参加し，下訳をもとに意見を出し合った。コロナ禍以降，本研究会はオンラインで開催されているため，顔を合わせて研究会を実施していた当時を思い出すと，それがいかに貴重な時間であったのかを実感する。3 年の時を経て，2018 年 1 月 18 日に最終偈頌までを読み終えた。その後研究会としては，昨年度に刊行された第 IV 章を検討することになるが，それと並行して第 III 章の出版に向けた準備が始まった。そして，第 IV 章，第 V 章を読み終えた後に，第 III 章の再検討を行った。この時期はすでにコロナ禍にあり，研究会はオンラインで開催されていた。そのため，すでに関西を離れ，それぞれ北海道と大分に居を構えていた早島理と内藤も常時参加することができたのは不幸中の幸いであった。また，再検討に際しては桂と若原も加わり，最初の検討の際には気づかなかった点を修正することができた。そして，翻訳の再検討内容をもとに最終的には岡田，北山と筆者が編集会議を構成し，翻訳の確定と訳注の作成を行った。ただし，本稿に不備があれば，編集責任者である筆者にその責任があることは言うまでもない。

また，本稿には早島理による「序説」と五本の附論を収めることができた。加納による『大乗荘厳経論』の注釈書に関する三本の論考，内藤による第 III 章の『大乗荘厳経論』全体における位置付けを考察する論考，岡田による『菩薩地』「種姓品」と『大乗荘厳経論』「種姓品」とを比較検討する論考である。いずれも，『大乗荘厳経論』「種姓品」研究に関して重要な示唆に富むものであり，多様な視点から「種姓品」を考察することに寄与することとなった。ご寄稿いただいた方々に記して感謝申し上げる。なお，本稿にはこれまでのシリーズとは異なり，『菩薩地』「種姓品」の梵文テキスト・和訳を収録しなかった。『菩薩地』「種姓品」に関しては，執筆者の一人である岡田による校訂テキストと和訳の刊行が予定されており，そちらに譲ることとしたい。

そして，本稿の出版にあたり，桑月，北山にはチベット訳テキストの校訂作業に協力いただいた。また，高務，間中，中山には面倒な校正作業をお願いした。記して謝意を表する次第である。また，出版作業を暖かく見守り支えてくださった世界仏教文化研究センターの事務職員の方々，および法藏館の今西智久氏，さらに関係各位に心から御礼申し上げます。

2024 年（令和 6 年）2 月

編集代表　早島 慧 しるす

総目次

『大乗荘厳経論』第Ⅲ章の和訳・注解

――菩薩の種姓――

序　説
種 姓 論 覚 書
――『大乗荘厳経論』(*Mahāyānasūtrālaṃkāra*) を中心に――

早島　理

一　はじめに

瑜伽行派は中観派とともにインド大乗仏教瑜の二大潮流をなす学派である。周知のようにこの学派の思想は弥勒・無著・世親の三人の哲学者によって大成されたとされる。ここで取り上げる『大乗荘厳経論』(*Mahāyānasūtrālaṃkāra* 以下 MSA）は所謂「弥勒五論書」の一つに数えられ，弥勒が語った偈頌を無著が著述し，それに世親が注釈を施したと伝承されている[1]。またこれまで同様に以下の論述では，弥勒・無著による偈頌著述の意図を世親がよく把握・理解して注釈し，両者の間に思想的な特段の齟齬はないとの立場に立つものである。本稿では，偈頌と世親釈を合わせて『大乗荘厳経論』MSA とし，必要に応じて偈頌，世親釈と明記する。また常に無性（Asvabhāva）の複注釈 *Mahāyānasūtrālaṃkāra-Ṭīkā*, 安慧（Sthiramati）の複注釈 *Sūtrālaṃkāra-Vṛtti-Bhāṣya* を参照するが，無性釈，安慧釈と表記する[2]。

さて本書で論じるのは MSA 第 III 章「Gotra 種姓品」である。gotra 種姓とは「その仏たることのための資質（skal ba, *bhavya）のあることが種姓である」(無性釈 導入）と説明されているように，悟りを開く種（たね）となる資質をいう。gotra の語義（go + √trai；牛を

1　弥勒の著作問題については，長尾[1982: 5–13]「序論 一 瑜伽行唯識学派の歴史における『摂大乗論』とその著者」，早島理[2003]を参照。

2　本稿で使用する MSA 梵本は[研究会]および長尾[研究ノート]を用いる。

保護する)，種姓の概念が仏教に導入された経緯とその後の展開などについては先学の諸研究に譲る[3]。

また MSA の論体構造が『瑜伽師地論』本地分『菩薩地』を継承していること，したがって，『菩薩地』第一章「種姓品」と MSA 第 III 章「種姓品」の比較研究が重要であることは周知の如くである。さらに両者の比較研究に関しては近年，岡田英作氏が一連の研究成果[4]を発表中で，本稿もその成果に負うところ大なるものがある。以下は MSA 第 III 章「種姓品」を中心とした，瑜伽行派の種姓論についての覚書である[5]。

二　『大乗荘厳経論』第 III 章「Gotra 種姓品」の概要

MSA 第 III 章「Gotra 種姓品」が論じるのは言うまでもなく大乗菩薩の種姓である。その菩薩種姓の特色を語るに際し MSA は声聞（・独覚）との対比を通じて菩薩種姓の最勝性などを明示する。このように第 III 章「Gotra 種姓品」は大乗菩薩の種姓論であるとともに三乗の種姓をも論じているのである。以下には MSA 第 III 章「Gotra 種姓品」の概要について，科文に基づいて検討する。MSA の科文については，智吉祥造『荘厳経論総義』（P 5533, D 4031）に依拠してこれまでに野澤[1938]，資延[1974]などの諸研究があり，また本篇の「本章目次」にも編集者による科文が紹介されている。これらを参照しつつ，筆者なりに概要を説明する。

先ず智吉祥造『荘厳経論総義』に基づく MSA 第 III 章「Gotra 種姓品」（全 13 偈）の科文に，世親釈の導入文と概略（→ で示す）を添えて提示する。詳細は本篇の翻訳を参照されたい。

3　服部正明[1955]，高崎直道[1966]，[1974]，[1982]など参照。

4　本篇略号表，岡田英作の項参照。

5　周知のように MSA は難解なテキストである。筆者なりに「種姓品」を解読できたのはオンラインによる MSA 研究会のお陰である。明記して同研究会に謝意を表する次第である。ただし本稿では研究会の理解と異なる解釈に基づいたところがある。その責が筆者にあることは言を俟たない。

【表 1】　MSA 第 III 章「Gotra 種姓品」科文による概略

0　導入[6]

1　明有種姓差別　gotraprabheda　（kk.1-10）

1.1 総明　k.1　gotraprabhedasaṃgrahe ślokaḥ |

種姓の分類（prabheda）を概括して一偈がある

1.2 別明　kk.2-10

1.2.1　有性（有體）　astitva

k.2　gotrāstitvavibhāge ślokaḥ | 種姓が存在することを弁別して一偈がある

→ 菩提を證得する因となる種姓の存在することを論じる

1.2.2　勝性（最勝）　agratva

k.3　agratvavibhāge ślokaḥ | 〔種姓の〕最勝性を弁別して一偈がある

→　菩薩種姓の最勝性を規定し，それに依拠して声聞（・独覚）との区別を論じる

1.2.3　自性　svabhāva, lakṣaṇa

k.4　lakṣaṇavibhāge ślokaḥ | 〔種姓の〕特徴を弁別して一偈がある

→ 種姓の二種［本性住種姓（prakṛti-gotra）・習所成種姓（paripuṣṭa-gotra）］を論じる

1.2.4　相貌　liṅga

k.5　liṅgavibhāge ślokaḥ | 〔種姓の〕表徴を弁別して一偈がある

→　菩薩種姓の表徴を論じる

1.2.5　差別（品類）prabheda

k.6　prabhedavibhāge ślokaḥ |〔種姓の〕区別を弁別して一偈がある

---

6 「導入」部分は世親釈にはなく，無性釈・安慧釈による。両釈とも主たる内容は前章の第 II 章「帰依品」と本章の第 III 章「種姓品」との関連性（「帰依品」の後に「種姓品」が説かれる理由）についてである。両章の関連性について(1) 大乗に帰依した者には自利利他の二利行の完成があるが（「帰依品」），それは菩薩種姓の者に限定される（「種姓品」）。それゆえ，「帰依品」の次に「種姓品」が説かれる。(2) 仏道修行の基本的な因は種姓が存在することで，仏道への帰依・発心・二利行などはその果であると説く。この第二の説明にしたがえば，MSA 第 II 章「帰依品」と本章の第 III 章「種姓品」は，果－因の順に展開することになる。論体構造からは因－果の順に展開するのが道理であり，MSA に先行する『菩薩地』の章配列，第一章「種姓品」（因），第二章「発心品」（果），第三章「自利利他品」（果）等はそのことを物語っている。しかし『菩薩地』に対応しない第 I 章「成立大乗品」・第 II 章「帰依品」を，第 III 章「種姓品」の前に新たに創出した MSA は，敢えて「果－因」の逆順で両章を展開する。この逆順の理由（結果を先にし，原因を後に説く必然性）について両釈とも明確ではない。なお研究会［2020:1–16］「序説」参照。

→　種姓の確定（定）・不確定（不定）を論じる

1.2.6　過失（過悪）ādīnava

k.7　ādīnavavibhāge ślokaḥ |　災難を弁別して一偈がある

→　菩薩種姓の過失を論じる

1.2.7　功徳　anuśaṃsa

k.8　anuśaṃsavibhāge ślokaḥ |　利徳を弁別して一偈がある

→　菩薩種姓の功徳を論じる

1.2.8　二喩　dvidhaupamya

→　菩薩種姓についての二種の比喩

1.2.8.1　金喩　suvarṇagotraupamya　k.9 mahāsuvarṇagotraupamye ślokaḥ |
〔菩薩種姓は〕大いなる金鉱（suvarṇagotra）に譬喩されることについて一偈がある

1.2.8.2　宝喩　ratnagotraupamya　k.10 mahāratnagotraupamye ślokaḥ |
〔菩薩種姓は〕大いなる宝石鉱（ratnagotra）に譬喩されることについて一偈がある

2　明無種姓住　agotrastha

k.11　agotrasthavibhāge ślokaḥ |　種姓に立脚しない者の弁別について一偈がある

3　明種姓差別　prakṛtiparipuṣṭagotramāhātmya

k.12　prakṛtiparipuṣṭagotramāhātmye ślokaḥ |
本来ある〔菩薩種姓〕と養成された〔菩薩〕種姓との偉大性について一偈がある

4　明依果種姓殊勝　phala-gotraviśeṣaṇa

k.13　phalato gotraviśeṣaṇe ślokaḥ |
結果という点で[菩薩の]種姓が卓越していることについて一偈がある

以上のように MSA 第 III 章「Gotra 種姓品」は大科 4 項目，全 13 偈からなる。このうち「1. 明有種姓差別」は 8 種からなる種姓の区分の説明であり，当然のことながら，有種姓の者の「種姓の差別」がテーマである。したがって「1. 明有種姓差別」と「2. 明無種姓住」は種姓の有無と三乗の種姓に関わる議論と位置づけることができよう。

さらに興味深いのは，その「1 種姓の差別」で詳説される 8 種と大科 4 項目との関係についてである。第 1 偈は「1 種姓の差別」を概括して（saṃgraha）次の 8 種を掲げる。上記【表 1】の「1.2.1　有性」乃至「1.2.8　二喩」である。

(1) 存在性（sattva），(2) 最勝性（agratva），(3) 本質（svabhāva, lakṣaṇa），(4) 表徴（liṅga），(5) 区別（prabheda），(6) 災難（ādīnava），(7) 利徳（anuśaṃsa），(8-1, 2) 二つの譬喩（dvidhaupamya）

これら 8 項目は本来菩薩種姓の差別論なのであるが，上述したように[1] 三乗にかかわる論述と[2] 菩薩種姓の優位性を強調するものとの二種に大別してみよう。

[1]　三乗に関わる論述

(1) 存在性，(2) 最勝性（菩薩種姓と他の二乗の区分），(3) 本質（本性住種姓と習所成種姓），(5) 区別（種姓の定・不定の区分）[7]

[2]　菩薩種姓の優位性に関するもの

(4) 表徴，(6) 災難，(7) 利徳，(8-1, 2) 二つの譬喩

この二種の分類と上記【表 1】大科 4 項目，さらに「1 種姓の差別」8 種の対応関係を要約したものが，次の【表 2】である。

---

[7] 種姓とは上述したように，菩提を證得する因であり可能性である。それゆえ，「定種姓の菩薩」とは菩薩の菩提を證得する可能性・因を有することが定まっているということである。しかし可能性を有することと現に菩薩であることとは別である。したがって「定種姓の菩薩」すべてが菩薩とは限らない。逆に菩薩はすべて「定種姓の菩薩」である。

<table>
<tr><th colspan="3">【表 2】二種の分類・大科 4 項目・種姓の差別 8 種　対応表</th></tr>
<tr><th>二種の分類</th><th>大科 4 項目</th><th>種姓の差別 8 種</th></tr>
<tr><td rowspan="5">［1］
三乗に関わる論述</td><td rowspan="4">1. 明有種姓差別
gotraprabheda　kk.1–10</td><td>（1）存在性　k.2</td></tr>
<tr><td>（2）最勝性（三乗）　k.3</td></tr>
<tr><td>（3）本質（本性住種姓と習所成種姓）k.4</td></tr>
<tr><td>（5）区別（種姓の定・不定）k.6</td></tr>
<tr><td>2. 明無種姓住
agotrastha　k.11</td><td></td></tr>
<tr><td>［2］
菩薩種姓の優位性に関するもの</td><td>3. 明種姓差別[8]
prakṛtiparipuṣṭagotramāhātmya　k.12
4. 明依果種姓殊勝
phala-gotraviśeṣaṇa　k.13</td><td>（4）表徴　k.5
（6）災難　k.7
（7）利徳　k.8
（8-1, 2）二つの譬喩　kk.9,10</td></tr>
</table>

以下には，この「二種の分類」に基づき「［1］三乗に関わる論述」のうち「無種姓」（k.11）と「本性住種姓・習所成種姓」（k.4）について鳥瞰的に検討する。他のテーマは紙面の都合上別稿に譲る。

三　無種姓に立脚する者

上掲【表 2】の「［1］三乗に関わる論述」を要約したのが次の【表 3】である。

再度確認するが，（i）有種姓は kk.1–10，無種姓は k.11 で，（ii）定・不定種姓は k.6 で，（iii）三乗の区分（菩薩・声聞・独覚）は k.3 などで間接的に論じられている。この表で明らかなように，MSA で注目すべきは一乗・三乗，有種姓・無種姓，定・不定種姓という種姓に関する主要なテーマが出揃っていることである。

[8] 「3. 明種姓差別 prakṛtiparipuṣṭagotramāhātmya　k.12」は菩薩の本性住種姓と習所成種姓との偉大性についての論述であり，8 種の種姓の「k.4　(3) 本質（本性住種姓と習所成種姓）」と関連し「［1］三乗に関わる論述」とも見なされるが，内容上から「［2］菩薩種姓の優位性」に分類した。

<table>
<tr><th colspan="4">【表 3】　MSA における種姓の分類</th></tr>
<tr><td rowspan="6">衆　生</td><td rowspan="4">有種姓</td><td rowspan="3">定性種姓</td><td>菩薩</td></tr>
<tr><td>声聞</td></tr>
<tr><td>独覚</td></tr>
<tr><td>不定種姓</td><td rowspan="3"></td></tr>
<tr><td rowspan="2">無種姓</td><td>暫定的無種姓</td></tr>
<tr><td>畢竟無種姓</td></tr>
</table>

すでに先学の諸研究で明らかなように，種姓に立脚しない者 / 無種姓に立脚する者（agotrastha）の問題は「摂決擇分中声聞地」に，不定種姓（aniyata-gotra）の問題は同じく「摂決擇分中有余依無余依地」に散見され[9]，当然のことながら『菩薩地』「種姓品」で種々に論じられている。【表 3】が示すように，MSA はこれら種姓に関する様々なテーマを『声聞地』や『菩薩地』などから受け継ぎさらに体系的に論じているといえよう。ここでは無種姓の問題を検討する。先ず MSA 第 III 章「種姓品」が無種姓の存在を扱う第 11 偈を見てみよう。世親釈の導入主題は「種姓に立脚しない者（agotrastha）の弁別」である[10]。

agotrasthavibhāge ślokaḥ |

aikāntiko duścarite 'sti kaścit kaścit samudghātitaśukladharmā |

amokṣabhāgīyaśubho 'sti kaścin nihīnaśuklo 'sty api hetuhīnaḥ || III.11 ||

種姓に立脚しない者（agotrastha）の弁別について一偈がある。

(I)（1）ある者は悪行を専らなす者であり，（2）ある者は白浄〔なる善根〕が根絶された性質の者である。（3）ある者は順解脱分の浄善がない者であり，（4）〔ある者は〕白浄なる〔性質〕が低級な者である。さらにまた，(II)〔ある者は〕原因を欠いた者である

[9] 岡田［2017］,［2018］参照。

[10] 詳細は本篇第 11 偈と世親釈注 29 を参照されたい。

世親は，「種姓に立脚しない者（agotrastha）」とは「般涅槃できる性質のない者（aparinirvāṇadharmaka）」と注釈し，それに二種あるとする。「(I) 般涅槃できる性質が一時的にない者（tatkālāparinirvāṇadharma）」と，「(II) 般涅槃できる性質が永久にない者（atyantāparinirvāṇadharma）」とである。前者は般涅槃できる性質が一時的に（劫という長期にわたるとしても）存在しないのであり，条件が備わるといずれかの時に般涅槃できる者（暫定的無種姓）であり，これに4種を数える。これに対し後者は永久に般涅槃できない者であり，「般涅槃できる種姓そのものがない（yasya parinirvāṇagotram eva nāsti）」とされる（畢竟無種姓）。両複注とも agotrastha の否定辞「a」について前者は「非難（悪い）」の意，すなわち般涅槃できる性質が充分でない（不充分な種姓を有する者）の意味であり，後者は「絶対的非存在」（種姓そのものがない＝無種姓という存在）の意味であると釈している。すなわち前者は「a-gotrastha（種姓に立脚するが不十分な者）」であり，後者は「agotra-stha（無種姓に立脚する者）」と受け止めることができよう。無種姓の者をこのように二種に大分し前者に4種を数えるのは『菩薩地』などには見られず MSA 独自の解釈とされる[11]。

MSA が種姓の絶対的に存在しない者，究竟無種姓というあり方（無種姓に立脚する存在）を容認した意味は重大である。「般涅槃できる種姓そのものがない（yasya parinirvāṇagotram eva nāsti）」者とは言い換えれば仏陀の教えに従って如何様に仏道を修行しても，それも無始時来の輪廻転生を果てしなく繰り返す中で仏道をいくら志しても，三乗いずれの悟りも得ることができない者であり，そのような存在を瑜伽行派は容認したことになるからである。かような絶対的な無種姓（畢竟無種姓）の存在を容認することは，仏道の基本である縁起の教え，無常無我の考え方とも矛盾・対立するのではと危ぶまれ，筆者には理解し難いものがある[12]。さらにこの無種姓の理論が後代に「五姓格別論」や「三一権実諍論」などの論争を生み出すことになるのは周知のことである。

それでは，なぜある者には種姓が備わり，ある者には一時的にせよ種姓がないのであろうか。同様に，なぜある者は三乗いずれかの種姓が確定し，ある者は不確定なのでろうか。

11　本篇世親釈注 29, 32 参照。

12　究竟無種姓の問題について無性釈・安慧釈とも多くを語らない。なお安慧釈は畢竟無種姓を「岩石・樹木」に喩え，岩石・樹木などの「非情」が「有情」になることはない如くであると釈する。無種姓に関連した「非情」にかかわる先行研究については本篇安慧釈注 59 を参照のこと。

この問題については第 4 偈「lakṣaṇavibhāge ślokaḥ |」で展開される「本性住種姓（prakṛti-gotra）と習所成種姓（paripuṣṭa-gotra）」の考えが手がかりとなるであろう。以下にはこの問題を考察しよう。

四　本性住種姓（prakṛti-gotra）と習所成種姓（paripuṣṭa-gotra）

種姓の成り立ちについての第 4 偈を見てみよう。この種姓はもともと「菩薩種姓」を意味するが，種姓の本来的な在り方・成り立ち（svabhāva）という意味では三乗に共通する考え方である。またこのテーマについて，第 1 偈総括では「svabhāva」であるが，ここでの世親の導入は「lakṣaṇavibhāge ślokaḥ |　種姓の特徴を弁別して一偈がある」とされる。

lakṣaṇavibhāge ślokaḥ |

prakṛtyā paripuṣṭaṃ ca āśrayaś cāśritaṃ ca tat |

sad asac caiva vijñeyaṃ guṇottāraṇatārthataḥ || III.4 ||

〔種姓の〕特徴を弁別して一偈がある。

そ〔の種姓〕は，(1) 本来的なのと (2) 後に習得されたのとであり，(3) 依り所と (4) 依るものとである。さらに，諸々の功徳を産出するものという〔「gotra」という語の語源的解釈の〕意味に基づいて〔原因としては〕存在し〔結果としては〕存在しないと知るべきである。

この第 4 偈は世親釈ともども難解である[13]。ここでは種姓は (1) 本来的にある種姓（本性住種姓 prakṛti-gotra）と (2) 後に習得された種姓（習所成種姓　paripuṣṭa-gotra）に大別され，順次　(3) 依り所（āśraya）・(4)　依るもの（āśrita）に対応すると理解する。

さて仏道修行において菩提を證得しようと発心するのは，言うまでもなく輪廻転生する中で，この現世・今生を迷い・苦悩の世界と自覚し，そこからの解脱・脱却を願うからであ

[13] 周知の如く「本性住種姓と習所成種姓」は『菩薩地』「種姓品」を継承したものであり，この第 4 偈については本篇世親釈注 13, 14, 15 や該当する無性・安慧の註解を参照されたい。

る。現世や来世はこの迷いの世界で満足し来来世あたりで菩提を，などと悠長な願いを抱くようでは，そもそも仏道を志すことはないであろう。仏道を志すのはまさしくこの現世においてなのである。この現世においてあるいは現世に生を受けた時点での種姓，それは大菩提への発心を促し仏道修習へと向かわせる原因であり能力であり可能性なのだが，その有無や在り方が問われるのである。

かくして今生に生を受けた時点を起点あるいは境目にして，種姓のありようを(1)無始時来の過去世から前世までに積み上げてきた，菩提證得のための原因・種子としての種姓と，(2)今生で仏道修習を通して養成し習得する，菩提證得のための原因・種子としての種姓の在り方との，二種のありかたに大別する。この両種姓の働きで菩提證得が可能となるのである。その両者のうちMSAは，前者を「(1)本性住種姓（prakṛti-gotra)」とし，後者を「習所成種姓（paripuṣṭa-gotra)」とするのである。

あるいは「(1) 本性住種姓」とは，現世・今生に生を受けた時点で保持している，無始以来の輪廻の中で前世までに積み上げてきた「無上菩提を現等覚する素質」（第4偈無性釈）の集積であり，あるいは「現等覚の種子」（第4偈安慧釈）すべての聚合である。したがって (1)本性住種姓は無始以来の輪廻の中で前世までに集積された現等覚の種子すべてから成り立っているという意味で (1)本性住種姓は現世・今生に生を受けた時点で本来的に備わっている，菩提を證得するための「先天的・潜在的な能力」である。このように(1)本性住種姓は無始以来の集積なので，そのありようは無数無限にして，どの種姓が発動状態にありどの種姓が休眠状態のままなのか，あるいは休眠状態の種姓を発動させる動因については人知の及ぶ限りではない。このように (1)本性住種姓は種姓の多様性・複雑性・集積性を物語っている。また種姓の有無・種姓の定不定・三乗の区別をもたらすのはこの (1)本性住種姓に負うところ大なるものがある。

他方，「(2)習所成種姓」は (1)本性住種姓に影響を受けつつ，現世・今生で習得し養成して働く種姓の在り方である。(2)習所成種姓そのものが (1)本性住種姓に影響を受けつつ今生で生成し働くのであり，具体的に「善き師友によって無上菩提へと発心し菩薩行を行じるように導かれる」(第4偈安慧釈) ことも含まれる。先に定・不定種姓について触れたが，声聞であれ菩薩であれ不定種姓の者が大乗の菩薩に導かれて菩薩道を修習するようになるのは（2）習所成種姓の働きである。このように（2）習所成種姓は善知識などの外的要因の顕在化した働きであり，菩提證得のために現世で養成され習得される「後天的・顕在的な能力」といえよう。

また今生で菩提を證得するためには（1）本性住種姓に依拠して（2）習所成種姓が働くという意味で，第4偈や世親釈が説いているように，両者は所依（拠り所）と能依（拠るもの）の関係である。

さらに（1）本性住種姓は，これが無ければ発心などの（2）習所成種姓が生成し働くとしてもそれだけでは菩提證得は成就しない。逆に（1）本性住種姓が存在しても（2）習所成種姓が無ければ（1）本性住種姓は発動しないので，同様に菩提證得は成就しない。このように菩提を證得するためには両者揃って働くことが必要不可欠なのである。

また（1）本性住種姓が因として存在するから，果として（2）習所成種姓が働くと言う側面があるので，両者はある種の因果関係でもある。

当然のことながら，（1）本性住であれ（2）習所成であれ種姓は菩提を獲得するための因・種子である。これらの種姓が因として存在するから，果として発菩提心や十力・四無畏などの功徳を獲得し菩提を證得することがありうるのである。世親釈に「種姓は因として存在し，果としては存在しない」と説かれている如くである。

このように，仮に今生で仏道に出会い菩提を證得することができるとすれば，それは無始以来の輪廻の中で前世までに積み上げられた（1）本性住種姓と，今生での（2）習所成種姓の働きとの両者あいまってのものであり，「たまたま行信を獲ば遠く宿縁を慶べ」（親鸞『教行信証』「総序」）とあるように，ある意味類い稀なことであり，僥倖というべきことなのである。逆に今生で菩提を證得できずに来世へ輪廻転生する時は，現世で積み上げた（2）習所成種姓は（1）本性住種姓に組み込まれ，リセットされて来世での新たな（1）本性住種姓となり，さらにその新たな（1）本性住種姓に依拠して来世で新たな（2）習所成種姓が働き出す。その意味で種姓は無常・無我の教えのままに新たなものへと不断に変革し，運命論・宿命論に陥ることはないのである[14]。

---

[14] 以下は余談である。このMSAの種姓論は現代生命科学の基本概念であるゲノムの理論とのある種の類似性を思い起こさせる。生命体発生以来のゲノムを受け継ぎながら自らの中に突然変異の可能性を潜めているのは（1）本性住種姓の永続性・多様性を，また無数のゲノムのうち，ある特定のゲノムの発動を実際に促進する別な

さて上述のように (1) 本性住種姓と (2) 習所成種姓に基づいて MSA の種姓論を鳥瞰したのであるが，この種姓論には大きな課題が残されていることに気づくであろう。それは菩提證得の因となる種姓を種姓たらしめる根拠（出世間法の種子となるもの）についての理論的な説明が充分になされていないことである。同じく輪廻転生する中で積み上げる原因・種子であっても，迷いの存在の根拠となる雑染法の原因・種子ではなく，菩提證得をもたらす清浄法の因・種子としての種姓を成立せしめる根拠がここ「種姓品」で充分に説明されているとは言い難いのである。その意味では MSA の種姓論は不充分なものであり，ある意味未だ完成していないのではないだろうか。この課題を解決するためには弥勒論書を継承した無著『摂大乗論』に展開される「法界等流の聞薫習」理論の出現を待つ必要があるといえよう。瑜伽行派における種姓説の展開は大きな課題であり，稿を改めて論じなければならない。

序説略号表（本篇の略号表を併せて参照されたい）

岡田英作

［2018］ 「瑜伽行派の種姓説における "aniyata" の理解——ヴァスバンドゥによる注釈文献を中心として——」『密教文化』241, pp. 77–100.

［2019］ 「『大乗荘厳経論』における "agotrastha" 解釈の展開——ヴァスバンドゥとアスヴァバーヴァ——」『密教文化』243, pp. 35–59.

資延恭敬

［1974］ 「Sūtrālaṃkāra-Piṇḍārtha（荘厳経論総義）の和訳と研究」『密教文化』 107, pp. 70–39.

高崎直道

［1966］ 「GOTRABHŪ と GOTRABHŪMI」『金倉博士古稀記念 印度学仏教学論集』, 平楽寺書店, pp. 313–336.（高崎［2010: 245–271］再録）

［1974］ 『如来蔵思想の形成』, 春秋社.（高崎［2009a, b］再録）

［1982］ 「如来蔵思想の歴史と文献」『如来蔵思想』（講座大乗仏教 6）, 春秋社.

長尾雅人

［2007a］ 長尾ノート (1) :『<大乗荘厳経論>和訳と註解——長尾雅人研究ノート (1)——』, 長尾文庫.

ゲノムの働きは (2) 習所成種姓を想起させる。ゲノム理論と種姓説（あるいは阿頼耶識の種子説）との比較考察は別稿に譲る。

［2007b］　長尾ノート(2)：『＜大乗荘厳経論＞和訳と註解――長尾雅人研究ノート(2)――』，長尾文庫.

［2009］　長尾ノート(3)：『＜大乗荘厳経論＞和訳と註解――長尾雅人研究ノート(3)――』，長尾文庫.

［2011］　長尾ノート(4)：『＜大乗荘厳経論＞和訳と註解――長尾雅人研究ノート(4)――』，長尾文庫.

野澤静証

［1938］　「智吉祥造『荘厳経論総義』に就て」『佛教研究』2-2, pp. 104–154.

服部正明

［1955］　「gotra について」『浪速大学紀要 人文・社会科学』3, pp. 57–70.

早島理

［2003］　「弥勒菩薩と兜率天伝承」，文部科学省科学研究　特定領域研究(A)「古典学の再構築」研究成果報告書 IV『伝承と受容（世界）』, pp. 1–7.

本　篇

- 『大乗荘厳経論』第 III 章の梵文校訂テキストおよび和訳・注解
- 『大乗荘厳経論』第 III 章・世親釈チベット訳テキスト
- 『大乗荘厳経論』第 III 章・無性釈チベット訳テキストおよび和訳・注解
- 『大乗荘厳経論』第 III 章・安慧釈チベット訳テキストおよび和訳・注解

凡　例

1. 梵文校訂テキストについて

レヴィ刊本（E^L）を底本とし，レヴィ自身が仏訳において施した訂正（E^{L2}），舟橋［1988］による校訂テキスト（E^F），および長尾［2007a］による校訂テキスト（E^N）を参照した上で，現在我々が入手しうる全ての写本および新出の梵文注釈に基づき，新たに校訂を加えた。ただし写本の異読に関する注記は，Ns, Nk, N2, B, Vairocana 注および Paricaya 所引本文にとどめた。

また，底本に記される句読記号（daṇḍa, |, ||）については，文脈の理解に応じて適宜に取捨した箇所があるが，一々注記しない。

Ns: 10b3–13a4
Nk: 3b3–4b3
N2: 12b3–15b5
B: 12a6–15a8

E^L: 10.6–13.17
E^F: 20.1–23.23
E^N: 67.1–84.22

＊諸写本等の略号は本書巻末の一覧を参照。

【テキスト改訂・異読表記の例】

cānantasattva° em. E^F E^N cf. Tib.（sems can mtha' yas pa）, Chi.（無邊衆生）: canantasatva° Ns N2 B, ca bahusatva° E^L.

コロン（：）の左側に校訂後の梵文とその根拠を挙げる。採用しなかった写本の異読は一々示さない。cf. はテキスト校訂についての写本以外の二次的根拠（チベット訳など）を示す。

梵語表記は，底本および写本を基本とし，必ずしも正書法に準拠していない。なお sattva などについては子音重複の標準化を行った。

2. 和訳について

- 和訳は，上記の梵文校訂テキストに依り，無性と安慧の両注釈を参照した。
- 偈頌はボールドで表記した。
- 〔　　〕は，原文にない補いの語句を示す。
- （　　）は，指示代名詞などの内容や同義異語を示す。

『大乗荘厳経論』第Ⅲ章「種姓品」

梵文校訂テキストおよび和訳・注解

本章目次

Mahāyānasūtrālaṃkārabhāṣya

第Ⅲ章

Gotrādhikāra

「種姓の章」

漢訳：種姓品第四

1. 種姓の分類（第１偈）

［E^L 10.6–10, E^F 20.1–6, E^N 67.1–5］

gotraprabhedasaṃgrahe ślokaḥ[1] |

sattvāgratvaṃ svabhāvaś ca liṅgaṃ gotre prabhedatā[2] |

ādīnavo 'nuśaṃsaś ca dvidhaupamyaṃ caturvidhāḥ[3] || III.1 ||

anena gotrasyāstitvam agratvaṃ svabhāvo liṅgaṃ prabheda ādīnavo 'nuśaṃso dvidhaupamyaṃ cety eṣa prabhedaḥ saṃgṛhītaḥ | ete ca prabhedāḥ pratyekaṃ caturvidhāḥ |

1.1 種姓の存在性（第２偈）

［E^L 10.11–11.1, E^F 20.7–18, E^N 68.1–3; 68.7–12］

gotrāstitvavibhāge[4] ślokaḥ |

dhātūnām adhimukteś ca pratipatteś ca bhedataḥ |

phalabhedopalabdheś ca gotrāstitvaṃ nirucyate[5] || III.2 ||

---

1 °saṃgrahe ślokaḥ em. E^F cf. °saṃgrahe ślokaḥ MSABh ad II.1（Ns）: °saṃgraho ślokaḥ Ns B, °saṃgrahaślokaḥ N2 E^L E^N.

2 gotre prabhedatā Ns Nk N2 B : gotraprabhedatā E^L E^F E^N.

3 caturvidhāḥ Nk cf. Pari : caturvidhā Ns N2 B E^L E^F E^N.
Pari が引く本偈 d 句は te caturvidhāḥ となっており，これに基づき caturvidhā を caturvidhāḥ に修正した。

4 gotrāstitvavibhāge Ns N2 B E^F E^N : anena gotrāstitvavibhāge E^L.

5 nirucyate Ns Nk N2 cf. Pari : nirūpyate E^L E^F E^N, nirucyateta B.

1. 種姓の分類（第 1 偈）

種姓の分類（prabheda）を概括して一偈がある。

種姓には[1]，(1) 存在性（sattva）と (2) 最勝性と (3) 本質[2]と (4) 表徴と (5) 区別（prabhedatā）[3]と (6) 災難と (7) 利徳と (8) (9) 二つの譬喩とが〔それぞれ〕四種ある。（第 1 偈）[4]

こ〔の偈〕によって，種姓には，(1) 存在性（astitva）と (2) 最勝性と (3) 本質と (4) 表徴と (5) 区別と (6) 災難と (7) 利徳と (8) (9) 二つの譬喩という，以上の分類（prabheda）があることが概括されている。そして，これらの分類はそれぞれ四種である。

1.1 種姓の存在性（第 2 偈）

種姓が存在することを弁別して一偈がある。

(1) 諸々の要素（dhātu）[5]と (2)〔諸々の〕性向（adhimukti）[6]と (3)〔諸々の〕実践の区別から，そして，(4)〔諸々の〕結果の区別が確認されるから，種姓の存在することが明言される。（第 2 偈）

nānādhātukatvāt sattvānām aparimāṇo dhātuprabhedo yathoktam *Akṣarāśisūtre* | tasmād evaṃjātīyako 'pi dhātubhedaḥ pratyetavya ity asti yānatraye gotrabhedaḥ | adhimuktibhedo 'pi sattvānām upalabhyate prathamata eva kasyacit kvacid eva yāne 'dhimuktir bhavati so 'ntareṇa gotrabhedaṃ na syāt | utpāditāyām api ca pratyayavaśenādhimuktau pratipattibheda upalabhyate kaścin nirvoḍhā bhavati kaścin neti so 'ntareṇa gotraprabhedaṃ na syāt | phalabhedaś copalabhyate hīnamadhyaviśiṣṭā bodhayaḥ so 'ntareṇa gotrabhedaṃ na syāt bījānurūpatvāt phalasya |

1.2 種姓の最勝性（第３偈）

[E^L 11.1–8, E^F 20.19–26, E^N 69.30–70.3]

agratvavibhāge ślokaḥ |

udagratve 'tha sarvatve mahārthatve 'kṣayāya ca |
śubhasya tannimittatvāt gotrāgratvaṃ vidhīyate || III.3 ||

atra gotrasya caturvidhena nimittatvenāgratvaṃ darśayati | tad dhi gotraṃ kuśalamūlānām udagratve nimittaṃ sarvatve mahārthatve 'kṣayatve ca | na hi śrāvakāṇāṃ tathottaptāni[6] kuśalamūlāni na ca sarvāṇi santi balavaiśāradyādyabhāvāt | na ca mahārthāny aparārthatvāt | na cākṣayāṇy anupadhiśeṣanirvāṇāvasānatvāt |

---

[6] tathottaptāni Ns N2 B E^F : tathodagrāṇi E^L E^N.
写本に基づいて udagra を uttapta に理解した。チベット訳もこれを支持する。ただし，漢訳は梵文の udagra（偈頌）と uttapta（散文）に相当する箇所をともに「明浄」と訳しており，上記とは異なったテキストの伝承を保持していた可能性も否定できない。

(1) 諸々の衆生には様々な要素があるので，要素の区別は無量である。〔要素の区別が無量であるのは〕『アクシャ樹果の堆積経[7]』に述べられている通りである。それゆえ，要素の区別がそういった類のもの[8]でもあると承認されるべきであるので，三乗における種姓の区別がある。(2) 諸々の衆生には性向の区別もまた認められる。最初から，ある者には特定の乗に対する性向があるが，それ（性向の区別）は種姓の区別なしにはありえないであろう。(3) また，縁の力によって確信（adhimukti）が生ぜしめられた場合にも，実践の区別が認められる。ある者は〔実践を〕成し遂げ，ある者は〔成し遂げ〕ないので，それ（実践の区別）は種姓の区別なしにはありえないであろう。(4) そして，結果の区別が認められる。低級・中級・上級の菩提があるが，それ（結果の区別）は種姓の区別なしにはありえないであろう。果実（＝菩提）は種子（＝種姓）に従うものだからである。

1.2 種姓の最勝性（第 3 偈）

〔種姓の〕最勝性を弁別して一偈がある。

> **さて，浄善が (1) 最高であることと，(2) 十全であることと，(3) 偉大な意義を持つことと[9]，(4) 無尽〔であること〕とに関して，それ（菩薩種姓）が要因であることから，〔菩薩〕種姓の最勝性が規定される[10]。（第 3 偈）**

こ〔の偈〕では，〔菩薩種姓が〕四種の要因であることによって，〔菩薩〕種姓の最勝性を示している。実にその〔菩薩〕種姓は，〔浄善つまり〕諸善根が[11] (1) 最高であることと，(2) 十全であることと，(3) 偉大な意義を持つことと，(4) 無尽であることとに関する，要因である。なぜならば，声聞たちの諸善根は，(1) その〔菩薩の諸善根の〕ように鍛練されたもの（uttapta）ではなく，(2)〔十〕力・〔四〕無畏などがないから，〔声聞の諸善根は〕十全ではなく，(3) 利他がないから，〔声聞の諸善根は〕偉大な意義を持つものではなく，(4) 無余依涅槃を最後とするから，〔声聞の諸善根は〕無尽ではない。

1.3 種姓の特徴（第 4 偈）

[E^L 11.8–14, E^F 21.1–7, E^N 70.23–28]

lakṣaṇavibhāge ślokaḥ |

prakṛtyā paripuṣṭaṃ ca āśrayaś cāśritaṃ ca tat |
sad asac caiva vijñeyaṃ guṇottāraṇatārthataḥ || III.4 ||

etena caturvidhaṃ gotraṃ darśayati | prakṛtisthaṃ samudānītam āśrayasvabhāvam āśritasvabhāvaṃ ca | tad eva yathākramam | tat punar hetubhāvena sat phalabhāvenāsat | guṇottāraṇārthena gotraṃ veditavyaṃ guṇā uttaranty asmād udbhavantīti kṛtvā |

1.4 種姓の表徴（第 5 偈）

[E^L 11.14–20, E^F 21.8–13, E^N 72.10–14]

liṅgavibhāge ślokaḥ |

kāruṇyam adhimuktiś ca kṣāntiś cādiprayogataḥ |
samācāraḥ śubhasyāpi gotre liṅgaṃ nirucyate[7] || III.5 ||

caturvidhaṃ liṅgaṃ bodhisattvagotre | ādiprayogata eva kāruṇyaṃ sattveṣu | adhimuktir mahāyānadharme | kṣāntir duṣkaracaryāyāṃ sahiṣṇutārthena | samācāraś ca pāramitāmayasya kuśalasyeti |

[7] nirucyate Ns Nk N2 B Pari : nirūpyate E^L E^F E^N.

1.3 種姓の特徴（第 4 偈）

〔種姓の〕特徴[12]を弁別して一偈がある。

> **そ〔の種姓〕は，(1) 本来的なのと (2) 養成されたのとであり，(3) 依り所と (4) 依るものとである。さらに，諸々の功徳を産出するものという〔「gotra」という語の語源的解釈の〕意味に基づいて〔原因としては〕存在し〔結果としては〕存在しないと知るべきである[13]。（第 4 偈）**

こ〔の偈〕によって，四種の種姓を示す。(1) 本来的に在る（本性住）[14]〔種姓〕と，(2) 発展した（習所成）[15]〔種姓〕と，(3) 依り所を本質とする〔種姓〕と，(4) 依るものを本質とする〔種姓〕とであり，その同じ〔四種の種姓〕は〔(1) と (3) と，(2) と (4) が〕順次対応する。さらにまた，それ（種姓）は原因としては存在し，結果としては存在しない。〔そのことは,〕種姓（go-tra）とは功徳を産出するもの（guṇa-uttāraṇa）という意味によって理解すべきであり，それ（種姓）から諸々の功徳が出てくる〔すなわち〕出現すると考えてである[16]。

1.4 種姓の表徴（第 5 偈）

〔種姓の〕表徴を弁別して一偈がある[17]。

> **〔菩薩〕種姓に関する表徴は，実践の初めからの，(1) 哀愍と (2) 信解と (3) 忍耐とさらに (4) 浄善を行うこととであると明言される。（第 5 偈）**

菩薩種姓に関する表徴は四種である。実践の全く初めからの[18]，(1) 衆生に対する哀愍と，(2) 大乗の教えに対する信解と，(3) 難行に耐えることという意味での忍耐と，(4)〔六〕波羅蜜から成る善を行うこと[19]とである[20]。

1.5 種姓の区別（第 6 偈）

[E^L 11.20–24, E^F 21.14–18, E^N 73.5–8]

prabhedavibhāge ślokaḥ |

niyatāniyataṃ gotram ahāryaṃ hāryam eva ca |
pratyayair gotrabhedo 'yaṃ samāsena caturvidhaḥ || III.6 ||

samāsena caturvidhaṃ gotraṃ niyatam aniyataṃ[8] tad eva yathākramaṃ pratyayair ahāryaṃ hāryaṃ ceti |

1.6 種姓の災難（第 7 偈）

[E^L 11.24–12.1, E^F 21.19–24, E^N 73.27–74.4]

ādīnavavibhāge ślokaḥ |

kleśābhyāsaḥ kumitratvaṃ vighātaḥ[9] paratantratā |
gotrasyādīnavo jñeyaḥ samāsena caturvidhaḥ || III.7 ||

bodhisattvagotre samāsena caturvidha ādīnavaḥ yena gotrastho guṇeṣu na pravartate[10] | kleśabāhulyam akalyāṇamitratopakaraṇavighātaḥ[11] pāratantryaṃ ca |

---

8 niyatam aniyataṃ Ns N2 B : niyatāniyataṃ E^L E^F E^N.

9 vighātaḥ Ns Nk N2 B Pari E^F E^N : vidhātaḥ E^L.

10 guṇeṣu na pravartate Ns N2 B : 'guṇeṣu pravartate E^L E^F E^N.

11 °vighātaḥ Ns N2 B E^F E^N : °vidhātaḥ E^L.

1.5 種姓の区別（第 6 偈）

〔種姓の〕区別を弁別して一偈がある。

> **種姓は，(1) 確定したものと (2) 不確定のものと，(3) 諸々の縁によって揺るがされないものと (4)〔諸々の縁によって〕揺るがされるものに他ならない。この種姓の区別は，まとめると四種である。（第 6 偈）**

まとめると種姓は四種である。(1) 確定したものと (2) 不確定のものと，その同じものが順次，(3) 諸々の縁によって揺るがされないものと (4)〔諸々の縁によって〕揺るがされるものであるという，以上である。

1.6 種姓の災難（第 7 偈）

災難を弁別して一偈がある。

> **(1) 煩悩を習慣化すること，(2) 悪友がいること，(3) 欠乏していること，(4) 他者に服従することである。要約すると，〔菩薩〕種姓にとっての災難は四種であると知られるべきである。（第 7 偈）**

要約すると，菩薩種姓に関する災難は四種であり，それによって種姓に立脚した者は諸々の功徳に向かわない。(1) 煩悩が増長すること，(2) 不善なる師友がいること，(3) 生活必需品が欠乏していること，(4) 他者に服従することである[21]。

1.7 種姓の利徳（第 8 偈）

[E^{L} 12.1–7, E^{F} 21.24–22.3, E^{N} 74.27–75.3]

anuśaṃsavibhāge ślokaḥ |

cirād apāyagamanam āśumokṣaś ca tatra ca |
tanuduḥkhopasaṃvittiḥ sodvegā sattvapācanā || III.8 ||

caturvidho bodhisattvasya gotre 'nuśaṃsaḥ | cireṇāpāyān gacchati | kṣipraṃ ca tebhyo mucyate | mṛdukaṃ ca duḥkhaṃ teṣūpapannaḥ pratisaṃvedayate | saṃvignacetās tad-upapannāṃś ca sattvān karuṇāyamānaḥ paripācayati |

1.8 種姓の譬喩〈1〉（金の鉱脈）（第 9 偈）

[E^{L} 12.7–13, E^{F} 22.4–11, E^{N} 75.30–76.5]

mahāsuvarṇagotraupamye ślokaḥ |

suvarṇagotravaj jñeyam ameyaśubhatāśrayaḥ |
jñānanirmalatāyogaprabhāvāṇāṃ ca niśrayaḥ || III.9 ||

mahāsuvarṇagotraṃ hi caturvidhasya suvarṇasyāśrayo bhavati | prabhūtasya prabhāsvarasya nirmalasya karmaṇyasya ca | tatsādharmyeṇa bodhisattvagotram aprameyakuśalamūlāśrayo jñānāśrayaḥ kleśanairmalyaprāptyāśrayo 'bhijñādiprabhāvāśrayaś ca | tasmān mahāsuvarṇa-gotropamaṃ veditavyam |

1.7 種姓の利徳（第 8 偈）

利徳を弁別して一偈がある。

(1) 長い時間の後に悪趣に赴くことと，(2) 速やかに〔悪趣から〕脱すること，そして (3) そこで微かな苦を経験すること，(4) 厭離〔心〕を伴いながら〔も〕諸々の衆生を成熟させることである。（第 8 偈）

菩薩の種姓には四種の利徳がある。〔すなわち，菩薩は〕(1) 長い時間を経て諸々の悪趣に赴く。また，(2) 速やかにそこ（悪趣）から脱する。そして，(3) そこ（悪趣）に生まれて軽微な苦を経験する。(4)〔悪趣への〕厭離心を有しながらも，そこ（悪趣）に生まれた諸々の衆生を悲愍しながら成熟させる[22]。

1.8 種姓の譬喩 <1>（金の鉱脈）（第 9 偈）

〔菩薩種姓は〕大いなる金の鉱脈（suvarṇagotra）[23]に譬喩されることについて一偈がある。

〔菩薩種姓は,〕金の鉱脈の如くであると知られるべきである。(1) 量り知れない善性の依り所であり，(2) 智慧の〔依り所〕であり，(3) 無垢性の具有の〔依り所〕であり，(4) 威力の依り所である。（第 9 偈）

実に，大いなる金の鉱脈は四種の金の依り所である。(1') 豊富な〔金〕の，(2') 輝く〔金〕の，(3') 無垢な[24]〔金〕の，(4') 柔軟な〔金〕の〔依り所である〕。それ（大いなる金の鉱脈）と同様に，菩薩種姓は，(1) 量り知れない善根の依り所であり，(2) 智慧の依り所であり，(3) 煩悩に関する無垢性の獲得の依り所であり[25]，(4) 神通などの威力の依り所である。それゆえに，〔菩薩種姓は〕大いなる金の鉱脈の如くであると知られるべきである[26]。

1.9 種姓の譬喩〈2〉（宝石の鉱脈）（第 10 偈）

［E^L 12.13–19, E^F 22.12–20, E^N 77.21–27］

mahāratnagotraupamye ślokaḥ |

suratnagotravat jñeyaṃ mahābodhinimittataḥ |
mahājñānasamādhyāryamahāsattvārthaniśrayāt || III.10 ||

mahāratnagotraṃ hi caturvidharatnāśrayo bhavati | jātyasya varṇasaṃpannasya saṃsthānasaṃpannasya pramāṇasaṃpannasya ca | tadupamaṃ bodhisattvagotraṃ veditavyaṃ mahābodhinimittatvād mahājñānanimittatvād āryasamādhinimittatvāc cittasya hi saṃsthitiḥ samādhir mahāsattvaparipākanimittatvāc cānantasattvaparipācanāt[12] |

2. 無種姓（第 11 偈）

［E^L 12.19–13.2, E^F 22.21–23.3, E^N 79.16; 79.27–30］

agotrasthavibhāge ślokaḥ |

aikāntiko duścarite 'sti kaścit kaścit samudghātitaśukladharmā |
amokṣabhāgīyaśubho 'sti kaścin nihīnaśuklo 'sty api hetuhīnaḥ || III.11 ||

[12] cānantasattva° em. E^F E^N cf. Tib.（sems can mtha' yas pa）, Chi.（無邊衆生）: canantasatva° Ns N2 B, ca bahusatva° E^L.

1.9 種姓の譬喩 <2>（宝石の鉱脈）（第 10 偈）

〔菩薩種姓は〕大いなる宝石の鉱脈（ratnagotra）に譬喩されることについて一偈がある。

〔菩薩種姓は〕よき宝石の鉱脈の如くであると知られるべきである。(1) 大菩提の因（nimitta）であるから，(2) 大智慧と (3) 聖者の三昧と (4) 数多の衆生を利益することとの依り所であるから。（第 10 偈）

実に，大いなる宝石の鉱脈は四種の宝石の依り所である。〔つまり，大いなる宝石の鉱脈は〕(1') 貴重な〔宝石〕の，(2') 色彩が完全な〔宝石〕の，(3') 形が完全な〔宝石〕の，(4') 量が完全な〔宝石〕の〔依り所である〕。菩薩種姓はそれ（大いなる宝石の鉱脈）の如くであると知られるべきである[27]。〔なぜなら，菩薩種姓は〕(1) 大菩提の因だからであり，(2) 大智慧の因だからであり，(3) 聖者の三昧の因だからであり――心の形を整えることが三昧だからである――[28]，(4) 数多の衆生を成熟する因だからである――無辺の衆生を成熟させるからである――。

2. 無種姓（第 11 偈）

種姓に立脚しない者（agotrastha）[29]の弁別について一偈がある。

(I) (1) ある者は悪行を専らなす者であり，(2) ある者は白浄〔なる善根〕が根絶された性質の者である。(3) ある者は順解脱分[30]の浄善がない者であり，(4)〔ある者は〕白浄なる〔性質〕が低級な者である。さらにまた，(II)〔ある者は〕原因を欠いた者である。（第 11 偈） [31]

aparinirvāṇadharmaka etasminn agotrastho 'bhipretaḥ | sa ca samāsato dvividhaḥ | tatkālāparinirvāṇadharmā atyantaṃ ca | tatkālāparinirvāṇadharmā caturvidhaḥ | duścaritaikāntikaḥ samucchinnakuśalamūlaḥ | amokṣabhāgīyakuśalamūlaḥ | hīnakuśalamūlaś cāparipūrṇasaṃbhāraḥ | atyantāparinirvāṇadharmā tu hetuhīno yasya parinirvāṇagotram eva nāsti |

3. 種姓の偉大性（第 12 偈）

[E^L 13.2–11, E^F 23.4–15, E^N 81.27–31; 82.10–13]

prakṛtiparipuṣṭagotramāhātmye ślokaḥ |

gāmbhīryaudāryavāde parahitakaraṇāyodite dīrghadharme
ajñātvaivādhimuktir bhavati suvipulā saṃprapattikṣamā ca |
saṃpattiś cāvasāne dvayagataparamā yad bhavaty eva teṣāṃ
taj jñeyaṃ bodhisattvaprakṛtiguṇavatas tatprapuṣṭāc ca gotrāt || III.12 ||

yad gāmbhīryaudāryavādini[13] parahitakriyārtham ukte vistīrṇamahāyānadharme[14] gāmbhīryaudāryārtham ajñātvaivādhimuktir vipulā bhavati, pratipattau cākhedaḥ,[15] saṃpattiś cāvasāne mahābodhir dvayagatāyāḥ saṃpatteḥ paramā tat prakṛtyā guṇavataḥ paripuṣṭasya ca bodhisattvagotrasya māhātmyaṃ veditavyam | dvayagateti[16] dvaye laukikāḥ śrāvakāś ca | parameti viśiṣṭā |

---

[13] gāmbhīryaudāryavādini Ns N2 E^F E^N : gāmbhīyaudāryavādini B, gābhīryaudāryavādini E^L.

[14] vistīrṇamahāyānadharme Ns N2 : vistīrṇumahāyānadharme B, vistīrṇe mahāyānadharme E^L E^F E^N.

[15] cākhedaḥ Ns N2 E^F E^N cf. E^{L2} : cākhadaḥ B, cotsāhaḥ E^L.

[16] dvayagateti em. : dvayagatā iti Ns N2 E^L E^F E^N, dvayagatāśti B.

ここでは，種姓に立脚しない者とは，般涅槃できる性質のない者が意図されている[32]。そしてそれ（般涅槃できる性質のない者）は，要約すると二種である。(I) 般涅槃できる性質が一時的にない者と，(II)〔般涅槃できる性質が〕永久に〔ない者〕である[33]。(I) 般涅槃できる性質が一時的にない者は四種である。(1) 悪行を専らなす者[34]，(2) 善根が断たれた者，(3) 順解脱分の善根がない者，(4) 善根の劣った者で資糧が不足している者である。一方，(II) 般涅槃できる性質が永久にない者とは原因を欠いた者である。〔すなわち〕彼にはまさに般涅槃できる種姓がないのである[35]。

3. 種姓の偉大性（第 12 偈）

本来的な〔種姓〕と養成された種姓との偉大性[36]について一偈がある。

> **彼ら〔菩薩たち〕には，甚深で広大なことを語る，利他をなす為に語られた長大な教法に対して，〔その意味を〕全く分からないままに極めて大いなる信解があり，また，よき実践（正行）[37]における堪忍[38]があり，**
> **そして〔実践の〕終わりに，二者にある〔完成〕よりもはるかに勝れている完成が必ず生じる。そのことは，菩薩の本来的に功徳を有する〔種姓〕とそれ（本来的に功徳を有する種姓）から養成された[39]種姓[40]とに基づくと知るべきである[41]。（第 12 偈）**[42]

甚深で広大なことを語る，利他をなす為に説かれた詳細な大乗の教法に対して，〔そうした〕甚深で広大な意味を全く分からないままに大いなる信解があり，また，実践において倦み疲れることがなく，そして，〔実践の〕終わりに二者にある完成よりもはるかに勝れている大菩提という完成が生じる——以上のことが，本来的に功徳を有する〔菩薩種姓〕と養成された菩薩種姓との偉大性であると知るべきである[43]。「二者にある〔完成〕」という中の二者とは，世間の者たちと声聞たちとである。「はるかに勝れている」とは，卓越していることである[44]。

4. 樹根の譬喩（第 13 偈）

［E^L 13.11–17, E^F 23.16–23, E^N 83.7–10; 84.21–22］

phalato gotraviśeṣaṇe ślokaḥ |

suvipulaguṇabodhivṛkṣavṛddhyai ghanasukhaduḥkhaśamopalabdhaye ca |
svaparahitasukhakriyāphalatvād bhavati sumūlavad[17] agragotram etat || III.13 ||

svaparahitaphalasya bodhivṛkṣasya praśastamūlatvam anena bodhisattvagotre[18] saṃdarśitam |

Mahāyānasūtrālaṃkāre Gotrādhikāras tṛtīyaḥ ||

[17] sumūlavad Nk E^N cf. Tib.（rtsa ba bzang po lta bu）SAVBh（rtsa ba bzang po bzhin du）Chi.（如吉根）: samūlavad Ns N2 B E^F, sumūlam ud° E^{L2}, $^{\cup-}$samud° E^L.

[18] °gotre Ns : °gotraṃ N2 B E^L E^F E^N.

4. 樹根の譬喩（第 13 偈）

結果という点で〔菩薩〕種姓が卓越していること[45]について一偈がある。

強固な安楽の獲得と〔強固な〕苦の寂滅とに[46]資する，この最勝の種姓（菩薩種姓）は，自他の利益・安楽をもたらすという結果（果実）を持つから，極めて大いなる功徳のある菩提という樹の成長に資する，良い樹根の如くである[47]。（第 13 偈）[48]

こ〔の偈〕によって，菩薩種姓については，自利・〔利〕他という果実（結果）を持つ[49]菩提という樹の誉れ高い樹根であることが示された。

『大乗荘厳経論』における第三「種姓の章」了。

和訳注解

[1] 偈頌の gotre について，世親釈の gotrasya の語が astiva 以下のすべての項目にかかると理解して，既刊校訂本を写本に基づいて修正し，このように訳した。ただし，gotraprabhedatā に関しては，安慧釈・*Sūtrālaṃkāraparicaya*・*Sūtrālaṃkārapiṇḍārtha* などの後代の注釈書はすべてこの読みを支持していると思われる。

[2] この概括偈では (3) 本質（svabhāva）と示されるが，これを説示する第 4 偈では特徴（lakṣaṇa）となっている。第 1 偈に対する世親釈，安慧釈のチベット訳は mtshan nyid となっており混乱が見られるが，原文に従いここでは，本質（svabhāva）と訳し，第 4 偈では特徴（lakṣaṇa）と訳し分けた。

[3] 偈前の導入文に見える prabheda（分類）と当該偈頌の prabhedatā（区別）ならびに注釈文の prabheda（区別）の違いを強調するために，あえて異なる訳語を与えた。(5) 区別は，「種姓の分類」として説かれる 9 項目の 1 つだからである。なお，本章に頻出する prabheda と bheda に関する使い分けは必ずしも明瞭でないため，以下では訳語を分けていない。また，漢訳は前者を「差別」，後者を「品類」としている。

[4] 第 1–10 偈の韻律は Anuṣṭubh である。

[5] dhātu については，岡田［2023: 196, n. 14］を参考に「要素」と訳した。

[6] 本偈の adhimukti については，「性向」と「確信」と訳し分けた。安慧釈が，味の好みを譬喩に出すような，生まれもった傾向については「性向」と訳し，後に生じるようなものについては「確信」と訳した。どちらの場合も，いずれかの乗に対する信心の状態を表している。また，安慧釈が adhimukti の同義異語として用いる dad pa（*śraddhā）についても，対応させて「志向」と「信仰」と訳し分けた。なお，本偈のような明確な区別がない場合には，一般的な訳語を用い，adhimukti を「信解」，śraddhā を「浄信」と訳す。『荘厳経論』における adhimukti の意味については，楠本［1998］［1999］を参照。

[7] 『アクシャ樹果の堆積経』については袴谷［1981］，山部［1987］，早島慧［2019］などに詳しい。具体的な経典の内容については，当該の経典を引用する無性釈・安慧釈を参照。

[8] 「そういった類のもの」と訳した evaṃjātīyaka については，二通りの解釈が考えられる。第一は，冒頭の「諸々の衆生には様々な要素（dhātu）がある」を踏まえたものである。この場合，具体的には『瑜伽論』所説の六十四種の衆生の分類などが相当すると考えられる。これについては，袴谷［1999］，矢板［2013: 80］を参照。第二は，直前の『アクシャ樹果の堆積経』を踏まえたものである。この場合，早島慧［2019］が指摘するように，無性釈と安慧釈所引の経典には齟齬があり，このうち世親がどちらの内容を意図していたかは明確ではない。第二の可能性であれば，世親は，要素の区別の無量を説く安慧釈所引の経典の内容を意図していたのであろう。いずれにしてもこの文言によって三乗の区別が導き出されなければならない。

[9] mahārtha の理解については，『荘厳経論』第 II 章第 2 偈を参照。Cf. 研究会［2020: 49, n.9］.

10 II.10は菩薩が声聞に勝る理由として，浄善（善根）が広大であることなど四つを挙げる。この中には，この偈頌と同様に，浄善（善根）が偉大な意義を持つこと，無尽であることが説かれる（Cf. 研究会［2020: 36–37］）。

11 II.10の「浄善」について世親は「善根」と注釈する。本偈も同様に理解した。このような解釈は，III.9などにも見られる。なお，II.10に対して無性は「『浄善』と『善根』というのは別の意味ではない」と注釈する（Cf. 研究会［2020: 164–165］）。

12 III.1総括偈ではこの箇所に関してsvabhāvaと示されているが，ここに世親釈はlakṣaṇaを用いる。この箇所の世親釈ではsvabhāvaとlakṣaṇaとを区別していないと考えられる。

13 本研究では，世親釈の梵文と漢訳および安慧釈に従って四種の項目を理解し翻訳したが，それらに従わない場合は以下のような翻訳の可能性も考えられる。

【1】a句およびc句で4項目（b句はa句の，d句はc句の補足説明）
そ〔の種姓〕は，(1) 本来的なのと (2) 養成されたのとであり，また〔それは〕依り所と依るものとである。さらに，(3) 存在と (4) 非存在とであり，〔それは〕諸々の功徳を産出するものという意味に基づいて知るべきである。

【2】a句・b句・c句・d句で4項目
そ〔の種姓〕は，(1) 本来的なのと養成されたのとであり，また，(2) 依り所と依るものとである。さらに，(3) 存在と非存在とであり，(4) 諸々の功徳を産出するものという意味に基づいて知るべきである。

なお，岡田［2014b: 25–26］は，a句とc句が『菩薩地』「種姓品」の所説と対応すると指摘する。

14 prakṛtisthaの理解については，松本［2004］，Matsumoto［1997］，山部［2002］，Yamabe［1997a, b］［2017］，Schmithausen［2014: 119, n. 490］などの論考において議論がなされている。それらの議論において論点になるのはprakṛtisthaを「本性に住する・本性において存在する」と理解するか「本来的に在る」と理解するのかという点である。本研究では，Yamabe［2017］の解釈をふまえた上で「本来的に在る」と理解した。なお，この議論については岡田［2018: 附録, 49, n. x］においてまとめられている。詳細については，上記の論考を参照。

15 (1) 本来的に在る種姓と (2) 発展した種姓について，『菩薩地』「種姓品」では，以下のように規定されている。

BBh$_{D}$ 2.4–7, BBhw 3.1–6, 相馬［1986: 6］:

tatra gotraṃ katamat | samāsato gotraṃ dvividham | prakṛtisthaṃ samudānītañ ca | tatra prakṛtisthaṃ gotraṃ yad bodhisattvānāṃ ṣaḍāyatanaviśeṣaḥ | sa tādṛśaḥ paraṃparāgato 'nādikāliko dharmatā-pratilabdhaḥ | tatra samudānītaṃ gotraṃ yat pūrvakuśalamūlābhyāsāt pratilabdham |

このうち，種姓とは何か。略説すれば，種姓は二種類である。〔つまり〕本来的に在る〔種姓〕と発展した〔種姓〕とである。このうち，本来的に在る種姓は，諸菩薩にある特殊な六処である。それ（特殊な六処）が同じままに，連続してきた（展転相続），無始以来の，法性を通じて獲得されたものである。その〔二種類の〕うち，発展した種姓は，過去の善根の反復修習によって獲得されたものである。

『荘厳経論』では両種姓の関係性について明確ではないが，この点は『菩薩地』でも同様である。なお，無性釈や安慧釈では（2）発展した種姓を（1）本来的に在る種姓から発展したものと注釈する。これに関して，山部［1987: 31］は，二種姓「の説が説かれるように，本来的に自己の内に備わっている善なる要素を修行によって増大させるという発想は，瑜伽行派の修行論の大前提をなすものであった様に思われるのである」と指摘する。また，この本性住種姓の解釈は『声聞地』（声聞地研究会［1998: 2–3］）における種姓の定義に基づいている。

さらに，『荘厳経論』第 III 章第 12 偈にも，この二種の種姓が言及され，二種の種姓の偉大性が説かれる。さらに，IV.7 にみられる五種の世俗的発心のうち，(2) 原因の力による，すなわち種姓の効力によって生じるもの，(3) 善根の力による，すなわち種姓の養成によって生じるものは，この二種の種姓と対応するものと考えられる（研究会［2023: 32–33; 52, n.17］参照）。

16 同様の gotra の語源的解釈は『現観荘厳論』の諸注釈においても nirukta として言及される。

AAV Pensa 77.19–20, AAĀ Wogihara 77.30–31:

niruktaṃ tu guṇottāraṇārthena gotram, tasmād dhi te guṇā rohanti prabhavantīty arthaḥ |

17 『荘厳経論』第 XX–XXI 章第 1–2 偈には，「憐愍（anukampā）・愛語（priyākhyāna）・勇健（dhīratā）・開手（muktahastatā）・釋義（gambhīrasaṃdhinirmokṣa）」という，菩薩の五つの表徴（liṅga）が説かれる。Cf. 上野隆平［2015 副論: 1–2］.

18 「実践の初めからの」が (1)–(4) すべてに関連するのか，(1) のみに関連するのかは，判断し難い。安慧釈では「『(1) 哀愍』と『実践の初めからの』とは離れて関連している（gnyis su sbyar）」と注釈し，(1) の注釈でのみ「実践の初めからの」に言及するが，IV.7 安慧釈の用例をふまえると，安慧釈が (1) のみと関連することを意図しているとも断言し難い。Cf. 研究会［2023: 178, n. 17］.

19 『菩薩地』「種姓品」でも菩薩種姓の表徴に言及し，そこでは菩薩種姓の表徴が六波羅蜜を完備すると説く。Cf. BBhD 3.1–6.19, BBhW 4.13–9.26, 相馬［1986: 7–12］.

[20] ここで列挙される四つの表徴は，『荘厳経論』第 XVII 章の冒頭で列挙される供養の種類の一部と世親釈も含めて類似している。以下に本研究会でのテキストと訳（研究会［2013: 38–41］）を挙げておく。

adhimukter nidhānataḥ || XVII.3d ||

anukampākṣamābhyāṃ ca samudācārato 'parā |

vastvābhogāvabodhāc ca vimukteś ca tathātvataḥ || XVII.4 ||

... sattvānukampanataḥ | duṣkaracaryā duḥkhakṣamaṇataḥ | pāramitāsamudācārataḥ |

〔その心からの供養とは，〕信解からと，志願（誓願）からと（3d），憐愍と忍苦の二つからと，実践行からと〔の供養〕である。〔さらに心からの〕別〔の供養〕がある。〔それらは真の〕実在の体験からと，〔真の実在の〕証智からと，解脱することからと，如実そのもの（如実性）からと〔の供養〕である。

... 衆生を憐愍することによって〔供養するの〕である。難行苦行の苦を忍耐することによって〔供養するの〕である。〔六〕波羅蜜を正しく修行することによって〔供養するの〕である。

[21] 『菩薩地』「種姓品」に見られる四つの随煩悩，すなわち (1') 煩悩を習慣化することによって強烈で長く染汚された状態，(2') 悪友と交わること，(4') 師や王や敵などによって支配され心が不安定な状態，(3') 生活必需品に困窮して生活を気にかける状態と対応するものと考えられる。ただし，『菩薩地』とは (3) と (4) が入れ替わっている。また，安慧はこの災難を注釈して「四つの随煩悩という過失」とする。

BBhD 7.8–12, BBhW 10.22–11.1, 相馬［1986: 13］:

tatra katame te bodhisattvasya catvāraḥ śukladharmavairodhikā upakleśāḥ | (1') pūrvaṃ pramattasya kleśābhyāsāt tīvrakleśatāyatakleśatā cāyaṃ prathama upakleśaḥ | (2') mūḍhasyākuśalasya pāpamitrasaṃśrayo 'yaṃ dvitīya upakleśaḥ | (3') gurubhartṛrājacaurapratyarthikādyabhibhūtasyāsvātantryaṃ cittavibhramaś cāyaṃ tṛtīya upakleśaḥ | (4') upakaraṇavikalasya jīvikāpekṣāyaṃ caturtha upakleśaḥ |

この場合，菩薩にとっての，その白法と対峙する四つの随煩悩とは何か。(1') 過去に放逸怠惰であった者が煩悩を習慣化することによって強烈な煩悩の状態と長きにわたる煩悩の状態であること，これが第一の随煩悩である。(2') 愚鈍で不善なる者が悪友と関わること，これが第二の随煩悩である。(3') 尊師・夫・王・盗賊・敵対者などに支配されている者が独立することなく心が不安定であること，これが第三の随煩悩である。(4') 資産が無い者が生活を気にかけること，これが第四の随煩悩である。

なお，『菩薩地』における随煩悩については，相馬［1988］を参照。

22 『菩薩地』には，世親釈注 21 で述べた四つの随煩悩に汚染された場合に，悪趣に生まれるとの言及がある。そこでは続けて，菩薩は (i) 長い時間が経過した後に悪趣に生まれ，(ii) 悪趣に生まれたとしてもすぐに抜け出し，(iii) 悪趣の激しい苦受に触れず，(iv) 微かな苦受に触れても過度な厭離を生じ，(v) そこで苦しむ衆生に悲心を持つ，と説明される。第 8 偈で言われる四種の利徳は，『菩薩地』のこの説明を背景としているものと考えられる。『菩薩地』は，悪趣に生まれる菩薩と衆生との相違をこの五つを挙げるが，『荘厳経論』はそれを四つにまとめて，第 III 章内の記述の一貫性を保とうとしたものと思われる。なお，『菩薩地解説』は明確に五種の相違があると注釈している。

BBhD 6.26–7.7, BBhW 10.10–21, 相馬［1986: 13］:

apāyopapattāv api bodhisattvasya tadanyebhyaḥ apāyopapannebhyaḥ sattvebhyo gotrakṛto mahān viśeṣo veditavyaḥ | iha bodhisattvo dīrgheṇa kālena kadācit karhicid apāyeṣūpapadyate | upapannaś cāśu parimucyate apāyebhyaḥ | na ca tathā tīvrām āpāyikīṃ duḥkhāṃ vedanāṃ vedayate tadyathānye 'pāyopapannāḥ sattvāḥ | tayāpi ca pratanvyā duḥkhayā vedanayā spṛṣṭo 'dhimātraṃ saṃvegam utpādayati | teṣu ca sattveṣu tatropapanneṣu duḥkhiteṣu kāruṇyacittaṃ pratilabhate yad uta tenaiva gotreṇa buddhamahākaruṇāhetunā codyamānaḥ |

悪趣に生まれた場合でも，菩薩には，悪趣に生まれたそれ以外の衆生と比べて，種姓に基づく偉大な卓越性があると知るべきである。ここで菩薩は (i) 長い時間をかけて，ある時，ある折には諸々の悪趣に生まれる。(ii) そして，〔悪趣に〕生まれても速やかに諸々の悪趣より解脱する。(iii) そして，悪趣に生まれた他の衆生のようには悪趣の激しい苦受を経験しない。(iv) また，たとえ僅かな苦受に触れても過度な厭離を生じる。(v) さらに，そこに生まれて苦しむ彼ら衆生に対する悲心を獲得する，すなわち仏の大悲を因とするまさにその種姓によって促される。

BBhVy D 16b4–5:

de'i rigs dang ldan pa rnams res 'ga' ngan song du skyes par gyur na yang der skyes pa gzhan dag las khyad par rnam pa lngas khyad par du 'phags pa yin te |

その（菩薩の）種姓を有する者たちは，ある時には悪趣に生まれることがあっても，そこに生まれた他の者たちと比べて五種の卓越性によって卓越している。

また，『荘厳経論』の漢訳では，梵文にはない文言を加えて，第 7 偈に説かれた災難によって菩薩が悪趣に堕ちることがあるとし，第 8 偈を第 7 偈に関連付けて理解している（菩薩種性雖有如前過失，若墮惡道）。そのような理解も，『菩薩地』に根拠があると考えられる。

[23] 複数の同義異語を有するgotraという語について，これまでは漢訳の「種姓」という訳語を与えていたが，ここでは金の「鉱脈」と翻訳した。Seyfort Ruegg［1976: 354］は，gotraの用例をI. 'mine, matrix', II. 'family, clan, lineage', III. 'germ, seed'の三種に分類する。このsuvarṇagotraにおけるgotraは，I. 'mine'の用例に当たるものであり，この偈頌はgotraをsuvarṇagotraの譬喩によって説明するものである。従って，ここでは「金の鉱脈」と翻訳した。なお，漢訳では「種性金」となっている。

[24] nirmalaは「無垢」以外に「汚れのない」という翻訳も可能であるが，安慧釈を参照すると，外的な汚れだけではなく，不純物も含むと理解できる。したがって，「汚れのない」と訳すと表面的なところに偏り，燃やしても変化しないという点が示せないため，nirmalaを「無垢」と翻訳した。

[25] kleśanairmalyaprāptyāśrayaに関して，無性と安慧はともに二つの解釈を与えている。無性はまず (1)「煩悩の麁重を遠離した，〔煩悩の麁重を〕有さないことの獲得の依り所」と注釈し，煩悩の麁重（=kleśa）が離れて無くなったこと（=nairmalya）を獲得する（prāpti）と理解しており，この解釈を参考に翻訳した。さらに，無性は (2)「煩悩を滅したとき無垢なる諸々の無漏法を獲得する者たちにとっての依り所（nyon mongs pa spangs na zag pa med pa'i chos dri ma med pa rnams kyi 'thob pa gang dag yin pa de dag gi gnas）」と注釈し，Vairocanaの注釈（kleśoparamena nirmalānāsravadharmaprāptiḥ kleśanairmalyaprāptiḥ）に対応する梵文が確認できる。これは，kleśaとnairmalyaとの間にuparamaが省略されているという注釈であり，この解釈に基づくならば，「煩悩の〔滅によって〕無垢性を獲得する」という翻訳となる。さらに無性は (2) の解釈については「獲得する者たち（'thob pa gang dag）」と注釈しており，(2) の場合は，prāptyāśrayaを「獲得する者（prāptin）にとっての依り所」と解釈する。

[26] 『瑜伽論』をはじめとした瑜伽行派文献における金の鉱脈の譬喩については，藤田［1990］，阿部［2008］［2023: 82–97］を参照。

[27] 長尾［2007a: 78–79, n. 3］でも言及されるように，色彩・形・量が完全という表現は，『摂大乗論』X.30bに説かれる「十八円満」冒頭にも見られる（Cf. 長尾［1982: 420］「(1) 色彩の完璧なることも説かれ，(2) 形貌の完璧なること，(3) 分量の完璧なること」）。

この四種の関係について，長尾［2007a: 78–79, n. 3］は「『貴種』がいわば鉱石の総説であり，それと対応するのが菩薩の大菩提の証得である。その総説に対して以下の三句は，細説でともいうべきものと考えられる」と，(1) を開いて説明したものが，(2) – (4) であると理解する。なお，この根拠となる理解が『荘厳経論』第I章第6偈に対する無性と安慧の注釈に見られる。この点については安慧釈注51参照。

[28] 『瑜伽論』では三昧（samādhi）は「心が一点に集中すること」（cittaikāgrya）などと説明される（Cf. 室寺［2017: 28］）。ただし，瑜伽行派文献に見られるsamādhiの教証を踏まえると，そこでは*sthiti, *saṃsthiti, *avasthiti…といった経句が並んでいることから，これらの語はsamādhiから連想される語であったと考えられる。「形（saṃsthāna）」と心の「形を整えること（saṃsthiti）」という，

saṃ√sthā の対応関係を説明している世親釈は，そうした伝統の上に展開しているものと思われる。Cf. 高務・中山［2022: 32–34］.

29 III.7 に gotrastha の語が用いられているが，この否定表現 agotrastha の訳語について，チベット訳は rigs med pa la gnas pa，漢訳は無性位，無性釈は rigs med pa la gnas pa，安慧釈は rigs med pa である。一方，『声聞地』や『菩薩地』のチベット訳では rigs la gnas pa ma yin pa の場合もある。agotrastha のチベット訳語の異同については袴谷［2005: 154, n. 93; 155 n. 97］を参照。また，この a- という否定辞が，stha を否定した「種姓に立脚しない」であるのか，gotra を否定した「無種姓に立脚する」であるのか，二つの可能性があるが，ここでは『菩薩地』などの解釈を踏まえて「種姓に立脚しない」と理解した。ただし，無性，安慧の注釈は「無種姓に立脚する」という理解を示している。I.14 には agotra という表現が見られるが，無性や安慧が示すような「悪い種姓」という意味ではなく，「種姓がない」を意味するものであり，「無種姓に立脚する」という理解を支持するものとは理解し難い。瑜伽行派における agotrastha の解釈については，高崎［1973］，佐久間［2007a］，恵敏［1991］，岡田［2012］［2019a］，Okada［2013］，早島慧［2023］を参照。

30 順解脱分（mokṣabhāgīya）について，『倶舎論』称友釈では次のように説明される。また，īya 接辞（cha）の意味について，Pāṇini（5.1.5）には，「～に有益な（tasmai hitam）」とある。

AKVy 439.6–7, ad. IV.129:

tatra yan mokṣabhāgāya hitaṃ tan mokṣabhāgīyam | mokṣaprāptir vā mokṣabhāgaḥ, tasmai hitam, tatprāptyanukūlam iti mokṣabhāgīyam |

そこにおいて解脱分に有益なものが順解脱分である。あるいは解脱分とは解脱を得ることであり，それに有益なもの，つまりそれ（解脱）を得ることに相応しいものというのが，「順解脱分」である。

31 第 11 偈の韻律は upajāti である。

32 agotrastha が aparinirvāṇadharmaka であることは『声聞地』において詳説される（Cf. ŚrBhI 24–29)。この agotrastha が『菩薩地』「種姓品」において，「無上正等覚を証得することができない（na śaknoty anuttarāṃ samyaksaṃbodhim abhisaṃbodhum）」とも表現されている。しかし，それらの用例において，当該箇所のように aparinirvāṇadharmaka を「一時的に」「永久に」という二種類に分類することはない。この点については，Sakuma［2007］，佐久間［2007a］［2007b］，岡田［2019a］［2019b］参照。

33 『声聞地』（ŚrBhII 146）の内容（(I) 永久にヨーガを損なうこと，(II) 一時的に〔ヨーガを損なうこと〕（asti yogabhraṃśa ātyantikaḥ | asti tāvatkālikaḥ |）の記述をふまえて，(I) tatkāla-aparinirvāṇadharma を「般涅槃できる性質が一時的にない者」，(II) atyanta- を「般涅槃できる性質が永久にない者」と訳したが，別の解釈も可能である。aparinirvāṇadharmaka に対するチベット訳は世親釈，無性釈，安慧釈全て「yongs su mya ngan las mi 'da' ba'i chos can（般涅槃できない性質の者）」となっており，こ

れに従えば，(I) tatkāla-は「一時的に般涅槃できない性質の者」，(II) atyanta-は「永久に般涅槃できない性質の者」となる。この点については，早島慧［2023: 223, n. 6］を参照。

34 「悪行を専らなす者」（duścaritaikāntika）について，『荘厳経論』には屠殺者等を指すという記述が確認される。

MSABh XVII.29–30 ad., 研究会［2007: 72–73］:

tamovṛtā aurabhrikādayo duścaritaikāntikāḥ | karmavipākasaṃmūḍhatvāt |

［4］暗闇に覆われている人々とは，屠殺者などの専ら〔殺生などの〕悪行ばかりを行う人々である。〔殺生などの〕業と〔その〕果報〔という因果関係〕について無知だから〔暗闇に覆われているというの〕である。

また，無性と安慧は五無間業をなす者と注釈する。

35 『摂大乗論』世親釈において，涅槃させることのできない者を列挙する中で，この (II) に対する注釈と類似した文言が見られる。

MSgBh X 29A, D 185a1–2, P 225a8–b1, Cf. 長尾［1987: 407–408］:

rgyu dang mi ldan la zhes bya ba ni yong su mya ngan las mi 'da' ba'i chos can ni 'dir rgyu dang mi ldan par 'dod de | gang la de'i rigs med pa'o ||

「原因を欠く」といわれるのは，般涅槃できる性質のない者が，ここでは原因を欠いた者として認められる。彼には〔般涅槃できる〕種姓がないのである。

36 梵文 °gotramāhātmye に対し，対応箇所のチベット訳では rigs rnam par dbye ba nyid du となっており，安慧釈における引用では rigs kyi che ba nyid bsgrub par（D: *pa*）となっている，という相違が見られる。漢訳では「次説令入。偈曰」に続き，偈を導入する。

37 saṃprapatti に関して，世親釈やチベット訳では pratipatti（実践）と同義に扱い，安慧釈引用のチベット訳では legs par bsgrub pa（よく実践すること，正しく実践すること）とする。ここでは後者に倣い，訳し分けた。

38 偈の「よき実践における kṣamā があり（saṃprapattikṣamā）」の kṣamā に関して，kṣamā には耐える（enduring）という意味のほか，可能（able）の意味もある。世親釈の「実践において倦み疲れることがない（pratipattau cākhedaḥ）」や，第 5 偈の世親釈，「難行に耐えることという意味での忍耐（kṣāntir duṣkaracaryāyāṃ sahiṣṇutārthena）」は「耐える」の意味を支持するが，安慧釈は「実践できるので（bsgrub nus pas）」と kṣamā を「可能」の意味で注釈している。そのため，翻訳では両義で理解ができるよう，「よき実践における堪忍」と訳した。

39 tatprapuṣṭa の複合語解釈については，チベット訳や諸注釈を参考にしても明確ではない。世親釈注15で示したように，III.4 における（1）本来的に在る種姓と（2）発展した種姓との関係に関しては，無性釈と安慧釈は，（2）発展した種姓を（1）本来的に在る種姓から発展したものとして解釈しており，この解釈に基づいて「それから養成された種姓」と訳した。

40 本来的に功徳を有する種姓とそれから養成された種姓は，それぞれ III.4 に説かれる本性住種姓と習所成種姓を指す。

41 c 句の bhavaty eva teṣāṃ の理解は難解である。一つには，yad 節に含まれると考え，d 句の tad は abc 句全体の内容を指し，「そのこと（tad）が知られるべきである」という理解が考えられる。一方，bhavaty eva teṣāṃ が yad 節に含まれないと考えれば，tad は yad の直前までの内容を指し「そのこと（tad）が彼らに必ずある」という理解も考えられる。ここでは，チベット訳や安慧釈に基づいて前者で理解した。後者であれば「以上のことが，菩薩の本来的に功徳を有する〔種姓〕とそれから養成された種姓とに基づいて彼ら〔菩薩たち〕にはまさにあるのであると知るべきである。」という訳になる。

42 第 12 偈の韻律は Sragdharā である。

43 本偈前半に見られる adhimukti の語は，種姓の存在性を説く第 2 偈にも見られる。saṃprapatti, saṃpatti に関しても，第 2 偈の pratipatti，phala に近い概念といえよう。その対応は，世親釈においてはより明確であり，saṃprapatti は pratipatti に置き換えられ，また，parama な saṃpatti（= mahābodhi）は，ちょうど第 2 偈釈でいう viśiṣṭa な bodhi（=phala）に相当するようになっている。phala の語は次の第 13 偈にも見られるが，文脈的，内容的には本偈の saṃpatti の方がよく対応している。（本偈と第 2 偈との関係については，岡田［2014b: 28.29–29.6］参照）ただし，本偈の内容は第 2 偈以外との対応も部分的に見られ，例えば prakṛti や paripuṣṭa は第 4 偈に，adhimukti 並びに kṣamā とほぼ同義の kṣānti は第 5 偈にも見られ，本偈には，総じてそれらの内容や関係性を再説する意味合いが込められているように思われる。

さて，本偈の adhimukti，saṃprapatti，saṃpatti が第 2 偈を踏まえたものだとすれば，そこで言及した adhimukti，phala の区別に関して，ここでは具体的内容が明らかにされたことになる。pratipatti の区別に関しても，kṣamā に焦点を合わせる本偈を通して理解すれば，実践内容の区別が問題なのではなく，第 2 偈世親釈のように，それに耐えられるか否かに焦点があるという見方も可能となろう。岡田［2015］では，pratipatti の区別について，対応が見られる『菩薩地』「種姓品」の教説に遡ると自利利他の区別を意味していたのが，世親釈（第 2 偈）ではこれを採用していない点を指摘し世親釈の意義を考察する。

44 文脈上 viśiṣṭa を「卓越している」と訳したが，第 2 偈世親釈との関連でいえば，そこに説かれる hīnamadhyaviśiṣṭā bodhayaḥ（低級・中級・上級の菩提）の中の「上級の」菩提に対応する。敢えてここで最後に parama を注釈し viśiṣṭa と言い換えるのも，それを意図してのこととも考えられる。

[45] この gotraviśeṣana については，類似する表現 gotraviśeṣa として，『荘厳経論』第 XVII 章第 34 偈「悲の種類」の解説の中で見られる。そこでは，偈頌の「本性」（prakṛti）という語を gotra の同義語と見なした上で，gotraviśeṣa という語を用いて解説している。

MSABh XVII.34 ad., 研究会［2013: 78–79］:
karuṇāprabhede dvau ślokau |
kṛpā prakṛtyā pratisaṃkhyayā ca pūrvaṃ tadabhyāsavidhānayogāt |
vipakṣahānau ca viśuddhilābhāc caturvidheyaṃ karuṇātmakānāṃ || XVII.34 ||
seyaṃ yathākramaṃ gotraviśeṣataḥ |
悲の種類について，〔次の〕二偈がある。
悲を本性とする者（菩薩）たちの〔上述の〕悲愍は四種類である。[1] 本性という点から〔の悲愍〕と，[2] 熟慮することによる〔悲愍〕と，[3] 前世からそれ（悲愍）を繰り返し修習する方法で身につけることによる〔悲愍〕と，[4] 所対治を放捨して清浄を体得することによる〔悲愍〕とである。（XVII.34）
上述のこれ（悲愍）は，順次，[1] 勝れた種姓という点から〔の悲愍〕と，・・・<省略>。

なお，viśeṣa と viśeṣana については，研究会［2020: 43, n. 2］を参照。

[46] この複合語（ghanasukhaduḥkhaśamopalabdhi）を語順通りに意味が通るように訳せば，「強固な安楽と苦の寂滅とを獲得する」となるが，漢訳，無性釈，安慧釈に従ってこのように訳した。つまり，「強固な」は安楽・苦の両方に対する形容詞であり，「安楽の獲得」と「苦の寂滅」と理解した。

[47] a 句・b 句と c 句の関係については検討の余地が残る。世親釈は svaparahitaphalasya bodhivṛkṣasya と，「自利・利他という果実（結果）を有する菩提という樹」と注釈する。このように，a 句と c 句を関連づけて説明しており，その場合，a 句の樹木の成長については，樹木自身が成長し果実を実らせることが，自利であり，その果実が人々の役に立つことが，利他であると理解されよう。ただし，b 句に対する世親の理解は明確ではない。この点は，世親が b 句は菩提樹の譬喩と直接関係がないと考えたからであろうか。

偈頌を単独で理解しようとした場合，確かに b 句は譬喩としての要素が明確ではない。その場合，a 句は菩提樹の樹根，b 句は種姓と関連する，と理解され得る。このように理解すれば，世親釈が a 句のみで「自利・利他という果実（結果）を有する菩提樹」と注釈した意図が理解できる。つまり，a 句は樹根の phala すなわち果実と対応する譬喩，b 句は菩薩種姓の phala すなわち結果と対応する譬喩されるものと考えることができよう。しかし，このように考えた場合，b 句と自利・利他の関係は明確ではない。

一方，無性と安慧の注釈では，a句は「自利」をb句は「利他」を表すと説明する。特に安慧は，良い樹根は「樹木自身の成長」（自利），「枝・葉・花・果実が人々の苦を取り除き，安楽を与えること」（利他）に資するなどといくつかの例を挙げて注釈する。

以上のことから，世親釈と無性釈・安慧釈とは理解が異なると考えることができるであろう。ここでは世親釈に基づき翻訳を提示したが，無性釈・安慧釈の理解に基づくと以下のような翻訳となる。

極めて大いなる功徳のある菩提という樹の成長に資し，強固な安楽の獲得と〔強固な〕苦の寂滅とに資するものであり，自他の利益・安楽をもたらすという結果（果実）を持つから，この最勝の種姓（菩薩種姓）は良い樹根の如くである。

また，本偈は第IV章無性釈・安慧釈導入部に引用される。研究会［2023: 90–91; 112–113］参照。

48 第13偈の韻律はPuṣpitāgrāである。

49 チベット訳は，偈頌と同様に「自他の利益・安楽をもたらすという結果を持つ（rang dang gzhan la phan pa dang bde ba byed pa'i 'bras bu can gyi）」となっている。

『大乗荘厳経論』第Ⅲ章
世親釈チベット訳テキスト

凡　例

Sūtrālaṃkāra-bhāṣya (-vyākhyā)
mDo sde'i rgyan gyi bshad pa

訳者
Śākyasiṃha, dPal brtsegs

D	sDe dge ed., No. 4026, phi 137a2–139a3
C	Co ne ed., vol. 123/209, phi 132b2–134b3
P	Peking ed., No. 5527, phi 144b6–147a5
N	sNar thang ed., Vol. 132, No. 4316, phi 138b1–140b6
G	dGa' ldan Golden Manuscript bsTan 'gyur, No. 3518, phi 181b5–185a1
Ng	rNam gyal chos sde Collection, No. 116, kha 13a4–16b2

sDe dge 版を底本とし，他の三版一写本および新出の rNam gyal 版を校合して，諸版の異読を注記した。ただし，句読記号（shad: |, ||）の取捨，語尾辞 pa と ba などの異読や，Ng に散見される古い綴字法（myi, mye, etc.）は一々注記しない。また Ng は，第 3 偈世親釈の途中から第 8 偈まで（14a1–14b5）が欠損している。なお，この版本については，研究会［2023: 65］を参照されたい。

世親釈梵文和訳に準じ，本論 1.～4. に分節して見出しを付し，各節冒頭に諸版の葉・行を示した。

1. 種姓の分類（第１偈）

［D 137a2–3, C 132b2–3, P 144b6–8, N 138b1–3, G 181b5–182a2, Ng 13a4–13b1］

rigs rab tu dbye ba[1] bsdu bar[2] tshigs su bcad pa |

yod dang mchog dang mtshan nyid dang ||
rtags dang rigs rab[3] dbye ba dang ||
nyes dmigs dang ni phan yon dang ||
dpe rnam gnyis te rnam pa bzhi || III.1 ||

'dis ni rigs yod pa nyid dang | mchog nyid dang | mtshan nyid dang | rtags dang | rab tu dbye ba dang | nyes dmigs dang | phan yon dang | dpe zhes bya ba khyad[4] par de dag bsdus te | khyad par de dag kyang so sor rnam pa bzhi bzhi'o ||

1.1 種姓の存在性（第２偈）

［D 137a3–7, C 132b3–7, P 144b8–145a4, N 138b3–7, G 182a2–182b1, Ng 13b1–5］

yod pa nyid du rnam par dbye bar tshigs su bcad pa |

khams rnams dang ni mos pa dang ||
sgrub pa tha dad dbye ba dang ||
'bras bu tha dad dmigs pa'i phyir ||
rigs yod nyid du nges par brjod || III.2 ||

---

[1] ba DCPNG : ba'i Ng
[2] bar DCPNG : ba'i Ng
[3] rigs rab DCNg : rab tu PNG
[4] khyad DC : khyab PNG

sems can rnams ni khams sna tshogs pa yin pa'i phyir | khams kyi dbye ba dpag tu med de | ji skad du *Ba ru ra'i mdo* las bshad pa lta bu'o || de lta bas na khams kyi dbye ba de lta bu yang yid ches par bya dgos pas theg pa gsum gyi rigs tha dad pa yod do || sems can rnams kyi mos pa tha dad pa yang dmigs te | thog ma kho nar la la[5] theg pa 'ga' zhig[6] kho na la mos par 'gyur ro || de ni rigs kyi dbye ba med par mi 'gyur ro || rkyen gyi[7] dbang gis mos pa bskyed du zin kyang sgrub pa[8] tha dad pa dmigs te | kha cig ni nges par sgrub la | kha cig ni ma yin no || de yang rigs kyi dbye ba med par mi 'gyur ro || 'bras bu tha dad pa byang chub dman pa dang | 'bring dang | khyad par can rnams kyang dmigs te | de yang 'bras bu ni sa bon gyi ngo bo dang mthun pa'i phyir | rigs kyi dbye ba med par mi 'gyur ro ||

1.2 種姓の最勝性（第３偈）

[D 137a7–137b2, C 132b7–133a2, P 145a4–8, N 138b7–139a3, G 182b1–4, Ng 13b5– ---]

mchog nyid du[9] rnam par dbye bar[10] tshigs su bcad pa |

de dge khyad par 'phags pa dang ||
thams cad dang ni don chen dang ||
mi zad pa yi[11] rgyu mtshan phyir ||
rigs mchog nyid ces brjod pa yin || III.3 ||

5 la la NG : la DCP, la lar Ng
6 'ga' zhig DCPNG : 'ga' Ng
7 gyi DCNg : gyis PNG
8 sgrub pa DCPNG : bsgrub pa Ng
9 mchog nyid du DCPNG : mchog tu Ng
10 bar DCPNG : ba Ng
11 zad pa yi DCPNG : zad pa'i Ng

'dir rigs ni rgyu mtshan rnam pa bzhis[12] mchog nyid du ston te | rigs de ni dge ba'i rtsa ba rnams khyad par du 'phags pa dang | thams cad dang | don chen po dang | mi zad pa nyid kyi rgyu mtshan yin no || nyan thos rnams kyi dge ba'i rtsa ba ni de ltar sbyangs pa[13] ma yin no || thams cad yod pa yang ma yin te | stobs dang mi 'jigs pa la sogs pa med pa'i phyir ro || don chen po yang ma yin te | gzhan gyi don med pa'i phyir ro || mi zad pa yang ma yin te | phung po'i lhag ma med pa'i[14] mya ngan las 'da' bar mthar thug pa'i phyir ro ||

1.3 種姓の特徴

[D 137b2–4, C 133a2–4, P 145a8–145b2, N 139a3–5, G 182b4–6, Ng ---]

mtshan nyid rnam par dbye bar tshigs su bcad pa |

rang bzhin dang ni rgyas pa dang ||
de ni rten dang brten[15] pa dang ||
yod med nyid[16] dang yon tan ni ||
sgrol ba'i don du shes par bya || III.4 ||

'dis ni[17] rigs rnam pa bzhi ston te | rang bzhin du gnas pa dang | yang dag par bsgrubs[18] pa dang | rten gyi[19] ngo bo nyid dang | brten pa'i ngo bo nyid de de[20] dag nyid dang go rims[21] bzhin

[12] rnam pa bzhis DCNg : rnam pa PNG
[13] pa DPNG : pas C
[14] pa'i DCP : par NG
[15] brten DC : rten PNG
[16] nyid PNG : gnyis DC
[17] 'dis ni CPNG : 'dis D
[18] bsgrubs DPNG : bsgrub C
[19] gyi DCPG : gyis N
[20] de de DC : de PNG
[21] go rims DC : go rim PNG

no || de ni rgyu'i dngos por yod do || 'bras bu'i dngos por med do || rigs ni yon tan sgrol ba'i don du yang rig par[22] bya ste | 'di las yon tan sgrol zhing 'byung ba'i phyir ro ||

1.4 種姓の表徴（第５偈）

［D 137b4–6, C 133a4–6, P 145b2–5, N 139a5–7, G 182b6–183a2, Ng ---］

rtags rnam par dbye bar tshigs su bcad pa |

sbyor ba'i sngon du snying rje dang ||
mos pa dang ni bzod pa dang ||
dge ba yang dag spyod pa ni ||
rigs[23] kyi[24] rtags su shes par bya || III.5 ||

byang chub sems dpa'i rigs kyi rtags ni rnam pa bzhi ste | sbyor ba'i sngon rol nyid nas sems can rnams la snying rje ba dang | theg pa chen po'i chos la mos pa dang | dka' ba spyad pa dag la ji mi snyam pa'i don gyis bzod pa dang | pha rol tu phyin pa'i rang bzhin gyi dge ba yang dag par spyod pa'o ||

1.5 種姓の区別（第６偈）

［D 137b6–7, C 133a6–7, P 145b5–6, N 139a7–139b1, G 183a2–4, Ng ---］

rab tu dbye ba rnam par dbye bar tshigs su bcad pa |

[22] rig par DCNG : rig pa P
[23] rigs DCPG : rig N
[24] kyi DCPG : kyis N

rigs ni nges dang ma nges pa ||

rkyen rnams kyis ni mi 'phrogs dang ||

'phrogs[25] pa nyid de mdor na rigs ||

dbye ba 'di ni rnam pa bzhi || III.6 ||

rigs ni mdor na rnam pa bzhi ste | nges pa dang ma nges pa dang de dag nyid go rims[26] bzhin du rkyen rnams kyis mi 'phrogs pa dang 'phrogs[27] pa'o ||

1.6 種姓の災難（第 7 偈）

［D 137b7–138a2, C 133a7–133b2, P 145b6–8, N 139b1–3, G 183a4–6, Ng ---］

nyes dmigs rnam par dbye bar tshigs su bcad pa |

nyon mongs goms dang grogs ngan dang ||

phongs dang gzhan gyi dbang nyid de ||

mdor na rigs kyi nyes dmigs ni ||

rnam pa bzhi ru shes par bya || III.7 ||

byang chub sems dpa'i rigs kyi nyes dmigs ni | gang gis na rigs la gnas kyang yon tan dag la[28] mi 'jug pa ni mdor na rnam pa bzhi ste | nyon mongs pa mang ba dang | mi dge ba'i grogs po dang | yo byad kyis phongs pa dang | gzhan gyi dbang du gyur pa'o ||

[25] 'phrogs PNG : 'phrog DC

[26] rims DC : rim PNG

[27] 'phrogs PNG : 'phrog DC

[28] dag la DC : dag PNG

1.7 種姓の利徳（第 8 偈）

［D 138a2–4, C 133b2–4, P 146a1–3, N 139b3–5, G 183a6–183b2, Ng --- –15a3］

phan yon rnam par dbye bar tshigs[29] su bcad pa |

ring mo zhig na ngan song du ||
'gro zhing myur du thar pa dang ||
de na'ang sdug bsngal chung ngu myong ||
skyo bcas sems can smin par[30] byed || III.8 ||

byang chub sems dpa'i rigs la phan yon rnam pa bzhi ste | ring mo zhig na ngan song du 'gro ba dang | de dag nas myur du thar pa dang | de dag tu skyes nas[31] yang sdug bsngal chung ngu myong ba dang | sems skyo zhing der skyes pa'i sems can rnams snying rjes yong su smin par byed pa'o ||

1.8 種姓の譬喩〈1〉（金の鉱脈）（第 9 偈）

［D 138a4–6, C 133b4–6, P 146a3–6, N 139b5–7, G 183b2–5, Ng 15a3–15b1］

gser[32] gyi rigs chen po dang 'dra bar[33] tshigs su bcad pa |

gser gyi rigs bzhin shes par bya ||
dge ba dpag tu med pa'i gnas ||
ye shes dang ni dri med ldan ||

29 tshigs PNG : tshegs DC
30 par PNGNg : bar DC
31 nas PNG : na DCNg
32 gser DCPG: gsar N
33 'dra bar DCPNG : 'dra ba'i Ng

mthu rnams kyi yang gnas yin no || III.9 ||

gser gyi rigs chen po ni gser rnam pa bzhi'i gnas su 'gyur te | mang po dang | 'od gsal ba dang | dri ma med pa dang | las su rung ba'o || de dang chos mthun par byang chub sems dpa'i rigs kyang dge ba'i rtsa ba dpag tu med pa'i gnas dang | ye shes kyi gnas dang | nyon mongs pa'i dri ma med pa'i gnas dang | mngon par shes pa[34] la sogs pa'i mthu'i gnas yin te[35] | de lta bas na gser gyi rigs chen po lta bur rig[36] par bya'o ||

1.9 種姓の譬喩〈2〉（宝石の鉱脈）（第 10 偈）

［D 138a6–b2, C 133b6–134a2, P 146a6–146b2, N 139b7–140a4, G 183b5–184a3, Ng 15b1–3］

rin po che'i rigs chen po dang 'dra bar tshigs su bcad pa |

rin chen mchog rigs bzhin shes bya ||
byang chub chen po'i rgyu mtshan phyir ||
ye she che dang ting 'dzin 'phags ||
sems can mang po'i don gnas phyir || III.10 ||

rin po che'i rigs chen po ni rin po che bzhi'i[37] gnas su 'gyur te | rigs dang ldan pa dang | kha dog phun sum tshogs pa dang | dbyibs phun sum tshogs pa dang | tshad phun sum tshogs pa'i'o[38] || byang chub sems dpa'i rigs kyang de dang 'dra bar rig par bya ste | byang chub chen po'i rgyu mtshan yin pa'i phyir dang | ye shes chen po'i rgyu mtshan yin pa'i phyir dang | 'phags pa'i ting nge 'dzin gyi rgyu mtshan yin pa'i phyir te | ting nge 'dzin ni sems yang dag par gnas pa'o || sems

34 shes pa DCPNG : shes pas Ng
35 te PNGNg : ta DC
36 rig DCNg : rigs PNG
37 bzhi'i DCPNG : rnam pa bzhi'i Ng
38 pa'i'o DCNg : pa'o PNG

can mang po yongs su smin par byed pa'i rgyu mtshan yin pa'i phyir te | sems can mtha' yas pa yongs su smin par byed pa'i phyir ro[39] ||

2. 無種姓（第 11 偈）

〔D 138b2–5, C 134a2–5, P 146b2–6, N 140a4–140b1, G 184a3–184b1, Ng 15b3–16a2〕

rigs med pa la gnas pa rnam par dbye bar tshigs su bcad pa |

la la gcig tu nyes par spyod nges yod ||
la la dkar po'i chos rnams kun tu bcom ||
la la thar pa'i cha mthun dge ba med ||
dkar po dman pa yod pa rgyu dang bral || III.11 ||

don 'di la ni rigs med pa la gnas pa yongs su mya ngan las mi 'da' ba'i chos can yin par bzhed do || de yang mdor bsdu na rnam pa gnyis te | de'i dus dang gtan yongs su mya ngan las mi 'da' ba'i chos can no || de'i dus su yongs su mya ngan las mi 'da' ba'i chos can yang rnam pa bzhi ste | gcig tu nyes par spyod pa dang | dge ba'i rtsa ba kun tu chad pa dang | thar pa'i cha dang mthun pa'i dge ba'i rtsa ba med pa dang || dge ba'i[40] rtsa ba dman pa yod pa tshogs yongs su ma rdzogs pa'o || gtan yongs su mya ngan las mi 'da' ba'i chos can ni rgyu dang bral ba ste | gang la yongs su mya ngan las 'da' ba'i rigs nyid med pa'o ||

---

39 pa'i phyir ro DCNg : pa'o PNG

40 dge ba'i DCNg : dge ba dang | dge ba'i PNG

3. 種姓の偉大性（第 12 偈）

［D 138b5–139a1, C 134a5–134b1, P 146b6–147a2, N 140b1–4, G 184b1–5, Ng 16a2–16b1］

rang bzhin dang rgyas pa'i rigs rnam par dbye ba nyid du tshigs su bcad pa |

> **zab cing rgya cher bshad pa gzhan la phan phyir bstan pa'i chos chen la ||**
> **mi shes bzhin du mos pa shin tu rgya chen 'byung[41] zhing sgrub la[42] bzod ||**
> **de dag tha mar rnam pa gnyis mchog phun sum tshogs 'gyur gang yin de ||**
> **byang chub sems dpa' rang bzhin yon tan ldan de rgyas pa'i rigs las shes || III.12 ||**

zab cing rgya che bar bshad pa gzhan la phan par bya ba'i phyir bstan pa theg pa chen po'i chos rgya chen po la zab cing rgya che ba'i[43] don mi shes bzhin du mos pa rgya chen po 'byung zhing sgrub pa la[44] yang mi skyo la | tha mar yang phun sum tshogs pa rnam pa gnyis kyi mchog byang chub chen po phun sum tshogs pa 'thob par 'gyur ba gang yin pa[45] de ni byang chub sems dpa'i rigs rang bzhin gyis yon tan dang ldan pa dang rgyas pa'i che ba[46] yin par rig par bya'o || rnam pa gnyis zhes bya ba ni | gnyis po 'jig rten pa dang | nyan thos dag go[47] || mchog ces bya ba ni khyad par du 'phags pa'o ||

[41] 'byung DCNg : byung PNG
[42] la DCNg : pa PNG
[43] che ba'i Ng : che ba'o || DCPNG
[44] la DCNg : las PNG
[45] 'thob par 'gyur ba gang yin pa PNG : 'thob par 'gyur ba yin pa DC, gang yin pa Ng
[46] che ba DCPNG : che ba nyid Ng
[47] dag go DCPNG : pa'o Ng

4. 樹根の譬喩（第 13 偈）

［D 139a1–3, C 134b1–3, P 147a2–5, N 140b4–6, G 184b5–185a1, Ng 16b1–2］

'bras bu'i sgo nas rigs khyad par du[48] bya bar tshigs su bcad pa |

yon tan shin tu rgya che byang chub shing bskyed phyir ||
bde dang sdug bsngal chen po zhi ba thob bya'i phyir ||
bdag dang gzhan la phan bde byed pa 'bras bu'i phyir ||
rigs[49] mchog de ni rtsa ba bzang po lta bu yin || III.13 ||

'dis ni byang chub sems dpa'i rigs byang chub kyi shing rang dang gzhan la phan pa dang bde ba byed pa'i 'bras bu can gyi[50] rtsa ba bzang po nyid yin par bstan to ||

Rigs kyi skabs rdzogs so ||

---

48 khyad par du DCNg : khyad par PNG
49 rigs DCPGNg : rig N
50 can gyi DCNg : can PNG

『大乗荘厳経論』第Ⅲ章
無性釈チベット訳テキスト
および
和訳・注解

凡　例

Mahāyānasūtrālaṃkāra-ṭīkā

Theg pa chen po mdo sde'i rgyan gyi rgya cher bshad pa

訳者

Śākyasiṃha, dPal brtsegs

D	sDe dge ed., No. 4029, bi 50b6–53a4
C	Co ne ed., vol. 45/209, bi 50b5–53a4
P	Peking ed., No. 5530, bi 57b5–60a4
N	sNar thang ed., vol. 133, No. 4319, bi 53b1–56a1
G	dGa' ldan Golden Manuscript bsTan 'gyur, No. 3533, bi 63a5–66a2

sDe dge版を底本とし，他の三版一写本を校合して異読を注記した。ただし，句読記号（shad: |, ||）の取捨，語尾辞paとbaなどの異読は一々注記しない。

世親釈梵文和訳に準じ，導入部 0. および本論 1.～4. に分節して見出しを付し，各節冒頭に諸版の葉・行を示した。

無性釈中に引かれる本偈，本偈の文言，および世親釈の文言はボールドで示した。

和訳においては，無性釈中に引かれる本偈および本偈中の文言はボールドで表記してカギ括弧「　」に入れて示し，同じく無性釈中に引用される世親釈の文言はボールドで示した。

0. 導入（前章と本章との関係）

［D 50b6–51a3, C 50b5–51a3, P 57b5–58a2, N 53b1–5, G 63a5–b4］

skyabs su 'gro ba'i 'og tu rigs kyi skabs yin te | 'di'i 'brel ba gang yin zhe na |

skyabs su 'gro ba 'dir song don chen te[1] ||
de ni tshad med yon tan tshogs 'phel 'gyur ||
'gro ba 'di la snying rje bsam pas khyab ||
mtshungs med 'phags chen chos kyang rgyas par byed || **II.12** ||
［**śaraṇagatim imāṃ gato mahārthāṃ guṇagaṇavṛddhim upaiti so 'prameyām** |
sphurati jagad idaṃ kṛpāśayena prathayati cāpratimaṃ mahāryadharmam ||
II.12 ||］

ces bshad ma thag pa'i tshigs su bcad pa 'dis ni **skyabs su 'gro ba'i**[2] **don che ba nyid rang dang gzhan**[3] **gyi**[4] **don bsgrub pa dag gis**[5] **bstan to** ||

rang dang gzhan gyi don phun sum tshogs pa de lta bu de ci[6] nges pa med par sangs rgyas nyid don du gnyer ba thams cad kyi yin nam | 'on te nges pa ci zhig yod ce na | smras pa | yod do ||

nges pa gang yin zhe na | gzhan gyi don phun sum tshogs pa dang[7] yon tan gyi tshogs 'byor pa dang ldan pa 'di ni sangs rgyas kyi rigs can yin gyi | gzhan gyi ni ma yin pas de'i phyir skyabs su 'gro ba'i 'og tu rigs kyi skabs yin no ||

---

1 chen te DC : che ste PNG

2 'gro ba'i em. cf. MSABh II.12 śaraṇagamanasya mahārthatāṃ（skyabs su 'gro ba'i don che ba nyid ni）: 'gro ba DCPNG

3 rang dang gzhan DC : rang bzhin PNG

4 gyi em. cf. MSABh II.12 svaparārtha-（rang dang gzhan gyi don）: gyis DCPNG

5 dag gis em. cf. MSABh II.12 -pratipattibhyāṃ（sgrub pa dag gis）: dag DCPNG

6 ci PNG : ni DC

7 phun sum tshogs pa dang em. cf. SAVBh III.1 bdag dang gzhan gyi don phun sum tshogs pa dang yon tan gyi tshogs rnams : phun sum tshogs pa DCPNG

0. 導入（前章と本章との関係）

「帰依〔の章〕」の後に，「種姓の章」〔が続くの〕である。この関係は何か。

> **この偉大な意義のある帰依処に帰依した彼は，(1) 功徳の集まりの無量なる増大に至り，(2) この生きとし生けるものを悲愍の意欲をもって覆い，そして偉大な聖者の無比なる教法を広めるのである。(第 II 章 第 12 偈)**[1]

という，直前に説かれたこの偈によって，〔大乗に〕**帰依することに偉大な意義のあることが自利利他の両正行により示された。**

以上のような自利利他の完成は，仏たること(仏果)を求めるすべての者にとって，無制限に(*aniyamena)あるのか，それとも何らかの制限(*niyama)があってのことか，というならば，答える。〔制限が〕あってのことである。

制限とは何か。利他の完成と功徳の集まりの増長(＝自利の完成)を具える彼は[2]，仏種姓を持つ者〔に限られるの〕である。しかし，他の者(＝仏種姓を持たない者)に〔自利利他の完成があるの〕ではないから，それゆえに，「帰依〔の章〕」の後に，「種姓の章」〔が続くの〕である。

ma nges pa'i rigs can gyi ni gal te na[8] yin la | gal te na ma yin pas gdon mi za bar ma smos so ||

sangs rgyas nyid[9] de'i skal ba[10] yod pa ni[11] rigs yin te | rigs ni sangs rgyas kyi chos thams cad kyi sa bon yin no || sa bon med par yang 'bras bu ma mthong ste | de'i phyir de 'thob pa'i skal ba[12] dang ldan pa'i don du skyabs su 'gro ba'i 'og tu rigs yin no ||

1. 種姓の分類（第1偈）＊註なし

1.1 種姓の存在性（第２偈）

［D 51a3–51b2, C 51a3–b2, P 58a2–8, N 53b6–54a4, G 63b4–64a3］

sems can rnams ni khams sna tshogs pa yin pa'i phyir ro || khams kyi dbye ba dpag tu med de | ji skad du *Ba*[13] *ru ra'i mdo* las bshad pa lta bu'o zhes bya ba ni | de las bcom ldan 'das kyis dge slong dag | dper na ba[14] ru ra'i phung po 'phang du dpag tshad tsam | rgyar yang dpag tshad tsam zhig yod par gyur la | ba ru ra'i phung po de las 'ga' zhig gis lo brgya lo brgya[15] 'das shing ba ru ra re re zhig blangs te | ba ru ra 'di ni khams che ge mo zhig tu dor ro || ba ru ra 'di ni khams che ge mo zhig tu dor ro zhes de skad zer na | ba ru ra'i phung po de ni myur ba kho nar zad pa dang yongs su gtugs par 'gyur gyi | khams ni de ltar yongs su gtugs pa ma yin no zhes bshad do ||

---

[8] na DC : ma PNG

[9] nyid DC : kyi PNG

[10] skal ba DC : bskal pa PNG

[11] ni PNG : na DC

[12] skal ba DC : bskal pa PNG

[13] ba DCNG : bu P

[14] ba DCNG : bu P

[15] lo brgya lo brgya PNG : lo brgya DC

〔また,〕不確定(*aniyata)の種姓を持つ者(不定種姓)には,ある場合は〔自利利他の完成があるの〕であり,ある場合は〔自利利他の完成があるの〕ではないので〔その制限については〕断定的にはいえない[3]。

〔あるいはまた,〕その仏たることのための資質(*bhavya)のあることが種姓である[4]。〔したがって,その〕種姓とは仏のあらゆる特質(＝不共仏法)の種子である。種子なくして果実は見られない。それゆえに,それ(仏たること)を得るための資質を具えている者を対象として,「帰依〔の章〕」の後に「種姓〔の章〕」〔が続くの〕である。

1. 種姓の分類(第1偈) *註なし

1.1 種姓の存在性(第2偈)

(1) 諸々の衆生には様々な要素があるので,要素の区別は無量である。〔要素の区別が無量であるのは〕『アクシャ樹果〔の堆積〕経』に述べられている通りであるというのは,それ(『アクシャ樹果の堆積経』)の中に,世尊によって「比丘たちよ,例えば,アクシャ樹果の堆積は,高さにして一ヨージャナ,幅にしても一ヨージャナである。そのアクシャ樹果の堆積から,百年経過するごとに,ある者がアクシャ樹果を一つずつ取り出して,『このアクシャ樹果はある界に投げ入れた』『このアクシャ樹果は〔別の〕ある界に投げ入れた』と,そのようにいっ〔て,数え〕たとしよう。その場合には,このアクシャ樹果の堆積は,すぐに無くなり尽きてしまうだろうが,界はそのように尽きてしまうことはない」と述べられている[5]〔通りである〕。

gsung rab las byung ba'i khams kyi don gang yin zhe na | mig la sogs pa'i khams kyi dbye ba bstan pa dang | *Khams mang po'i mdo* dang sbyar na ni | khams kyi dbye ba rnam pa mang po zhig yod do || rigs kyi skabs 'dir ni rigs sa bon yin te | khams dang rgyu zhes bya ba ni rnam grangs so ||

ji ltar sems can rnams la 'dod chags ⁽la sogs pa spyad pa'i bye brag gis 'dod chags la sogs pa'i[16)] chos skye ba'i rgyur 'gyur ba gang yin pa so so rang rang gi rgyud kyi khyad par chos du ma'i nus pa dang ldan pa dag yod pa de bzhin du theg pa gsum gyi rigs kyi khyad par yang yod par 'gyur te | rigs tha dad pa med par[17] ni theg pa tha dad par 'os pa ma yin pas theg pa gsum gyi rigs tha dad pa yod do ||

1.2 種姓の最勝性（第３偈）＊註なし

1.3 種姓の特徴（第４偈）

［D 51b2–6, C 51b2–6, P 58a8–58b6, N 54a4–b2, G 64a3–b1］

rang bzhin du gnas pa'i rigs ni yang dag par ma bsgrubs pa[18] gang yin pa ste | skye mched drug gi khyad par thog ma med pa'i dus can gdon mi za bar bla na med pa yang dag par rdzogs pa'i byang chub mngon par rdzogs par 'tshang rgya ba'i skal ba can gang yin pa de lta bu yod do || rang bzhin gyis[19] rigs de lta bu la gnas pa'i byang chub sems dpa' rnams gang gi tshe dge ba'i bshes gnyen dag gis bla na med pa yang dag par rdzogs pa'i byang chub yang dag par len du bcug[20] pa de'i tshe rigs de **yang dag par bsgrubs pa** zhes bya'o ||

---

16 la sogs pa spyad pa'i bye brag gis 'dod chags la sogs pa'i DC : la sogs pa'i PNG

17 par DC : pa PNG

18 ma bsgrubs pa PNG : bsgrubs pa DC

19 gyis PNG : gyi DC

20 bcug DC : bcud PNG

〔この〕聖典に出てくる「界(dhātu)」の意味は何か。〔一般的には〕眼などの〔十八〕界の区別を指示するが，『多界経』(**Bahudhātukasūtra*)[6]と結びつけるならば，界の区別は多種あって，この「種姓の章」においては，「種姓」「種子(bīja)」「要素(界 dhātu)」「原因(hetu)」というのは同義異語である[7]。

例えば，諸々の衆生には，貪行者など(*rāgādicarita)の区別に応じて，貪などの法が生起する原因となるところのものである，多くの法に関する能力を備えた，それぞれの特定の〔心〕相続が存在する。それと同様に，三乗の種姓の相違もまた存在することになる。種姓の区別がないことには，乗の区別は妥当しないので，三乗の種姓という区別がある[8]。

1.2 種姓の最勝性（第 3 偈） * 註なし

1.3 種姓の特徴（第 4 偈）

(1) 本来的に在る種姓とは，発展したのではない〔種姓〕である[9]。〔それは〕無上正等菩提を確実に現等覚する素質を具えている，無始の時以来の特殊な六処(*ṣaḍāyatanaviśeṣa)[10]であり，そのように存在している。本来的にそのように〔存在している〕種姓に立脚した諸菩薩が善き師友たちによって，無上正等菩提へと教導された時に，その種姓は **(2) 発展した**といわれる[11]。

rang bzhin du gnas pa gang yin pa de ni yang dag par bsgrubs[21] pa'i **rten du gyur pa** yin no || yang dag par bsgrubs pa ni **brten[22] pa'i ngo bo nyid** yin no ||

de ni rgyu'i dngos por yod do || 'bras bu'i dngos por med do zhes bya ba'i rang bzhin gyi[23] rigs de'i 'bras bu ni yang dag par bsgrubs pa'i rigs yin no || de'i phyir de ni rgyu'i dngos por yod la | 'bras bu'i dngos por med ces bya ste | rgyur gyur pa'i rigs de ni nam yang 'bras bur 'gyur ba 'os pa ma yin no ||

('di ltar de dag la brten nas 'bras bur gyur pa[24]) stobs dang mi 'jigs pa la sogs pa yon tan thams cad 'grub par 'gyur ro ||

1.4 種姓の表徴（第５偈）＊註なし

1.5 種姓の区別（第６偈）

［D 51b6–52a3, C 51b6–52a3, P 58b6–59a2, N 54b2–5, G 64b1–5］

rigs nges pa ni nyan thos dang | rang sangs rgyas dang | sangs rgyas kyi rigs su nges par gnas pa gang yin pa ste | nyan thos nyid 'thob[25] par nges pa'i rigs gang yin pa de ni nam yang rang sangs rgyas dang sangs rgyas nyid 'thob pa'i rgyur mi 'gyur ro || de bzhin du rang sangs rgyas dang sangs rgyas kyi rigs dag kyang sbyar bar bya'o || ma nges pa ni[26] rkyen gyi dbang gis nyan thos dang rang sangs rgyas[27] dang sangs rgyas kyi[28] rigs rnams kyi rgyur 'gyur te |

---

[21] bsgrubs CPNG : bsgrub D

[22] brten em. cf. MSA（Tib.）brten pa'i ngo bo nyid, Vair āśritasvabhāvaṃ : rten DCPNG

[23] gyi DCNG : gyis P

[24] 'di ltar de dag la brten nas 'bras bur gyur pa DC : 'di ltar de dag la brten nas 'bras bur 'gyur bar 'os pa ma yin no || 'di ltar de dag la brten nas 'bras bur PNG

[25] 'thob PNG : thob DC

[26] pa ni em. : pa'i DCPNG

[27] rang sangs rgyas DC : sangs rgyas PNG

[28] kyi DC : kyis PNG

(1) 本来的に在る〔種姓〕，それは (2) 発展した〔種姓〕の **(3) 依り所を本質とする〔種姓〕**[12]である。発展した〔種姓〕は，**(4) 依るものを本質とする〔種姓〕**である[13]。

さらにまた，それ(種姓)は原因としては存在し，結果としては存在しないという，その (1) 本来的〔に在る〕種姓の結果が (2) 発展した種姓である。それゆえ，それ(種姓)は原因としては存在し，結果としては存在しないといわれており，原因であるその種姓が〔そのまま〕結果となることは決して妥当しない。

以上のように，それら両方〔の種姓〕に依拠して，結果である〔十〕力・〔四〕無畏などのすべての功徳が成就する。

1.4 種姓の表徴（第５偈）＊註なし

1.5 種姓の区別（第６偈）

確定した種姓とは，声聞や独覚や仏の種姓に確定しているものである。声聞たること (*śrāvakatva) を獲得すると確定した種姓は，決して，独覚〔たること〕や仏たること (仏果) を獲得するための原因にはならない。同様に，独覚や仏の種姓も〔適宜〕適用〔して理解〕されるべきである。不確定〔の種姓〕は，縁の力によって声聞や独覚や仏の種姓の原因となる。

dper na ri'i phyogs gang dag la[29] gdon mi za bar gser 'ba' zhig 'byung gi dngul 'ba' zhig kyang ma yin la | zangs 'ba' zhig kyang ma yin pa de lta bu yang yod la | phyogs gang zhig 'jim gong[30] dril ba la sogs pa'i bcos legs bya ba'i dbang gis[31] gdon mi za bar res 'ga' gser 'byung la | res 'ga' dngul la sogs pa 'byung bar yang yod pa de lta bu'o ||

de nyid kyi phyir rigs nges pa ni | rkyen rnams kyis mi 'phrogs la ma nges pa ni 'phrogs pa yin no ||

1.6 種姓の災難（第 7 偈）

［D 52a3–4, C 52a3, P 59a2–3, N 54b5–6, G 64b5–6］

yo byad kyis phongs pa zhes bya ba ni dbul na sbyin pa la sogs pa byang chub sems dpa'i spyod pa la mi 'jug go || **gzhan gyi dbang du gyur pa** ni bran la sogs par gyur pa'o ||

1.7 種姓の利徳（第 8 偈）

［D 52a4, C 52a3–4, P59a3–4, N 54b6, G 64b6］

der skyes pa'i sems can rnams zhes bya ba ni ngan song du skyes pa rnams zhes bya ba'i tha tshig go ||

[29] la PNG : las DC

[30] 'jim gong DCPG : 'ji gong N

[31] gis DC : gi PNG

例えば，山には，限定的に金のみは出るが，銀のみが〔出ること〕はなく，銅のみが〔出ること〕もない，そのような場所がある。一方，積層した土塊などを製錬することで[14]，或る時には金が限定的に出て，或る時には銀などが〔限定的に〕出る，そのような場所もある[15]。

まさにそれゆえに，(1) 確定した種姓は (3) 諸々の縁によって揺るがされないものであり，(2) 不確定〔の種姓〕は (4)〔諸々の縁によって〕揺るがされるものである。

1.6 種姓の災難（第７偈）

(3) 生活必需品が欠乏していることというのは，困窮しているならば，布施などの菩薩行に向かわない。**(4) 他者に服従すること**とは，召使いなどになることである[16]。

1.7 種姓の利徳（第８偈）

(4) そこに生まれた諸々の衆生というのは，悪趣に生まれた者たち，という意味である。

1.8 種姓の譬喩〈1〉（金の鉱脈）（第 9 偈）

［D 52a4–7, C 52a4–7, P 59a4–7, N 54b6–55a2, G 64b6–65a3］

'od gsal ba dang dri ma med pa'i gnas su 'gyur[32] la | 'od gsal ba ni gsal ba la bya'o ||

la la ni[33] dri ma cung zad chags kyang 'od gsal bas gang la dri ma cung zad kyang chags pa med pa de ni dri ma med pa zhes bya'o || yang na gser 'od gsal ba kha cig bsregs na kha dog ngan par 'gyur bas gang la bsregs kyang kha dog ngan par 'gyur ba med pa de ni dri ma med pa zhes bya'o ||

nyon mongs pa'i dri ma med pa 'thob pa'i gnas zhes bya ba ni rigs de nyon mongs pa'i gnas ngan len dang bral[34] zhing mi ldan pa thob pa'i gnas yin pa'am | yang na rigs de nyon mongs pa spangs na zag pa med pa'i chos dri ma med pa rnams kyi[35] 'thob pa gang dag yin pa de dag gi gnas yin pas[36] na nyon mongs pa'i dri ma med pa 'thob pa'i gnas zhes bya'o ||

1.9 種姓の譬喩〈2〉（宝石の鉱脈）（第 10 偈）

［D 52a7– 52b1, C 52a7–b1, P 59a7–8, N 55a2–3, G 65a3–4］

byang chub chen po'i rgyu mtshan yin pa'i phyir ro zhes bya ba ni mthar thug pa'i gnas skabs byang chub chen po ni rin po che dri ma med pa lta bu yin te | de ni rdo rje lta bu'i ting nge 'dzin[37] gyi mjug thogs su 'byung ba yin no || **ye shes**[38] **chen po** ni bya ba sgrub pa'i ye shes la sogs pa'o ||

---

32 'gyur DC : 'gyur ba PNG
33 la la ni DC : la la PNG
34 bral DC : 'bral PNG
35 kyi em. : kyis DCPNG
36 pas DC : pa PNG
37 ting nge 'dzin DCPG : ting 'dzin N
38 ye shes PNG : ye shes shes DC

1.8 種姓の譬喩〈1〉（金の鉱脈）（第 9 偈）

(2') 輝く〔金〕の，(3') 無垢な〔金〕の依り所であることのうち，(2') 輝くとは，光っていることをいう。

あるものは少しの垢が付着しても輝くから，〔輝く金の中で〕少しの垢も付着することがないもの〔だけ〕が (3') 無垢といわれる。あるいはまた，輝くある金を熱した時に色合いが悪くなるものがあるから，〔輝く金の中で〕熱しても色合いが悪くなることがないもの〔だけ〕が (3') 無垢といわれる[17]。

(3) 煩悩に関する無垢性の獲得の依り所というのは，その種姓は，煩悩の麁重を遠離した，〔煩悩の麁重を〕有さないことの獲得の依り所である。あるいはまた，その種姓は，煩悩を滅したとき無垢なる諸々の無漏法を獲得する[18]者たちにとっての依り所であるので，煩悩に関する無垢性の獲得の依り所といわれる[19]。

1.9 種姓の譬喩〈2〉（宝石の鉱脈）（第 10 偈）

(1) 大菩提の因だからでありというのは，究極の境地である大菩提は無垢なる宝石の如くであり，それ(大菩提)は金剛喩定[20]の直後に生じるのである。**(2) 大智慧**は成所作智など〔の四智〕である[21]。

2. 無種姓（第 11 偈）

［D 52b1–6, C 52b1–6, P 59a8–59b6, N 55a3–b2, G 65a4–b3］

don 'di la ni[39] **rigs med pa la gnas pa yongs su mya ngan las mi 'da' ba'i chos can yin par bzhed do**[40] zhes bya ba ni med pa zhes bya ba 'di la lar ni smad pa la mthong ste | chung ma ngan pa la chung ma med do zhes bya ba dang | bu ngan pa la bu med do zhes bya ba lta bu'o || la lar ni cung zad yod pa'i don la ste | bu mo lto med ces bya ba lta bu'o || la lar ni med pa la mthong[41] ste | rnyed pa med ces bya ba lta bu'o ||

med ces bya ba 'di ni smad pa dang med pa la blta bar bya ste |

la la gcig tu nyes par spyod nges yod || ces bya ba nas bzung ste | **dge ba'i rtsa ba dman pa yod pa tshogs yongs su ma rdzogs pa'o** zhes bya ba'i bar 'di ni | de'i dus su yongs su mya ngan las[42] mi 'da' ba'i phyir rigs[43] med par bshad pa yin pas med pa zhes bya ba 'di ni smad pa la blta bar bya'o ||

la la gcig tu nyes par[44] **spyod nges yod** || ces bya ba ni las byed par nges pa'i dbang du byas nas bshad pa yin te | gcig tu las byed par nges pa gang gis gdon mi za bar ma la sogs pa gsod par 'gyur ba de ni | gnas skabs de na rigs yod du zin kyang ma la sogs pa bsad pa'i las[45] smad pas rigs[46] med pa zhes bya'o || **dkar po'i chos kun tu bcom pa** la sogs pa yang de bzhin du ci rigs par sbyar bar bya'o ||

rgyu dang bral ba'i yongs su mya ngan las mi 'da' ba'i chos can zhes bya ba'i med pa zhes bya ba 'di ni med pa la blta bar[47] bya'o ||

---

[39] la ni DC : la PNG

[40] bzhed do em. cf. MSABh（Tib.）: bshad do DCPNG

[41] mthong DCPG : mthongs N

[42] mya ngan las DC : mya ngan PNG

[43] rigs em. : rig DC, rigs par PNG

[44] par DC : pa PNG

[45] bsad pa'i las DC : bsad pa'i PNG

[46] rigs DCGP : rims N

[47] blta bar DC : bstan par PNG

2. 無種姓（第 11 偈）

ここでは，無種姓に立脚する者（rigs med pa la gnas pa）[22]**とは般涅槃できる性質のない者が意図されている**というのに関して。〔a-parinirvāṇadharmaka の〕この a-という〔字〕は，(i) ある場合には，非難（kutsā）〔という意味〕と考えられる。「悪い妻」を「a-bhārya」といい，また「悪い息子」を「a-putra」というように。(ii) ある場合には，僅少（*alpaka）という意味と〔考えられる〕。〔腰の細い娘を〕「*an-udarā kanyā」というように。(iii) ある場合には，非存在（abhāva）〔という意味〕と考えられる。〔財産がない者を〕「a-lābha」というように[23]。[24]

〔a-parinirvāṇadharmaka の〕この a-という〔字〕は，(i) 非難と (iii) 非存在〔という意味〕で考えるべきである。

(I)「**(1) ある者は悪行を専らなす者である**」から **(4) 善根の劣った者で資糧が不足している者である**までのこれは[25]，一時的に般涅槃できないから，〔悪い種姓の者が〕agotra（無種姓）なる者と説かれるので，この a- という〔字〕は，非難〔という意味〕で考えるべきである。

「**(1) ある者は悪行を専らなす者である**」とは，〔悪〕業をなすと確定した者（*karmakriyāniyama）に関して説かれたのである[26]。専ら〔悪〕業をなすと確定している者が，確実に母などを殺すことになるとすれば，彼はその状態において，〔菩薩〕種姓があるけれども，母などを殺した〔五無間〕業は非難されるので，〔悪い種姓の者が〕agotra（無種姓）なる者といわれる。「**(2) ある者は白浄〔なる善根〕が根絶された性質の者**」なども同様に適宜関連させられるべきである。

(II) 原因を欠いた者〔つまり〕般涅槃できる性質が〔永久に〕ない者[27]といわれる〔a-parinirvāṇadharmaka における〕この a- という〔字〕は，非存在〔という意味〕で考えるべきである[28]。

3. 種姓の偉大性（第 12 偈）

[D 52b6–7, C 52b6–7, P 59b6–8, N 55b2–3, G 65b3–4]

zab cing rgya che ba'i don mi shes pa bzhin du mos pa rgya chen po 'byung zhes bya ba ni sgra tsam thos pa[48] kho nas mos kyi | don yongs su shes pa las ni ma yin pa'o ||

rnam pa gnyis kyi mchog ces bya ba ni 'jig rten pa dang | nyan thos kyi phun sum tshogs pa bas sangs rgyas dang byang chub sems dpa' rnams kyi phun sum tshogs pa mchog dang | phul dang | rab dang | rab mchog yin no ||

4. 樹根の譬喩（第 13 偈）

[D 52b7–53a4, C 52b7–53a4, P 59b8–60a4, N 55b3–56a1, G 65b4–66a2]

byang chub gang la yon tan shin tu rgya chen po yod pa de ni yon tan shin tu rgya che ba'i byang chub bo || yon tan shin tu rgya che ba'i byang chub nyid shing yin pas na | yon tan shin tu rgya che byang chub shing ngo ||

⁽yang na byang chub nyid shing yin pas byang chub shing ngo ||[49)] yon tan shin tu rgya che ba rnams kyi byang chub kyi shing yin pas[50] na yon tan shin tu rgya che ba[51] byang chub kyi[52] shing ngo ||

de bskyed pa ni yon tan shin tu rgya che ba byang chub kyi shing bskyed pa'o || de'i phyir te | yon tan shin tu rgya che byang chub shing bskyed phyir ro || ci zhe na | 'og nas rigs de rtsa ba yin no zhes 'chad par 'gyur ro ||

---

[48] pa DC : nas PNG

[49] yang na byang chub nyid shing yin pas byang chub shing ngo || DC : om. PNG

[50] pas DC : pa PNG

[51] che ba PNG : che DC

[52] byang chub kyi DC : byang chub PNG

3. 種姓の偉大性（第 12 偈）

甚深で広大な意味を全く知らないままに大いなる信解がありとは，ただ言葉を聴くだけで信解するのであって，意味を遍く知ることに基づいて〔信解するの〕ではないのである。

「**二者にある〔完成〕よりもはるかに勝れている**」とは，世間の者や声聞〔たち〕にとっての完成よりも，仏や菩薩たちにとっての完成の方がはるかに勝れ，〔すなわち〕最勝であり，はるかに価値が高く，いっそうはるかに価値が高いのである。

4. 樹根の譬喩（第 13 偈）

(1-1-1) 菩提に極めて大いなる功徳があるものが，「極めて大いなる功徳のある菩提」である。(1-1-2) 極めて大いなる功徳のある菩提そのものが樹であるので，「極めて大いなる功徳のある菩提という樹」である。

あるいはまた，(1-2-1) 菩提そのものが樹であるので，「菩提という樹」である。(1-2-2) 極めて大いなる功徳を有する者たちにとっての菩提樹であるので，「極めて大いなる功徳を持つ者にとっての菩提樹」である。

(2) それを成長させることが，「極めて大いなる功徳のある菩提樹を成長させること」である。(3) そのために (*tasyai)，〔すなわち〕「極めて大いなる功徳のある菩提樹を成長させるために」である[29]。何が〔樹根であるの〕か。その種姓が樹根であると後に説かれる。

bde[53] **dang sdug bsngal chen po zhi ba thob bya'i phyir** || zhes bya ba ni 'dir go rims[54] ji lta ba bzhin blta bar bya ba ma yin no || 'on kyang de ni bde ba chen po thob par bya ba'i phyir dang | sdug bsngal chen po zhi bar bya ba'i phyir[55] rtsa ba yin no ||

de lta bas na rigs 'di byang chub kyi shing de lta bu'i rtsa ba yin pa dang | rang gi don dang gzhan gyi don sgrub par byed pas | **bdag dang gzhan la phan bde byed pa 'bras bu** zhes bshad de | **yon tan shin tu rgya che byang chub shing bskyed phyir** || zhes bya ba ni rang gi don to || gzhan ni gzhan gyi[56] don to ||

Rigs kyi skabs so ||

[53] bde DCPG : 'di N

[54] rims DC : rim PNG

[55] bya ba'i phyir DC : bya ba'i PNG

[56] gyi DC : gyis PNG

「強固・安楽・苦・寂滅・獲得(ghana-sukha-duḥkha-śama-upalabdhi)」とは，この場合，順序通りに理解するべきではなく，そ〔の種姓〕は，強固な安楽を獲得するための，また強固な苦を寂滅するための，樹根なのであって〔「強固な安楽の獲得と強固な苦の寂滅とに資する」と理解するべきである〕。

それゆえ，この種姓はそのような菩提樹の樹根であり，自利・利他を円満させる(*niṣpāda)ので[30]，**「自他の利益・安楽をもたらすという結果(果実)を持つ」**と説く。**「極めて大いなる功徳のある菩提という樹の成長に資する」**とは，自利である。もう一方(「強固な安楽の獲得と強固な苦の寂滅とに資する」)は，利他である。

「種姓」の章　了。

和訳注解

[1] II.12については，研究会［2020: 38–41］参照。

[2] 本偈の「この偉大な意義のある帰依処に帰依した彼は，．．．」の彼(sa, de ni)を指すであろう。

[3] これは第6偈に説かれる，不確定種姓の者について説いている。不確定の種姓は，大乗の師友に導かれた場合は仏種姓となるので，自利利他の完成があり，声聞などの師友に導かれた場合は，声聞などの種姓となるので，自利利他の完成がない，ということを示している。

[4] これは，以下の『菩薩地』「種姓品」を前提とした解釈と考えられる。

BBh$_D$ 1.9–10, BBh$_W$1.19–23, 相馬［1986: 5］:

iha bodhisattvo gotraṃ niśritya pratiṣṭhāya bhavyo bhavati, pratibalo 'nuttarāṃ samyaksaṃbodhim abhisaṃboddhum | tasmād bhavyatāyā gotram ādhāra ity ucyate |

ここでは，菩薩が種姓に依拠して〔種姓を〕基盤として資質ある者(bhavya)となり，無上正等菩提を証得するのにふさわしい者となる。それゆえに，種姓は資質のあることの基礎といわれる。

[5] 袴谷［1981: 135–136］［2001: 243–244］は，無性釈および安慧釈に引用される『アクシャ樹果の堆積経』とほぼ合致するものが，以下の『雑阿含経』No. 444にみられ，これは『アクシャ樹果の堆積経』の古形を伝えるものと指摘する。

『雑阿含経』T.2 No. 99, 114c27–115a4:

(四四四)如是我聞。一時佛住舍衛國祇樹給孤獨園。爾時世尊告諸比丘。譬如眼藥丸。深廣一由旬。若有士夫取此藥丸。界界安置。能速令盡於彼界。界不得其邊。當知諸界。其數無量。是故比丘。當善界學善種種界。當如是學。佛説此經已。諸比丘。聞佛所説歡喜奉行。

[6] この『多界経』については，袴谷［1981: 134–135］［2001: 242–243］によって，「パーリの *Majjhima Nikāya* 所収の *Bahudhātuka-sutta*，およびこれと相応する漢訳『中阿含経』の「多界経」，『仏説四品法門経』，ないしチベット訳 *Khams mang po pa'i mdo* である」と指摘されている。

[7] この一文は，原文を忠実に読むと，「種姓とは種子であり，要素と原因というのは〔種姓の〕同義異語である」という内容だが，冒頭の種姓と種子とが並列であったものを訳者がこのように訳したものと考え，直前の「界の意味は何か」に対応する形で四つが並列で同義異語であると理解した。なお，安慧釈もこの理解を支持する。また，同様の同義異語の説明は，『瑜伽論』に散見される。岡田［2018a］参照。

8 『菩薩地』「建立品」においても，貪行者などの区別によって多様な要素があると説かれ，種姓の多様性と関連づけて論じられる。

BBhD 268.11–13, BBhW 388.24–389.1:

nānāgotravyavasthānaṃ śrāvakapratyekabuddhatathāgatagotrāṇāṃ rāgādicaritaprabhedanayena ca yāvad aśītiḥ sattvacaritasahasrāṇi nānādhātukatety ucyate |

種種なる種姓の建立があり，声聞・独覚・如来の種姓〔の区別〕と，貪行者などの区別の道理による，乃至衆生の八万の行と〔の区別〕が，種種界といわれる。

9 Vairocanaにパラレルな文章が見られる：prakṛtisthaṃ yad asamudānītam（附論1加納［2024a］当該箇所を参照）。

10 『菩薩地』「種姓品」では，「本来的に在る種姓は，諸菩薩にある特殊な六処である」と説かれる。（世親釈注15参照）なお，Yamabe［1990］によれば，この特殊な六処（*ṣaḍāyatanaviśeṣa）は『声聞地』のlus las khyad par du gyur par（*āśraya-viśeṣa）と同様の意味であると理解できるという。また，そのāyatanaおよびāśrayaは*Pañcavijñānakāyasaṃprayukta-manobhūmiviniścaya*においてsaṃskāraと言い換えられ，このsaṃskāraは『倶舎論』のsaṃtatipariṇāmaviśeṣaの解釈文脈に用いられるという。いずれもbījaの説明に関わるものである。詳細については，Yamabe［1990］，Park［2014］［2017］などを参照。

11 Vairocanaにパラレルな文章が見られる：tad eva kalyāṇamitravaśāt puṣṭaṃ samudānītam |（附論1加納［2024a］当該箇所を参照）。

12 世親釈のrten gyi ngo bo nyid（āśrayasvabhāva）と対応するが，ここではrten du gyur pa（*āśrayabhāva）となっている。svabhāvaのsvaが落ちたものと理解してそのように翻訳した。次注を参照。

13 Vairocanaにパラレルな文章が見られる：tad eva prakṛtistham āśrayasvabhāvaṃ, samudānītam āśritasvabhāvam |（附論1加納［2024a］当該箇所を参照）。

14 「製錬すること」について，安慧釈は「熔解，精錬，特殊な薬品を用いること」とより具体的に言及している。

15 gang dag la, de lta bu yang yodという関係代名詞構文であると理解した。ただし，対応箇所のyang yod pa de lta bu'oというチベット訳は関係代名詞構文として理解し難いが，梵文はde lta bu yang yodと同様のものであったと理解してこのように訳した。なお，原文通りに直訳すれば，以下のようになる。「例えば，山の或る場所から（las）は，限定的に金のみは出るが，銀のみが〔出ること〕もなく，銅のみが〔出ること〕もないという，そのような〔場所〕もある。一方，或る場所〔から〕は，積層した土塊などを製錬することで，或る時には金が限定的に出て，或る時には銀などが〔限定的に〕出ることもあるという，そのような〔場所もある〕。」

16 Vairocanaにパラレルな文章が見られる：upakaraṇavighāto dāridryaṃ, yena dānādiṣu na pravarttate |

pāratantryaṃ dāsāditvam |（附論 1 加納［2024a］当該箇所を参照）。

17 Vairocana にパラレルな文章が見られる：īṣanmalino 'pi prabhāsvaro bhavati | yasyeṣanmalinatvam api nāsti sa nirmalaḥ ||（附論 1 加納［2024a］当該箇所を参照）。

18 zag pa med pa'i chos dri ma med pa rnams kyis 'thob pa は，Vairocana 注から nirmalānāsravadharmaprāptiḥ という複合語が想定される。ここでは，Vairocana 注にしたがって翻訳を提示した。

19 Vairocana にパラレルな文章が見られる：karmaṇyam asphuṭitatvam | kleśoparamena nirmalānāsravadharmaprāptiḥ kleśanairmalyaprāptiḥ ||（附論 1 加納［2024a］当該箇所を参照）。

20 金剛喩定については室寺［2000］を参照。

21 Vairocana にパラレルな文章が見られる：jātyam uttamam | mahābodhir niṣṭhāvasthā | mahājñānaṃ sattvakṛtyānuṣṭhānam ||（附論 1 加納［2024a］当該箇所を参照）。

22 世親釈で「種姓に立脚しない者」と訳した agotrastha を，ここでは「無種姓に立脚する者」と訳した。無性釈は後述のように，否定辞 a-を文法的に説明した上で，「非難されるから agotra である」と注釈しており，gotra を否定する a-と説明するため，世親釈とは異なる訳を示した。安慧釈の訳も無性釈と同様である。「種姓に立脚しない者」から「無種姓に立脚する者」への解釈の変遷については，高崎［1973］でも触れられている。なお，世親釈と無性釈のチベット訳は同一の人物 dPal brtshegs によってなされており，どちらもチベット訳は rigs med pa la gnas pa である。本偈の agotra については早島慧［2023］参照。

23 この（i）–（iii）の喩えは，『縁起経釈』の「否定辞の七つの意味」のうち，（1）存在の否定（yod pa 'gog pa），（4）非難されるもの（smad pa'i don），（5）小さいもの（nyung ba'i don）にそれぞれ対応する。

PSVy D 7a4–7b1, P 7b5–8a2, cf. 楠本［2007: 211–215］:

'di yang don bdun la mthong ste |（1）yod pa 'gog pa la ni 'dzin pa ma yin pa dang | dngos po ma yin pa zhes bya ba lta bu'o || ...（4）smad pa'i don la ni chung ma ma yin pa dang | bu ma yin pa zhes byas na chung ma ngan pa dang | bu ngan pa la bya bar mngon pa lta bu'o ||（5）nyung ba'i don la ni tshod ma lan tsha med pa dang | gzhon nu ma lto med pa zhes bya ba lta bu'o ||...

さらに，以上〔の否定の分類の同義語〕は，七つの意味で理解される。(1)「存在の否定」(yod pa 'gog pa) について。「把捉させるものがないこと ('dzin pa ma yin pa)・ものがないこと (dngos po ma yin pa)」というようなものである。... (4)「非難されるもの」(smad pa'i don) について。「妻でない者」・「息子でない者」と考えるならば，「悪妻」・「悪い息子」を述べることが明らかであるように。(5)「小さいもの」(nyung ba'i don) について。「塩辛さのない野菜」・「乳房〔と〕胎のない少女」というようなものである。...

[24] Vairocana にパラレルな文章が見られる：aparinirvāṇadharmety akāraḥ, kutsāyāṃ, yathā kutsitā bhāryā abhāryeti | gotre vidyamāne 'pi mātādimāraṇasadbhāvād agotraka ity ucyate | evaṃ samudghātita-śukladharmādayo jñeyāḥ |（附論 1 加納［2024a］当該箇所を参照）。

[25] 「ある者は悪行を専らなす者である」は偈頌の (1) であり，「善根の劣った者で，資糧が不足している者である」は世親釈の (4) である。

[26] las byed par nges pa は，以下の『阿毘達磨集論釈』に基づいて，karmakriyāniyama を想定し翻訳した。『阿毘達磨集論釈』のこの箇所は，『阿毘達磨集論』（早島理 430）が説く，karmakriyāniyama（作業決定），vipākapratisaṃvedanāniyama（受異熟決定），avasthāniyama（分位決定）という三種の決定に対する注釈箇所である。

ASBh, 早島理 431:

<u>karmakriyāniyamaḥ</u> pūrvakarmabhir eva niyamya vipākasaṃtatirāviddhā bhavati |

<u>las byed par nges pa</u> ni sngon gyi las rnams kyis rnam par smin pa'i rgyud nges par byas nas 'phangs par gyur ba ste ||

なお，作業決定は『顕揚論』や『摂大乗論』世親釈においても，それぞれ五種，二種の決定の一つとして挙げられる。この作業決定について，長尾［1987: 407–408］は『摂大乗論』無性釈に基づいて，「過去から長い習慣によって，今生においてもすることが決定していることと，…アジャータシャトル王（Ajātaśatru, 阿闍世王）が父王を殺したことは前例であり…」と述べる。

『顕揚論』T.31 No.1602, 573c20–21:

五種決定。一現法受決定。二生受決定。三後差別受決定。四受報決定。五作業決定。

MSgBh X 29A, D 185a2, P 225b1–2, cf. 長尾［1987: 407–408］:

nges pa gnyis dang ldan pa'i zhes bya ba la | nges pa gnyis ni las byas par nges pa dang | rnam par smin pa so sor myong bar nges pa yin par rig par bya'o ||

「二つの決定を有する」について。二つの決定とは，作業決定と受異熟決定である知られるべきである。

[27] 世親釈の文言そのものではないため，引用とは理解しなかったが，世親釈に対する注釈と見做した。

[28] Vairocana にパラレルな文章が見られる：hetuhīnasyāparinirvāṇadharmaṇo akāro abhāve, yathālābha iti |（附論 1 加納［2024a］当該箇所を参照）。

[29] （1-1-1）は「極めて大いなる功徳を有する」で Bv.（suvipulaguṇa-bodhi），（1-1-2）は「大いなる功徳のある菩提という樹」で Kdh.（suvipulaguṇabodhi-vṛkṣa），（1-2-1）は「菩提という樹」で Kdh.（bodhi-

vṛkṣa），（1-2-2）は「功徳を有する者たちにとっての菩提」で Tp. gen.（suvipulaguṇa-bodhi），（2）は「樹を成長させる」で Tp. gen.（vṛkṣa-vṛddhyai）という解釈を示しているものと理解した。なお，（1-2）の樹については，（1-1），（1-2）両解釈での樹と考えられるが，重複を避けるため，（1-2）の解釈のみを翻訳に示した。(3) は，「そのために」(tasyai) と説明することによって，-vṛddhyai が f. sg. dat. であることを示していると考えられる。

30 Vairocana にパラレルな文章が見られる：etad gotraṃ bodhivṛkṣasya mūlaṃ bhavat svaparārtha-niṣpādakaṃ bhavatīti ||（附論 1 加納［2024a］当該箇所を参照）。

『大乗荘厳経論』第Ⅲ章
安慧釈チベット訳テキスト
および
和訳・注解

凡　例

Sūtrālaṃkāra-vṛtti-bhāṣya
mDo sde rgyan gyi 'grel bshad

訳者
Municandra, lCe bkra shis

D　sDe dge ed., No. 4034, mi 40b3–51a1
C　Co ne ed., Vol. 125/209, mi 40b3–51a1
P　Peking ed., No. 5531, mi 44a1–56a2
N　sNar thang ed., No. 4320, mi 42b1–54a3
G　dGa' ldan Golden Manuscript bsTan 'gyur, No. 3534, mi 55b2–70b2

sDe dge 版を底本とし，他の三版一写本を校合して異読を注記した。ただし，句読記号（shad: |, ||）の取捨，語尾辞 pa と ba などの異読は一々注記しない。

安慧釈中に引かれる本偈のシラブル数には混乱がみられるが，一々注記しない。

世親釈梵文和訳に準じ，導入部 0. および本論 1.～4. に分節して見出しを付し，各節冒頭に諸版の葉・行を示した。

安慧釈中に引かれる本偈，本偈の文言，および世親釈の文言はボールドで示した。

和訳においては，安慧釈中に引かれる本偈および本偈中の文言はボールドで表記してカギ括弧「　　」に入れて示し，同じく安慧釈中に引用される世親釈の文言はボールドで示した。

0. 導入（前章と本章との関係）

［D 40b3–41a4, C 40b3–41a4, P 44a1–b3, N 42b1–43a2, G 55b2–56a5］

skyabs su 'gro ba'i skabs kyi rjes la rigs kyi skabs bshad par 'brel ba ci yod ce na | gong[1] du skyabs su 'gro ba'i bshad pa'i mjug tu |

skyabs su 'gro ba 'dir song don chen te ||
yon tan mang po dpag med 'phel bar 'gyur ||
'gro ba 'di dag snying rje'i bsam pas khyab ||
mtshungs med 'phags chen chos kyang rgyas par byed || II.12 ||

ces smras pa'i tshigs su bcad pas || theg pa chen po la skyabs su song bas ni bdag dang gzhan gyi don phun sum tshogs pa 'grub par byed pas don che ba bstan to[2] ||

de ltar bdag dang gzhan gyi don phun sum tshogs pa 'grub par byed pa de yang nges pa med de | sangs rgyas la sogs pa la nyan thos dang rang sangs rgyas kyi rigs can dang rigs med pa kun gyis theg pa chen po la skyabs su song na thams cad kyis don chen po de 'thob pa'am |

'on te nges pa yod de kun skyabs su song yang skyabs su song ba[3] kha cig don chen po de 'grub kyi skyabs su song ba kun gyis mi 'grub ste | nges pa yod dam zhe na |

lan du nges pa yod de | sangs rgyas kyi rigs can rnams skyabs su song na ni gzhan gyi[4] don phun sum[5] tshogs pa dang yon tan gyi tshogs rnams 'phel bar 'gyur gyi nyan thos dang rang sangs rgyas kyi rigs can dang | rigs med pa la sogs pas theg pa chen po'i tshul du skyabs su song yang yon tan de dag 'thob par mi 'gyur te | de bas na skyabs su 'gro ba'i skabs kyi rjes la rigs kyi skabs bshad par 'brel to ||

---

1 gong DC : gang PNG
2 to DCPN : te G
3 skyabs su song yang skyabs su song ba DC : skyabs su song ba PNG
4 gzhan gyi em. cf. MSAṬ gzhan gyi don phun sum tshogs pa dang yon tan gyi tshogs 'byor pa dang ldan pa 'di : bdag dang gzhan gyi DCPNG
5 phun sum DPNG : sum C

0. 導入（前章と本章との関係）

「帰依の章」に続いて「種姓の章」を説くのはどのように関係するのか。先に，帰依の説示の最後に，

> **この偉大な意義のある帰依処に帰依した彼は，(1) 功徳の集まりの無量なる増大に至り，(2) この生きとし生けるものを悲愍の意欲をもって覆い，そして偉大な聖者の無比なる教法を広めるのである。(第 II 章 第 12 偈)**

と説かれた偈によって，大乗に帰依した者は，自利利他の完成を成就するから，〔帰依処は〕偉大な意義を持つことを示す。

以上のように自利利他の完成を成就すること，それは無制限であるのか。〔すなわち〕声聞・独覚種姓を持つ者であれ，無種姓の者であれ，すべての者が大乗において仏など〔の三宝[1]〕に帰依するならば，すべての者がその偉大な意義を得るのか。

あるいは，制限があるのか。〔すなわち〕すべての者が帰依しても，帰依する者の中のある者たちはその偉大な意義を成就するが，帰依する者すべてが成就するのではなく，制限があるのか。

答えとして，制限はある。仏種姓を持つ者たちが帰依したならば，利他の完成と諸々の功徳の集まりの増大とがある。一方，声聞・独覚種姓を持つ者や無種姓の者などが，大乗の方軌で帰依しても，それらの功徳を得られない。それゆえ，「帰依の章」に続いて「種姓の章」を説くことにつながる。

yang na ma nges pa'i[6] rigs can dag theg pa chen por skyabs su song na don chen po de 'thob ste | ma nges pa'i rigs can la ni dge ba'i bshes gnyen gyis[7] mthar phyin du bsgral na gdod don chen po de 'thob kyi | byang chub sems dpa'i spyad pa spyod pa las nyan thos la sogs pa'i bshes gnyen gyis drangs nas theg pa gzhan du yang 'tshang rgya bas gcig tu nges pa ni med do ||

yang na rigs 'di ni byang chub tu sems bskyed pa dang | pha rol tu phyin pa la spyod pa dang[8] mngon par 'tshang rgya bar 'gyur ba'i skal ba can zhes bya ste | de bas na rigs ni chos de dag thams cad kyi sa bon yin no || sa bon med par 'bras bu 'byung bar[9] ma mthong ste | de bas na rigs ni gong du skyabs su 'gro ba dang 'og nas byang chub tu sems bskyed pa la sogs pa 'byung ba'i chos rnams kyi rgyu yin bar bstan pa'i phyir skyabs kyi rjes la rigs kyi skabs bshad par 'brel to ||

1. 種姓の分類（第１偈）

［D 41a4–b5, C 41a4–b5, P 44b3–45a5, N 43a2–b2, G 56a5–57a3］

rigs rab tu dbye ba'i tshigs su bcad pa zhes bya ba la | nyan thos kyi rigs dang rang sangs rgyas kyi rigs dang | sangs rgyas kyi rigs yod par bstan pa las brtsams te | dang por bsdus pa'i tshigs su bcad pa rtsom mo zhes bya ba'i don to ||

yod dang zhes bya ba ni nyan thos kyi rigs can yang yod | rang sangs rgyas kyi rigs can yang yod | sangs rgyas kyi rigs can yang yod par bstan to zhes bya ba'i tha tshig go ||

mchog dang zhes bya ba ni nyan thos dang rang sangs rgyas kyi rigs pas kyang bdag dang gzhan gyi don gyi rgyur gyur pas byang chub sems dpa'i rigs ni[10] dam par gyur pa yin par yang ston[11] to ||

---

[6] nges pa'i DCPN : nges G

[7] gyis em. : gyi DCPNG

[8] spyod pa dang DCPG : spyod pa N

[9] bar DC : ba PNG

[10] rigs ni DCPN : ni G

[11] ston PNG : bstan DC

あるいはまた，不確定の種姓を持つ者たちが大乗に帰依するならば，その偉大な意義を得る。〔つまり，〕不確定の種姓を持つ者に関しては，善き師友によって済度されるならば，初めてその偉大な意義を得る。しかし，声聞などの師友によって，菩薩行を行じることから引き離されると，他の乗において〔声聞菩提・独覚菩提それぞれを〕悟る。したがって，〔不確定の種姓を持つ者に関しては〕一方的な確定はない。

あるいはまた，この種姓は，発菩提心と波羅蜜行と現等覚とのための資質を具えているといわれる。したがって〔その〕種姓は，それらすべての法の種子である。種子なくして果実が生じることは見られない。それゆえ，種姓は，先に〔説かれた〕帰依，後に〔説かれる〕発菩提心〔・二利・真実〕などとして現れる諸法の因であると示すために，「帰依〔の章〕」に続いて「種姓の章」を説くことにつながる[2]。

1. 種姓の分類（第１偈）

種姓の分類〔を概括した〕一偈がある[3]というのに関して。〔その分類は第２偈に〕声聞種姓と独覚種姓と仏種姓が存在する（**(1)** 存在性）と示すことより始まるのだが，先立って〔第１偈に〕概括の偈を説き始めるという意味である。

「**(1) 存在性と**」というのは，声聞種姓を持つ者も存在し，独覚種姓を持つ者も存在し，仏種姓を持つ者も存在することを示すということである。

「**(2) 最勝性と**」というのは，菩薩種姓は自利利他の原因となるので，声聞・独覚種姓よりもはるかに勝れていることをも示す〔ということである〕。

mtshan nyid dang zhes bya ba ni rigs rnam pa gsum las | theg pa chen po'i rigs kyi mtshan nyid dang | rang bzhin yang ston to zhes bya ba'i tha tshig go ||

mtshan ma dang[12] zhes bya ba ni sems can dag la theg pa chen po'i rigs yod par ci mngon zhe na | dper na gang na du ba snang ba de na mtshan ma des me yod par brtag pa dang | gang na chu bya snang ba de na chu yod par brtag pa bzhin du mtshan[13] ma dang rtags 'di lta bu dag snang na[14] de la byang[15] chub sems dpa'i rigs yod par mngon no zhes bya ba yang ston to[16] zhes bya ba'i tha tshig go ||

rigs phye dang zhes bya ba[17] ni | byang chub sems dpa'i rigs la phye na gnyis sam gsum du yod pa yang ston to zhes bya ba'i tha tshig go ||

nyes pa dang ni[18] zhes bya ba la[19] byang chub sems dpa'i rigs yod kyang 'dod chags dang zhe sdang la sogs pa'i nyon mongs pas bsgribs na byang chub sems dpa'i spyod pa la[20] mi 'jug cing bla na med pa'i byang chub ni myur du 'tshang rgyar mi btub par rigs la sgrib pa'i skyon yang ston to zhes bya ba'i tha tshig go ||

legs pa dang zhes bya ba ni byang chub sems dpa'i rigs dang ldan na 'khor ba na sems can phal pa byed kyang bde ba dang yon tan 'di dang 'di dag[21] thob par 'gyur ro zhes rigs kyi yon tan yang ston to zhes bya ba'i tha tshig go ||

---

12 dang DC : dang ni PNG

13 mtshan CPNG : mtshin D

14 na DC : ba PNG

15 byang DCNG : byang byang P

16 ston to DC : ston PNG

17 zhes bya ba DC : zhes bya PNG

18 dang ni DC : ni PNG

19 ba la DC : ba'i PNG

20 spyod pa la DCPN : spyod pa G

21 'di dang 'di dag DCPG : 'di dag N

「**(3) 本質と**」というのは，三種の種姓の中の，大乗種姓の本質，すなわち[4]本性(*prakṛti)をも示すということである。

「**(4) 表徴と**」というのは，いかにして諸々の衆生に大乗種姓があると分かるのか。例えば，煙が見えるところ，そこにはその表徴によって，火があると判断され，水鳥が見えるところ，そこには水があると判断される[5]。それと同様に，このような諸々の表徴すなわち徴相(*nimitta)が見えるその者に，菩薩種姓があると分かることをも示すということである。

「**(5) 種姓の区別と**」[6]というのは，菩薩種姓を区別するならば，二つあるいは三つある[7]とも示すということである。

「**(6) 災難と**」については，菩薩種姓があっても，貪や瞋などの煩悩によって妨げられるならば，菩薩行に向かうことがなく，無上菩提を速やかにさとることができず，〔菩薩〕種姓を妨げるという過失をも示すということである。

「**(7) 利徳と**」というのは，菩薩種姓を備えているならば，輪廻の中で衆生としてありきたりのことを為すとしても，あれこれの安楽や功徳を得るという〔菩薩〕種姓の功徳をも示すということである。

rnam gnyis dpe dang zhes bya ba la byang chub sems dpa'i rigs de[22] gser[23] chen po'i[24] rigs dang 'dra ba dang[25] rin po che chen po'i rigs dang 'dra bas nyan thos la sogs pa'i rigs pas kyang 'phags so zhes bya ba ston to zhes bya ba'i tha tshig go ||

rnam pa bzhi zhes bya ba ni yod pa la yang don rnam pa bzhis bstan pa las dpe rnam pa gnyis la[26] re re zhing yang don rnam pa bzhi bzhir phye nas ston to zhes bya ba'i don to ||

'di ni rigs rab tu dbye ba[27] bsdus pa'i don to ||

1.1 種姓の存在性（第２偈）

［D 41b5–43a2, C 41b5–43a2, P 45a5–46b4, N 43b3–45a3, G 57a3–58b6］

yod par rnam par dbye[28] ba'i tshigs su bcad pa zhes bya ba la | gong du yod pa zhes mdo tsam du smos pa de dang gtan tshigs rnam pa bzhis rigs[29] rnam pa gsum ji ltar yod par bstan pa'i phyir tshigs su bcad par rtsom mo zhes bya ba'i tha tshig go ||

khams rnams dang ni zhes bya ba la | khams zhes bya ba dang | sa bon zhes bya ba dang | rigs zhes bya ba dag ni don gcig ste | ming gi rnam grangs kyis tha dad pa tsam du zad do ||

---

22 de em. : te DCPNG

23 gser PNG : gter DC

24 po'i DC : po PNG

25 'dra ba dang DCNG : 'dra ba P

26 la em. : las DCPNG

27 ba DC : ba'i PNG

28 dbye DC : phye PNG

29 rigs PN : rigs pa DC, rims G

「**(8) (9) 二つの譬喩と**」については，その菩薩種姓は，大いなる金の鉱脈の如くであり，大いなる宝石の鉱脈の如くであるので，声聞などの種姓よりも卓越していると示すということである。

「**四種**」というのは、(1) 存在性〔など〕についても四種の意味をもって示されているから、(8) (9) 二つの譬喩について〔も〕、それぞれ意味を四種に分けて示すという意味である。

以上が、種姓の分類についての概括〔の偈〕の意味である。

1.1 種姓の存在性（第 2 偈）

〔種姓が〕存在することを弁別して一偈があるというのに関して。先に〔第 1 偈で〕「存在する (sattva)」と簡潔に述べたそのことと[8]，四種の理由でもって三種 (声聞・独覚・仏) の種姓がどうして存在するのかを示すために，〔第 2〕偈を説き始めるという意味である。

「**(1) 諸々の要素と**」というのに関して。「要素 (界 dhātu)」と「種子 (bīja)」と「種姓 (gotra)」というのは同じ意味であり，同義異語 (nāmaparyāya) としての区分に過ぎない。

'di ni sems can gyi khams na sems can gyi rang bzhin dang | sa bon tha dad de sems can gyi rang bzhin phye na dpag tu med pa zhig yod de ji ltar zhe na | 'di ltar sems can kha cig ni 'dod chags la spyod pa'i rang bzhin can kha cig zhe sdang la spyod pa'i rang bzhin can kha cig gti mugla sogs pa'i rang bzhin can yin pa dang | kha cig nyan thos kyi rigs kyi rang bzhin can kha cig ni rang sangs rgyas kyi rigs kyi[30] rang bzhin can | kha cig[31] theg pa chen po'i rigs kyi rang bzhin can te | rang bzhin mi mthun pa tshad med pa zhig yod do ||

gal te sems can thams cad kyi rigs gcig tu zad[32] na | la la 'dod chags la dga' ba'i rang bzhin | la la zhe sdang la sogs pa la dga' ba'i rang bzhin du tha dad par ci'i phyir 'gyur te sems can gyi rang bzhin tha dad pa[33] tshad med pa dag snang bas na[34] rigs gcig tu ma zad kyi theg pa che chung gsum char gyi rigs so so nas[35] yod do zhes bya ba'i don to ||

mos pa dang zhes bya ba la | sems can rnams kyi mos pa dang dad pa yang mi mthun zhing tha dad de | dper na[36] kha cig mngar ba la dad kyang skyur ba la ma dad pa dang | kha cig skyur ba la dad kyang kha ba la ma dad pa yod pa ltar | dge ba'i bshes gnyen gyis bstan nam[37] ma bstan kyang rung | kha cig nyan thos kyi theg pa nyid la dad kyi ji ltar byas kyang theg pa chen po la ma dad pa la sogs pa dad pa tha dad pa dag snang ngo ||

gal te rigs gcig tu zad de rigs du mar med na ci'i phyir mos pa tha dad pa[38] du mar 'gyur te | mos pa tha dad par snang bas na rigs gcig tu ma zad kyi rigs rnam pa gsum du yod par mngon no zhes bya ba'i don to || 'di ni gtan tshigs gnyis pa'o ||

---

[30] rang sangs rgyas kyi rigs kyi DC : rang sangs rgyas kyi PNG

[31] cig DC : cig ni PNG

[32] zad DC : zin PNG

[33] pa PNG : par DC

[34] na DCPN : ni G

[35] nas PNG : na DC

[36] dper na DCPN : dper G

[37] nam DCPN : tam G

[38] tha dad pa DC : tha dad PNG

〔ここでの〕これ(要素)が衆生の要素〔であるの〕ならば，衆生の本性(prakṛti)や種子は様々であり，衆生の本性を区別するのならば，無量な〔区別〕がある。どのように〔無量な区別があるの〕か。すなわち，ある衆生は貪に基づく行為(貪行)を本性とする者であり，ある〔衆生〕は瞋に基づく行為(瞋行)を本性とする者であり，ある〔衆生〕は癡〔に基づく行為〕(癡行)などを本性とする者であり，また，ある〔衆生〕は声聞種姓を本性とする者であり，ある〔衆生〕は独覚種姓を本性とする者であり，ある〔衆生〕は大乗種姓[9]を本性とする者であって，無数な相違する本性がある。

もし一切の衆生の種姓がただ一つであれば，ある者には貪を喜ぶ本性があり，ある者には瞋などを喜ぶ本性があるというように，どうして様々となろうか。衆生の無数の本性が見られるので，種姓が一つではなく，むしろ大〔乗〕と小〔乗〕との三乗[10]の種姓は個別に存在する，という意味である。〔以上が第一の理由である。〕

「**(2)〔諸々の〕性向(adhimukti)と**」というのに関して。諸々の衆生の性向すなわち志向(*śraddhā)[11]も相違し様々である。例えば，ある者は甘味を求める(*śrad√dhā)が酸味を求めず，またある者は酸味を求めるが苦味を求めないように，善き師友が説示しようがしまいが，ある者は声聞乗だけを求め，どのようにしても大乗を求めないなどといった様々な志向が見られる。

もし種姓がただ一つであり，種姓が多数存在しないのならば，どうして性向が様々に多数となろうか。性向が様々に見られるので，種姓は一つではなく，むしろ種姓が三種として存在することは自明である，という意味である。以上が第二の理由である。

bsgrub[39] pa tha dad dbye ba dang zhes bya ba la | nyan thos kyi rigs can gyi[40] gang zag kha cig theg pa chen po'i dge ba'i bshes gnyen gyi rkyen gyi dbang gis theg pa chen po'i rigs can dang 'dra bar theg pa chen po'i chos la mos pa dang dad pa skyes kyang sa dang pha rol tu phyin pa kha cig gis bsgrub nus la | kha cig gis bsgrub mi nus te | dper na 'phags pa shā ri'i sras po lta bu theg pa chen po'i dge ba'i bshes gnyen gyis bsgral[41] nas bskal pa nyi shur theg pa chen po'i chos spyod pa las phyis mu stegs can gyis mig blangs pa dang | byang chub sems dpa'i spyod pa bsgrub ma nus nas btang ste nyan thos kyi theg par mya ngan las 'das pa lta bu'o ||

gal te rigs gcig tu zad na kha cig gis theg pa chen po bsgrub nus na kha cig gis mi nus pa ci'i phyir 'gyur te | thams cad kyis bsgrub nus par 'gyur ba'i rigs so || de ltar na kha cig gis bsgrub nus | kha cig gis bsgrub mi nus pas theg pa gsum gyi rigs so so na[42] yod do zhes bya ba'i tha tshig ste | 'di ni gtan tshigs gsum ba'o ||

'bras bu'i dbye ba dmigs pas na zhes bya ba la | 'di ltar 'bras bu bzang ngan rnam pa gsum yang yod par dmigs te | gang zhe na | nyan thos lta bu'i byang chub chung ngu dang | rang sangs rgyas lta bu'i byang chub 'bring dang | theg pa chen po lta bu'i byang chub mchog ste | 'bras bu bzang ngan gsum dmigs pas de skyed par byed pa'i rgyu yang rnam pa gsum med du mi rung ngo || 'jig rten na yang 'bras dang nas la sogs pa dang shing tog rnam pa sna tshogs kyi 'bras bu tha dad pa[43] snang bas[44] de dag gi rgyu yang gcig tu ma zad kyi rgyu sna tshogs par yod pa bzhin du byang chub rnam pa gsum yod pas na de'i rgyu rigs kyang rnam pa gsum med du mi rung ngo || gal te rigs gcig tu zad na 'bras bu rnam pa gsum du ci'i phyir 'gyur te | 'di ni gtan tshigs bzhin pa'o ||

[39] bsgrub DC : sgrub PNG
[40] can gyi DC : can PNG
[41] bsgral DC : bsgrubs PNG
[42] so so na DC : so na PNG
[43] pa DCPN : pa'i G
[44] bas em. : ba DCPNG

「**(3)〔諸々の〕実践の区別から**」というのに関して。声聞種姓を持つある者は，大乗の善き師友という縁の力によって，大乗種姓を持つ者と同様に大乗法に対する確信(adhimukti)や信仰(*śraddhā)を生じるが，〔十〕地や〔六〕波羅蜜をある者は実践でき，ある者は実践できない。例えば，聖者シャーリプトラのように。〔つまり，シャーリプトラが〕大乗の善き師友に済度されてから，二十劫にわたり大乗法を行じた後に，異教徒によって〔シャーリプトラの〕眼が取られ，菩薩行を実践できず投げ出して，声聞乗で涅槃したように[12]。

もし種姓がただ一つであれば，ある者が大乗〔法〕を実践できる場合に，ある者は〔大乗法を〕実践できないことにどうしてなるのか。〔種姓がただ一つであれば，〕すべての者が〔大乗法を〕実践できることとなってしまう[13]。したがって，ある者は〔大乗法を〕実践でき，ある者は〔大乗法を〕実践できないので，三乗の種姓はそれぞれ存在する，ということである。以上が第三の理由である。

「**(4)〔諸々の〕結果の区別が確認されるから**」というのに関して。次のような優劣の結果が三種ともあると確認される。〔それは〕何か。声聞のような低級の菩提，独覚のような中級の菩提，大乗のような上級の菩提である。優劣の三〔種〕の結果が確認されるので，それを生じさせる原因も三種ないはずがない。世間においても，米・大麦などや種々の果実といった様々な結果が見られるので，それらの原因もまたただ一つではなく，むしろ原因が様々に存在する。同様に，三種の菩提が存在するので，その原因である種姓もまた三種ないはずがない。もし種姓がただ一つであれば，どうして結果が三種になることがあろうか。以上が第四の理由である。

sems can gyi khams tha dad pa'i phyir khams kyi dbye ba dpag tu med de | ***Ri lu'i phung po'i mdo sde*** **las gsungs pa bzhin** zhes bya ba la | ri lu'i phung po ni ba ru ra'i phung po la bya ste | ji ltar *Ri lu'i phung po bstan pa'i mdo* las | bcom ldan 'das kyis 'di lta ste | dge slong dag ri lu'i phung po 'phang du yang[45] dpag tshad gcig tsam la | chu zheng du yang[46] dpag tshad gcig tsam yod pa'i ri lu'i phung po de las skyes bu la la zhig gis lo brgya'am lo brgya 'das nas ri lu gcig blangs te | ri lu 'di ni nyan thos kyi khams su gtogs | ri lu 'di ni rangs sangs rgyas kyi khams su gtogs zhes smras na yang ri lu de myur du[47] zad cing med par 'gyur gyi sems can gyi khams ni de ltar zad par mi 'gyur ro zhes gsungs pa lta bu'o ||

gsung rab 'di la khams zhes bya ba'i don gang zhe na | *Khams mang po bstan pa'i mdo* dang sbyar na ni mig la sogs pa'i khams tha dad par bstan pa'i sgo nas khams dpag tu med de[48] 'on kyang 'di'i skabs su ni rigs la khams zhes bya ste | khams zhes kyang bya | rigs zhes kyang bya | rgyu zhes kyang bya | sa bon zhes kyang bya ste | rnam grangs su gtogs so ||

de ltar sems can so so'i sems kyi rgyud la 'dod chags la sogs pa la spyod pa tha dad pa'i sgo nas rigs kyang tha dad de | gang 'dod chags la sogs pa'i rigs yod pa de[49] ni 'dod chags skyed[50] pa nyid kyi rgyu byed kyi zhe sdang skyed[51] pa'i rgyu mi byed pa bzhin du theg pa gsum gyi rigs tha dad pa rnam pa gsum yang med du mi rung ste | rigs tha dad pa gsum med na[52] ci'i phyir theg pa rnam pa gsum du 'gyur ba mi rigs so ||

---

[45] du yang PNG : du DC
[46] du yang PNG : du DC
[47] myur du DCPN : myur G
[48] de DC : pa PNG
[49] de em. : de dag DCPNG. Cf. 安慧釈注 16.
[50] skyed DC : bskyed PNG
[51] skyed DC : bskyed PNG
[52] na DPNG : ni C

(1) 諸々の衆生には様々な要素があるので，要素の区別は無量である。〔要素の区別が無量であるのは〕『アクシャ樹果の堆積経』に述べられている通りであるというのに関して。アクシャ樹果の堆積は，ヴィビータカ樹果(vibhītaka)の堆積をいう[14]。次のように『アクシャ樹果の堆積を説示する経』(**Akṣarāśinirdeśasūtra*)の中に，世尊が「比丘たちよ，〔例えば,〕高さにして一ヨージャナほど，幅にしても一ヨージャナほどのアクシャ樹果の堆積があるが，そのアクシャ樹果の堆積から，ある者が百年経過するごとに，一つのアクシャ樹果を取り出して，『このアクシャ樹果は声聞の界(dhātu)[15]に属する，このアクシャ樹果は独覚の界に属する』といっ〔て，このアクシャ樹果を数え〕たとしても，このアクシャ樹果はすぐに尽きて無くなってしまうが，衆生の界はそのように尽きてしまうことはない」と仰った通りである。

この聖典において「界(dhātu)」の意味は何か。『多界経』(**Bahudhātukanirdeśasūtra*)と結びつけるならば，眼などの界が様々に示されるという観点から，界は無量である。ただし，この「〔種姓の〕章」においては，種姓について「要素(界 dhātu)」といわれるのであって，「要素」というのも，「種姓」というのも，「原因(hetu)」というのも，「種子(bīja)」というのも，同義異語に属する。

次のように，各々の衆生の心相続については，貪行者など(*rāgādicarita)の区別という観点から，種姓〔という原因〕も区別される。〔すなわち〕貪などの種姓が存在するが，その〔種姓〕は貪〔など〕の生起のみの原因となるが，瞋の生起の原因とはならない[16]。〔それと〕同様に，三乗の種姓という三種の区別もないはずがない。三種の種姓という区別が存在しなければ，どうして乗が三種となろうか，〔そのようなことはない。〕不合理である。

1.2 種姓の最勝性（第３偈）

［D 43a2–b3, C 43a2–b3 , P 46b4–47a7, N 45a3–b5, G 58b6–59b5］

mchog tu rnam par dbye ba'i tshigs su bcad pa zhes bya ba la | gong du bsdus pa'i don las mchog ces smos pa de 'dir rnam pa bzhis ni[53] theg pa chen po'i rigs mchog tu gyur pa bstan pa'i phyir tshigs su bcad pa rtsom mo zhes bya ba'i don to ||

> **khyad par 'phags dang thams cad dang ||**
> **don[54] chen dang ni mi zad phyir ||**
> **dge ba de yi[55] rgyu yi phyir[56] ||**
> **rigs kyi mchog ces bya ba yin || III.3 ||**

zhes bya ba la | byang chub sems dpa'i rigs 'di ni dge ba rnam pa[57] bzhi dag gi rgyu byed pas nyan thos la sogs pa'i rigs pas kyang mchog tu gyur par rig par bya'o || dge ba rnam pa bzhi po gang zhe na | khyad par du 'phags pa'i rgyu byed pa dang | dge ba thams cad kyi rgyu byed pa dang | dge ba don chen po'i rgyu byed pa dang | dge ba mi zad pa'i rgyu byed pa'o ||

de la nyan thos rnams kyi rigs ni nyon mongs pa'i sgrib pa dang | shes bya'i sgrib pa gnyi ga dang bral ba'i dge ba gsal zhing 'bar ba'i rgyu mi byed la | byang chub sems dpa'i rigs kyis ni nyon mongs pa dang | shes bya'i sgrib pa gnyi ga dang bral ba'i dge ba[58] gsal zhing dag[59] khyad par du 'phags pa'i rgyu byed pas na nyan thos kyi rigs pas 'phags par[60] rig par bya'o || **khyad par du 'phags** zhes bya ba ni gsal ba dang dag pa la bya'o ||

---

[53] ni DC : na PNG

[54] don em. : rigs DCPNG. SAVBh のこれに対する注釈箇所（D mi 43a4, P mi 46b7 など）では，don chen po'i となっており，この点と梵文に基づき校訂した。

[55] yi PNG : ni DC

[56] phyir PNG : byed DC

[57] rnam pa DC : rnam PNG

[58] ba DC : ba la PNG

[59] dag em. : dag la DCPNG

[60] 'phags par PNG : khyad par 'phags par DC

1.2 種姓の最勝性（第 3 偈）

〔種姓の〕最勝性を弁別して一偈があるというのに関して。先に〔第 1 偈で説いた〕概括の意味[17]の中で「最勝性」と述べたそのことについて，ここでは，四種によって大乗種姓が最上であることを示すために〔第 3〕偈を説き始めるという意味である。

> **さて，浄善が (1) 最高であることと，(2) 十全であることと，(3) 偉大な意義を持つことと，(4) 無尽〔であること〕とに関して，それ(菩薩種姓)が要因であることから，〔菩薩〕種姓の最勝性が規定される。(第 3 偈)**

というのに関して。この菩薩種姓は，四種の浄善の要因となるので，声聞などの種姓よりも最勝であるものと知られるべきである。四種の浄善〔の要因となること〕とは何か。(1) 最高の〔浄善の〕要因となること，(2) 十全な浄善の要因となること，(3) 偉大な意義を持つ浄善の要因となること，(4) 無尽の浄善の要因となることである。

(1) そのうち，声聞たちの種姓は，煩悩障と所知障との両方を離れた，鍛錬され(*uttapta)熱せられた善〔根〕の要因とはならないが，菩薩種姓は，煩悩〔障〕と所知障との両方を離れた，鍛錬され〔熱せられ〕浄められた最高の善〔根〕の要因となるので，声聞種姓よりも卓越していると知られるべきである。「**最高であること**」というのは，鍛錬し〔熱し〕浄めることをいう[18]。

de la nyan thos kyi rigs kyis ni dge ba'i rtsa ba thams cad kyi rgyu mi byed de | nyan thos rnams la stobs dang mi 'jigs pa dang ma 'dres pa la sogs pa'i dge ba med pa'i phyir ro || byang chub sems dpa'i rigs ni dge ba'i rtsa ba thams cad kyi rgyu byed de | byang chub sems dpa'i rigs nas stobs dang mi 'jigs pa dang ma 'dres pa dang | sa dang pha rol tu phyin pa la sogs pa'i dge ba'i rtsa ba thams cad 'byung ba'i phyir te | de bas na nyan thos kyi rigs pas 'phags par[61] rig par bya'o ||

nyan thos kyi rigs kyis ni bdag gi don tsam sgrub par zad kyi gzhan gyi don mi sgrub[62] pas dge ba don chen po'i rgyu mi byed la byang chub sems dpa'i rigs kyis ni bdag dang gzhan gnyi ga'i don sgrub pas dge ba'i don chen po'i rgyu byed pa'i phyir ro || (nyan thos kyi rigs pas kyang 'phags par rig par bya'o ||[63])

nyan thos kyi rigs las byung ba'i dge ba'i rtsa ba ni phung po'i lhag ma dang[64] bcas pa'i mya ngan las 'das pa'i bar du ni yod kyi phung po'i lhag ma ma lus par spangs pa'i mya ngan las 'das par gyur na dge ba'i rtsa ba thams cad rgyun chad de | zad par 'gyur[65] la byang chub sems dpa'i rigs kyis ni phung po'i lhag ma ma lus par spangs te | mya ngan las 'das par gyur kyang stobs dang mi 'jigs[66] pa la sogs pa'i[67] dge ba'i rtsa ba 'khor ba'i mtha'i bar du yang zad par mi 'gyur ba'i rgyu byed pas na nyan thos kyi rigs pas 'phags par[68] rig par bya'o ||

---

61 'phags par PNG : khyad par 'phags par DC

62 sgrub DCNG : bsgrub P

63 nyan thos kyi rigs pas kyang 'phags par rig par bya'o || PNG : om. DC

64 lhag ma dang DC : lhag ma PNG

65 'gyur DC : gyur PNG

66 'jigs DCPG : 'jig N

67 pa'i DCNG : pa P

68 'phags par PNG : khyad par 'phags par DC

(2) そのうち，声聞種姓は十全な善根の要因とはならない。諸々の声聞には〔十〕力・〔四〕無畏・〔十八〕不共〔仏法〕などの善〔根〕がないからである。菩薩種姓は十全な善根の要因となる。菩薩種姓から，〔十〕力・〔四〕無畏・〔十八〕不共〔仏法〕・〔十〕地・〔六〕波羅蜜などの一切の善根が生起するからである。それゆえ，声聞種姓よりも卓越していると知られるべきである。

(3)〔声聞は〕ただ自利のみを実践するだけで利他を実践しないので，声聞種姓は偉大な意義を持つ善〔根〕の要因とはならないが，〔菩薩は〕自利利他の両方を実践するので，菩薩種姓は偉大な意義を持つ善〔根〕の要因となるから[19]，声聞種姓よりも卓越していると知られるべきである。

(4) 声聞種姓から生起した善根は有余依涅槃までは存在するが，〔五蘊という〕依り所を余すことなく断捨した涅槃(無余依涅槃)をした時には，一切の善根が断たれて尽きてしまう。一方，〔五蘊という〕依り所を余すことなく断捨し涅槃しても輪廻の果てまでも尽きることがない，〔十〕力・〔四〕無畏などの善根の要因に，菩薩種姓はなるので，声聞種姓よりも卓越していると知られるべきである[20]。

1.3 種姓の特徴（第４偈）

［D 43b3–44b2, C 43b4–44b2, P 47a7–48a8, N 45b5–46b5, G 59b5–61a4］

mtshan nyid rnam par dbye ba'i tshigs su bcad pa zhes bya ba la | gong du bsdus pa'i don las mtshan nyid smos pa de la[69] theg pa chen po'i rigs kyi mtshan nyid dang rang bzhin gang yin pa bstan te | de yang mtshan nyid rnam pa bzhi yod do[70] zhes bstan par bya ba'i phyir tshigs su bcad pa rtsom[71] mo ||

rang bzhin dang ni rgyas pa dang ||
gnas dang gnas pa'ang de yin te || III.4ab ||

zhes bya ba la theg pa chen po'i rigs kyi mtshan nyid rnam pa bzhi ste | rang bzhin la gnas pa dang | ⁽yang dag par bsgrubs[72] pa dang |[73]⁾ gnas kyi rang bzhin dang | gnas pa'i[74] rang bzhin no ||

de la **rgyas pa** zhes bya ba ni yang dag par bsgrubs pa'i rigs la bya bar rig par bya'o ||

de la **rang bzhin la gnas pa** ni 'khor ba thog ma med pa'i dus nas skye mched kyi khyad par sus kyang ma byas ma bcos par mngon par 'tshang rgya bar 'gyur ba'i sa bon dang ldan pa ste | sa bon de dang ldan pas gdon mi za bar bla na med pa yang dag par rdzogs pa'i byang chub tu 'tshang rgya ba'i skal ba[75] yod pa'o || **yang dag par bsgrubs pa** ni rang bzhin gyi rigs la gnas pa'i byang chub sems dpa' de[76] rnams[77] dge ba'i bshes gnyen gyis bla na med pa'i byang chub tu sems bskyed pa dang | byang chub sems dpa'i spyad pa spyod du bcug pa de'i tshe yang dag par bsgrubs pa'i rigs zhes bya'o ||

---

69 la DC : las PNG
70 do PNG : de DC
71 rtsom DCP : rtsam NG
72 bsgrubs DC : sgrubs PNG
73 yang dag par bsgrubs（sgrubs）pa dang | DCPN : om. G
74 pa'i DPNG : mad pa'i C
75 skal ba DC : bskal pa PNG
76 de CPNG : da D
77 rnams em. : nam DCPNG

1.3 種姓の特徴（第 4 偈）

〔種姓の〕特徴(lakṣaṇa)[21]**を弁別して一偈がある**というのに関して。先に〔第 1 偈で説いた〕概括の意味の中で，「本質(svabhāva)」と説かれたそのことについて，「大乗種姓の本質(*svabhāva)，すなわち本性(*prakṛti)なるものである」と述べた[22]。それもまた四種の特徴(*lakṣaṇa)があると示すために〔第 4〕偈を説き始める〔という意味である〕。

> **そ〔の種姓〕は，(1) 本来的なのと (2) 養成されたのとであり，(3) 依り所と (4) 依るものとである。(第 4 偈 ab 句)**

というのに関して。大乗種姓の特徴は四種である。〔すなわち〕(1) 本来的に在るのと (2) 発展したのと，(3) 依り所を本質とするのと，(4) 依るものを本質とするのとである。

そのうち，「**(2) 養成された**」というのは，発展した種姓をいうと知るべきである。

そのうち，**(1) 本来的に在る**とは，現等覚の種子を人為的でなく自然に備えた，無始なる輪廻以来の特殊な〔六〕処である。その種子を備えているので，確実に無上正等菩提を悟る素質があるのである[23]。**(2) 発展した**とは，本来的な種姓に立脚した彼ら菩薩たちが，善き師友によって無上菩提へと発心し菩薩行を行じるように導かれたその時，〔その種姓が〕発展した種姓といわれる。

yang na nges pa'i rigs can rnams la ni **rang bzhin la gnas pa** zhes bya'o || ma nges pa'i rigs can rnams dge ba'i bshes gnyen gyis[78] bstangs[79] nas theg pa chen po'i rigs su nges par byas[80] pa rnams la ni **yang dag par bsgrubs pa** zhes bya'o ||

yang na byang chub sems dpa'i rigs can rnams dang po nas byang chub sems dpa'i spyod pa 'ba' zhig la[81] zhugs pa rnams la ni **rang bzhin la gnas pa** zhes bya'o || byang chub sems dpa'i rigs can nyan thos kyi spyad pa spyod pa las dge ba'i bshes gnyen gyi dbang gis byang chub sems dpa'i spyod pa byed du bcug pa la ni **yang dag par bsgrubs pa** zhes bya'o ||

dper na sa ni sems can rnams gnas pa'i gnas yin pas sems can ni de la gnas par byed pa yin pa bzhin du gang rang bzhin la gnas pa'i rigs de ni yang dag par bsgrubs pa'i rigs kyi gnas yin la yang dag par bsgrubs pa'i rigs ni de la gnas par byed pa yin te | ci'i phyir zhe na | rang bzhin gyi rigs la brten nas yang dag par bsgrubs pa'i rigs 'byung ba'i phyir ro ||

yod dang med par[82] **shes par bya** zhes bya ba la rang bzhin la gnas pa'i rigs ni rgyu yin la yang dag par bsgrubs pa'i rigs[83] ni rgyu de'i 'bras bu yin pas rang bzhin la gnas pa'i dus na ni rgyu'i mtshan nyid du yod la 'bras bu'i mtshan nyid du med pa zhes bya ste | rang bzhin la gnas pa tsam du byang chub tu sems bskyed pa la sogs pa'i 'bras bu med pa'i phyir ro || rgyur gyur pa'i rigs ni nam yang[84] 'bras bu'i mtshan nyid du mi rigs te | rgyu de la brten nas byang chub tu sems bskyed pa dang | stobs dang mi 'jigs pa la sogs pa'i yon tan gyi 'bras bu ni mi 'grub pa ma yin te 'grub bo ||

---

[78] gyis DC : gyi PNG
[79] bstangs PNG : btang DC
[80] byas PNG : byed DC
[81] zhig la DC : zhig PNG
[82] par DC : pa PNG
[83] rigs DPNG : rig C
[84] nam yang D : rnam yang C, nams kyang PNG

あるいはまた，確定した〔菩薩〕種姓を持つ者たちに対しては，**(1) 本来的に在る**といわれる。不確定の種姓を持つ者たちであったが，善き師友に付き随って大乗の種姓に確定した者たちに対しては，**(2) 発展した**といわれる。

あるいはまた，菩薩種姓を持つ者たちで初めから菩薩行だけに趣入する者たちに対しては，**(1) 本来的に在る**といわれる。菩薩種姓を持つ者で声聞行を行じることから菩薩行をなすことへと善き師友の力によって導かれた者に対しては，**(2) 発展した**といわれる[24]。

例えば，大地は諸々の衆生が依る依り所であるので，衆生はそこに依るものである。同様に，(1) 本来的に在る種姓は (2) 発展した種姓にとっての依り所であり，(2) 発展した種姓はそこに依るものである。なぜか。(1) 本来的な種姓に依拠して (2) 発展した種姓が生じるからである。

「さらに，存在と非存在とであると知るべきである」というのに関して。(1) 本来的に在る種姓は原因であり，発展した種姓はその原因の結果であるので，〔種姓は〕本来的に在るときは，原因を本質(*svabhāva)とするものとして存在し，結果を本質とするものとしては存在しない，といわれる[25]。なぜなら，〔種姓が〕本来的に在るだけでは，発菩提心などという結果はないからである。原因である〔本来的に在る〕種姓が結果を本質として〔存在すること〕は決して理に合わない。その原因に依拠して，発菩提心や〔十〕力・〔四〕無畏などの徳性という結果は成就しないことはなく，〔必ず〕成就する〔からである〕。

yang dag par bsgrubs pa'i rigs ni rgyu'i mtshan nyid du'ang yod | 'bras bu'i mtshan nyid du yang yod pa zhes bya ste | ci'i phyir zhe na | rang bzhin gyis kyang de'i tshe yod pas rgyu'i mtshan nyid du yang yod la | byang chub tu sems kyang bskyed pas 'bras bu'i mtshan nyid kyang yod do ||

yon tan ni sgrol ba'i don du'o[85] zhes bya ba la rigs zhes bya ba'i[86] nges pa'i tshig ston te[87] | rgya gar skad du rigs la ni go tra zhes 'byung | yon tan la ni gu ṇa zhes 'byung ste | go'i don ni gu ṇa zhes 'byung bas yon tan gyi don du tra'i[88] don ni sgrol ba'i don du 'gro ste | rigs 'dis byang chub tu sems bskyed pa dang | mos pas spyod pa'i sa'i rim pa dang | sa bcu'i rim pa nas sangs rgyas kyi sa'i bar gyi yon tan rnams[89] mthar phyin cing sgrol bar byed la 'thob par byed pas na | rigs la yon tan sgrol ba zhes bya ba'i don du 'dren to ||

1.4 種姓の表徴（第５偈）

［D 44b2–45a2, C 44b2–45a2 , P 48a8–49a1, N 46b5–47a6, G 61a4–62a1］

mtshan ma rnam par dbye ba'i tshigs su bcad pa zhes bya ba la | gong du bsdus pa'i don las mtshan ma zhes smos pas[90] | mtshan ma'i don rgyas par 'chad de[91] | dper na dud pa snang ba'i mtshan mas[92] me yod par brtags[93] pa dang | chu bya snang ba'i mtshan mas chu yod par brtags[94] pa bzhin du mtshan ma'am rtags rnam pa bzhi snang ba de la | byang chub sems dpa'i rigs yod par bstan pa'i phyir tshigs su bcad pa rtsom mo zhes bya ba'i don to ||

---

85 du'o PNG : du'ang DC

86 ba'i em. cf. SAVBh XVIII.40（D Tsi 102a7–102b1, P Tsi 121a7）zhes bya ba'i nges pa'i tshig ston to : bas DC, ba yis PNG

87 te DC : to PNG

88 tra'i P : ta ra'i DCN, tra ra'i G

89 rnams DC : rnam pa PNG

90 pas PNG : pa las DC

91 de DCNG : do P

92 mas DPNG : ma'i C

93 brtags DC : brtag PNG

94 brtags DC : brtag PNG

(2) 発展した種姓は，〔発菩提心などの〕原因を本質とするものとしても存在し，〔発菩提心などの〕結果を本質とするものとしても存在する，といわれる。なぜか。〔発展した種姓は〕本来的な〔種姓〕としてもその〔結果を成就する〕時に存在するので，原因を本質とするものとしても存在し，菩提心も起こしているので，結果を本質とするものとしても存在する〔からである〕。

「諸々の功徳を産出するものという意味に基づいて」というのに関して。種姓という〔語の〕語源的解釈を示す。インド語では[26]，種姓(rigs)は「gotra」であり，功徳(yon tan)は「guṇa」である。〔gotraという語における〕「go」の意味は「guṇa」であるので功徳(*guṇa)という意味に，「tra」の意味は産出する(*uttāraṇa)という意味になる。この種姓によって，発菩提心，信解行地の階梯，十地の階梯から仏地に至るまでの諸々の功徳が完成して産出され得られるので，「種姓」(go-tra)は功徳を産出する(guṇa-uttāraṇa)という意味を導く。

1.4 種姓の表徴（第５偈）

〔種姓の〕表徴(liṅga)を弁別して一偈があるというのに関して。先に〔第1偈で説いた〕概括の意味の中で「表徴」と述べたので，表徴の意味を広く説明する。例えば，煙が見えるという表徴によって火があると判断され，水鳥が見えるという表徴によって水があると判断されるように[27]，四種の表徴すなわち[28]徴相(*nimitta)が見えるその人には菩薩種姓があると示すために〔第5〕偈を説き始める，という意味である。

snying rje dang ni zhes bya ba **snga nas rab sbyor ba** zhes bya ba gnyis su sbyar te | **rab sbyor** zhes bya ba[95] ni byang chub tu sems bskyed pa la sogs pa byed pa'o || byang chub tu sems bskyed pa'i sngon rol nas sems can gyi khams ni rtog pa rnam pa lngas sems can rtog ste | sdug bsngal bar mthong nas | sems can 'di dag gi rtog pas[96] ji ltar bsal[97] snyam du sems pa'i snying brtse ba yod na byang chub sems dpa'i rigs yod par rig bar bya ste | 'di ni mtshan ma dang po'o ||

mos pa dang zhes bya ba la theg pa chen po'i chos zab cing rgya che ba'i don ma rtogs kyang theg pa chen po'i chos[98] zab cing rgya che ba thos pa tsam gyis spu ldang ba dang mchi ma dku[99] ba'i mtshan nyid kyi dad pa dang | mos pa skye[100] na byang chub sems dpa'i rigs yod par rig par bya ste | 'di ni mtshan ma gnyis pa'o ||

bzod pa dang zhes bya ba la snying rje skyes nas sems can gyi don du mgo dang rkang lag gtong ba dang | grang ba dang tsha ba la sogs pa'i dka' ba spyod pa rnam pa sna tshogs bzod de | dka' ba[101] spyod pa rnams nyams su len na byang chub sems dpa'i rigs yod par rig par bya ste | 'di ni mtshan ma gsum pa'o ||

dge ba dag kyang yang dag[102] spyod || ces bya ba la | dge ba'i sgras ni pha rol tu phyin pa drug la bya ste | rang bzhin gyis sbyin pa[103] byed pa la dga' ba dang | rang bzhin gyis tshul khrims bsrung bar dga' ba dang | rang bzhin gyis bzod pa la gnas par dga' ba dang | rang bzhin gyis[104] brtson 'grus rtsom par dga' ba dang | rang bzhin gyis bsam gtan la gnas par dga' ba dang | rang bzhin gyis shes rab rno na byang chub sems dpa'i rigs yod par rig par bya ste | 'di ni mtshan ma bzhi pa'o ||

---

95 zhes bya ba DCPN : zhes ba G
96 pas em. : pa DCPNG
97 bsal em. cf. SAVBh VIII.1（D mi 90a2, P mi 102b3）sdug bsngal ji ltar bsal bar bya snyam du sems pa : bsam DCPNG
98 chen po'i chos DCNG : chen po'i P
99 dku DC : rgu P, rku NG
100 skye DC : skyes PNG
101 ba DC : bar PNG
102 dag DC : dag par PNG
103 pa DC : par PNG
104 gyis DPNG : gyi C

〔a句の〕「**(1) 哀愍**」と〔b句の〕「**実践の初めからの**」〔の語句〕は離れて関連している[29]。「実践(prayoga)」というのは，菩提への発心などをなすことである。菩提へ発心する前から[30]，衆生界について五種の観察[31]によって衆生を観察し，〔彼らは〕苦しんでいると見て，「これらの衆生の観察によって如何に〔苦を〕取り除くべきか」と思う憐愍(*anukampanā)があるならば[32]，菩薩種姓があると知られるべきである。以上が第一の表徴である。

「**(2) 信解(adhimukti)**」というのに関して。甚深広大なる大乗の教えの意味を理解していなくても，甚深広大なる大乗の教えを聞くだけで，毛髪を逆立て涙を流すという特徴[33]を持つ浄信(*śraddhā)，すなわち信解を生じるならば，菩薩種姓があると知られるべきである。以上が第二の表徴である。

「**(3) 忍耐**」というのに関して。哀愍が生じて，衆生のために，頭や手足の喜捨や，寒さ暑さなど〔に耐える〕という多種多様な難行に耐える，すなわち諸々の難行を成し遂げるならば，菩薩種姓があると知られるべきである。以上が第三の表徴である[34]。

「**さらに (4) 浄善を行うこと**」というのに関して。「浄善(śubha)」という語は六波羅蜜をいう。布施をすることを本来的に喜び，戒を守ることを本来的に喜び，忍辱に留まることを本来的に喜び，精進に励むことを本来的に喜び，禅定に留まることを本来的に喜び，般若が本来的に研ぎ澄まされていれば，菩薩種姓があると知られるべきである。以上が第四の表徴である。

1.5 種姓の区別（第 6 偈）

［D 45a2–45b5, C 45a2–45b5, P 49a1–49b6, N 47a6–48a3, G 62a1–5］

rigs rab tu dbye ba'i tshigs su bcad pa zhes bya ba la gong du bsdus pa'i don las rab tu dbye ba zhes smos pa la | byang chub sems dpa'i rigs la phye na du yod pa ston te | byang chub sems dpa'i rigs la phye na rnam pa bzhi yod do zhes bstan[105] pa'i phyir tshigs su bcad pa rtsom mo zhes bya ba'i don to ||

rigs ni nges dang ma nges pa ||
'phrogs[106] pa dang ni mi 'phrogs[107] pa ||
rkyen gyis rigs kyi dbye ba ni ||
de ni mdor na rnam pa bzhi || III.6 ||

zhes bya ba[108] la mdor na byang chub sems dpa'i[109] rigs la phye na rnam pa bzhi ste gang zhe na | rigs nges pa dang rigs ma nges pa dang | rkyen gyis 'phrogs[110] pa dang | rkyen gyis mi 'phrogs pa'o ||

105 bstan DCPN : stan G
106 'phrogs PNG : 'phrog DC
107 'phrogs DGNP : 'phrog C
108 zhes bya ba PNG : zhes bya DC
109 dpa'i DCPG : dpa' N
110 'phrogs PNG : 'phrog DC

1.5 種姓の区別（第 6 偈）

種姓の区別〔を弁別して〕一偈があるというのに関して[35]。先の〔第 1 偈で説いた〕概括の意味の中で「区別」と説かれたことについて，菩薩種姓を区別した場合にいくつあるのかを示して，菩薩種姓を区別した場合に四種あると示すために〔第 6〕偈を説き始める，という意味である。

> **種姓は，(1) 確定したものと (2) 不確定のものと，(4) 諸々の縁によって揺るがされるものと (3)〔諸々の縁によって〕揺るがされないものに他ならない**[36]**。この種姓の区別は，まとめると四種である。（第 6 偈）**

というのに関して。菩薩種姓を区別した場合に，まとめると四種である。何か。(1) 確定した種姓と，(2) 不確定の種姓と，(4)〔諸々の〕縁によって揺るがされるものと，(3)〔諸々の〕縁によって揺るがされないものである。

de la rigs nges pa ni gang nyan thos su rigs nges par gnas pa dang | rang sangs rgyas su rigs nges par gnas pa dang | sangs rgyas su rigs[111] nges par gnas pa ste | nyan thos su rigs nges par gnas pa yang rigs des nyan thos kyi byang chub nyid 'thob kyi ji ltar byas kyang nams kyang rang sangs rgyas[112] kyi byang chub dang | sangs rgyas su 'thob pa'i rgyur mi 'gyur ro || rang sangs rgyas kyi rigs nges pa yang rigs des rang sangs rgyas kyi byang chub nyid thob kyi ji ltar byas kyang nams kyang nyan thos dang sangs rgyas[113] kyi byang chub 'thob[114] pa'i rgyur mi 'gyur ro || sangs rgyas kyi rigs[115] yang rigs des sangs rgyas kyi byang chub nyid 'thob[116] kyi ji ltar byas kyang nams kyang nyan thos dang rang sangs rgyas[117] kyi byang chub tu mi 'gyur ba'o ||

rigs ma nges pa ni rkyen gyi dbang gis nyan thos dang rang sangs rgyas dang sangs rgyas[118] kyi rigs gang yang rung ba cig[119] gi[120] rgyur 'gyur te | nyan thos kyi[121] dge ba'i bshes[122] gnyen dag gis bsgral na ni nyan thos kyi rigs can du yang 'gyur | rang sangs rgyas kyi dge ba'i bshes gnyen gyis bsgral na ni | rang sangs rgyas kyi rigs can du yang 'gyur | byang chub sems dpa'i dge ba'i bshes gnyen gyis bsgral na ni sangs rgyas kyi rigs can du yang 'gyur ba'o ||

'di yang dpe bstan pa |

---

[111] rigs DC : rigs su PNG
[112] sangs rgyas DCPN: sangs G
[113] sangs rgyas PNG : rang sangs rgyas DC
[114] 'thob DPNG : thob C
[115] rigs em. : rigs can DCPNG
[116] 'thob DC : thob PNG
[117] rang sangs rgyas DCPN : rang sangs G
[118] rang sangs rgyas dang sangs rgyas DC : rang sangs rgyas PNG
[119] cig DPNG : gcig C
[120] gi DCNG : gis P
[121] kyi DCPN : kyis G
[122] bshes DCPG : shes N

それらの中で，(1) 確定した種姓とは，声聞に種姓が確定しているものと，独覚に種姓が確定しているものと，仏に種姓が確定しているものである。声聞に種姓が確定しているものはまた，その種姓によって声聞の菩提のみを獲得するのであって，如何にしても，決して，独覚の菩提や仏〔の菩提〕を獲得するための原因にはならない。確定した独覚種姓(独覚に種姓が確定しているもの)も，その種姓によって独覚の菩提のみを獲得するのであって，如何にしても，決して，声聞や仏の菩提を獲得するための原因にはならない。〔確定した〕仏種姓(仏に種姓が確定しているもの)[37]も，その種姓によって仏の菩提のみを獲得するのであって，如何にしても，決して，声聞や独覚の菩提〔を獲得するための原因〕にはならない。

(2) 不確定の種姓は，縁の力によって，声聞と独覚と仏の種姓の何れか一つにとっての原因となる。〔不確定の種姓を持つ者は，〕声聞である善き師友たちに済度されたならば，声聞種姓を持つ者にもなり，独覚である善き師友に済度されたならば，独覚種姓を持つ者にもなり，菩薩である善き師友に済度されたならば，仏種姓を持つ者にもなる。

また，以下が例示である。

ri'i phyogs la la ni sa dang rdo la sogs pa yod pa gdon mi za bar gser nyid du 'gyur gyi | dngul dang zangs la sogs par mi 'gyur ba[123] yang yod | ri'i phyogs la la ni[124] sa dang rdo la sogs pa yod pa dngul nyid du 'gyur gyi | gser dang zangs la sogs par mi[125] 'gyur ba yang yod | ri'i phyogs la la ni[126] sa dang rdo la sogs pa yod pa zangs nyid du 'gyur gyi | gser dang dngul la sogs par[127] mi 'gyur ba yod pa la ri'i phyogs la la ni sa dang rdo la sogs pa yod pa bzhu zhing sbyangs pa dang | sman gyi khyad par las ma nges te cir yang 'gyur ba yang yod de | gal te gser mgar gyis sbyangs shing bzhu na ni gser du yang 'gyur | dngul mgar gyis sbyangs shing bzhu na ni dngul du yang 'gyur | zangs mgar gyis sbyangs shing bzhu na ni zangs su yang 'gyur ba lta bu'o ||

de bas na[128] rigs nges pa rnams ni **rkyen gyis mi 'phrogs pa** zhes bya ste | dge ba'i bshes gnyen gyis ji ltar byas kyang rang gi byang chub nyid len[129] la[130] byang chub gzhan mi len pa'i phyir ro || rigs ma nges pa rnams ni **rkyen gyis 'phrogs**[131] **pa** zhes bya ste | dge ba'i bshes gnyen gyis gar khrid pa de'i 'bras bu 'thob pa'i phyir ro ||

1.6 種姓の災難（第７偈）

［D 45b5–46a3, C 45b5–46a3, P 49b6–50a4, N 48a3–b1, G 63a1–b2］

nyes pa rnam par dbye ba'i tshigs su bcad pa zhes bya ba la | byang chub sems dpa'i rigs yod kyang nye ba'i nyon mongs pa bzhi'i skyon dang ldan na skyon des bsgribs pas sa dang pha rol tu phyin pa'i spyod pa la 'jug par mi nus par bstan pa'i phyir tshigs su bcad pa rtsom mo ||

---

123 'gyur ba DCPN : 'gyur G

124 ni em. : na DCPNG

125 mi DCPG : yi N

126 ni PNG : na DC

127 par DC : pa PNG

128 na DPNG : ni C

129 len DPNG : lan C

130 la PNG : pa DC

131 'phrogs PNG : 'phrog DC

山には，土石などがあって〔それらが〕限定的に金のみになり銀や銅などにはならない場所がある[38]。また山には，土石などがあって〔それらが限定的に〕銀のみになり金や銅などにはならない場所がある。また山には，土石などがあって〔それらが限定的に〕銅のみになり金や銀などにはならない場所がある。一方，山には，土石などが熔解・精錬や特殊な薬品によって，〔何れになるか〕不確定であり，何にでもなるような場所がある。もし，金細工師によって精錬・熔解された場合には金になり，銀細工師によって精錬・熔解された場合には銀にもなり，銅細工師によって精錬・熔解された場合には銅にもなるようなものである。

したがって，諸々の (1) 確定した種姓は，**(3)〔諸々の〕縁によって揺るがされないもの**といわれる。〔確定した種姓を持つ者は，〕善き師友がいかにしようとも，自らの〔種姓に対応する〕菩提のみを得て，他の菩提は得ないからである。諸々の (2) 不確定の種姓は，**(4)〔諸々の〕縁によって揺るがされるもの**といわれる。〔不確定の種姓を持つ者は，〕善き師友が導いたその先（三乗の何れか）の結果を獲得するからである。

1.6 種姓の災難（第 7 偈）

災難を弁別して一偈があるというのに関して。菩薩種姓があっても，四つの随煩悩[39]という過失を有するとその過失によって妨げられるので，〔十〕地や〔六〕波羅蜜行に向かうことができないと示すために〔第 7〕偈を説き始める。

nyon mongs goms dang zhes bya ba la | byang chub sems dpa'i rigs yod kyang 'dod chags dang zhe sdang dang[132] gti mug la sogs pa'i nyon mongs pa la goms shing 'dris[133] par byas pas 'dod chags bdo ba dang zhe sdang bdo ba dang gti mug bdo bar 'gyur bas nyon mongs pa 'ba' zhig la 'jug gi pha rol tu phyin pa'i[134] spyod pa la spyod mi nus par gyur pa 'di yang rigs kyi skyon te nyes pa dang po'o ||

grogs ngan dang zhes bya ba la | byang chub sems dpa'i rigs yod kyang blun po sdig pas[135] mi dge ba'i chos la dga' ba rnams kyis bstan te | sdig pa'i las dag byed du bcug pas pha rol tu phyin pa'i[136] spyod pa la 'jug par mi byed pa 'di yang rigs kyi skyon te 'di ni nyes pa gnyis pa'o ||

phongs pa dang zhes bya ba la dbul por gyur pas bza' ba dang bgo ba la sogs pa'i yo byad kyis phongs pas[137] sbyin pa la sogs pa byed mi nus shing yo byad kyi don du sdig pa'i las dag byed pa yang rigs kyi skyon te 'di ni nyes pa gsum pa'o ||

gzhan gyi dbang zhes bya ba la rgyal po dang rkun po dang rje bo la sogs pa'i dbang du gyur nas srog gcod pa la sogs pa'i las mi byed du mi gnang ba dang | sbyin pa la sogs pa dge ba byed du mi ster ba yang rigs kyi skyon te 'di ni nyes pa bzhi pa'o ||

---

132 zhe sdang dang DC : zhe sdang PNG

133 'dris DC : 'dres PNG

134 pa'i em. : pa DCPNG

135 pas em. : pa DCPNG

136 pa'i PNG : pa DC

137 pas PNG : pa'i DC

「**(1) 煩悩を習慣化すること**」というのに関して。菩薩種姓があっても，貪・瞋・癡などの煩悩を習慣化すること，すなわち繰り返すこと(*saṃstava)によって，〔その煩悩が〕強烈な貪・強烈な瞋・強烈な癡となるので，ただ煩悩のみに向かうのであって，〔六〕波羅蜜行を行じることができなくなる。以上は〔菩薩〕種姓にとっての過失であり，第一の災難である。

「**(2) 悪友がいること**」というのに関して。菩薩種姓があっても，愚鈍で悪いので，不善なる法を喜ぶ者たちによって指示され，諸々の悪業を行うよう唆されるから，〔六〕波羅蜜行に向かうことはしない。以上も〔菩薩〕種姓にとっての過失であり，これが第二の災難である。

「**(3) 欠乏していること**」というのに関して。困窮によって食料や衣料などの生活必需品が欠乏しているので，布施などを行うことができず，生活必需品のために諸々の悪業を行うことも，〔菩薩〕種姓にとっての過失であり，これが第三の災難である。

「**(4) 他者に服従すること**」というのに関して。王や盗賊や夫などに服従すると，殺生などの〔悪〕業を行わないことが許されないことや，布施などの善〔業〕を行うことが許可されないことも，〔菩薩〕種姓にとっての過失であり，これが第四の災難である。

1.7 種姓の利徳（第 8 偈）

[D 46a3–b5, C 46a3–b5, P 50a4–51a1, N 48b2–49a5, G 63b2–64b2]

legs pa rnam par[138] **dbye ba'i tshigs su bcad pa** zhes bya ba | gong du bsdus pa'i don las legs pa zhes 'byung ba'i don rgyas par 'chad de | byang chub sems dpa'i rigs yod na rigs su la[139] yod pa de la 'khor ba na so so'i skye bo phal pa byed kyang yon tan rnam pa bzhi 'thob par bstan pa'i phyir tshigs su bcad pa rtsom mo zhes bya ba'i don to ||

ring nas[140] **ngan 'gror**[141] **'gro ba dang** || zhes bya ba la | nyan thos dang rang sangs rgyas kyi rigs can dang | rigs med pa dag gis mtshams med pa lnga la sogs pa'i sdig pa'i las byas na ni shi 'phos ma thag tu sems can dmyal ba la sogs pa ngan song gsum du skye la | byang chub sems dpa'i rigs can gyis[142] mtshams med pa la sogs pa'i las byas na ni bskal pa'i lo mang po zhig gis bcad nas | phyis nam zhig na ngan song gi 'bras bu myong bar 'gyur te | 'di ni legs pa dang po'o ||

de nas kyang ni myur du thar || zhes bya ba la nyan thos dang rang sangs rgyas kyi rigs can dang | rigs med pa dag gis mtshams med pa la sogs pa'i las byas na ni sems can dmyal ba'i tshe'i tshad kyi[143] bskal pa[144] ma zad kyi bar du dmyal ba la sogs pa ngan song gi gnas na gnas par 'gyur la | byang chub sems dpa'i rigs can rnams kyis mtshams med pa la sogs pa'i las byas na dmyal ba'i tshe'i tshad zad[145] du mi 'dug gi dus cung zad cig 'dug nas de nas kyang sems can dmyal ba'i gnas nas[146] myur du thar bar 'gyur te | 'di ni legs pa gnyis pa'o ||

---

138 par DC : pa PNG
139 su la PNG : gsum la DC
140 nas DC : dang PNG
141 ngan 'gror DC : ngan PNG
142 gyis DC : gyi PNG
143 kyi em. : kyis DCPNG
144 pa DC : par PNG
145 zad PNG : zad zad DC
146 gnas nas DCPN : gnas G

1.7 種姓の利徳（第 8 偈）

利徳を弁別して一偈があるというのに関して。先の〔第 1 偈で説いた〕概括の意味の中で「利徳」とある〔その〕意味を広く説明する。菩薩種姓が存在するならば，〔菩薩〕種姓が存在する彼には[40]，輪廻の中で凡夫としてありきたりのことを為すとしても，四種の徳性の獲得があることを示すために〔第 8〕偈を説き始める，という意味である。

「**(1) 長い時間の後に悪趣に赴く**」というのに関して。声聞や独覚の種姓を持つ者と無種姓の者たちが，五無間〔業〕などの悪業を行ったならば，死ぬや否や，地獄などの三悪趣に生まれる。一方，菩薩種姓を持つ者が〔五〕無間〔業〕などの〔悪〕業を行ったならば，幾多の劫という年数を隔てて，いつか後に悪趣〔に生まれる〕という果報を経験するだろう。以上が第一の利徳である。

「**(2) そしてそこから速やかに脱する**[41]」というのに関して。声聞や独覚の種姓を持つ者と無種姓の者たちは，〔五〕無間〔業〕などの〔悪〕業を行ったならば，地獄の者(*nāraka)の寿量である〔一〕劫が尽きない限り[42]，地獄(*naraka)などの悪趣の境涯に住することになろう。一方，菩薩種姓を持つ者たちが，〔五〕無間〔業〕などの〔悪〕業を行ったならば，地獄の〔衆生の〕寿量は尽きていないが，少しの時間いた後に，「そしてそこから」〔すなわち〕地獄の者の境涯から，「速やかに脱する」であろう。以上が第二の利徳である。

de yang dper na rgyal po ma skyes dgra lta bu mtshams med pa lnga byas kyang rigs kyi[147] mthus sems can dmyal ba'i sdug bsngal dar gyi pho long brdabs[148] pa tsam zhig myong ba lta bu'o ||

sdug bsngal myong ba yang chung ba ste zhes bya ba la nyan thos dang rang sangs rgyas kyi rigs can dang | rigs med pa dag gis mtshams med pa la sogs pa'i las byas na lus dang[149] sems la gnod pa'i sdug bsngal sdug cing drag la mi bzad pa myong bar 'gyur la[150] | byang chub sems dpa'i rigs can rnams kyis mtshams med pa la sogs pa'i las byas na lus dang sems la gnod pa srab cing chung ba[151] myong bar 'gyur te | 'di ni legs pa gsum pa'o ||

skyo zhing sems can smin par byed || ces bya ba la nyan thos dang rang sangs rgyas[152] kyi rigs can dang | rigs med pa dag gis mtshams med pa la sogs pa'i las byas na[153] sems can dmyal bar skyes nas dmyal ba'i sdug bsngal myong bar 'gyur ba dang | phan tshun zhe sdang skye la | byang chub sems dpa'i rigs can gyis mtshams med pa la sogs pa'i las byas na[154] dmyal ba la sogs pa'i gnas su skye ba dang | dmyal ba'i sdug bsngal myong bar gyur nas mi dge ba'i las la skyo ba'i sems skye'o || skyo ba skyes nas dmyal ba'i sems can 'di dag kyang bdag dang 'dra bar sdug bsngal myong ngo zhes de dag la snying rje'o || snying rje skyes nas sems can[155] de dag dge ba la 'jog cing yongs su smin par byed de | 'di ni legs pa bzhi pa'o ||

---

147 kyi DCNG : kyis P

148 brdabs em. : bsdams DC, bsdabs PNG. Cf. 安慧釈注 44.

149 lus dang DC : lus PNG

150 la em. : na DCPNG. Cf. 安慧釈注 45.

151 chung ba DC : chung PNG

152 rang sangs rgyas DC : sangs rgyas PNG

153 na DC : nas PNG

154 na DC : nas PNG

155 sems can DC : sems PNG

彼(菩薩種姓を持つ者)はまた，例えば阿闍世王のように[43]，五無間〔業〕を行ったとしても，〔菩薩〕種姓の力によって，投げつけられた絹のボール〔がすぐに跳ね返る〕程度の〔短い間〕[44]，地獄の者の苦を経験するが如くである。

「**(3) 微かな苦を経験する**」というのに関して。声聞や独覚の種姓を持つ者や無種姓の者たちが〔五〕無間〔業〕などの〔悪〕業を行ったならば，身心を害する，過酷で(*kṛcchra)激しく耐えられない苦を経験するだろう。一方[45]，菩薩種姓を持つ者たちが〔五〕無間〔業〕などの〔悪〕業を行ったならば，身心を害する，微力で微かな〔苦〕を経験するだろう。以上が第三の利徳である。

「**(4) 厭離〔心〕を伴って衆生を成熟させる**」というのに関して。声聞や独覚の種姓を持つ者と無種姓の者たちが〔五〕無間〔業〕などの〔悪〕業を行なったならば，地獄の者として生まれて地獄の苦を経験し，互いに瞋恚が生じる。一方，菩薩種姓を持つ者が〔五〕無間〔業〕などの〔悪〕業を行ったならば，地獄などの境涯に生まれて地獄の苦を経験してから，不善業に対して厭離心が生じる。厭離〔心〕が生じて，「これら地獄の者たちも自分と同じように苦を経験している」と，彼らを悲愍する。悲愍が生じて，彼ら衆生を善〔業〕に向かわせ，成熟させる。以上が第四の利徳である。

1.8 種姓の譬喩〈1〉（金の鉱脈）（第 9 偈）

［D 46b5–47b3, C 46b5–47b3, P 51a1–b8, N 49a5–50a4, G 64b2–65b3］

gser chen po'i rigs kyi dpe'i tshigs su bcad pa zhes bya ba la gong du sdud pa'i don las byang chub sems dpa'i rigs ni gser chen po'i rigs dang rin po che'i rigs dang 'dra'o zhes smos pa la byang chub sems dpa'i rigs 'di gser chen po'i rigs dang 'dra bar ston te | dper na gser rnam pa bzhi'i rten dang gzhi dang sa bon byed pa'i gser la gser chen po'i rigs zhes bya ba de bzhin du | byang chub sems dpa'i rigs 'di yang yon tan rnam pa bzhi'i gzhi dang rten byed pas gser chen po'i rigs dang 'dra bar bstan pa'i phyir tshigs su bcad pa rtsom mo zhes bya ba'i don to ||

gser gyi rigs bzhin shes par bya ||
dpag tu med pa dge ba'i gnas ||
ye shes dri med ldan pa'i gnas ||
mthu rnams kyi yang gnas yin no || III.9 ||

zhes bya ba la dper na gser chen po'i rigs ni gser mang po'i gnas byed pa dang | gser 'od gsal ba'i gnas byed pa dang | gser dri ma med pa'i gnas byed pa dang | gser las su rung ba'i gnas byed do || de bzhin du byang chub sems dpa'i rigs kyang yon tan rnam pa bzhi'i gnas byed pas na gser chen po'i rigs bzhin du shes par bya'o ||

dper na gser chen po'i rigs[156] gser srang grangs 'bum phrag grangs med pa mang po 'byung ba'i gnas byed pa de bzhin du | byang chub sems dpa'i rigs 'di yang[157] pha rol tu phyin pa dang | sa dang byang chub kyi phyogs dang | stobs dang mi 'jigs pa la sogs pa'i dge ba dpag tu med pa'i gnas byed pas gser chen po'i rigs dang 'dra'o ||

---

[156] chen po'i rigs em. : chen po'i DCPNG. Cf. dper na gser chen po'i rigs in the next paragraph.
[157] 'di yang em. : 'dis kyang DCPNG. Cf. 安慧釈注 46.

1.8 種姓の譬喩〈1〉（金の鉱脈）（第９偈）

〔菩薩種姓は〕大いなる金の鉱脈に譬喩されることについて一偈があるというのに関して。先に〔第 1 偈で説いた〕概括の意味の中で「菩薩種姓は大いなる金の鉱脈と〔大いなる〕宝石の鉱脈の如くである」と述べたうち，この「菩薩種姓は大いなる金の鉱脈の如くであること」を説く。例えば，四種の金の依処，基盤，種子となる金〔鉱〕を「大いなる金の鉱脈」というのと同様に，この菩薩種姓もまた，四種の功徳の基盤，依処となるので，大いなる金の鉱脈の如くであると示すために〔第 9〕偈を説き始める，という意味である。

> **〔菩薩種姓は，〕金の鉱脈の如くであると知られるべきである。(1) 量り知れない善性の依り所であり，(2) 智慧の〔依り所〕であり，(3) 無垢性の具有の〔依り所〕であり，(4) 威力の依り所である。（第 9 偈）**

というのに関して。例えば，大いなる金の鉱脈は (1') 豊富な金の依り所となり，(2') 輝く金の依り所となり，(3') 無垢な金の依り所となり，(4') 柔軟な金の依り所となるのである。同様に，菩薩種姓もまた，四種の功徳の依り所となるので，大いなる金の鉱脈の如くであると知られるべきである。

(1) 例えば，大いなる金の鉱脈が十万阿僧祇トゥラー (*tulā) の豊富な金を産出する依り所となるのと同様に，この菩薩種姓もまた[46]，〔六〕波羅蜜・〔十〕地・〔三十七〕菩提分〔法〕・〔十〕力・〔四〕無畏などの量り知れない善〔根〕の依り所となるので，大いなる金の鉱脈の如くである。

dper na gser chen po'i rigs gser 'od 'bar zhing 'tsher ba'i gnas byed pa de bzhin du | byang chub sems dpa'i rigs 'di yang[158] chos rnams la rang dang spyi'i mtshan nyid la phyin ci ma log par shes par byed pa rnam par mi rtog pa'i ye shes dang mnyam pa nyid kyi ye shes dang | so sor kun tu rtog pa'i ye shes dang | bya ba sgrub pa'i ye shes gsal zhing 'od dang bcas[159] pa'i gnas su gyur bas na gser chen po'i rigs[160] dang 'dra'o ||

gser la yang kha cig 'tsher zhing 'od gsal ba dang dri ma cung zad yod kyang 'od gsal lo zhes smras te | gser chen po'i rigs las byung ba'i gser de la ni dri ma cung zad kyang med pas na dri ma med pa zhes bya'o || yang gser kha cig ma bsregs pa'i tshe ser bar 'tsher mod kyi | bsregs na[161] kha dog nag po dang skya bor 'gyur ba yod do || gser chen po'i rigs las skyes pa'i gser rnams la ni mer bsregs na yang kha dog 'gyur ba med pas dri ma med pa zhes bya'o || dper na[162] gser chen po'i rigs dri ma med par byed pa de bzhin du byang chub sems dpa'i rigs 'di yang nyon mongs pa'i bag chags kyi dri ma thams cad spangs pa'i mya ngan las 'das pa'i gnas byed pas gser chen po'i rigs dang 'dra'o ||

dper na gser chen po'i rigs ni gser chen po'i rigs de las byung ba'i gser gyis[163] mgo rgyan dang[164] dpung rgyan la sogs par byas na[165] yang 'gas[166] pa khro pa[167] med par[168] gser las su rung ba'i gnas su gyur pa de bzhin du | byang chub sems dpa'i rigs 'di yang rdzu 'phrul[169] gyi mig la sogs pa mngon par shes pa'i gnas su 'gyur bas na gser chen po'i rigs dang 'dra'o ||

---

158 'di yang em. : kyis kyang DCPNG. Cf. 安慧釈注 46.

159 bcas DCNG : bcad P

160 chen po'i rigs em. : chen po DCPNG

161 na PNG : nas DC

162 na DPNG : ni C

163 gser gyis DC : gser PNG

164 rgyan dang DC : rgyan PNG

165 na DPNG : ni C

166 'gas DCG : 'gags P, rags N

167 khro pa em. : khro DCPG, khra N. Cf. 安慧釈注 48.

168 par DC : pa PNG

169 rdzu 'phrul DC : 'phrul PNG

(2) 例えば，大いなる金の鉱脈が輝き煌く金の依り所となるのと同様に，この菩薩種姓もまた，諸法について自相・共相を顛倒なく知らしめる〔四種の智，すなわち〕光り輝いている，無分別智・平等性智・妙観察智・成所作智[47]の依り所となるので，大いなる金の鉱脈の如くである。

(3) そして，金について，あるものは煌き輝いていれば，少しの垢があっても，輝くといい，大いなる金の鉱脈から産出されたその金には，少しの垢さえもないので，無垢といわれる。あるいは，ある金は熱しないとき黄金色に煌くけれども，熱すると色合いが黒や灰色になるものがある。大いなる金の鉱脈から生じた諸々の金を火で熱しても色合いが変化しないので，無垢といわれる。例えば，大いなる金の鉱脈が無垢〔な金の依り所〕となるのと同様に，この菩薩種姓もまた，煩悩の習気というすべての垢を滅した涅槃の依り所となるので，大いなる金の鉱脈の如くである。

(4') 例えば，大いなる金の鉱脈が，その大いなる金の鉱脈から産出された金によって頭飾りや腕飾りなどを作ったとしても，ひび割れることや脆さがなく[48]，柔軟な金の依り所となるのと同様に，この菩薩種姓もまた，天眼などの神通の依り所となるので，大いなる金の鉱脈の如くである。

nyon mongs pa'i dri ma med par 'thob pa'i gnas dang zhes bya ba la | nyon mongs pa'i gnas ngan len spangs na de dang bral ba dag 'thob[170] pa'i gnas dang | rten du rig ste gyur zhes bya ba'i don to || yang na nyon mongs pa spangs na zag pa med cing dri ma med pa'i chos skye ste rigs de zag pa med pa'i[171] chos 'thob pa'i[172] rten du gyur zhes[173] bya ba'i don to ||

1.9 種姓の譬喩〈2〉（宝石の鉱脈）（第 10 偈）

［D 47b3–48a3, C 47b3–48a3, P 51b8–52b3, N 50a4–b6, G 65b3–66b1］

rin po che chen po'i rigs kyi dpe'i tshigs su bcad pa zhes bya ba la | byang chub sems dpa'i rigs 'di ni rin po che chen po'i rigs dang 'dra ste | dper na rin po che chen po'i rigs rin po che chen po bzhi'i[174] gnas byed pa de bzhin du byang chub sems dpa'i rigs de yang yon tan rnam pa bzhi'i gnas byed pas rin po che chen po'i rigs dang 'dra bar bstan pa'i phyir tshigs su bcad pa rtsom mo ||

rin po che rnam pa bzhi ni rigs phun sum tshogs pa dang | kha dog phun sum tshogs pa dang | dbyibs phun sum tshogs pa dang | tshad phun sum tshogs pa'o ||

rin chen mchog rigs bzhin[175] shes bya ||
byang chub chen po'i rgyu yi phyir ||
ye shes che dang ting 'dzin 'phags ||
sems can mang po'i gnas kyi phyir || III.10 ||

[170] 'thob PNG : thob DC
[171] zag pa med pa'i DC : zag pa'i PNG
[172] 'thob pa'i em. : mthong ba'i DCPNG. Cf. 安慧釈注 50.
[173] zhes DC : ces PNG
[174] chen po bzhi'i em. : chen po'i gzhi'i DCPNG. Cf. yon tan rnam pa bzhi'i gnas.
[175] bzhin PNG : bzhir DC

煩悩に関する無垢性の獲得の依り所というのに関して。煩悩の麁重を滅したとき，それからの遠離すなわち清浄を獲得する依り所や依処と知り〔その種姓はその依り所や依処と〕なる[49]という意味である。あるいはまた，煩悩を滅したとき無垢なる無漏法を生じて，その種姓は無漏法を獲得する者にとっての[50]依処となるという意味である。

1.9 種姓の譬喩〈2〉（宝石の鉱脈）（第 10 偈）

〔菩薩種姓は〕大いなる宝石の鉱脈に譬喩されることについて一偈があるというのに関して。この菩薩種姓は大いなる宝石の鉱脈の如くである。例えば，大いなる宝石の鉱脈が四〔種〕の大いなる宝石の依り所となるのと同様に，その菩薩種姓もまた四種の功徳の依り所となるので，大いなる宝石の鉱脈の如くであることを示すために〔第 10〕偈を説き始める。

四種の宝石とは，(1) 貴重な〔宝石〕[51]，(2) 色彩が完全な〔宝石〕，(3) 形が完全な〔宝石〕，(4) 量が完全な〔宝石〕である。

> **〔菩薩種姓は〕よき宝石の鉱脈の如くであると知られるべきである。(1) 大菩提の因であるから，(2) 大智慧と (3) 聖者の三昧と (4) 数多の衆生を利益することとの依り所であるから。（第 10 偈）**

zhes bya ba la | dper na rin po che'i rigs ni lcags dang zangs dang mching bu la sogs pa 'byung ba'i gnas mi byed kyi mu tig la sogs pa'i rigs phun sum tshogs pa'i rin po che'i gnas su gyur pa de bzhin du | byang chub sems dpa'i rigs de yang nyan thos dang rang sangs rgyas kyi byang chub kyi gnas su mi 'gyur gyi rdo rje lta bu'i ting nge 'dzin gyi rjes las byung ba nyon mongs pa'i sgrib pa thams cad spangs pa'i byang chub chen po'i gnas su gyur pas na rin po che chen po'i rigs dang 'dra'o ||

dper na rin po che chen po'i rigs de rin po che 'tsher zhing 'bar ba'i gnas su 'gyur ba de bzhin du byang chub sems dpa'i rigs de yang me long lta bu'i ye shes la sogs pa ye shes bzhi'i gnas su 'gyur bas rin po che chen po'i rigs dang 'dra'o ||

dper na rin po che chen po'i rigs de ni | rin po che chen po de zad de zad de'am chag[176] pa dbyibs mi sdug pa ma yin pa gru bzhi dang zlum po la sogs pa'i dbyibs kyang mdzes pa'i gnas su 'gyur ba de bzhin du | byang chub sems dpa'i rigs 'di yang 'phags pa'i ting nge 'dzin dang | dpa' bar 'gro ba'i ting nge 'dzin dang | nam mkha'i mdzod kyi ting nge 'dzin la sogs pa'i gnas su gyur pas na rin po che chen po'i rigs dang 'dra'o ||

dper na rin po che chen po'i rigs chen por dbyibs che ba dang | rin po che mang po'i gnas su 'gyur ba de bzhin du byang chub sems dpa'i rigs 'di yang sems can mtha' yas pa mang po mya ngan las 'das pa dang | thams cad mkhyen pa'i ye shes la[177] 'jug pa'i gnas su 'gyur bas na rin po che chen po'i rigs dang 'dra'o ||

[176] chag DC : chags PNG

[177] ye shes la DC : ye shes PNG

というのに関して。(1) 例えば，〔大いなる〕宝石の鉱脈が，鉄・銅・石英(*kāca)など[52]を生じる依り所とはならないが，真珠などの貴重な宝石の依り所となるのと同様に，その菩薩種姓もまた声聞や独覚の菩提の依り所とはならないが，金剛喩定の後に生じる，一切の煩悩障を断じた大菩提の依り所となるので，大いなる宝石の鉱脈の如くである。

(2) 例えば，その大いなる宝石の鉱脈が，煌き熾烈に輝く宝石の依り所となるのと同様に，その菩薩種姓もまた大円鏡智(*ādarśajñāna)などの四智の依り所となるので，大いなる宝石の鉱脈の如くである。

(3) 例えば，その大いなる宝石の鉱脈は，磨滅したり砕かれたりといった好ましくない形ではなくて，四角や円などの形も整った，その大いなる宝石の依り所となるのと同様に，その菩薩種姓もまた聖者の三昧や，首楞厳三昧(*śūraṃgamasamādhi)，虚空蔵三昧(*gaganagañjasamādhi)の依り所となるので，大いなる宝石の鉱脈の如くである。

(4) 例えば，大いなる宝石の鉱脈が，非常に多様な形の，数多の宝石の依り所となるのと同様に，この菩薩種姓もまた無辺なる数多の衆生を涅槃や一切智者の智に悟入させることの依り所となるので，大いなる宝石の鉱脈の如くである。

2. 無種姓（第 11 偈）

［D 48a3–49b1, C 48a3–49b1, P 52b3–54a5, N 50b6–52a7, G 66b1–68a6］

rigs med pa la rnam par dbye ba'i tshigs su bcad pa zhes bya ba la | gong du nyan thos kyi rigs dang | rang sangs rgyas kyi rigs dang | byang chub sems dpa'i rigs dang | rigs ma nges pa bshad nas | da ni rigs med pa 'chad de | rigs med pa zhes bya ba 'di yong ye mya ngan las mi 'da' ste | nam yang mya ngan las mi 'da' ba'i phyir rigs med pa[178] zhes bya ba'am | 'on kyang bskal pa dus thag[179] gi[180] zad cig tu mya ngan las mi 'da' la phyis mya ngan las[181] 'da' ba la rigs med pa zhes bya zhe na | de gnyis ka la rigs med pa zhes bstan pa'i phyir tshigs su bcad pa rtsom mo ||[182]

la la gcig tu mi dge spyod ||
la la dge ba'i chos rnams bcom ||
la la thar[183] phyogs dge ba med ||
dkar po chung yod rgyu dang bral || III.11 ||

zhes bya ba la | rigs med pa zhes bya ba'i don ni theg pa gsum gyi mya ngan las 'das par yongs su mya ngan las 'da' zhing mya ngan las 'da' bar skal ba med pa'i rang bzhin can la bya ste | yongs su mya ngan las mi 'da' ba'i chos can la[184] yang rnam pa gnyis te | de'i dus su yongs su mya ngan las mi 'da' ba'i chos can dang | gtan du[185] mya ngan las mi 'da' ba'i chos can no ||

---

178 rigs med pa em. : rigs DCPNG
179 thag em. : thang DCPNG. Cf. 早島理［1994: 41–42, n. 11］.
180 gi PNG : cig DC
181 las DCPG : la N
182 rtsom mo || DC : rtsom mo || la la gcig tu rtsom mo || PNG
183 thar PNG : mthar DC
184 can la DC : can PNG
185 gtan du em. : de'i dus na DCPNG. Cf. 安慧釈注 55.

2. 無種姓（第 11 偈）

無種姓〔に立脚する〕者[53]**の弁別について一偈がある**というのに関して。以前，声聞種姓のある者，独覚種姓のある者，菩薩種姓のある者，不確定の種姓のある者を説示して[54]，今や，無種姓なる者を説明する。無種姓なる者といわれるこの者は，決して涅槃できず，いかなる時も涅槃できないから，無種姓なる者といわれるのか。それとも，劫という〔長い〕期間にわたって涅槃できないが，後に涅槃する場合に，無種姓なる者といわれるのか。その両者ともに無種姓なる者であるということを示すために，〔第 11〕偈を説き始める。

> **(I) (1) ある者は悪行を専らなす者であり，(2) ある者は白浄〔なる善根〕が根絶された性質の者である。(3) ある者は順解脱分の浄善がない者であり，(4)〔ある者は〕白浄なる〔性質〕が低級な者である。さらにまた，(II)〔ある者は〕原因を欠いた者である。（第 11 偈）**

というのに関して。無種姓なる者という意味は，三乗の涅槃において般涅槃，つまり涅槃する資質がないことを本質とする者をいう。そして，般涅槃できる性質のない者(*aparinirvāṇadharmaka) について二種ある。〔すなわち〕(I) 般涅槃できる性質が一時的にない者と，(II) 〔般〕涅槃できる性質が永久にない者とである[55]。

de'i dus su yongs su mya ngan las mi 'da' ba'i[186] chos can rnam pa bzhi ste | gang zhe na | de'i phyir | **la la gcig tu mi dge spyod** || ces smos te | 'di'i las nges par byed pa'i dbang du byas nas gsungs pa yin no ||

de la gang zag kha cig la byang chub sems dpa'i rigs yod kyang las nges par byed par 'gyur ba'i dbang gis ma gsod pa la sogs pa'i[187] mtshams med pa'i[188] las gdon mi za bar byed par 'gyur te | de'i dus na rigs yod kyang ma gsod pa la sogs pa'i[189] las ngan pa byas[190] pas rigs des mya ngan las 'das pa thob par mi 'gyur te | de bas na de yang de'i dus na yongs su mya ngan las mi 'da' ba'i chos can yin pas rigs med pa zhes bya ba ste | 'di ni rnam pa gcig go ||

la la dge ba'i chos rnams bcom || zhes bya ba la | gang zag kha cig la byang chub sems dpa'i rigs yod kyang mi dge ba'i bshes gnyen gyi rkyen gyis chad pa'i lta ba la phyogs nas las dge ba med | mi dge ba med | 'bras bu bde ba med | sdug bsngal med | tshe 'di med | tshe phyi ma med | dkon mchog gsum med ces bya ba la sogs pa'i log pa'i lta ba la[191] zhugs pas dge ba'i rtsa ba thams cad rtsa ba nas bcom ste | bskal pa du ma zhig tu yongs su mya ngan las 'da' bar mi 'gyur ro || 'di yang de'i dus na yongs su mya ngan las mi 'da' ba'i chos can yin pas rigs med pa zhes bya ste rnam pa gnyis pa'o ||

la la thar[192] phyogs dge ba med || ces bya ba la | gang zag la la byang chub sems dpa'i rigs yod kyang mya ngan las 'das pa thob par 'gyur ba'i bsod nams dang ye shes kyi tshogs mi sogs kyi lha dang mi'i gnas la sogs par 'khor bar skye ba 'ba' zhig gi dge ba bsags pas 'khor ba 'ba' zhig tu skye bas [193] bskal pa du mar yang mya ngan las 'da' ba mi 'thob po || 'di yang de'i dus na yongs su mya ngan las mi 'da' ba'i chos can yin pas rigs med pa zhes bya ste | 'di ni rnam pa gsum pa'o ||

---

[186] 'da' ba'i DC : 'da' PNG
[187] pa'i PNG : pa DC
[188] pa'i DC : pa PNG
[189] gsod pa la sogs pa'i PNG : gsod pa'i DC
[190] byas DPNG : byed C
[191] lta ba la DC : lta ba PNG
[192] thar PNG : mthar DC
[193] skye bas em. : skye ba'i DCPNG

般涅槃できる性質が一時的にない者は四種である。〔その四種とは〕何か。それゆえ，「**(1) ある者は悪行を専らなす者であり**」という。この〔悪〕業をなすと確定した者[56]に関して説かれたのである。

それに関して，ある者には菩薩種姓があるけれども，〔悪〕業をなすと確定しているので，母殺しなどの〔五〕無間業を確実になすだろう。その時は，種姓があっても母殺しなどという悪業をなすので，その種姓により涅槃を得ることはないだろう。それゆえに，彼は般涅槃できる性質が一時的にない者であるので，無種姓なる者といわれる。以上が第一種である。

「**(2) ある者は白浄〔なる善根〕が根絶された性質の者である**」というのに関して。ある者には菩薩種姓があるけれども，悪しき師友を縁として，断見に傾倒して，「善業もなく不善〔業〕もなく，楽果もなく苦〔果〕もなく，この世もなく来世もなく，三宝もない」云々の邪見に陥るので，すべての善根を根絶やしにして，多劫の間は般涅槃できないだろう。この者もまた，般涅槃できる性質が一時的にない者であるので，無種姓なる者といわれる。〔以上が〕第二種である。

「**(3) ある者は順解脱分の浄善がない者である**」というのに関して。ある者は菩薩種姓があっても，涅槃を得るための福徳と智慧との資糧を蓄積しないが，天や人の境涯などに輪廻して生まれるだけの浄善は積集しているので，輪廻〔の境涯〕にのみ生まれるから，多劫〔を経て〕も，涅槃を得ない。この者もまた般涅槃できる性質が一時的にない者であるので，無種姓なる者といわれる。以上が第三種である。

dkar po chung yod ces bya ba la | gang zag la la byang chub sems dpa'i rigs yod kyang bsod nams dang ye shes kyi tshogs rdzogs par mi sogs kyi dkar po'i chos mya ngan las mi 'da' ba'i rgyu cung zad tsam bsags pas bskal pa du mar yang yongs su mya ngan las mi 'da'o || 'di yongs su mya ngan las mi 'da' ba'i chos can yin pas rigs med pa zhes bya ste | 'di ni rnam pa bzhi pa'o ||

de'i dus na yongs su mya ngan las mi 'da' ba'i chos can zhes bya ba ni mtshams med pa byed pa rnams kyang mtshams med pa byed pa'i las ma btang gi bar du mya ngan las mi 'da' ba dang | log pa'i lta bas dge ba'i rtsa ba chad pa rnams log pa'i lta ba dang bral te | dge ba'i rtsa ba ma skyes kyi bar du yongs su mya ngan las mi 'da' ba dang | thar pa'i[194] phyogs kyi dge ba'i rtsa ba mi sogs pa rnams kyang thar pa'i phyogs kyi dge ba'i rtsa ba ma bsags kyi bar du mya ngan las mi 'da' ba dang | dkar po chung ba'i rnams kyang bsod nams dang ye shes kyi tshogs[195] ma rdzogs kyi bar du mya ngan las mi 'da' bas de'i dus na yongs su mya ngan las mi 'da' ba'i chos can zhes bya'o ||

yongs su[196] mya ngan las mi 'da' ba ni gcig yod de | de bstan pa'i phyir **rgyu dang bral** zhes bya ba smos te | rgyu zhes bya ba ni theg pa gsum du mya ngan las 'da' ba'i dge ba'i rtsa ba dang rigs med pa ste | de ltar rigs med pas na gang zag de theg pa gsum gyi mya ngan las 'das pa rnams kyang mi 'thob pa'i phyir[197] **yongs su mya ngan las**[198] **mi 'da' ba'i chos can** zhes bya ste | dper na rdo dang shing la sogs pa'i rang bzhin 'di rnams kyang sems dang sems las byung ba lta bur shes pa'i rang bzhin can du mi 'gyur ba dang 'dra'o ||

---

194 thar pa'i em. : phyogs thar pa'i DCPNG

195 ye shes kyi tshogs DC : ye shes kyi PNG

196 su DC : ye PNG

197 phyir em. : phyir ro || DCPNG

198 yongs su mya ngan las em. : yongs su DCPNG

「(4)〔ある者は〕白浄なる〔性質〕が低級な者である」というのに関して。ある者は菩薩種姓があっても，福徳と智慧との資糧を十分に蓄積しないが，涅槃できない原因となる僅かばかりの白浄なる性質を積集しているので，多劫〔を経て〕も般涅槃できない。
この者は般涅槃できる性質が〔一時的に〕ない者であるので，無種姓なる者といわれる。以上が第四種である。

般涅槃できる性質が一時的にない者というのに関して。(1)〔五〕無間〔業〕をなす者たちは，〔五〕無間〔業〕をなす者としての行為を放棄しない間は，涅槃できない。また，(2) 邪見によって善根を断たれた者たち〔も〕，邪見を遠離して善根が生じない間，般涅槃できない。そして，(3) 順解脱分の善根がない者たちも，順解脱分の善根を積集しない間，涅槃できない。さらにまた，(4) 白浄な〔性質〕が低級な者たちも，福徳と智慧との資糧が不十分な間，涅槃できない。ゆえに，般涅槃できる性質が一時的にない者といわれる。

般涅槃できない者には〔もう〕一つある。それを示すために「**原因を欠いた者**」という。「原因」とは，三乗において涅槃するための善根，すなわち種姓〔のことであり，それ〕がないことである。そのように種姓がないので，その者は三乗の涅槃の何れも得られないから，**般涅槃できる性質が〔永久に〕ない者**といわれる。例えば，石や樹などを本質とするこれらのもの(非情)は何であれ，心・心所のような知を本質とするもの(有情)とはならないように[57]。

'dir rigs med pa la gnas pa ni yongs su mya ngan las mi 'da' ba'i chos can[199] **du 'dod do** zhes bya ba la | rigs med ces smras pa | med pa'i sgra[200] 'di smad pa'i don du yang mthong ste | bu ngan pa dang chung ma ngan pa la bu med chung ma med ces bya ba lta bu'o || chung ba'i[201] don du yang mthong ste | bu mo rked pa 'phra ba la rked pa med ces bya ba lta bu'o || yong ye[202] med pa'i don du yang mthong ste rnyed pa med bkur sti med ces bya ba lta bu'o ||

'di'i[203] skabs su ni med pa'i sgra smad pa'i don dang yong ye[204] med pa'i don du blta ste | de la gcig tu mi dge ba spyod pa nas brtsams te | dge ba chung ba yan chad kyis de'i dus na[205] yongs su mya ngan las[206] mi 'da' bas rigs med par bshad pa'i don de smad pa'i don du blta ste |

bu ngan pa la bu med ces bya ba bzhin du rigs de yang de'i dus na ngan cing zhan[207] par gyur pas[208] rigs med pa zhes btags so || gang rgyu dang bral bas yongs su mya ngan las mi 'da' ba'i phyir rigs med par bshad pa'i med pa'i sgra[209] 'di ni yong ye med pa'i don du blta ste | de ni gtan du mya ngan las 'das pa mi 'thob pa'i phyir ro ||

199 chos can DC : chos PNG
200 sgra PNG : sgras DC
201 chung ba'i em. : chung ma'i DCNPG
202 yong ye em. : yongs DCP, yong NG
203 'di'i DC : 'di PNG
204 yong ye PN : po de ye DC, yong G
205 na DCNG : ni P
206 yongs su mya ngan las DC : yongs su PNG
207 zhan DCPG : zhen N
208 pas DC : pa PNG
209 med pa'i sgra PG : rigs med pa'i sgra DC, sgra N

ここでは，無種姓に立脚する者[58]とは般涅槃できる性質のない者が意図されているというのに関して。(i) 無種姓(agotra)という〔うちの〕このa-という字は，非難という意味と考えられる。「悪い息子」や「悪い妻」を「a-putra」や「a-bhārya」というように。(ii) 僅少の意味とも考えられる。腰の細い娘を「*an-udarā [kanyā]」というように。(iii) 絶対的非存在の意味とも考えられる。〔財産がない者を〕「a-lābha」，〔恭敬がない者を〕「a-satkāra」というように[59]。

この〔偈のa-gotraの〕場合，a-という字は，(i) 非難という意味と，(iii) 絶対的非存在の意味と理解される。そのうち，(I) (1) 悪行を専らなす者から (4) 浄善(白浄なる性質)が低級な者までが，一時的に般涅槃できないので，agotra(無種姓)なる者と説かれる，その〔a-gotraのa-の〕意味は，非難の意味と理解される。

悪い息子を「a-putra」というように，その種姓もまた一時的に悪い，つまり〔一時的に〕劣るので，〔悪い種姓という意味で〕agotra(無種姓)なる者と仮称される。(II) 原因を欠いた者は般涅槃できないから，agotra(無種姓)なる者と説かれる，この〔a-gotraの〕a-という字は，絶対的非存在の意味と考えられる。彼は永久に涅槃を得られないからである。

3. 種姓の偉大性（第 12 偈）

［D 49b1–50a5, C 49b1–50a5, P 54a5–55a4, N 52a7–53a5, G 68a6–69b1］

rang bzhin yongs su rgyas pa'i rigs kyi che ba nyid bsgrub par[210] **tshigs su bcad pa** zhes bya ba la | nyan thos kyi rigs dang rang sangs rgyas kyi rigs dag gis ni byang chub chen po 'thob par mi nus pas shin tu rgya che ba dang | mthu che ba zhes mi bya'o || byang chub sems dpa'i rigs kyis ni byang chub chen po 'thob par byed pas na rang bzhin gyis[211] rgya che ba dang | mthu che bar bsgrub pa'i phyir tshigs su bcad pa rtsom mo zhes bya ba'i don to ||

zab cing rgya cher[212] **smra ba gzhan la phan phyir bshad pa chos chen la || mi shes par ni dad 'gyur shin tu rgya che la ||** zhes bya ba la | chos chen po ni theg pa chen po'i chos la bya'o || chos de'i nang nas gang zag dang chos la[213] bdag med pa dang | ma skyes pa dang | mi 'gag pa la sogs pa 'byung bas zab pa'o || sa dang pha rol tu phyin pa dang | stobs dang mi 'jigs pa la sogs pa 'byung bas rgya che ba'o || yang na ye shes kyi tshogs 'byung bas zab pa'o || bsod nams kyi tshogs 'byung bas rgya[214] che ba'o ||

de ltar zab cing rgya che ba 'byung ba'i chos de[215] sems can rnams tshe 'di la bsod nams dang ye shes kyi tshogs la bzhag pa dang | tshe rabs gzhan du[216] mya ngan las 'das pa thob par bya ba'i phyir bshad pas na **gzhan la phan pa'i phyir bshad pa** zhes bya'o ||

'di ltar byang chub sems dpa'i rigs kyi mthus zab cing rgya che ba'i theg pa chen po'i don ma rtogs shing mi shes par yang thos pa tsam gyi sgo nas dad pa dang mos pa rgya che zhing rlabs chen po 'byung bas na | **mi shes par ni dad 'gyur shin tu rgya che ba** zhes bya'o ||

---

210 par PNG : pa DC
211 rang bzhin gyis DC : rang bzhin PNG
212 rgya cher DC : cher PNG
213 chos la DC : chos PNG
214 rgya PNG : sgra DC
215 de em. : de dang DCPNG
216 du DC : dang PNG

3. 種姓の偉大性（第 12 偈）

本来的な〔種姓〕と養成された種姓との偉大性の論証[60]について一偈があるというのに関して。声聞種姓と独覚種姓は大菩提を獲得させることができないので〔それらを〕広大で大威力があるとはいわない〔が〕[61]，菩薩種姓は大菩提を獲得させるので〔それが〕本来的に広大で大威力があることを論証するために〔第 12〕偈を説き始める，という意味である。

「甚深で広大なことを語る，利他をなす為に語られた長大な教法に対して，〔その意味を〕全く分からないままに極めて大いなる信解[62]があり」というのに関して。長大な教法とは，大乗の教法をいう。その教法の中に，人法〔二〕無我や不生不滅などが説かれているので，甚深なのである。〔十〕地・〔六〕波羅蜜・〔十〕力・〔四〕無畏などが説かれているので，広大なのである。あるいはまた，智慧資糧が説かれているので，甚深なのである。福徳資糧が説かれているので，広大なのである。

そのように甚深で広大なことが説かれるその教えは，衆生を現世で福智資糧に安定させ，来世で涅槃を獲得させる為に語られたので，「**利他をなす為に語られた**」といわれる。

このような甚深で広大な大乗の意味を理解していない，つまり分からなくても，菩薩種姓の力によって，ただ聴くだけで大いなる，つまり高大なる信解すなわち浄信(*śraddhā)が生じるので，「**全く分からないままに極めて大いなる信解があり**」といわれる。

legs par bsgrub la bzod ces bya ba la | sems can gyi don du mgo dang rkang lag la sogs pa btang ba'i dka' ba[217] spyad pa dang | sa dang pha rol tu phyin pa bsgrub pa ni legs par bsgrub pa zhes bya ste | rigs kyi mthus de dag thams cad kyang bsgrub nus pas na legs par bsgrub la[218] bzod ces bya'o ||

phun sum tshogs pa'i mtha' dang zhes bya ba la | de ltar theg pa chen po'i chos la yang mos | legs par bsgrub pa la yang mi skyo bar bsgrub pas bsod nams dang[219] ye shes kyi[220] tshogs phun sum tshogs par bsgrubs pa'i mjug tu bla na med pa'i byang chub chen po'i phun sum tshogs pa rnam pa gnyis las khyad par du gyur pa thob[221] par 'gyur te | 'di yang[222] rigs rgya che ba dang | mthu che ba[223] las 'thob po zhes bya ba'i don to || bla na med pa'i byang chub kyi phun sum tshogs pa de ci 'dra ba zhig ce na | de'i phyir **rnam gnyis mchog ste** zhes bya ba smos te | bla na med pa'i byang chub kyi phun sum tshogs pa de'ang[224] phun sum tshogs pa rnam pa gnyis las khyad par du gyur pa yin no zhes bya ba'i don to || phun sum tshogs pa gnyis ni brgya byin la sogs pa 'jig rten gyi phun sum tshogs pa dang | nyan thos la sogs pa 'jig rten las 'das pa'i[225] phun sum tshogs pa'o ||

de dag de ltar 'gyur zhes byang chub sems dpa' de dag gi rigs des[226] ni theg pa chen po'i chos la mos pa skye ba dang | bsgrub pa la skyo ba med pa dang | mthar byang chub chen po'i phun sum tshogs par 'gyur te | de'i phyir mthu che'o zhes bya bar sbyar ro ||

---

[217] ba DC : bar PNG
[218] bsgrub la PNG : bsgrub DC
[219] bsod nams dang DC : bsod nams PNG
[220] ye shes kyi DC : ye shes PNG
[221] thob DC : 'thob PNG
[222] 'di yang DC : 'di PNG
[223] che ba PNG : rgya che ba DC
[224] de'ang DC : de'i PNG
[225] pa'i DC : pa PNG
[226] des em. : de DCPNG

「**よき実践における堪忍**」というのに関して。衆生のために頭や手足などを喜捨するという難行[63]，〔十〕地，〔六〕波羅蜜といった実践はよき実践といわれ，種姓の力によってそれらすべてを実践できるので，よき実践における堪忍といわれる。

「**終わりに完成が〔ある〕**[64]」というのに関して。以上のように，大乗の教えを浄信し，よき実践においても倦み疲れることなく成し遂げるので，福智資糧が完全に成し遂げられた後，二者にある〔完成〕よりも卓越した無上なる大菩提という完成が獲得されることになるが，こ〔の完成〕も，広大で大威力がある種姓に基づいて獲得されるという意味である。無上菩提というこの完成がどのようなものかといえば，それゆえに「**二者にある〔完成〕よりもはるかに勝れている**」と説くのであり，〔つまり，〕無上菩提というその完成も二者にある完成よりも卓越している，という意味である。二つの完成は，インドラなど〔の属性を獲得する〕という世間に属する完成と，声聞など〔の菩提〕という出世間に属する完成である[65]。

「**彼らには必ず生じる**[66]」というのは，彼ら菩薩たちのその種姓によって，大乗の教法に対する浄信が生じ，実践において倦み疲れることがなく，終わりに大菩提という完成が生じる。それゆえ，「〔菩薩種姓は〕大威力がある」という文脈である。

de yi[227] **rang bzhin yon tan ldan pa byang chub sems dpa'i**[228] **rigs rgyas shes par bya** || zhes bya ba ni byang chub sems dpa'i rigs de ni gong du bshad pa'i tshul ltar na **rang bzhin gyis** yon tan dang ldan pa zhes bya ste | de ltar rang bzhin gyis yon tan dang ldan pas rigs de shin tu rgya che ba dang | mthu che bar[229] bya ba'i don to ||

4. 樹根の譬喩（第 13 偈）

［D 50a5–51a1, C 50a5–51a1, P 55a4–56a2, N 53a5–54a3, G 69b1–70b2］

rigs kyi 'bras bu'i khyad par du tshigs su bcad pa zhes bya ba la | nyan thos kyi rigs dang rang sangs rgyas kyi rigs kyis[230] rang rang gi[231] 'bras bu thob pa bas byang chub sems dpa'i rigs kyis byang chub chen po'i 'bras bu thob pa[232] khyad zhugs par bstan pa'i phyir tshigs su bcad pa rtsom mo zhes bya ba'i don to ||

> **shin tu yangs pa'i yon tan byang chub shing skyes pas ||**
> **stug**[233] **pos bde zhing sdug bsngal zhi ba**[234] **dmigs pa'i phyir ||**
> **bdag dang gzhan la phan bde bya ba 'bras bu bas ||**
> **rtsa ba bzang po bzhin du rigs 'di mchog yin no || III.13 ||**

zhes bya ba la | **rtsa ba bzang po** ni rtsa ba brtan pa dang | rtsa ba ma rul[235] ba'o ||

---

227 de yi DPN : de'i CG
228 sems dpa'i em. : chen po'i DCPNG
229 che bar DC : che bar bya bar PNG
230 kyis DCN : kyi PG
231 gi DC : gis PNG
232 pa DPNG : par C
233 stug DC : sdug PNG
234 ba em. cf. SAVBh［D 50b6, P 55b7］: bas DCPNG
235 rul DC : dul PNG

「そのことは，菩薩の本来的に功徳を有する〔種姓〕とそれから養成された種姓とに基づくと知るべきである[67]」というのは，その菩薩種姓は先に説かれた[68]仕方の通り，本来的に功徳を有するといわれ，そのように本来的に功徳を有するので，その種姓は極めて広大で大威力がある，という意味である。

4. 樹根の譬喩（第 13 偈）

〔菩薩〕種姓の結果が卓越していることについて一偈がある[69]というのに関して。声聞種姓や独覚種姓によって各々の結果を得ることよりも，菩薩種姓によって大菩提の結果を得ることの方が卓越していること (*viśiṣṭa) を示すために〔第 13〕偈を説き始める，という意味である。

> **極めて大いなる功徳のある菩提という樹の成長に資し，強固な安楽の獲得と〔強固な〕苦の寂滅とに資するものであり，自他の利益・安楽をもたらすという結果(果実)を持つから，この最勝の種姓(菩薩種姓)は良い樹根の如くである**[70]**。(第 13 偈)**

というのに関して。「**良い樹根**」とは，堅固な樹根であり，腐敗しない樹根である。

dper na rtsa ba bzang po'i shing las sdong po dang | me tog la sogs pa brtan[236] zhing bzang po[237] 'byung ba dang | yal ga dang | 'dab ma la sogs pa sdug cing mdzes pa 'byung ba dang | de'i rgyus grib ma bsil ba yod pa dang | 'bras bu phun sum tshogs pas gzhan la phan pa byed pa bzhin du byang chub kyi rigs 'di las kyang de dang mthun pa'i yon tan dag 'byung bas byang chub kyi rigs 'di[238] ni shing gi rtsa ba bzang po dang 'dra'o ||

dper na shing rtsa ba bzang po las sdong po sbom zhing bskams pa dang sungs[239] pa med pa 'byung ba dang | me tog sna tshogs pa 'byung ba de bzhin du | rigs de las kyang stobs dang mi 'jigs pa dang | ma 'dres pa la sogs pa'i[240] yon tan rgya chen me tog dang 'dra bar 'byung ba dang | zad la mi skye ba'i ye shes kyang byang chub chen po cis kyang mi tshugs pa shing sdong lta bu skyes pas na shing gi rtsa ba bzang por[241] shes par bya'o ||

dper na shing rtsa ba bzang po las yal ga dang 'dab[242] ma stug po yod pas grib ma'i bsil ba dang ldan pa'i phyir | sems can rnams kyi tsha ba'i sdug bsngal ni sel | bsil ba'i bde ba thob pa de bzhin du | byang chub sems dpa'i rigs 'di las kyang sa dang pha rol tu phyin pa'i yal ga dang 'dab ma stug po byung bas sems can gyi bde ba stug po rgya che ba ni thob par byed pa mthong | sdug bsngal stug[243] po mi bzad pa ni zhi bar byed par mthong bas rtsa ba bzang po dang 'dra'o ||

dper na rtsa ba bzang po'i shing la 'bras bu phun sum tshogs pa yod pas sems can gyi don phun sum tshogs par byed pa[244] de bzhin du byang chub kyi rigs 'di las kyang bdag la phan pa dang bde bar bya ba dang | gzhan la phan pa dang bde bar bya ba'i 'bras bu 'byung bas na rtsa ba bzang po dang 'dra'o ||

---

[236] brtan DCG : brten PN

[237] bzang po DCNG : bzang ba P

[238] rigs 'di DC : rigs PNG

[239] sungs DC : bsrung PNG

[240] pa'i DC : pa'am PNG

[241] bzang por PNG : ma zad par DC

[242] 'dab DC : mdab PNG

[243] stug DC : sdug PNG

[244] pa DC : pas PNG

例えば，良い樹根を持った樹[71]から，堅固な幹や良い花などが生じ，立派な枝や整った葉などが生じて，そしてそれを原因として涼しい木陰があることや果実が実ることによって他者のためになるように[72]，この菩提の種姓(菩薩種姓)[73]からも，それに対応した諸々の功徳が生じるので，この菩提の種姓は樹の良い樹根の如くである[74]。

例えば，良い樹根を持った樹から，太くて干からびることも腐朽することもない幹が生じ，多彩な花が生じるのと同様に，その種姓からも，〔十〕力，〔四〕無畏，〔十八〕不共〔仏法〕など多くの功徳が花の如く生じ，尽〔智〕・無生智という，いかにしても損なわれない大菩提[75]が樹の幹の如く生起するので，〔この菩提の種姓は〕樹の良い樹根であると知るべきである。

例えば，良い樹根を持った樹からは生い茂った(ghana)枝や葉があることで，木陰が涼しさを伴うから，衆生にとって暑さという苦は取り除かれ，涼しさという安楽が得られるのと同様に，この菩薩種姓からも，生い茂った枝や葉のような〔十〕地や〔六〕波羅蜜が生じることで，衆生にとって強固な(ghana)，すなわち大いなる安楽が得られることが見られ，強固な，すなわち猛烈な苦が寂滅することが見られ，〔この菩薩種姓は樹の〕良い樹根の如くである。

例えば，良い樹根を持った樹には実った果実(*phala)があることで衆生の利益を満たすのと同様に，この菩提の種姓からも，自身に利益・安楽をもたらし，他者に利益・安楽をもたらすという結果(*phala)が生じるので，〔この菩提の種姓は樹の〕良い樹根の如くである。

de la shing rtsa ba bzang na sdong po la sogs pa 'gyel bar mi 'gyur bas rtsa ba bzang po[245] nyid bdag gi don to || yal ga dang 'dab ma dang me tog dang 'bras bu rgya che zhing stug pas ni gzhan la phan par byed pas gzhan gyi don to || de bzhin du byang chub kyi rigs la yang **shin tu yangs pa'i yon tan gyi byang chub kyi shing skyes pa**[246] ni bdag gi don to || **stug pos bde zhing sdug bsngal zhi ba dmigs pa** ni gzhan gyi don to ||

bdag dang gzhan la phan pa'i 'bras bu zhes bya ba la sogs pa la | byang chub kyi shing gi rtsa bar byang chub kyi rigs 'di gyur pas | rigs de las bdag dang gzhan la[247] phan pa'i[248] 'bras bu 'byung bas na byang chub kyi rigs kyi yon tan bsngags pa yin no zhes bya ba'i don to ||

Rigs kyi skabs bshad pa rdzogs so[249] ||

---

[245] po DC : ba PNG
[246] pa DC : la PNG
[247] la DC : las PNG
[248] pa'i DC : par PNG
[249] so DC : sto PNG

それ（良い樹根を持った樹）について，樹は樹根が良ければ，幹など〔すなわち樹全体〕が倒れることがないので，良い樹根があることが自利であって[76]，豊かで生い茂っている枝・葉・花・果実は，他者に対して利益をなすので，利他である[77]。同様に菩提の種姓についても，「**極めて大いなる功徳のある菩提という樹の成長に資すること**」が自利であり，「**強固な安楽の獲得と強固な苦の寂滅とに資すること**」が利他である。

自他の利益という果実（結果）を有する云々というのに関して。この菩提の種姓は菩提樹の樹根であるから[78]，その種姓から自他の利益という結果が生じるので，菩提の種姓の功徳が讃嘆される，という意味である。

「種姓」の章　了。

和訳注解

1 帰依の対象となる「仏など」(sangs rgyas la sogs pa)は，II. 12に対する安慧の「三宝に帰依する」という注釈に基づいて仏法僧の三宝を指すと理解した。研究会［2020: 150–151］を参照。

2 安慧によると，種姓が因となって帰依や発菩提心などが現れるというが，だとすれば，章の順序としては，「帰依の章」よりも「種姓の章」が前に置かれるべきではないのか，という疑問が生じる。しかし，実際は第二「帰依の章」の後に第三「種姓の章」が置かれている。この点については，『菩薩地』になかった「帰依の章」が『荘厳経論』に創出され，帰依の重要性を強調したことと関連すると考えられる。詳しくは，研究会［2020: 1–16］「序説」を参照。

3 安慧の引用では「種姓の分類の偈」(rigs rab tu dbye ba'i tshigs su bcad pa, *gotraprabhedaśloka)とあり，現行の梵本世親釈に見える gotraprabhedasaṃgrahe ślokaḥ のうち saṃgraha の語が欠けている。ただし，この直後には「概括の偈」(bsdus pa'i tshigs su bcad pa, *saṃgrahaśloka)の語が見える。

4 テキストはdangであるが，当該文脈では両語の並列ではなく，言い換えであると理解した。なお，安慧釈にはこのようなdangやshingの用例がよく見られる。以下，一々注記しない。

5 種姓の表徴に関する同様の記述が『大乗十法経』に見られる(Cf. 高崎［1974: 307］［2009a: 370–371］)。

> du ba las ni mer shes zhin || chu skyar las ni chur shes ltar ||
> blo ldan byang chub sems dpang yi || rigs ni mtshan ma rnams las shes ||
> (=dhūmena jñāyate vahniḥ salilaṃ ca balākayā |
> nimittair jñāyate gotraṃ bodhisattvasya dhīmataḥ ||)
> 煙から火を知るごとく，水鳥から水〔のあることを〕知るごとく，
> 有智者たる菩薩の〈性〉は，諸相から知られる。

なお，『荘厳経論』第VII章第1偈，第XX–XXI章第1–2偈，第27–28偈に対する注釈でも安慧は，同様の譬喩を用いる。

6 安慧釈では「(5) 種姓の区別と(rigs phye dang)」と，偈頌のgotrasyaを(5) 種姓の区別に限定している。については，世親釈注1を参照。

7 第6偈では，種姓に関して (1) 確定したもの(niyata)，(2) 不確定のもの(aniyata)，(3) 揺るがされないもの(ahārya)，(4) 揺るがされるもの(hārya)，という四種の区別を説く。それらについて，世親釈，無性釈，安慧釈では，(1) が (3) と，(2) が (4) と対応すると注釈するため，四種は結局 (1)(もしくは (3))と (2)(もしくは (4))の二種に集約されている。また，無性釈，安慧釈では，(1) の場合に，その種姓は，ある特定の乗の菩提(結果)を獲得するための原因であるとし，一方，(2) の場合には，縁次第で任意の乗の種姓の原因となるとしている。このような第6偈の注釈と総合するならば，「菩薩の種姓を区別する場合，二つあるいは三つある」という当該注釈の意図は，菩薩種姓

に関して「確定したもの」「不確定のもの」という二種の区別があること，また，「不確定のもの」に関して仏菩提か独覚菩提か声聞菩提の何れかの原因になるという点で，結果に照らして三種の区別があることを指すものと考えられる。

8 このような第1偈の総括に言及した上で各偈の説示目的を説く一文は，以下の第3偈などにも見られるが，de dang，de，de la など，類似した表現において統一がない。

9「大乗種姓（mahāyānagotra）」という表現については，『声聞地』（ŚrBh$_{II}$ 32–33）や『菩薩地』（BBh$_{D}$ 72.2, BBhw 102.2）などにも見られる。

10 theg pa che chung については，小林［2018: 155–157］を参考にこのように訳した。

11 性向と志向の関係については，楠本［1999: 911］で指摘されるように，安慧釈には両語を同義異語とする説明も見られる（SAVBh X, D mi 147b3, P mi 165a2–3: de la mos pa dang dad pa dang yid ches pa zhes bya ba dag ni don gcig ste tshig gi rnam grangs tsam du zad do ||）。

12 このシャーリプトラの譬喩については，以下の『大智度論』に詳説されることが，岡田［2015: 122; 129, n. 23］によって指摘されている。また，岡田［2021］も参照。

『大智度論』T.25 No.1509, 145a17–29:

問曰。云何名不到彼岸。

答曰。譬如渡河未到而還，名爲不到彼岸。

如舍利弗，於六十劫中，行菩薩道，欲渡布施河。時有乞人來乞其眼。舍利弗言。眼無所任。何以索之。若須我身及財物者，當以相與。答言。不須汝身及以財物，唯欲得眼。若汝實行檀者，以眼見與。爾時舍利弗出一眼與之。乞者得眼，於舍利弗前嗅之，嫌臭唾而棄地，又以脚蹋。舍利弗思惟言。如此弊人等難可度也。眼實無用而強索之，既得而棄又以脚蹋。何弊之甚。如此人輩不可度也。不如自調早脱生死。思惟是已，於菩薩道退，迴向小乘。是名不到彼岸。

問うていう。それでは，向こう岸に到達しない状態というのはどのようなものですか。

答えていう。たとえば，河を渡る場合に，向こう岸に到達しないでこちらに帰ってきてしまうような状態を，向こう岸に到達しない状態という。

たとえば，シャーリプトラは，六十劫もの長い間，菩薩の道を追求し，布施という河を渡ろうとしていた〔すなわち，「檀波羅蜜」を完成しようとしていた〕。ある時，ひとりの物乞いが来て，シャーリプトラにその眼をくれるように頼んだ。シャーリプトラは言った。「この眼はお好きなようにとはまいりません。いったいどうしてこの眼を欲しいと言われるのですか。もし，わたしの身体あるいは持ち物をお求めになるのであれば，それをあなたに差し上げましょう。」その者は答えた。「あなたに身体や持ち物などは要りません。ただあなたの眼が欲しいだけです。もしあなたが本当に檀波羅蜜を追求なさっているのであれば，その眼をこのわたしにお与え下さい。」そこでシャーリプトラは，一方の眼を取り出してその者に与えた。物乞いは，その眼を得るや，シャーリプトラの前で，それを嗅ぎ，その臭いを嫌って唾を吐きかけ，それを地面に打ち捨てるや，なんと足で踏みつけることまでした。シャーリプトラは考えて言った。「このようなどうしようもない人間は，救いがたい者である。眼など実際には要りもしないのに無理やりこれを求め，自分のものにしてしまえば今度はそれを捨て，おまけに足で踏みつけることまでする。その悪さのなんとはなはだしいことよ。このような人間たちを救うことはできない。わたしだけでなすべきことをなし終えて，さっさとこの輪廻的存在から解放されるにこしたことはない。」このように考え終わって，菩薩の道から退却して，小乗の道へと方向転換（廻向）したのであった。これが，向こう岸に到達しない状態と呼ばれるものである。（梶山・赤松訳［1989: 157–158］; cf. Lamotte［1949: 701–702］，三枝［1977: 67–68］）

[13] bsgrub nus par 'gyur ba'i rigs so については，『菩薩地』「菩提分品」における「動詞＋'gyur ba'i rigs so」で願望法をとる用例「utpadyeta＝skye bar 'gyur ba'i rigs so」（BBh$_{D}$ 189.23, BBh$_{W}$ 279.17, D 4037, 147b1）をふまえて，この様に訳した。

[14] ri lu と ba ru ra の原語に関して，袴谷［1981: 139–140, n. 28］［2001: 247–248, n. 28］は ri lu，ba ru ra の原語がどちらも akṣa であったと想定し，「…『akṣa-rāśi は akṣa-rāśi に対していわれる』では，原文として意味をなさないからである。あるいは，チベット訳としての付加的説明であったのか」と述べている。この点に関して，『真実集成細注』に関連する一文が見られる。

TSP XX k.1758 ad. 606.19–20:
yadvākṣaśabdena vibhītakasyābhidhānam
yang na dbang po'i sgras ba ru ra brjod |
あるいは，akṣa という語は vibhītaka を表す。

このように，ここでは akṣa は vibhītaka を表す語として示されている。安慧釈もまた akṣa の同義語として vibhītaka を示したものと考えられる。つまり，この一文はチベット訳の付加的な説明ではなく，「akṣa の堆積は vibhītaka の堆積をいう」と理解すべきであろう。

[15] dhātu の訳については，引用元の経典の内容をふまえて「界」と訳し，「要素」とは訳さなかった。なお，この経典の引用については「衆生の界」への言及をはじめ無性釈の引用との相違が見られる。この相違については早島慧［2019］を参照。

[16] この箇所の原文には混乱があり，関係節が gang と de dag との対応となっている。本研究では，テキストを訂正し gang と de との対応で理解した。なお gang dag と de dag で理解した場合は，以下のような訳になる。

<u>gang dag</u> 'dod chags la sogs pa'i rigs yod pa <u>de dag</u> ni 'dod chags skyed pa nyid kyi rgyu byed kyi

〔すなわち〕貪などの種姓が存在する者たちは，貪〔など〕の生起のみの原因となるが，瞋の生起の原因とはならない。

ただし，この理解では種姓が存在する者たちが原因であるということになってしまうので，採用しなかった。

17 第1偈に対する安慧釈最後の「種姓の分類についての概括の意味」を指す。以下の偈でも同様である。

18 当該段落の gsal / gsal ba を世親釈の uttapta (sbyangs pa) と想定し，続く 'bar ba (熱する) や dag / dag pa (浄める) をその注釈と理解した。gsal / gsal ba は「輝く」といった意味になるが，安慧釈が 'bar ba や dag や dag pa と説明するように，熱し浄めた結果として善が輝く，つまり金の精錬を前提とした表現と理解し，uttapta を「鍛錬」と訳した。金の精錬の譬喩については，藤田［1990］，阿部［2008］［2023: 82–97］などを参照。なお，本研究の理解に資するような uttapta の用例として以下のようなものがある。

DBh V Rahder 46.18–19, Kondo 86.14–15:

tasya tāni kuśalamūlāny uttapyante pariśuddhyanti prabhāsvaratarāṇi ca bhavanti |

和訳については，荒牧［1974: 160］［2003: 163］を参照。

19 “phyir ro ||”と文章がここで終わっているが，文脈から判断してこのように訳し，D・C 版は後続の文章を欠くため，校訂はしなかった。

20 菩薩種姓から生起した善根に限らず，無余依涅槃において「禅定の楽」「五波羅蜜」「悲愍」などの，何らかが尽きないという説明は瑜伽行派の文献に見られる。『荘厳経論』においては，XI.76, XVI.41, 50, XVII.35, XVIII.25–26, 42–44 などを参照。

21 この第3偈世親釈引用中の lakṣaṇa に対して，mtshan nyid の訳語があてられている一方で，第1偈安慧釈では偈頌引用中の svabhāva に対しても，mtshan nyid の訳語があてられている。このため，安慧釈における mtshan nyid の原語が lakṣaṇa であったのか svabhāva であったのか判別できない箇所がみられる。本研究では，第1偈の安慧釈と齟齬がないことを優先し，引用箇所を除いて判別が難しい場合は，内容に鑑みて原語を想定して訳を行った。

22 第1偈安慧釈中の文言を指す。安慧釈注4も参照。

23 『菩薩地』「種姓品」にも同様の記述が見られる。この点については，世親釈注15，無性釈注10を参照。

24 ここで安慧は，二種の種姓に関して三つの解釈を示している。まず第一解釈では，「(1) 本来的に在る」を「現等覚の種子を自然に備えた，無始なる輪廻以来の特殊な六処」と，「(2) 発展した」を「本来的な種姓に立脚した菩薩が，善き師友によって無上菩提へと発心し菩薩行を行じるように導かれた時の」と示す。これは無性釈と同様の解釈である。また，(1) については『菩薩地』「種姓品」所説の解釈であり，瑜伽行派の伝統的な解釈と考えられる。つまり，本来的に在る種姓が善き師友の導きによって，発展した種姓になるという解釈である。これは発心以前の段階にある種姓を本性住種姓とし，発心以後の段階にある種姓を習所成種姓とする，同一の菩薩の種姓を段階によって区分する解釈である。

次に第二解釈では，「(1) 本来的に在る」を「確定した菩薩種姓」と，「(2) 発展した」を「不確定の種姓が後に大乗種姓に確定した種姓」と示す。これは確定した菩薩種姓と不定種姓との相違によって区別する解釈と考えられる。

そして第三解釈では，「(1) 本来的に在る」を「菩薩種姓を持ち，初めから菩薩行だけに趣入する者の種姓」と，「(2) 発展した」を「菩薩種姓を持ちつつも声聞行を行じていたが，後に菩薩行をなすことになった菩薩の種姓」と解釈するものである。これは，菩薩種姓を持つ者が，初めから菩薩行のみに専念するのか，声聞行から菩薩行へと転向したのか，という相違によって区別する解釈と考えられる。なお，この第三解釈は，声聞について無上正等菩提を得る可能性がない「一向趣寂声聞」(*śama-ekāyana-śrāvaka) と可能性がある「廻向菩提声聞」(*bodhipariṇatika-śrāvaka) との二種に分類するうちの後者と関連するものと考えられる。これら二種の声聞は，『解深密経』「無自性相品」(T No.16, 695a22–b8; SNS VII.15–16, p.74) に説かれる (Cf. 若原 [2023: 333, n. 41])。

25 この一文は世親釈 (hetubhāvena sat phalabhāvenāsat) と類似している。世親釈の引用の可能性もあるが，bhāva を svabhāva と注釈したものとして，引用ではなくこの段落全体を世親釈のより詳細な解説と理解した。

26 この「インド語では (rgya gar skad du)」という表現については，上野康弘 [2010]，早島慧 [2021] を参照。

27 水鳥の比喩については，安慧釈注 5 を参照。

28 テキストは 'am であるが，第 1 偈の liṅga に対する安慧釈と同様に，当該文脈では両語の並列ではなく，言い換えであると理解した。

29 gnyis su sbyar の意味は明瞭でないが，「分離して結合・関係している」ことを意味すると理解して，このように訳した。この表現は安慧釈 IV.7, IX.12 にもみられる。この点については，研究会 [2023: 178, n. 17] を参照。

30 「実践の初めからの (ādiprayogataḥ)」に関して，「菩提へ発心する前から」を参照すれば，安慧は ādiprayogata を「実践の前から」と理解しているようである。この点は，世親釈のチベット訳 (sbyor ba'i sngon du) も同様である。

31 直後の表現「これらの衆生を観察すること」に基づき，五種の観察を五種の衆生の観察と理解した。

なお，憐愍 (anukampanā) に関わる文脈の中では，『菩薩地』「菩薩相品」に五種の衆生が列挙される。

BBhD 207.20–21, BBhW 302.1–3, cf. 古坂［1995: 47］:

tatrānukampāyāḥ pañcādhiṣṭhānāni | katamāni pañca | duḥkhitāḥ sattvā duścaritacāriṇaḥ pramattā mithyāpratipannāḥ kleśānuśayitāś ca |

そのうちで，憐愍の依拠は五種である。五種とは何か。(1) 苦悩を有する衆生と，(2) 悪行を行う〔衆生〕と，(3) 放逸怠惰な〔衆生〕と，(4) 邪行の〔衆生〕と，(5) 煩悩が潜在する〔衆生〕である。

32 衆生の苦の観察について，安慧釈は類似した表現を用いながら『荘厳経論』第 VIII 章に対する注釈でも解説している。

SAVBh VIII.1, D mi 90a2, P mi 102b2–3:

snying brtse ba zhes bya ba la | sems can sdug bsngal ba mthong nas sems can de dag gi sdug bsngal ji ltar bsal bar bya snyam du sems pa ni snying brtse ba zhes bya ste |

「憐愍(anukampanā)」というのに関して。衆生が苦しめられているのを見て，「彼ら衆生の苦は如何に取り除かれるべきか」と思うことが，憐愍といわれる。

SAVBh VIII.5, D mi 92b4–5, P mi 105b1–3:

gzhan sdug mthong ba zhes bya ba la | sems can gzhan dag skye ba dang | rga ba dang | 'dod pa mi rnyed pa la sogs pa'i sdug bsngal gyis sdug bsngal bar gyur ba mthong nas | de dag gi sdug bsngal bsal bar bya'o snyam du sems pa ni snying rje yin no zhes bya ba'i don to ||

「他者の苦を見ること(paraduḥkhadarśana)」というのに関して。他の衆生たちが生〔苦〕や老〔苦〕や求不得〔苦〕などの苦に苦しめられているのを見て，「彼らの苦は如何に取り除かれるべきであるか」と思うことが，悲愍(*kṛpā)であるという意味である。

33 『声聞地』「初瑜伽処中種姓地」に種姓に関連して類似した表現がある。

ŚrBhI 26.8–13:

punar aparam agotrasthaḥ pudgalaḥ | sarvākāraparipūrṇe sphuṭe yukte citre gamake duḥkhaṃ vārabhya samudayaṃ vā nirodhaṃ vā mārgaṃ vā saddharme deśyamāne na labhate cetasa āvarjanamātrakam adhimuktimātrakaṃ ca | [spu zing zhes byed pa'am | mchi ma bkrug ces byed pa thob par gyur pa lta ci smos te |] atītānāgatapratyutpannam adhvānam upādāya | idaṃ caturtham agotrasthaṃ liṅgam ||

さらにまた，(次のような)種姓に住しないプドガラがいる。一切種に円満し，明解で，道理的で，明白で，解了しやすい正法が，苦(諦)，あるいは集(諦)，あるいは滅(諦)，あるいは道(諦)に関して説かれる時に，わずかに心を引き発することすらも，信解すらも(彼が)得ることはない。いわんや，過去世，未来世，現在世において身体の毛が逆立ちし，悲しみ涙することがあろうか。これが第四の種姓に住しない（プドガラの）相である。（声聞地研究会［1998: 27.8–13］）

34 安慧釈を理解する限りでは，哀愍の後に忍耐という行が想定されている。この点については，第XVII 章第 4 偈にも同様の理解が示される。研究会［2013: 38–41］参照。

35 世親釈では「区別を弁別して一偈がある」（prabhedavibhāge ślokaḥ, rab tu dbye ba rnam par dbye bar tshigs su bcad pa）とあり，安慧釈の文言と相違する。しかし，注釈内容からして，当該の世親釈の引用と理解した。なお，第 1 偈では上位カテゴリーとしての prabheda（分類）と下位カテゴリーとしての prabheda（区別）の二つが見られ，第 6 偈は下位カテゴリーの「区別」に関する箇所であるが，この安慧釈の言及は，第 1 偈導入文の上位カテゴリーの解説，「種姓の分類の偈」（rigs rab tu dbye ba'i tshigs su bcad pa）と同じ言葉となっている。翻訳または伝承に混乱があったのであろうか。

36 偈頌とその長行における'phrogs pa（hārya）と mi 'phrogs pa（ahārya）の順序が世親釈と逆であり，「(1) 確定したものと (2) 不確定のものと，その同じものが順次，(3) 諸々の縁によっても揺るがされないものと (4)〔諸々の縁によって〕揺るがされるものである」という世親釈は，ここで直ちには適用されない。ただし，この対応関係自体は安慧釈も踏襲しており，後の箇所では「確定したもの」が「揺るがされないもの」であり，「不確定のもの」が「揺るがされるもの」であると注釈する。

37 sangs rgyas kyi rigs can の原文を*buddhagotra と想定した上で，直前の声聞種姓と独覚種姓の注釈文と構造が類似したものと理解して校訂し，この複合語を Bv.とは理解せずにチベット訳とは異なる翻訳を行った。なお，原文のまま Bv.と理解すれば，「〔確定した〕仏種姓を持つ者も，その種姓によって仏の菩提のみを獲得するのであって，如何にしても，決して，声聞や独覚の菩提〔を獲得すること〕にはならない。」という訳になる。

38 この一節はチベット文に混乱があるようであり訳出し難い。無性釈注 15 で示したように，無性釈の対応箇所を関係構文として理解したが，tad 節を示す文言がなく，この一文は関係構文とは理解し難い。しかし，元の梵文は無性釈と同様に関係構文であったと理解して，このように訳した。なお，チベット文通りに訳せば，「山の或る場所は，〔そこに〕土石などがあって，〔それらが〕限定的に金のみになり銀や銅などにはならないような〔場所として〕ある。...」という訳になる。以下の一連の文言も同様である。

39 『菩薩地』「種姓品」に見られる，四つの随煩悩を指しており，それらによって世親釈の災難（ādīnava）を注釈しているものと思われる。世親釈注 21 参照。

40 rigs su la yod pa de la については，以下の『唯識三十論』の用例を参考に，gotram yasya vidyate tasmin と想定して訳した。

TrBh 88.8; 89.12–13:

aguṇā hi dauḥśīlyādayas te yasya vidyante so 'guṇavān |

yon tan ma yin pa ni 'chal ba'i tshul khrims la sogs pa ste | de dag su la yod pa de yon tan ma yin pa dang ldan pa'o ||

41 de nas kyang ni myur du thar は，āśumokṣaś ca tatra ca の訳であり，安慧は tatra を (2) の内容として理解している。ca の位置および世親釈のチベット訳を踏まえて，偈頌の翻訳では (3) の内容と理解したが，ここでは安慧釈に従いこのように訳した。

42 『倶舎論』にも無間地獄の寿命が一劫であることが説かれる。

AKBh IV.99c, 261.1, 舟橋訳［1987: 450］:

avīcau pacyate kalpam |

無間〔地獄〕において〔一〕劫の間，異熟を受ける。

43 『阿闍世王経』（XI. § 12）には，阿闍世王が地獄に落ちても身体の苦痛を受けなかった，と説かれる。

〔シャーリプトラは〕申し述べた。「世尊よ，アジャータシャトゥル王は地獄へ向かうのですか」世尊はおっしゃった。「シャーリプトラよ，すなわち，例えば，宝楼に住している天子が，三十三天（*trāyāstriṃśa）の住処からジャンブー・ドゥヴィーパに堕ちて，ジャンブー・ドゥヴィーパに堕ちてから再び三十三天の住処に昇る。まさにそのように，アジャータシャトゥル王もまたプンダリーカプスパという孤地獄に堕ちて，まさに同様に昇る。すなわち，彼（＝王）は身体において苦痛を受容することに触れもしないであろう」（宮崎訳［2023: 291–292］）

また，『婆沙論』（T.27 No.1545, 536b23–25: 復次未生怨王所成就。信未免悪趣故名無根。彼後命終暫墮地獄受少苦已方生天故。）にも，阿闍世王が地獄に落ちてから，少ない苦しみを受けて生天したという記述がみられる。

44 この一文は本来，brdabs（投げる）ではなく，bsdams / bsdabs（縛る）となっていたが，『思択炎』の用例に基づいてテキストを修正した。また，Rangjung Yeshe には “dar gyi pho long brdab pa tsam” という類似した項目があり，“no more than a flash, going down and bouncing straight up again like a silk ball” という訳も参考にした。

TJ IV D 185b5–6:

gal te ma skyes dgra dang | ma gsod pa dag la dge ba'i sems pa gzhan skyes pa yod bzhin du ci'i phyir las zad par ma gyur nas mnar med pa dag tu skyes she na | de'i las dang 'bras bu yid ches pa bskyed pa'i phyir mnar med pa la sogs par skye ba bstan pa yin gyi | las rnams lhag ma ma lus par ma zad pa ni ma yin te | dar gyi pho long brdabs pa las 'phar ba bzhin du der skyes shing thar pa yin la | dmyal ba'i me'i phreng ba la sogs pas kyang reg pa ma yin te | de ltar sdig pa shin tu rtsa ba nas 'byin par yang grub la | las la 'bras bu med pa yang ma yin no ||

Cf. Eckel［2008: 185, fn. 324］

The Tibetan text of TJ reads brdabs pa las 'phar ba（"fall down and rise up"）; the Tibetan of Sthiramati's bhāṣya reads bsdams pa（"bound"）. A solution may lie in the 'Jig rten mgon pa Bka' 'bum as cited in "The Online Tibetan to English Dictionary and Translation Tool": "Because of this karma, someone who comes to Avīci is only struck by a silk ball"（las des mnar med du song ba dar byi pho long gdabs pa tsam yin）.

45 第一，第二，第四の利徳の説明ではすべて la であるため，ここの na も la と修正して訳した。

46 金の鉱脈の譬喩を挙げた上での「この菩薩種姓も～」という同一構造の文章が以下続く。ただし，rigs 'dis, rigs kyis, rigs 'di など類似した表現において統一がない。これがサンスクリット原文の相違かチベット訳の問題に起因するのかは不明である。これ以下ではテキストを修正した上で，統一して主格として訳した。

47 ここには無分別智・平等性智・妙観察智・成所作智の四種の智慧が説かれる。一方，『荘厳経論』第 IX 章第 67 偈には，大円鏡智・平等性智・妙観察智・成所作智という，いわゆる四智が説かれ，そこで安慧は四智と八識との関連を論じる。八識と四智との関係については，佐久間［2012: 41–48］等の佐久間氏の一連の論考や内藤［2009a: 256–259］等を参照。

また，安慧釈における無分別智と大円鏡智については，転依を主題とする『荘厳経論』第 IX 章第 12 偈に対する注釈（西蔵文典研究会［1979（第二部）: 31–35］）において，転依について二説をあげ，それぞれ「アーラヤ識が清浄になると無分別智になる」，「アーラヤ識が清浄になると大円鏡智になる」と説いている。この二説に関しては，長尾［2007: 200–201, n. 3］が両説の関係を図示している。また，西蔵仏典研究会［1979（第一部）: 17–19; 46, n. 81］と内藤［2009a: 160–163］も参照。

48 「壊れることや脆さがなく」については，khro（怒り）では意味的にそぐわないため，以下の『三摩呬多地』における金の karmaṇya に関する用例を参照して，khro を khro pa（脆さ）と修正した。

SamBh, Delhey［2009: 225.11–12］:

tatra karmaṇyatāviśuddhiḥ saṃvartitasya prabhaṅguratādidoṣaviśodhanāt |

D 157b7, P 180a5:

de la las su rung ba rnam par dag pa ni | gar bu de'i khro pa la sogs pa'i skyon rnam par skyangs pa'i phyir ro ||

T. 30 No. 1579, 343c23–24:

調柔陶錬者，謂銷煮已，更細錬治瑕隙等穢。

さらに，この一文を複合語であると想定し，'gas pa と khro pa が med par であるという Dv.で理解した。なお，同じ注釈対象について，Vairocana は asphuṭitatvaṃ と注釈している。

49 rig ste gyur を「と知り〔その種姓はその依り所や依処と〕なる」と，原文を元に〔 〕内を補って訳した。ただし，チベット語の発音を考えれば，rig ste が rigs de の誤記であった可能性も否定できない。その場合は,「依り所にその種姓がなる」という理解ができよう。あるいは，rig ste を削除し，gnas dang | rten du gyur …「依り所や依処になる」と読むことも可能か。

50 原文は「見る（mthong ba）」であるが，無性釈（zag pa med pa'i chos dri ma med pa rnams kyis 'thob pa）と Vairocana の注釈（nirmalānāsravadharmaprāptiḥ）の並行箇所に基づき，テキストを修正の上「獲得する」（'thob pa）と訳した。内容からしても，無漏法を「見る」より「獲得する」が適切と思われる。

51 rigs phun sum tshogs pa は世親釈の jātya（rigs dang ldan pa）の訳語と理解した。その根拠として，『荘厳経論』第 I 章第 6 偈「貴重な宝石の譬喩」（jātyaratnopamatva）に対する無性および安慧の注釈においても，jātyaratna に対する注釈の中で，無性釈では rin po che rigs dang ldan pa という表現が見られ，それに対応する安慧釈では rin po che'i rigs phun sum tshogs pa となっている。これを踏まえれば，当該の安慧釈の phun sum tshogs pa は jātya に対する訳語と想定でき，これに従い「貴重な」と訳した。

なお，I.6 の無性釈（D mi 45b4–5, P mi 52a5–7）および安慧釈（D mi 16b4, P mi 17b5–6）では，「貴重な宝石」について，光沢（'od gsal ba）を備え，形（dbyibs），量（tshad）が完全であると注釈しており，本偈との関連を伺わせる。I.6 の世親釈には，光沢・形・量に関する注釈はなく，両釈は本偈 III.10 を念頭にこのような注釈をしたとも理解できる。

52 石英（mching bu, *kāca）については，五島［2017: 99, fn. 53］を参照。

53 世親釈で「種姓に立脚しない者」と訳した agotrastha を，ここでは無性釈と同様に，「無種姓〔に立脚する〕者」と訳した。無性釈注 29，早島慧［2023］を参照。

なお，世親釈冒頭の引用に当たるが，agotrastha に相当する箇所が rigs med pa（*agotra）となっている。翻訳者が agotrastha に対して rigs med pa という訳語を当てた可能性もあるが，判断できない。

54 声聞種姓等に確定した者，不確定の種姓の者については，第 III 章第 6 偈安慧釈を参照。

55 ここで般涅槃できる性質のない者の二種として，de'i dus su と de'i dus na の区別が挙げられる。しかしながら，両語の区別は必ずしも明確ではなく，両語とも後の注釈においては二種のうちの一つ目の説明において用いられている。安慧の二つ目の注釈箇所を見る限り，世親釈と同様に，gtan du（atyanta）が用いられている。一時的と永続的との区別という内容からしても，原文のままでは意味をなさないので，de'i dus na を gtan du（atyanta）に修正して訳した。

56 「〔悪〕業をなすと確定した者」については，無性釈注 26 を参照。

57 無種姓の文脈における非情に関する記述は，『瑜伽論』「摂決択分」(D 225b1–3, P 237b4–6) や『顕揚論』(T.31 No.1602, 581a10–12) にも見られる。これについては宇井［1958: 129–144］，常盤［1973: 84–127］，富貴原［1975］，佐久間［2007a: 17–22］を参照。

58 世親釈冒頭の引用箇所では，agotrastha に相当する箇所が rigs med pa となっていたのに対して，rigs med pa la gnas pa となっている。安慧釈注 15 参照。

59 この否定辞 a- の解釈については，無性釈注 23，早島慧［2023］を参照。

60 bsgrub pa に対応する語は，世親釈の梵文とチベット訳には見られない。安慧釈における bsgrub pa は pratipatti などの「実践」を意味する梵語の訳語であるが，この文脈では意味が通らないため sādhana を想定し，このように訳した。

61 チベット訳はここで文章を切るが，これまでの安慧釈と比較しても「…というのに関して，…するために〔第 12〕偈を説き始める，という意味である」とならなければ文意が通らないため，次の文章とつなげて訳した。

62 第 2 偈，第 5 偈に対する安慧釈では，mos pa が adhimukti の訳語であり，dad pa については*śraddhā や*prasāda が想定される。しかし，この第 12 偈の引用箇所では adhimukti に相当する語が dad pa と訳されている。第 2 偈，第 5 偈とは訳語が統一されていないが，ここでは dad pa が adhimukti，mos pa を*śraddhā と理解して訳した。

63 難行については，第 5 偈安慧釈における「(3) 忍耐 (kṣānti)」の解釈を参照。

64 phun sum tshogs pa'i mtha' dang を直訳すれば「完成の最後」となるが，これは偈頌の saṃpattiś cāvasāne の訳に相当するため梵文に基づいて訳した。以下の注釈内容からしても「完成の最後」では不自然である。

65 II.1 や II.6 に対する安慧釈にも，インドラなどを世間的，声聞などを出世間的とする記述が見られる。Cf. 研究会［2020: 110–111, 126–127］.

66 yad bhavaty eva teṣāṃ の引用に相当するものと理解した。yad を de ltar と訳したか，あるいは yad は引用されておらず，de ltar は evaṃ の訳であり，訳者の見たテキストが evaṃ となっていたか，あるいは eva を evaṃ と読み間違えたのかは判断できない。

67 安慧釈が引用する箇所のチベット訳は，現存の梵本の d 句に相当するものと考えられるが，一致しない点が見られる。具体的な相違点として，bodhisattva が byang chub chen po となっており，de yi はいずれかの tad に相当すると思われるが，梵本の tad は bodhisattvaprakṛtiguṇa にかかるとは理解し難い。チベット訳は，「その本来的に功徳を有する大菩提の種姓が養成されたと知るべきである」となるが，梵本に基づいて和訳を提示した。

68 第 4 偈安慧釈の「本性住種姓」に対する注釈を指す。

69 世親釈では「結果という点で種姓が卓越していることについて一偈がある」となっているが，安慧釈のチベット訳からは，このようには読み難い。単語の順序からしても，単なる翻訳の問題とも考え難く，そもそもの梵文が異なっていた可能性もある。これによって世親釈では「種姓が卓越していること」，安慧釈では「結果が卓越していること」と若干の相違が生じているが，安慧釈では結果が卓越していることについて注釈している。そのため，世親釈に合わせるのではなく，安慧釈に従って訳を提示した。

70 a句・b句とc句の関係については，世親釈と安慧釈で解釈が異なるため，安慧釈に基づく翻訳を提示した。世親釈と無性釈・安慧釈の解釈の相違については，世親釈注47参照。

71 「良い樹根を持った樹」と訳したrtsa ba bzang po'i shingについて，以下の比喩ではshing rtsa ba bzang poという表現も見られるが，同義であると理解して訳した。

72 語順は入れ替わっているが，花が生じることによって果実が，葉が生じることから木陰ができることを意図していると考えられる。

73 二乗菩提に対して，大菩提の種姓という表現で菩薩種性を表しているのであろう。第I章安慧釈導入部（D 3a4, P 3b1）にも，「この菩提の種姓（byang chub kyi rigs de）」という語が見られる。この箇所では，『菩薩地』「種姓品」を引用して「声聞は声聞の菩提を独覚は独覚の菩提を，菩薩は無上正等菩提する」ことが示された後に，「この菩提の種姓」と説かれる。安慧釈注69でも示したように，安慧釈は本偈を「結果が卓越していることを示すもの」と解釈している。安慧釈では，「この菩提」つまり「大菩提」の種姓という結果の観点から，「菩薩種性」ではなく「この菩提の種姓」という表現が用いられていると考えられる。なお，第I章安慧釈導入部の当該箇所については，小谷［1984: 20; 22］を参照。

74 「良い樹根を持った樹から，～が生じる」というように，菩薩種姓（良い樹根）を有する菩薩（樹）から，様々なものが生じるという譬喩であると考えられる。以下の譬喩においても同様である。

75 尽智・無生智を大菩提とする用例は，『二万五千頌般若経』にも見られる（PsP V 77.18: uktā kṣayānutpādajñānātmikā mahābodhiḥ.）。また，『現観荘厳論』などの解釈に関しては，谷口［1997］を参照。

76 安慧は「良い樹根があること自体を自利」と述べているが，本偈安慧釈の第一，第二の比喩を参考にすれば，「堅固な幹や良い花などが生じ，立派な枝や整った葉などが生じること」，つまり樹木が成長することが自利であると理解されよう。

77 同様の説明が，安慧釈の第IV章の導入部にも見られ，安慧は花や葉が生じることはその恩恵を他者が享受するので利他であると注釈している。一方，無性釈の第IV章の導入部では，無性は花や葉が生じることは自利であり，その恩恵を利他と注釈しており，両釈の自利利他の配当に齟齬が生じている。研究会［2023: 90–91; 112–113］参照。

78 この一文を直訳すれば，「菩提樹の樹根はこの菩提の種姓であるから」となるが，内容的に種姓が主題となっていることから，梵文を逐語的に訳したものと理解して，このように訳した。

附　論

ヴァイローチャナラクシタ作『大乗荘厳経論』注
――「種姓品」注釈箇所のテクストと試訳――

加納和雄

ヴァイローチャナラクシタは11世紀頃に活躍したとみられる人物であり，彼による『大乗荘厳経論』への注釈は，『大乗荘厳経論』本頌と世親釈を釈するものである。決して浩瀚な注釈ではないが，梵文原典が完本として伝存している点で貴重である。同書にはチベット訳などは知られておらず梵本のみが伝わる[1]。著者およびその作品一覧，そして梵文写本などについては加納[2013]を参照されたい[2]。筆者はこれまで同注釈の第1章の一部および第2章，第4章，第17章について梵文校訂と試訳を発表した[3]。以下には，第3章「種姓品」注釈箇所の梵文校訂テクストと試訳を提示する。

本注釈は逐語釈でもなければ達意釈でもなく，私的な覚書のような体裁をもつ。つまり，語釈が必要だと判断された語句のみを選び出して，そこに解説を加えるという形で注釈がなされる。注釈の対象となっている本文が飛び飛びであるため，探し出すのに労を要し，たいていはシンプルな語釈であるが，時に有益な情報を提供する。

本作のきわめて特徴的な点は，その注釈文が無性釈（Asvabhāva, D 4039）のそれとしばしば逐語的に対応する点である。本作が無性釈を参照し，そこから一部を抜粋していたことは間違い。本書の中で無性釈と対応する文言がある場合は，梵本の脚注に無性釈の対応文を提示して一致する箇所に下線を施した。

---

1 梵文写本はゲッティンゲン（州立兼大学図書館）およびローマ所蔵の写真版を使用した。閲覧に際しては同図書館および Francesco Sferra 氏にご助力頂いた。

2 同写本の研究に先鞭をつけたのは Gokhale［1978］である。その他の詳細は Kano［2008］, Kano［2016: 103–105］を参照。

3 加納[2006: 49 n. 40]，[2013]，[2020]，[2022]参照。

梵文テクストと試訳について

梵文校訂テクストと試訳の凡例を箇条書きする。

・梵文テクストに示す斜体太字は『大乗荘厳経論』本偈の文言，太字は世親に帰される注釈の文言を示す。

・子音重複など綴り字の標準化，連声の標準化，daṇḍa の添削については適宜行い，逐一注記しない。

・チベット語訳の無性釈（D 4029）の文に対応する箇所は注記し，一致する文言に下線を施した。無性釈のテクストは本研究会の校訂本に従う。

・写本の読みを改める場合は，確定的な訂正を em.で示した。

・試訳において『大乗荘厳経論』の本偈と世親釈の文言は基本的に本研究会訳に従う。

梵文テクスト

śa$_{(18v1)}$raṇagamanena svaparārthasampattir darśitā | sā ca gotrasampat tasyaiveti tadanantaraṃ gotrādhikāraḥ ||[4]

III.2 cakṣurādidhātūnāṃ saṃbhave 'py atra dhātuśabdena bījaṃ grāhyam ||[5]

III.4 **prakṛtisthaṃ** yad **asamudānītam** anādikālikam | tad eva kalyāṇamitravaśāt puṣṭaṃ **samudānītam** |[6] tad e$_{(18v2)}$va **prakṛtistham āśrayasvabhāvam**, **samudānītam āśritasvabhāvam**[7] |[8] tat prakṛtisthaṃ **hetubhāvena sat** | phalabhāvaḥ samudānītatvaṃ ten**āsat**, prakṛtisthasya samudānītaṃ phalaṃ yataḥ ||[9]

III.7 **upakaraṇavighāto** dāridryaṃ, yena dānādiṣu na pravartate | **pāratantryaṃ** dāsādi$_{(18v3)}$tvam ||[10]

III.9 īṣanmalino 'pi ***prabhāsvaro*** bhavati | yasyeṣanmalinatvam api nāsti sa ***nirmalaḥ*** |[11] **karmaṇyam** asphuṭitatvam | kleśoparamena nirmalānāsravadharmaprāptiḥ **kleśanairmalyaprāptiḥ** ||[12]

---

4 Cf. Asvabhāva, D50b6–51a2: ... ces bshad ma thag pa'i tshigs su bcad pa 'dis ni skyabs su 'gro ba'i don che ba nyid rang dang gzhan don bsgrub pa dag bstan to // ... de'i phyir skyabs su 'gro ba'i 'og tu rigs kyi skabs yin no //

5 Cf. Asvabhāva, D51a6–7: gsung rab las byung ba'i khams kyi don gang yin zhe na / mig la sogs pa'i khams kyi dbye ba bstan pa dang / khams mang po'i mdo dang sbyar na ni / khams kyi dbye ba rnam pa mang po zhig yod do // rigs kyi skabs 'dir ni rigs sa bon yin te / khams dang rgyu zhes bya ba ni rnam grangs so //

6 Asvabhāva, D51b2–4: rang bzhin du gnas pa'i rigs ni yang dag par ma bsgrubs pa gang yin pa ste / skye mched drug gi khyad par thog ma med pa'i dus can gdon mi za bar bla na med pa yang dag par rdzogs pa'i byang chub mngon par rdzogs par 'tshang rgya ba'i skal ba can gang yin pa de lta bu yod do // rang bzhin gyi rigs de lta bu la gnas pa'i byang chub sems dpa' rnams gang gi tshe dge ba'i bshes gnyen dag gis bla na med pa yang dag par rdzogs pa'i byang chub yang dag par len du bcug pa de'i tshe rigs de yang dag par bsgrubs pa zhes bya'o //

7 āśrita-] em., āśraya- Ms.

8 Asvabhāva, D51b4: rang bzhin du gnas pa gang yin pa de ni yang dag par bsgrubs pa'i rten du gyur pa yin no // yang dag par bsgrubs pa ni rten pa'i ngo bo nyid yin no //

9 Asvabhāva, D51b4–5: de ni rgyu'i dngos por yod do // 'bras bu'i dngos por med do zhes bya ba'i rang bzhin gyi rigs de'i 'bras bu ni yang dag par bsgrubs pa'i rigs yin no //

10 Asvabhāva D52a3–4: yo byad kyis phongs pa zhes bya ba ni dbul na sbyin pa la sogs pa byang chub sems dpa'i spyod pa la mi 'jug go // gzhan gyi dbang du gyur pa ni bran la sogs par gyur pa'o //

11 Asvabhāva, D52a4–5: la la ni dri ma cung zad chags kyang 'od gsal bas gang la dri ma cung zad kyang chags pa med pa de ni dri ma med pa zhes bya'o //

12 Asvabhāva, D52a6–7: nyon mongs pa'i dri ma med pa 'thob pa'i gnas zhes bya ba ni rigs de nyon mongs pa'i gnas ngan len dang bral zhing mi ldan pa thob pa'i gnas yin pa'am / yang na rigs de nyon mongs pa spangs na zag pa med pa'i chos dri ma med pa rnams kyi 'thob pa gang dag yin pa de dag gi gnas yin pas na nyon mongs pa'i dri ma med pa 'thob pa'i gnas zhes bya'o //

試訳

〔直前の帰依章では〕帰依によって自利の完成が示された。そしてその同じ者（大乗に帰依した人）には，かの種姓の完成があるので，その〔帰依章の〕直後に種姓章がある。

III.2 「眼などの界」〔という表現〕の中に〔dhātuという語が〕出ているが，ここ（種姓章）ではdhātuという語によって「種子」〔という意味〕が理解されるべきである。（だから十八界の「界」の意味ではない。）

III.4 「本性住〔種姓〕」とは，いまだ発展しておらず，はじまりの無いもの（無限の過去からあるもの）である。その同じものが善き師友によって成熟したものが，「習所成〔種姓〕」である。ほかならぬその「本性住〔種姓〕は依り所を本質とし，習所成〔種姓〕は依ることを本質とする[13]」。その本性住〔種姓〕は「原因として存在している」。「習所成の状態は結果の状態であり，それ（原因）としては「存在していない」。なぜならば，本性住にとっては習所成が結果だからである。

III.7 「生活必需品が欠乏していること」とは困窮していることであり，そのせいで布施など〔の菩薩行〕に向かわなくなってしまう。「他者に服従すること」とは召使いなどになることである。

III.9 〔黄金は〕わずかに汚れていても「輝き続ける」〔ように，菩薩種姓における仏の智も同様である〕。〔いっぽう〕わずかに汚れることすらないものが「無垢」〔であり，菩薩種姓における煩悩が無垢なる状態に到達している様と類似する〕。〔黄金の〕「調柔性」とは，〔加工時に曲げたりしても〕破裂しないことである。煩悩の滅によって無垢なる無漏法に到達することが，「煩悩が無垢なる状態に到達すること」である[14]。

---

[13] 「依ること」は「依るもの」と訳すことも可能である。

[14] 「煩悩に関する無垢性の獲得」と訳すことも可能である。

III.10 **jātyam** uttamam | ***mahābodhir*** niṣṭhāvasthā |[15] ***mahājñānaṃ*** sattva(18v4)kṛtyānuṣṭhānam ||[16]

III.11 **aparinirvāṇadharme**ty akāraḥ, kutsāyāṃ, yathā kutsitā bhāryā abhāryeti |[17] gotre vidyamāne 'pi mātādimāraṇasadbhāvād agotraka ity ucyate |[18] evaṃ ***samudghātitaśukladharmā***dayo jñeyāḥ |[19] hetuhīnasy**āparini**(18v5)**rvāṇadharma**ṇo 'kāro 'bhāve, yathālābha iti ||[20]

III.12 **pratipattir** anuṣṭhānam ||

III.13 ***suvipulā guṇā*** yasyāṃ[21] ***bodhau*** saiva ***vṛkṣaḥ*** |[22] ***ghanaṃ*** mahat | etad gotraṃ **bodhivṛkṣasya mūlaṃ** bhavat svaparārthaniṣpādakaṃ bhavatīti || 3 ||[23]

---

15 Asvabhāva, D52a7: byang chub chen po'i rgyu mtshan yin pa'i phyir ro zhes bya ba ni mthar thug pa'i gnas skabs byang chub chen po ni rin po che dri ma med pa lta bu yin te / de ni rdo rje lta bu'i ting nge 'dzin gyi mjug thogs su 'byung ba yin no //

16 Asvabhāva, D52a7–b1: ye shes chen po ni bya ba sgrub pa'i ye shes la sogs pa'o //

17 Asvabhāva, D52b1–2: don 'di la ni rigs med pa la gnas pa yongs su mya ngan las mi 'da' ba'i chos can yin par bshad do zhes bya ba na med pa zhes bya ba 'di la lar ni smad pa la mthong ste / chung ma ngan pa la chung ma med do zhes bya ba dang bu ngan pa la bu med do zhes bya ba lta bu'o //

18 Asvabhāva, D52b4–5: gnas skabs de na rigs yod du zin kyang ma la sogs pa bsad pa'i las smad pas rigs med pa zhes bya'o //

19 Asvabhāva, D52b5: dkar po'i chos kun tu bcom pa la sogs pa yang de bzhin du ci rigs par sbyar bar bya'o //

20 Asvabhāva, D52b5–6: rgyu dang bral ba'i yongs su mya ngan las mi 'da' ba'i chos can zhes bya ba'i med pa zhes bya ba 'di ni med pa la blta bar bya'o //

21 yasyāṃ] em., yaṣyāṃ Ms.

22 Cf. Asvabhāva, D52b7: byang chub gang la yon tan shin tu rgya chen po yod pa de ni yon tan shin tu rgya che ba'i byang chub bo //

23 Asvabhāva, D53a3–4: de lta bas na rigs 'di byang chub kyi shing de lta bu'i rtsa ba yin pa dang / rang gi don dang gzhan gyi don sgrub par byed pas / bdag dang gzhan la phan bde byed pa 'bras bu zhes bshad de / yon tan shin tu rgya che byang chub shing bskyed phyir //

III.10 「貴重」とはこの上ないことである。「大菩提」とは究極の分位である。「大智慧」とは衆生の所作を成し遂げる〔成所作智をはじめとする仏の智，つまり大円鏡智・平等性智・妙観察智・成所作智である〕。

III.11 「般涅槃できる性質のない者」という〔語の中の否定辞〕a 字は〝非難〟という意味で〔使用されている〕。たとえば非難されるべき妻（bhāryā）が〝妻ならざる者（abhāryā）〟と呼ばれるように。〔ある者にすぐれた〕種姓が存在していても，母などを殺しまったならば〔その凶行のせいで非難の対象となるので〕〝無種姓なる者〟（agotraka）といわれる[24]。「白浄〔なる善法〕が根絶された性質の者」などについても同様に（つまり否定辞は〝非難〟という意味で）理解されるべきである[25]。

原因を欠いた，「般涅槃できる性質のない者」〔という語の中〕の〔否定辞〕a 字は〝非存在〟という意味で〔使用されている〕。たとえば〝獲得がない（alābha）〟というように。

III.12 「実践」とは修行のこと。

III.13 その中に「極めて大きな徳性」が存するような，その「菩提」こそが「樹」である[26]。「ひとかたまりの」（ghana）[27]とは大きな，ということである。その種姓は，「菩提という樹」にとっての「根」であるので，自利利他を完成させるものである。

---

[24] たとえば日本語で「人でなし」と言った場合，否定表現の中に非難の意味が込められることに似ている。agotra(ka)の否定辞 a の詳細については本書の MSA III.11 への無性釈，安慧釈およびその訳注を参照。岡田英作および早島慧による詳細な研究もある。

[25] つまり素質があっても条件が揃わないため涅槃できない者を意味する。

[26] 偈中の bodhivṛkṣa という文言の複合語の種類に関して，bodhi と vṛkṣa の関係が karmadhāraya であることを示す。

[27] 「強固な」という訳も可能であるが，拙訳ではここでの mahat という注釈の意味にあわせて「ひとかたまりの」（巨塊を意図）とした。

参考文献

（和文）

加納和雄

［2006］「サッジャナ著『究竟論提要』――著者および梵文写本について――」『密教文化研究所紀要』19: 28–51.

［2013］「ヴァイローチャナラクシタ作『大乗荘厳経論』注――第 17 章注釈箇所のテクストと試訳――」能仁正顕編『『大乗荘厳経論』第 17 章の和訳と注解――供養，師事，無量とくに悲無量――』自照社出版，221–257.

［2020］「ヴァイローチャナラクシタ作『大乗荘厳経論』注――第 2 章注釈箇所のテクストと試訳――」能仁正顕編『『大乗荘厳経論』第 2 章の和訳と注解――大乗への帰依――』法藏館, 173–182.

［2022］「ヴァイローチャナラクシタ作『大乗荘厳経論』注――第 4 章注釈箇所のテクストと試訳――」若原雄昭編『『大乗荘厳経論』第 IV 章の和訳と注解――菩薩の発心――』法藏館, 196–203.

（欧文）

Gokhale, V. V.

［1978］Yogācāra Works Annotated by Vairocanarakṣita (Discovered in the Tibetan Photographic Materials at the K.P. Jayaswal Research Institute at Patna). *Annals of the Bhandarkar Research Institute* 58/59 (1977/78): 635–643.

Kano, Kazuo

［2008］Two Short Glosses on Yogācāra Texts by Vairocanarakṣita: *Viṃśikāṭīkāvivṛti* and **Dharmadharmatāvibhāgavivṛti*." In: Francesco Sferra (ed.), *Manuscripta Buddhica, Vol. I: Sanskrit Texts from Giuseppe Tucci's Collection*, Part I. Serie Orientale Roma. Roma: IsIAO, 343–380

［2016］*Buddha-nature and Emptiness: rNgog Blo-ldan-shes-rab and a Transmission of the Ratnagotravibhāga from India to Tibet*. Vienna: Vienna Series for Tibetan and Buddhist Studies.

（草稿の段階で本研究会の先生方からは様々なご教示を頂いた。令和 5 年度科学研究費［18K00074］［21K00079］［22H00002］による研究成果の一部。）

サッジャナ作『荘厳経論要義』「種姓品」

加 納 和 雄

サッジャナ(Sajjana)は11世紀のカシュミールにおいて瑜伽行派の伝統を再興させたと目される人物である。彼は『大乗荘厳経論』に対する達意釈である『荘厳経論要義』(*Sūtrālaṃkārapiṇḍārtha*)を著した。同作は全文が韻文で綴られる。そして彼の息子マハージャナ(Mahājana)は *Sūtrālaṃkārādhikārasaṅgati* および *Sūtrālaṃkāraparicaya* の作者と考えられ，さらに彼らの学知伝統はチベットへと継承されていった。ここに提示するのはサッジャナ作『荘厳経論要義』「種姓品」の梵文テクストと試訳である。残念ながら同品の後半を含む梵文写本は見つかっていないため，本稿で扱うのは前半部の七偈分のテクストのみである。またその内容は難解であり，訳文が確定し難い箇所も少なからず残った。

これまで発表した箇所は冒頭部(全章題の列挙)と「帰依品」である[1]。またサッジャナの人物像，著作一覧および『荘厳経論要義』の梵文写本とその由来などについても同論文を参照されたい。

また，サッジャナの「種姓品」に対する理解を知るための資料として，本稿末尾に二点のチベット語資料を附した。いずれも 11–12 世紀のチベットで撰述された『大乗荘厳経論』注からの抜粋である。【資料 1】はチャパ・チューキセンゲによる注からサッジャナの説を回収したものである。【資料 2】はサッジャナの弟子ゴク・ロデンシェーラプによる注から「種姓品」への注釈箇所を和訳したものである。

概要

『荘厳経論要義』の第 1 偈は，直前の章である帰依品と種姓品の関係，そして直後の章

[1] 加納［2020］を参照。

である発心品との関係について述べる。そこにおいて種姓は「加行の基盤」とされる。関連する内容は *Sūtrālaṃkāraparicaya* の「種姓品」導入部においてより詳しく説かれる[2]。

第 2, 3 偈 ab 句は，MSA III.5 に従って本性住種姓と習所成種姓について論じる。第 3 偈 ab 句は，能依の区別により習所成種姓があると述べる。つまり本性住種姓には区別を認めていないことが看取される。この見解は *Sūtrālaṃkāraparicaya* の「種姓品」において詳らかにされる（加納・葉・李[2024]所収の MSA III.2 への注釈など参照）。

第 3 偈 cd 句は，MSA III.6 によって種姓を「確定したもの」と「不確定なもの」とに分ける。

第 4–6 偈は「確定したもの」に，一闡提，異教徒，声聞独覚が存することを述べる。この点はサッジャナに特有の見解であり，無性釈と安慧釈の理解とは異なる[3]。無性と安慧は，「確定したもの」として声聞，独覚，菩薩しか認めない。いっぽうでサッジャナの理解は，*Sūtrālaṃkāraparicaya*「種姓品」の所説に受け継がれる[4]。

とくにサッジャナが第 5 偈で異教徒（tīrthya）を「確定された種姓」に含める点は彼自身の社会的身分と関わるかもしれない。彼は在家の仏教徒であったが，家業としては婆羅門を生業としていたとみられる。そのため，仏教徒と異教徒の両者を相互排他的な存在としては峻別せず，重なりも一部で認めていたであろう。じっさい，『荘厳経論要義』の「帰依品」で彼は異教の神々への帰依に対して寛容な姿勢をはっきりと示す[5]。ただし思想的な立場に関しては，サッジャナは仏教徒を自認し，「アートマンに執着」（ātmagraha）する「異教徒の乗」（tīrthyayāna）の者を他者として区別する。

また一闡提を「確定した種姓」に含める点も『大乗荘厳経論』に全く説かれない，サッ

2　加納・葉・李[2024]: etad evaṃ mārgāvatārāśraye siddhiśaraṇagamane nivedya prayogāvyāvṛttyāśrayaṃ bodhisatvagotraṃ vaktavyam（訳）「以上のように，道に入るための基盤である，成就と帰依という両者（第 1, 2 章）について教示した後に，加行から退転しないための基盤である菩薩種姓について説かれるべきである」

3　本書所収の MSA III.6 に対する無性釈と安慧釈の注釈箇所を参照。

4　サッジャナと *Paricaya* は，種姓論の中で一闡提を論じる点では一致するが，細部では相違もあると考えられる。すなわち，サッジャナは「確定したもの」に，一闡提，異教徒，声聞独覚を含んでいるように読めるが，*Paricaya* は，「確定したもの」に菩薩種姓のみ，「不確定のもの」に声聞独覚を配当する点で異なる。しかし *Paricaya* において「確定したもの」に従属する「揺るがされるもの」には，菩薩から一闡提や声聞へと転向したものも含まれている。この点では，サッジャナの理解は *Paricaya* と完全に齟齬するともいえない。詳細は加納・葉・李[2024]の *Sūtrālaṃkāraparicaya* の III.6 に対する注釈箇所を参照。

5　加納[2020: 192]を参照。つまりサッジャナは「帰依品」への釈において，異教徒の帰依処を全否定せず，むしろ三宝から心が退くことなく，臨機応変に自利利他を行うべきことを述べ，異教への帰依の余地を認めている。

ジャナに特有の見解である[6]。この点は，彼が『宝性論』と『大乗荘厳経論』の統合的な理解を目指していたことによるものであろう[7]。もっとも，すでに『宝性論』『楞伽経』の段階で，無種姓と一闡提を関連させせようとする議論はみられる[8]。

第 7 偈は種姓の転向を説いていると考えられる。それは上述の第 3 偈 cd 句で「確定したもの」と「不確定なもの」とに二分した内の後者を詳しく論じるものと推察される。ただしその内容は難解であり不明な点が残る。梵文写本はこの第 7 偈までを収める。第 8 偈以降を含む貝葉は未発見である。

なおサーンクリトヤーヤナの貝葉目録の中にシャル寺の奥の院であるリプクに旧蔵されていたいくつかの梵文写本の部分的な翻刻が報告されており，その中には本章と関連する可能性のある偈文がみられる。報告によるとその写本はシャーラダー文字で綴られていたというので，体裁の上でも本写本との関連が予想される。翻刻をそのまま転載すると下記のとおりである[9]。

samūhānītabhāvena[10] dhīmadgotram akṛtrimam || 7 ||

prakṛtasthaṃ ca yad gotram ānītaṃ niyataṃ ca yat |

asmin sati pratyayas syāc chabdātmā cittasambhavaḥ (|)

avikalpasthaviṣayo nābhyāsārtho (?) hi jātu cit |

... kāraṇatve 'pi tenāyaṃ bodhisattvārthagocaraḥ ||

ここでは本性住種姓と習所成種姓などが明記されているが，やはりその内容は難解であり訳文を確定し難いため，後考を俟ちたい。また翻刻が提示されるのは同貝葉の冒頭箇所のみであり，残りの部分のテクストの内容は不明である。いずれ写本が発現するのを期待したい。

6　一闡提は大乗の『涅槃経』をはじめとする如来蔵系経論群に特有の存在であり，瑜伽行派の種姓論の体系にはもともと含まれていない。

7　同じ傾向は *Sūtrālaṃkāraparicaya* にも顕著にみられる。加納・葉・李[2023]，[2024]を参照。

8　前者は加納・葉・李[2024]の稿末資料，後者は岡田[2016: 122]を参照。

9　Sāṅkṛtyāyana [1937: 50, no. 321] Lakṣaṇaṭīkā, Śāradā, 2 fols. Fn. 3.

10　samūhānīta-は samudānīta-と読むべきか。

凡例

梵文校訂テクストと，和訳について凡例を箇条書きしておく。

・以下に提示する梵文テクストは，ローマの写真版（IsIAO II.12-6）と民族図書館旧蔵の写真版（No. 16）に基づいて翻刻，校訂したものである[11]。

・子音重複などの標準化，および daṇḍa の添削，偈番号の追加などについては適宜行い，逐一注記しない。

・写本の読みを改める場合は，確定的な訂正を em.（emendation）で示した。

梵文テクスト

avatīrṇa$_{(1v6)}$sya tasyaivaṃ syāt prayogasya niśrayaḥ |
gotrasya cittotpādasya vibhedād dvividhaś ca saḥ || 1 ||

tatra gotraṃ prākṛtaṃ syāt prakṛtivyāvadānikam |
mārgātmakaṃ ca ṣalliṅgaiḥ svabhāvād eva vṛttimat || 2 ||

c: ṣalliṅgaiḥ］em., ṣallis Ms.

samānītam punar gotraṃ syād ādheyavibhedataḥ |
niyatāniyatatvena dvidhā tad api bhidyate || 3 ||

a: punar］em., puna Ms.

tatra niyatagotrebhyaḥ kecid icchantikā matāḥ |
paryavasthānatirekād ye nirvā$_{(1v7)}$ṇe parāṅmukhāḥ || 4 ||

11　閲覧に際して Francesco Sferra 氏および葉少勇氏にご助力頂いた。

kathaṃcid vā bhavodvegād ātmagrahāc ca niścalāt |
jāyate niyataṃ gotraṃ tīrthyayānādhimuktitaḥ || 5 ||

aśubhabhāvanāyogāt tat prahāṇakriyāśamam |
vihīne karuṇāgotre hīnagotrāś ca kecana || 6 ||

bhavābhavavivekād vā prajñāyāḥ karuṇāgamāt |
vā〔nmūlyā〕d[12] vāśubhāditvasaṃjñāyās saṃpravartanāt |

gotrāntarād apāvṛtya tair avaprāpyate punaḥ ||（Ms. ends）

（以下，写本欠損のためテクストは未回収。）

試訳

このように〔帰依して大乗に〕入ったその者にとっては，加行の基盤があるだろう。そしてそれ（基盤）は，種姓と発心の区分にもとづいて二種である[13]（第1偈）。

（本性住種姓と習所成種姓）

その中で，本性の種性は，本性として浄らかなものであり，そして六〔波羅蜜〕という徴表

[12] 括弧内の翻刻は暫定案である。このままでは意味が不明であるため訂正を要する。

[13] dvividhaś ca の箇所は写本画像において不鮮明であり，vidhivac ca とも読みうる。ここでは種姓品と発心品の両品が「加行」の「基盤」（niśraya）であると述べられていると仮に理解した。「加行」は発心品よりも後の諸章を指すと考えられる。サッジャナによる『大乗荘厳経論』全体の章構成の理解についての検討は別稿を期す。*Sūtrālaṃkāraparicaya* の「種姓品」冒頭箇所にも次のような関連する議論がみられる。etad evaṃ mārgāvatārāśraye siddhiśaraṇagamane nivedya prayogāvyāvṛttyāśrayaṃ bodhisatvagotraṃ vaktavyam | tathāpratipannasya hi śaraṇapratipattyā tato 'vavādāgamanena vā sattvān vyapekṣataḥ karuṇābījaprarohe niyatagotratā jāyate |（試訳）「以上のように，道に入るための基盤である，成就と帰依という両者（第1，2章）について教示した後に，加行から退転しないための基盤である菩薩種姓について説かれるべきである。というのは，そのように（1，2章に準じて）実践した者には，帰依の実践によって，あるいはそれにもとづいた教誡を受けることによって，衆生たちを顧慮することにもとづいて，悲の種子が発芽する時に，種姓の確定性が生じる（菩薩種姓が決定する）からである」（加納・葉・李[2024]を参照）

を伴って[14]道を自体とし，自性のみによって顕現するものであろう[15]（第 2 偈）。いっぽう，習所成種姓は能依の区分にもとづいてあるだろう[16]（第 3 偈 ab）。

（確定した種姓と不確定な種姓）

それ（種姓）はまた，確定と不確定ということによって二種に分けられる[17]（第 3 偈 cd）。

（確定した種姓：一闡提）

その中で，諸々の確定した種姓により，ある者たちは一闡提であると考えられる。その者たちは，〔仏教に〕抗うことをいまだ克服していないから，涅槃に対して顔を背ける者たちである（第 4 偈）。

（確定した種姓：異教徒）

あるいは，何らかの方法で輪廻的生存を厭うことにより（bhavodvegād），また，断固としたアートマンへの執着にもとづいて，そして異教徒の乗への信にもとづいて，確定した種姓は生じる[18]（第 5 偈）。

14　六波羅蜜の実践という「結果」にもとづいて，その者には菩薩種姓という「原因」が潜在していたはずであるという推理を指す。「徴表」と訳した liṅga は，「証因」の意味も兼ねている。MSA III.5 および『菩薩地』「種姓品」を参照。MSA III.5 に説かれる liṅga は「哀愍，信解，忍耐，浄善（六波羅蜜からなる善）を行うこと」という四種である。

15　svabhāvād eva vṛttimat についての拙訳は暫定案である。本性住種姓が客塵垢を離れてその自性のみが顕わとなることを説いているか。

16　MSA III.4ab において，本性住種姓は基盤（āśraya），習所成種姓はその基盤に依拠するもの（āśrita）とされる。本偈の「能依」（ādheya）も，āśrita の同義と理解しうる。なお別訳としては「いっぽう，種姓は能依の区分にもとづいて発展するであろう」とも訳しうる。*Sūtrālaṃkāraparicaya* によると，所依の種姓は本性光明心に同定され，大乗の種姓を指すと推定される。加納・葉・李[2024]の序文を参照。

17　つまり種姓は，まず本性住種姓と習所成種姓とに区分され，別の観点からすると種姓は「確定したもの」と「不確定なもの」という二種に区分される。なお当該偈の別の解釈としては，習所成種姓が確定・不確定という二種に区分されるとの理解も不可能ではない。「確定したもの」と「不確定なもの」という種姓の区別については MSA III.6 を参照。また *Sūtrālaṃkāraparicaya* による MSA III.6 への注釈箇所も参照。

18　c 句 jāyate niyataṃ は jāyate 'niyataṃ とも読む可能性も残るが，内容的にはここまで「確定された種姓」の話題が続いていると理解した。

（確定した種姓：声聞独覚）
それ（声聞独覚の確定した種姓）は，不浄観の瑜伽にもとづいて，〔煩悩を〕断じる行による寂静を有する。そしてある者たちは，悲の種姓（菩薩種姓）が捨てられているので，劣れる種姓を持つ者たちである[19]（第6偈）。

（不確定な種姓）
あるいは，次々と起こる輪廻的生存（bhavābhava）からの厭離，または智慧，悲の獲得，…（vānmūlyād）[20]，または不浄などであるとの想念（不浄観など）の生起にもとづいて，別の種姓から離れて（apāvṛtya），さらに（punaḥ）それら（厭離や智慧など）によって，〔新たな種姓が〕獲得される（第7偈）。

（以下，写本欠損のためテクストは未回収。）

【資料1：「種姓品」に関するサッジャナの説】

サッジャナの固有の見解はチャパ・チューキセンゲ（1109–1169）による『大乗荘厳経論』注にたびたび引用，紹介される[21]。それらの文は，目下，梵文の断片しか伝わらない *Sūtrālaṃkārapiṇḍārtha* の作者サッジャナの立場を知るうえで欠かせない資料となる。またそれらの資料には *Sūtrālaṃkārapiṇḍārtha* の対応箇所に見られない内容が含まれることから，サッジャナには未知なる別の注釈も存在したか，あるいは彼の説が世代を隔ててチャパに口伝で伝承されていた可能性が想定される。事実，11世紀のパドマセンゲ（Padma seng ge）という人物がサッジャナに師事していた時に「備忘録」として作成した『大乗荘厳経論』の浩瀚な注釈が存在したとションヌペル（gZhon nu dpal）は伝える[22]。チャパは，サッジャナの弟子ゴク（rNgog Blo ldan shes rab）の孫弟子にあたる。チャパはサッジャナの説のほかにも，無性釈（Ṭīkā と呼称される）および，サッジャナに師事したゴクとツェン（bTsan kha bo che），

---

[19] hīnagotra の別訳としては「〔菩薩の〕種姓を捨てた者」ともしうる。MSA III.11d の hetuhīna に対応するか。

[20] この語については未詳。翻刻を含めて再検討を要する。

[21] 逐一の所在は Kano［2016: 216 n. 18］を参照。また加納・葉・李 2023: 250 も参照。

[22] Kano［2016: 217 n. 22］（des kyang sadzdza na la gtugs pa'i skabs kyi zin bris byas pa'i mdo sde rgyan gyi ṭī ka chen po zhig kyang snang ngo）. 'Jam dbyangs dga' ba'i blo gros（1429–1503）も Sajjana の説に言及する。Kano［2016: 217］を参照。

そしてサッジャナと同時代のカシュミールの学者パラヒタバドラの説もたびたび紹介する。「種姓品」の中だけでも彼らの説は一通り見ることができる（下表）。ここではその中からサッジャナの説のみを紹介したい。

（チャパ作『大乗荘厳経論』注「種姓品」に紹介される諸学説）

MSA	開始位置	紹介される学説
III.1	395.2	
III.2	395.6	rNgog（395.7）[23], bTsan（395.7）, **Sajjana**（395.8）, Parahita（396.2）
III.3	396.4	
III.4	396.5	Ṭīkā（396.5）, Parahita（396.6, 397.1）, **Sajjana**（396.7, 397.1）
III.5	397.4	
III.6	397.7	
III.7	397.8	
III.8	398.3	
III.9, 10	398.3	Parahita（398.4）
III.11	398.5	Ṭīkā（398.7）, **Sajjana**（398.8）
III.12	398.8	

（III.2）

sa rdza na re 'dod ste khams bye brag gis rigs spyi sgrub pa yin te | dper na brag rdzong chos can | spyi shing tsam yod de dam bca' | cis bye brag sha pa dang stag pa yod pa'i phyir ro zhes pa（396.1）bzhin no || khams grub dang rigs ma grub pa la khams sna tshogs yod pa'i phyir khyab bya khyab byed la rmongs pa'i gang zag la khams bye brag rang gi blo la yod pa de［du ba?］nas rigs yod par

[23] rngog na re khams sna tshogs par cis shes zhes pa la ba ru ra'i mdos shes so || Cf. rNgog, *mDo sde rgyan gyi don bsdus*（*rNgog lo tsā ba blo ldan shes rab kyi gsung 'bum*, dPal brtsegs bod yig dpe rnying zhib 'jug khang, 2009）, p. 499.8–10: 'di la rigs kyi rab tu dbye ba nges par byed pa'i tshad ma ni rnam pa gnyis te | lung dang | rigs pa'o || dang po ni khams rnams dang ni zhes bya ba ste | khams tha dad par gsungs pa'i phyir zhes bya ba'i don to || チャパの引くゴク説と，ゴク自身の『荘厳経論要義』における記述は逐語的には一致しない。チャパはゴクのもう一つの『荘厳経論』注を知っていた可能性もある。Cf. Kano［2016: 203］.

sgrub pa rang tha snyad bsgrub pa rang bzhin gyi gtan tshigs so || (『カダム全集』[24]第 7 巻 395.8–396.1)(この一節は難解である。後考を俟つ。)

(III.4)

sa rdza na re chos 'ga' zhig mtshan nyid mi mthun pa rtogs pa['i] yan lag du sngon pa mtshan gzhi'i rab du dbye ba yin te | dper na rigs thigs sam phung po lnga pa bzhin no || rigs thigs nas ji ltar bstan na | yang dag pa'i shes pa ni gnyis ste | mngon sum (396.8) gang zhe na rtog pa dang bral zhing ma 'khrul ba'o || rjes su dpag pa gang zhe na | rgyu tshul gsum gyi rtags pa brten nas yul bsgrub bya la dmigs pa'o || dpe' de bzhin du 'dir yang rigs gnyis la mtshan nyid gcig las med na mtshan nyid rang bstan pas chog pa la da lta mtshan nyid tha dad pa ste rtogs pa'i yan lag du sngon pa mtshan gzhi'i dbye ba byas so ||(同 396.7–8)

(試訳)「サッジャナは言った[25]。一致しない定義を持つ或るダルマを理解するための支分(補助)として前提となるのが定義基体の区分である。たとえば『ニヤーヤビンドゥ』や『五蘊論』の如し。『ニヤーヤビンドゥ』にどのように説示されているのかというと,「正しい知識は二種である。直接知覚とは何かというと,分別を離れ錯乱のないものである。推理とは何かというと,因の三相に依拠して所証たる対象を認識することである」〔と説示される〕。この例と同様に,ここでも二つの種姓に対して定義が一つ以外にないならば,定義自体を説示するだけで十分であるのだが,いまの場合,〔各々で〕定義が異なるのであって,〔そのような一致しない定義を持つ種姓〕を理解するための支分として前提となる定義基体の区分がなされたのである」[26]

(III.4)

skye mched drug ni pa ra he ta na re rnam par byang pa'i chos thams cad skye zhing byed (read:

---

[24] *bKa' gdams gsung 'bum 'phyogs sgrigs thengs dang po* (vols. 1–30). Chengdu: Si khron mi rigs dpe skrun khang, 2006.

[25] サッジャナは一貫して sa rdza と略称される。

[26] 種姓の定義(msthan nyid)を説く MSA III.4 には,種姓の「区分」と「定義」が同時になされる。ここはその釈文の一部である。種姓は本性住種姓と習所成種姓に分けられ,定義の対象が二つに分かれるために,各々の定義の内容も異なる点が話題とされている。そしてその類例として挙げられるのが,「正しい知」であり,それもまた直接知覚と推理に分けられ,定義の対象が二つに分かれるために,定義の内容も各々異なるとされる。

mched）pa'i don gyis na skye mched de phar phyin drug go || **sa rdza**（397.2）na re zag pa dang bcas pa'i chos thams cad skye zhing 'byed（read: mched）par byed pas na skye mched de ste（sic）dbang po drug go ||（同 397.1–2）

（試訳）「六処に関してパラヒタ〔バドラ〕は言った。浄化の一切法が生じて増大する（skye zhing mched pa）という意味をもって〝処（skye mched）〟なのであって，六波羅蜜のことである。〔いっぽう〕サッジャナは言った。有漏なる一切法を生んで増大させるので〝処〟なのであって，六根のことである」[27]

（III.11）

sa rdza na re lus ngag yid gsum phyogs gcig du nyes par spyod pa ste mi dge ba bcu ka byed pa'o ||（同 398.8）

（試訳）「サッジャナは言った。〔「白浄なる善根が根絶された性質の者」とは〕身語意の三つをひとつにして罪を犯す者のことであり，十不善全てを行う者のことである」[28]

【資料２：ゴク・ロデンシェーラプによる「種姓品」への注釈】

以下に提示するのは，サッジャナに師事したチベット人翻訳師ゴク・ロデンシェーラプ（1059–1109）による『荘厳経論要義』（*mDo sde rgyan gyi don bsdus*）の「種姓品」注釈箇所に対する試訳である[29]。同釈は，チベットで著作された『大乗荘厳経論』注釈群の中でも最初期に属する。本偈と世親釈の内容を手際よくまとめており，サッジャナの達意釈や，しばしば世親釈の理解から離れる *Sūtrālaṃkāraparicaya* の自由な注釈のスタイルとは異なる[30]。

---

[27] 種姓の定義を説く MSA III.4 の注釈において，チャパは本性住種姓の定義を四つの観点から行う（同 396.8–397.2）。すなわち「時，依所，本質（rang gi ngo bo），結果」という四つの観点である。その中で「依所」を説明する際に『菩薩地』以来の説に従って「六処」に言及する。上記のパラヒタバドラとサッジャナの説はこの「六処」という語を釈するものである。すなわち「六処」をパラヒタバドラは「六波羅蜜」とし，サッジャナは「六根」と理解する。なお高崎［1989: 287-289］は同六処をめぐるツォンカパによる関連議論を紹介する。

[28] MSA III.11 に説かれる agotra に対する注釈箇所であり，「白浄〔なる善根〕が根絶された性質の者」という偈の文言を注釈している。ただし同偈の「悪行を専らなす者」の語釈である可能性も残る。「十不善全て」は mi dge ba bcu ka の訳であるが，bcu ka を「十項目とも揃って」というニュアンスで理解したことによる。

[29] サッジャナとロデンシェーラプとの関係についての詳細は Kano［2016］を参照。

[30] ロデンシェーラプの注釈のスタイルについては Kano［2016: 233–238］を参照。

この注釈に特徴的な点としては，たとえばIII.2への注釈において，同偈所説の四点が，種姓の存在を証明するための教証と理証とに配当されている点が挙げられる。すなわち第一点目(dhātūnāṃ)が教証，第二～四点目(adhimukteś～phalabhedopalabdheś)が理証とされる。またIII.4への注釈においては種姓の定義が論じられ，「定義基盤(mtshan gzhi)，定義(mtshan nyid)，定義対象(mtshon bya)」という概念枠に従って注釈がなされている。このような独特な解釈は，ロデンシェーラプがカシュミールの学知伝統を継承したものであるのか，あるいは彼自身の独創であるのかは判断し難い。

以下に示す拙訳は暫定訳である。訳に際しては同注釈の活字本を底本とし，テクストに不審な点がある場合には写本と照合した[31]。内容の上で未詳な点は，後考を俟つことにしたい。丸括弧内に付した見出しは訳者の判断で補記したものである。活字本の頁番号は下付き丸括弧の中に示した(499–501頁に相当)。

試訳

(種性品の位置づけ)

以上のように順解脱分の善を本質とする大乗への信解，帰依(第2章)は，種姓の能力が起動する原因である。能力が覚醒した種姓(第3章)にもとづいて発心(第4章)がある。発心にもとづいて自他の利益を実践する(第5章)。信解行のその四種の法[32]が実現する順序の通りに，その〔MSAの〕解説の順序もまた〔同じ順序〕であるので，帰依〔品〕の直後に種姓〔品〕が説かれたのである。

---

31 *rNgog lo tsā ba blo ldan shes rab kyi gsung chos skor, bKa' gdams dpe dkon gces btus*, vol. 3. Beijing: Krung go'i bod rig pa dpe skrun khang, 2009, 478–544. 活字本のもとになった写本の影印版は『カダム全集』第1巻, 203–252頁に収録される。前記注24を参照。

32 松田[2016: 3–4]にはこの冒頭部の和訳が提示され，それによると四種は「帰依，種姓，発心，自他利」を指す。

(梗概)

種姓〔の説示〕には五つ〔の項目が〕ある。すなわち，〔種姓の〕「存在」を始めとする殊勝性(khyad par)の標挙(bstan pa)(III.1)と解説(III.2–10)(499頁)，〔種姓の〕非存在にかんする区分(III.11)，〔種姓の〕作用(III.12)，〔種姓の〕結果(III.13)である。

(III.1)

第一は「存在性と最勝性[33]」(III.1)云々〔という偈〕である。その中で「存在」とは種姓の区別が成立するための認識根拠(tshad ma)である。「最勝性」とは認識根拠によって別々なものとして成立するそれ(種姓)の中でも，大乗種姓(菩薩種姓)のとりわけ貴い法(性質)である。「定義」(特徴 mtshan nyid)とは，殊勝な種姓をその〔大乗の〕種姓として定義することを本質とする。「徴標」とは殊勝であることの徴標である。「区別」とは，その殊勝性の区別である。「災難」とはその〔菩薩種姓の妨げとなる〕垢である。「利徳」とはそれ(菩薩種姓)の偉大性である。「二種の譬喩」とは〔菩薩種姓の〕徳性のあり方を説示するものである。

(III.2)

この標挙(bstan pa)に関する解説はまた九つある(III.2–10)。第一に〔種姓の〕「存在」を確定する認識根拠の解説は，「諸々の界(要素)と」(III.2)という〔偈〕である。ここにおいて種姓の区分を確定する認識根拠は二種ある。すなわち教証と理証である。

前者(教証)は「諸々の界と」(III.2a)という〔偈の文言〕であり，〝界が個々別々であると〔世尊が〕仰ったから〟という意味である。

理証は果についての三種の徴表である。すなわち，〔善知識などの〕条件に依存しない〔生得的な〕「信」(性向 adhimukti)が認識されるからであり，また条件によって生み出された〔習得的な〕信により揺るがされない個別の「実践行」が認識されるからであり，さらに個別なる「果」が認識されるからである[34]。

33　活字本の yid dang mchog dang の yid は誤植であり，写本(221.6)によって yod と訂正する。

34　各々，adhimukti, pratipatti, phala という MSA III.2 所説の文言を指す。本資料の序文を参照。

(III.3)

殊勝なものとする法の解説は,「さて,浄善が」云々〔という偈〕である(III.3)。浄善(菩薩の善根)が清浄であること,十全であること[35],偉大な目的を持っていること,無尽である原因であること〔という四点〕による[36]。

(III.4)

種姓そのものについて定義する法自体の解説は三種ある。すなわち,定義基盤(mtshan gzhi)と定義(mtshan nyid)と定義対象(mtshon bya)である。

第一(定義基盤)は「本来的なものと養成されたものとであり」(III.4a)という〔偈の文言による,種姓の〕内容(don)の説示と,「それは依り所と依るものとである[37]」(III.4b)という〔偈の文言による,種姓の〕同義語(rnam grangs)の説示という二つによって解説された。

定義は,「〔原因としては〕存在し〔結果としては〕存在しない」(III.4c)という〔偈の文言〕であり,〔因たる〕能力の本質としては存在し,結果の本質としては存在しないということが,種姓について定義する法である。

これに関して,単に〔因たる〕能力の本質として存在するだけものは,種姓ではない。なぜならば,前のものから後のものが生じるという結果が直証される分位すらも種姓ということになってしまうからである[38]。それゆえ〔種姓の定義は,因として存在することだけではなく,果として〕存在しないことに〔も〕依拠する。

いっぽう,単に〔果として〕存在しないだけのものもまた,種姓ではない。なぜならば,〔因たる〕能力が永遠に欠如するものすらも種姓となってしまうからである。それゆえ〔種姓の定義は,果として存在しないことだけでなく,因として〕存在することに〔も〕依拠す

---

35 活字本の thams cad cad は誤植であり,写本(221.10)によって thams cad と訂正する。

36 MSA III.3 は菩薩種姓の最勝性(udagratva)に関する四点を説く。

37 活字本の de'i rten dang brten pa dang の de'i を de ni と改めた。写本(221.10)は de ni と読みうるか。『大乗荘厳経論』本偈は蔵訳は de ni とある。

38 拙訳は暫定案である。能力だけを種姓として認めてしまうと,結果の分位も種姓であることになってしまいうので,「種姓が果としては存在しないこと」もあわせて説かなければならないという趣旨が述べられていると仮に理解した。

る。（したがって，種姓の定義は，因として存在し，かつ果として存在しないものであり，いずれか片方だけでは成立しない。）

定義対象は，gotra[39]という語によって説かれるべきであり，〔その語は〕「徳性を産出し生じる」という意味である（III.4cd）。

そこにおいて「内容」（III.4a）がひとつ〔の項目〕であり，「同義語」（III.4b）が第二である。「定義」（III.4c）が第三であり，「定義対象」（III.4cd）が第四である。以上，〔同偈には説かれるのは〕四つである。

あるいは〔別解として〕，「内容」が二つ（III.4a と III.4b）であり，「同義語」が二つ（III.4c と III.4cd）であって，定義基盤が四種類に分かれている〔とも説明しうる。〕[40]（500 頁）

(III.5)

殊勝なるその種姓の徴表（liṅga）が四種ある中で，「悲」と「信解」は〝意楽〟（bsam pa）である。能力と熟達，すなわち「忍耐」と「正行」は〝加行（sbyor ba）〟である[41]。

(III.6)

〔種姓の〕区別については〔ここでは〕解説しない。

(III.7)

〔菩薩種姓を妨げる〕四種の災難の中で，「煩悩の習慣化」は煩悩の障害である。「悪友」は業の障害である。「欠乏」と「他者への服従」は異熟の障害である。

---

[39] 活字本には go gsum と記されるが，元の写本（222.2）を確認すると，go tra という音写語が記されているので写本に従う。ここでは III.4d: vijñeyaṃ guṇottāraṇatārthataḥ（「諸々の功徳を産出するものという意味に基づいて」）が前提とされており，gotra という語の意味が，ニルクティのやり方で，功徳（guṇa）を産出（uttāraṇa）するものと理解されている。

[40] III.4 の解釈として次の二つの可能性がここには示されている。第一の解釈は次のようなものである。mtshan gzhi = III.4a (= don), IIIb (rnam grangs); mtshan nyid = III.4c; mtshon bya = III.4d. そして別解は次のようなものである。mtshan gzhi = III.4a, b (= don), III.4c, III.4d (= rnam grangs)

[41] ここでは菩薩種姓の存在を立証する四つの徴表が述べられている。MSA III.5 の所説がそのまま列挙されている。

(III.8)

〔菩薩種姓にそなわる〕四種の利徳の中にあるのは，(1)悪趣行きを喜ぶことと，(2)〔悪趣から〕抜け出すのが容易であることと，(3)〔悪趣で〕損害が少ないことと，(4)善から退かないこと，すなわち(4-i)厭離の志と，(4-ii)他者を利益する加行と，(4-iii)〔悪趣に〕結びつかないことである[42]。

(III.9)

金の鉱脈の譬喩を，〔菩薩種姓における〕果の徳性の具備に関して説示するのが，「金の鉱脈の如くであると知られるべきである」(III.9)という〔偈である〕。〔菩薩種姓の〕果たる，極清浄なるさとりの分位の善は三種ある。すなわち，(1)原因を本質とする六波羅蜜と，(2)(3)自性(ngo bo)を本質とする智および〔煩悩の〕断と，(4)能力を本質とする無比かつ極清浄なる諸々の威力(prabhāva)である。それらと結びつくので〔菩薩種姓は〕金の鉱脈と類似する[43]。

(III.10)

宝石の鉱脈の譬喩によって〔菩薩種姓が〕果の徳性を備えることに関して説示するのが，「よき宝石の鉱脈の如くであると知られるべきである」(III.10)という〔偈である〕。〔菩薩種姓は〕菩提心と智慧と三昧と大悲に結びつくので，本性〔として〕大菩提の原因など〔の四点をそえなるもの〕である[44]。

(III.11)

〔種姓が〕存在しない者についての区別を説示するのが，「ある者は」(III.11)云々〔という偈〕である。無種姓の者は二種である。すなわち一時的〔に涅槃できない者〕と，永久〔に涅槃できない者〕である。第一は，罪過のみを為す者と善に入っていない者である。す

[42] 「厭離の志」以降の拙訳は暫定案。原文には bsam pa skyo ba dang sbyor ba gzhan la phan pa dang mi 'brel ba'o とあり，活字本と写本(222.5)に違いはない。

[43] ここでは MSA III.9 所説の四点が，「原因・自性・能力」の三つに配当されている。

[44] 四点については MSA III.10 を参照。

なわち，因自体はあるが，ふさわしくない条件（悪友など）に出会ってしまっている，あるいは，ふさわしい条件（善知識など）と出会っていないせいで能力が覚醒していない者である。罪過のみを為す者については，「悪行を専ら為す者」（III.11a）と説かれるので，罪過の習慣をそなえた者である。「白浄なる性質が根絶された者」（III.11b）とは，罪過ある思想を持つ者である。善に入っていない者でもあって，善の潜在印象を完全に欠如する者が，「順解脱分の善がない者」（III.11c）である。善の潜在印象はあるけれども能力の弱い者が，「白浄なる〔性質〕が劣る者」（III.11d）である。永久に無種姓なる者が，「原因を欠いた者」（III.11d）であり，因そのものが永久に存在しないので，永久に無種姓な者であるとも確定されるとみなすべきである[45]。

(III.12)

〔菩薩〕種姓の作用〔について説くの〕は，「甚深で広大なことを語る」（III.12）云々〔という偈〕である。意楽と加行と果との結びつきが[46]，種姓の偉大性（māhātmya）であり，〔それが種姓の〕作用である。

(III.13)

〔菩薩〕種姓の果の殊勝なることを説くのが，「極めて大きい功徳」（III.13）云々〔という偈〕である。(501 頁)種姓は，一切智者という〝樹木〟と，徳性という〝広がりのある枝〟をそなえ，自他の安楽の獲得および苦の放棄を特質とする利益と安楽が成立するところの〝果実〟〔をもつ〕，教法にとっての〝根〟であると示された[47]。

〔以上〕「種姓品」。

45　以上の釈文は，基本的に MSA III.11 の世親釈の理解に則っている。

46　これらについては MSA III.12 を参照。

47　この一文の構文は明確ではないが，文の骨格は「種姓は〝根〟であると示された」という趣旨であろう。譬喩の詳細は MSA III.13 を参照。

参考文献

（和文）

岡田英作

［2016］「瑜伽行派における五種姓説の成立——瑜伽行派の註釈文献を中心として——」『密教文化』236, 113–136.

加納和雄

［2020］「サッジャナ作『荘厳経論要義』「帰依品」」能仁正顕編『『大乗荘厳経論』第 II 章の和訳と注解——大乗への帰依——』法藏館, 183–202.

加納和雄・葉少勇・李学竹

［2023］「*Sūtrālaṃkāraparicaya* 発心品」若原雄昭編『『大乗荘厳経論』第 IV 章の和訳と注解——菩薩の発心——』法藏館, 205–254.

［2024］「*Sūtrālaṃkāraparicaya* 種姓品」早島慧編『『大乗荘厳経論』第 III 章の和訳と注解——菩薩の種姓——』法藏館（印刷中）.

高崎直道

［1989］『如来蔵思想 II』法藏館.

松田訓典

［2016］「*Mahāyānasūtrālaṃkāra* の構成に対する註釈態度——Blo ldan shes rab と Sthiramati——」『仏教学』57: 1–17.

Kano Kazuo

［2016］*Buddha-nature and Emptiness: rNgog Blo-ldan-shes-rab and a Transmission of the Ratnagotravibhāga from India to Tibet*. Vienna: Vienna Series for Tibetan and Buddhist Studies.

Sāṅkṛtyāyana, Rāhula

［1937］Second Search of Sanskrit Palm-leaf Mss. in Tibet. *Journal of the Bihar and Orissa Research Society* 23-1: 1–57.

（令和 5 年度科学研究費［18K00074］［21K00079］［22H00002］による研究成果の一部。）

Sūtrālaṃkāraparicaya「種姓品」

加納和雄，葉少勇，李学竹

本稿では 11～12 世紀頃，サッジャナの息子であるマハージャナにより著されたとみられる *Sūtrālaṃkāraparicaya*（『経荘厳全知』）の「種姓品」を扱う[1]。本作品は『大乗荘厳経論』本偈への注釈書であり，梵文の断片のみが確認されており全文は得られていない。またチベット訳などの訳本の類も確認されていない。目下，確認されている断片は，貝葉にして都合 12 枚ほどである（詳細は後述）。この中で「帰依品」II.9–12 および「発心品」IV.5–28 についてはすでに発表した[2]。本稿では「種姓品」III.1–12 への注釈箇所を扱う。

本注釈所引の『大乗荘厳経論』本偈について

本注釈『経荘厳全知』は，『大乗荘厳経論』の本偈を余すことなく引用する。引用された本偈を，Lévi による『大乗荘厳経論』梵文刊本と対照すると，しばしば異読が得られる。以下には「種姓品」の『大乗荘厳経論』本偈について，Lévi 本と比べて異読のある偈のみを抜粋して提示する。『大乗荘厳経論』の梵文写本をめぐる近年の研究動向と本注釈の異読がもつ意義については加納・葉・李[2023: 206]を参照されたい。

Lévi 本との異読の中で，単なる誤写ではない，意味のある異読については太字で示し，Lévi 本の読みを校勘記に挙げた。本注釈の写本の明らかな誤写は太字にせずに校勘記に sic と表記した。Lévi 本との異読のない偈は，たとえば III.4 = Lévi という形で表記し，Lévi 本と同一であることを示した。ネパール写本（Ns）などを含めた網羅的な異読の対照につい

1　著者の推定については加納[2021]を参照。

2　加納・葉・李[2020][2023]，大乗経典研究会[2020][2021]参照。

ては本篇に収録される『大乗荘厳経論』本文の梵文テクストの校勘記を参照されたい。なお連声については適宜標準化し，写本の綴り字も注記なしで適宜標準化した。

sattvāgratvaṃ svabhāvaś ca liṅgaṃ gotraprabhedatā |

ādīnavo 'nuśaṃso dvir aupamyaṃ te caturvidhāḥ || III.1

b: gotra-］Ms Lévi, gotre 本研究会

cd: dvir aupamyaṃ］Ms（sic）, dvidhaupamyaṃ Lévi

d: te caturvidhāḥ］Ms（sic, *unmetrical*）, caturvidhāḥ Lévi

dhātūnām adhimukteś ca pratipatteś ca bhedataḥ

phalabhedopalabdheś ca gotrāstitvaṃ **nirucyate** || III.2

d: nirucyate］Ms, nirūpyate Lévi

udagratve 'tha sarvatve mahārthatve 'kṣay**ātmani** |

śubhasya **hetubhūtatvād** gotrāstitvaṃ vidhīyate || III.3

b: 'kṣayātmani］Ms, 'kṣayāya ca Lévi

c: hetubhūtatvād］Ms, tannimittatvāt Lévi

d: gotrāstitvaṃ］Ms（sic）, gotrāgratvaṃ Lévi

（III.4 = Lévi）

kāruṇyam adhimuktiś ca kṣāntiś cādiprayogataḥ

samācāraś śubhasyāpi **gotra**liṅgaṃ **nirucyate** || III.5

c: gotra-］Ms, gotre Lévi

d: nirucyate］Ms, nirūpyate Lévi

（III.6 = Lévi）

kleśābhyāsaḥ kumitratvaṃ **vighātaḥ** paratantratā |

kleśasyādīnavajñeyas samāsena caturvidhaḥ || III.7

b: vighātaḥ］Ms, vidhātaḥ Lévi

c: kleśasyā- Ms（sic）, gotrasyā- Lévi

c: -ādīnava-］Ms（sic, *unmetrical*）, -ādīnavo Lévi

cirād apāyagamanam āśumokṣaś ca tatra ca |

duḥkhasyānubhavo nīyāt sodvegaṃ sattvapācanā || III.8

c: duḥkhasyānubhavo nīyāt] Ms（後述）, tanuduḥkhopasaṃvittiḥ Lévi

d: sodvegaṃ] Ms, sodvegā Lévi

suvarṇagotravaj jñeyam ameyaśubhatāśrayaḥ |

jñānanirmalatāyogaḥ prabhāvānāṃ ca niśrayaḥ || III.9

c: yogaḥ] Ms（sic）, -yoga- Lévi

suratnagotravaj jñeyaṃ mahābodhir nimittataḥ |

āryadhyānamahājñānamahāsattvārthaniśrayāt || III.10

b: mahābodhir] Ms（sic）, mahābodhi- Lévi

c: āryadhyānamahājñāna-] Ms, mahājñānasamādhyārya- Lévi

aikāntiko duścarito 'sti kaścit kaścit samudghātitaśukladharmā |

amokṣabhāgīyaśubho 'sti kaścin nihīnaśuklo 'sty api hetuhīnaḥ || III.11

a: duścarito] Ms（sic）, duścarite Lévi

（III.12 ≈ Lévi）

（III.13: 写本欠落につき未回収）

本注釈「種姓品」の写本

本注釈の「種姓品」は，一枚の貝葉の表面と裏面にほぼ納められており，全 13 偈中の 12 偈分の本偈および釈文のテクストが得られる。回収されていないのは，末尾部分のみである[3]。ただしそれ以外にも，白黒の写本画像からは判読が困難な箇所が少なからず存在する。

[3] 貝葉裏面の末尾は同品の III.12 の注釈の途中で終わり，残りのテクストは次の貝葉に続いているはずであるが，その貝葉は未発見である。失われたその貝葉には，III.12 の注釈の残りと III.13 の注釈，「種姓品」の奥書，IV.1–4 の注釈が含まれていたはずである。その次の IV.5 以降の注釈を含む貝葉は見つかっており，加納・葉・李［2023］にテクストと訳を提示した。なお章の数え方については，Lévi 本の第 1 章が本注釈では 2 つの章に分けられるので，「種姓品」は Lévi 本では第 3 章だが，本注釈では第 4 章となる。ただし本稿では便宜的に Lévi 本に従って，「種姓品」を第 3 章と数えることとする。

本稿で扱う「種姓品」の貝葉において表面一行目の書き出しは，ちょうど同品の冒頭から始まっている[4]。そしてその裏面の左側欄外には「4」と読みうる数字（フォリオ番号）が記される。しかし本作品の貝葉の枚数を最初から数えると，この貝葉は四枚目にはならなず，少なくとも五枚目以降になる計算となる[5]。したがってこの数字は，実際の貝葉の枚数と一致しない。前稿で述べたようにこの写本は，完成した作品を書写したものというよりは草稿本のようなものである[6]。そのため，貝葉に付された数字も暫定的なものなのであろう。

以下には，本注釈の全体を確認するために，これまでに同定された貝葉を順に列挙しておく[7]。フォリオ（Fol.）の後にA～Iのアルファベットを付したものは，その貝葉に数字が確認されないもの，または判読できないもの，あるいは貝葉自体が未発見のものである[8]。いっぽう，数字を付したものは，その貝葉にフォリオ番号を示す数字が記されるものである。ただし数字の解読は暫定案にすぎず，詳しい検討は稿を改めたい。「未発見」としたものは，内容から判断して本来はそこに貝葉が存在したと推定されるが，いまだ発見されていないものを指す。フォリオ番号の後には，その貝葉に含まれるMSAの本偈とその注釈の範囲を示す（例: MSA I.8–9）。偈番号の直後に，下付きの文字で記したのは，その貝葉を撮影した写真版を所蔵する研究機関およびその整理番号である。研究機関の略号等についてはYe, Li, Kano［2013］を参照されたい。

Fol. A　未発見（MSA I.1–7の注に相当）

Fol. B　MSA I.8–9, 11–13 IsIAO (MT 42 II/01-7, 02-8) = CEL (No. 10)

Fol. C　未発見（MSA I.14–II.8の注に相当）

Fol. D　MSA II.9–11 CEL (No. 15)

Fol. E　MSA II.11–12 CEL (No. 17)

（Fol. D–E）→「帰依品」加納・葉・李［2020］、大乗仏典研究会［2020］［2021］

4　直前の「帰依品」のテクストは，一枚前の貝葉の末尾でちょうど終わっている。

5　Ye, Li, Kano［2013: 38］を参照。

6　加納・葉・李［2023］を参照。

7　Ye, Li, Kano［2013: 38］に従う。

8　ただしFol. Aなどと記した場合であっても，それが間違いなく一枚のフォリオであった保証はない。中には二枚以上からなるものもあったかもしれない。

Fol. 4　MSA III.1–12 CTRC (Plate No. 30/31, 2nd leaf) ——→ 「種姓品」本稿で扱う

Fol. F　未発見（MSA III.13–IV.4 の注に相当）

Fol. 7　MSA IV.5–11 CEL (No. 15)

Fol. 8　MSA IV.12–26 CEL (No. 15) ——→ 「発心品」加納・葉・李[2023]（Fol. 7–9）

Fol. 9　MSA IV.26–VI.2 CEL (No. 15)

Fol. 10　MSA VI.3-VII.4 CEL (No. 15)

Fol. 11　MSA VII.5–10 CEL (No. 15)

Fol. 12　MSA VIII.1–12 CTRC (Plate No. 32/33, 5th leaf)

Fol. G　未発見（MSA VIII.13–18 の注に相当）

Fol. 13　MSA VIII.19–IX.10 CTRC (Plate No. 34/35, 1st leaf)

Fol. H　未発見（MSA IX.11–78 の注に相当）

Fol. I　MSA IX.78, 82-86 CEL (No. 15)

内容概観

以下には本注釈の「種姓品」の内容を概観する。本注釈の大きな特徴は，釈文の内容が世親釈としばしば異なる点である。本注釈は基本的に『大乗荘厳経論』本偈に対する注釈であって，世親釈への注釈ではない[9]。この点で，世親釈に忠実な無性釈や安慧釈やヴァイローチャナラクシタ注とは異なる。ときにその違いは思想的立場の差異にまで及ぶこともある。中でも顕著な事例が，本注釈に特有な一乗的な立場である。そこでは種姓が本性光明心と同定され，それこそが本来にして唯一なる，ブッダのさとりに至るための種姓であると解釈される。そして種姓の多様性は，客塵煩悩の程度の違いに準じて仮に成り立つものにすぎないという立場が看取される。この立場は，三乗各別説を基本とする『大乗荘厳経論』の立場とは実質的に相容れない。『大乗荘厳経論』では三乗説こそが了義であって，一

[9] ただし本注釈が世親釈の存在を知っていたことは間違いない。たとえばIII.2への釈文では世親釈をパラフレーズしている。作者が妥当と判断した場合のみ世親釈に従ったようである。いっぽうで作者は世親釈に従わず，むしろ『菩薩地』や『宝性論』などの所説に従うことがしばしばある。そこには『大乗荘厳経論』の所説を，他仏典の所説と整合させようとする意図が看取される。

乗説は未了義とされる[10]。このような本注釈の立場は何によるのであろうか。以下，世親釈，無性釈，安慧釈との違いに注目しながら，順にみていこう。

（導入）

まず「種姓品」の導入部では，直前の章である「成就品」「帰依品」と「種姓品」との関係について述べられる。すなわち「種姓」は「加行から退転しないための基盤」であり，大乗に帰依して大悲が起こる際に菩薩種姓が確定するとされる。前者はサッジャナの所説と一致し，後者は無性釈や安慧釈の導入部の趣旨と一致する[11]。

（III.1）

第 1 偈では「種姓品」の主題である九項目が列挙される。その九項目は，本注釈において別の表現で言い換えられている。下記では左側に本偈の文言，右側に本注釈（Paricaya と略記）の文言を並べて示した。

MSA III.1		Paricaya
1 存在性	sattva	gotrāstitva
2 最勝性	agratva	phala
3 本質	svabhāva	lakṣaṇa
4 表徴	liṅga	avyabhicarita
5 区別	prabhedatā	āśrita
6 災難	ādīnava	paripantha
7 利徳	anuśaṃsa	guṇa
8, 9 二つの譬喩	dvidhaupamya	pratītyupārohāśraya

この中で 5 および 8, 9 については補足説明が必要である。まず 5 の「種姓の区別」（prabhedatā）

10　たとえば MSA XI.53–59 を中心に検討した上野［2014］などを参照。

11　加納［2024］，および本篇の無性釈，安慧釈の導入部を参照。「大悲が起こる」という表現に対して，無性釈と安慧釈は「自利利他の円満」という表現を用いる。表現の上で異なるが，内容は大同小異といえる。

は，「能依」（āśrita）と言い換えられている。能依とは，III.4 所説の「本性住，習所成，所依，能依」という四種の「自性」の中の「能依」を指す考えられる。これは習所成種姓とも言い換えられうる。いっぽう「種姓の区別」を説く III.6 によると，「区別」とは「確定したもの，不確定のもの，揺るがされないもの，揺るがされるもの[12]」という種姓の四分類を指す。つまり III.6 に「能依」は直接には説かれない。ではなぜ本注釈は能依を「種姓の区別」の文脈に持ち込んだのだろうか。

推測の域を出ないが，本注釈は，III.4 所出の「能依」を III.6 に適用しようと試みているのではないだろうか。もしそうであれば，III.6 所説の「種姓の区別」とは，能依つまり習所成種姓の下位分類を論じていることになる。つまり「区別」とは種姓全体の区別ではなく，能依の種姓のみの区別と理解されていることになる。じつはサッジャナも同様の見解を示している[13]。ただし本注釈の釈文の中でその詳細は明確にされないため[14]，定かなこと不明と言わざるを得ない。

次に，上記表中の 8, 9 にあたる dvidhaupamya（二種の譬喩）は，pratītyupārohāśraya と言い換えられている。この語は，菩薩種姓が信（pratīti）の成長（prāroha）のための基盤（āśraya）であることを意味していると仮に考えた。つまり二種の譬喩（金の鉱脈と宝石の鉱脈の喩）を通じて，ある者が菩薩種姓の優れた点を理解したならば，それに対する信を増大させる，という趣旨であろう。また pratītyupārohāśraya という語は後で durlabhatāpratyaya と言い換えられている。後者は，二種の譬喩を通じて菩薩種姓の得難さ（durlabhatā）を確信すること（pratyaya）といった意味であろう。

さて上記の九項目の各々は，MSA III.2–10 で順番に詳しく説かれ，それぞれに四点ずつ述べられるのだが，このことについて本注釈では次のように述べられる。

---

12 「縁によって揺るがされないもの，揺るがされるもの」（ahārya, hārya）は，岡田[2024]に従って，「縁によって牽引されないもの，牽引されるもの」と訳したほうが適切かもしれない。たとえば『宝性論』の場合であるが，習所成種姓は善知識などの縁により導かれるという趣旨がみられる（本稿末の資料を参照）。

13 サッジャナの『荘厳経論要義』「種姓品」第 3 偈 ab 句には「能依の区別により習所成種姓がある」と説かれる。

14 「区別によって，客塵なる〔煩悩など〕のせいで〔種姓が〕変化を蒙ることはないことが〔説かれ〕」という説明があるだけである。また III.4 に対する本注釈の釈文において能依は，依他起において遍計が欠落する円成実の状態を意味するとされる。

以上のこれらのことについて，〔第一偈では種姓の九項目の〕順序の確定と総数の確定〔が説かれた〕。個別的には，〔九項目に各々〕四種〔ずつ〕あるから，〔総じて〕三十六の事項（ṣaṭtriṃśadākāra）のあることが〔知られる〕。

（MSA III.2）

第 2 偈では「九項目」の中の第一にあたる，種姓の存在性が論じられる。そこでは種姓は単一ではなく多様なものと説かれ，その理由が述べられる。すなわち現実の仏教徒たちは，それぞれに多様な素質（dhātu，界），性向または信解（adhimukti），修行のあり方（pratipatti），さとりのあり方（phala，果）を持つので，これらの根拠となっている種姓もそれぞれに応じて異なりがあるはずだとされる。このような瑜伽行派の種姓論では，現実の多様性が認められ，その多様性を成り立たせる根拠として，種姓の多様性が説かれる。つまり結果が違えば，それぞれの原因も異なるという道理である。

これに対して本注釈の種姓論の立場は異なっていると考えられる。その立場は，以下の釈文に端的に示される。

じつに心は本性光明であり（prakṛtiprabhāsvara），しかもそれは客塵なる煩悩と随煩悩によって汚されている。だから〔汚れに応じて〕一闡提・不定者・弟子（śiṣya = 声聞）・犀（khaḍga = 独覚）などに分けられる。

すなわち本注釈では，本性住種姓としての菩薩種姓が，本性光明心と同一視され，それこそが全ての他の種姓に通底する唯一無二の基盤として理解されている。そして菩薩種姓以外の種姓は，一時的な煩悩によってもたらされた，かりそめの存在にすぎないと理解される。すなわち本来は，いかなる者であれ，菩薩種姓を有すると考えられている。これは一乗的な立場ともいえる。つまり原因は同じだが，条件に応じて，結果には異なりが生じるという道理である。そしてその多様な結果も，いずれはただひとつの結果，つまり仏菩提に帰一するとされる[15]。本注釈のこの立場は，「種姓品」に幾度か唱えられるが，『大乗荘厳経

[15] 詳しくは後述するが，MSA III.6 に対する本注釈の釈文には「〔声聞と独覚は〕最後には，菩薩種姓だけ（eva）

論』に説かれる種姓各別説（三乗各別説）とは対立するといえよう。

ではなぜ本注釈はあえて対立する立場に立ったのだろうか。断言は避けるが，サッジャナの学知伝統においては，如来蔵思想と瑜伽行派の思想の統合が目指されていたことによると考えられる[16]。この立場においては，本性住種姓，如来蔵，本性光明心は同一視されているといってよい。そして如来蔵を心性本浄説に同定する立場は，古くは『勝鬘経』§24b や『央掘魔羅経』§8.3 などにみられるので[17]，サッジャナの立場はそれに準じたものであろう。じっさいサッジャナによる『宝性論』への達意釈である『大乗究竟論提要』（*Mahāyānottaratantraśāstropadeśa*）では，如来蔵を本性光明心に同定する記述がみられる[18]。

また『宝性論』において種姓は，基本的に如来種姓（tathāgatagotra）に統一され，如来蔵を指す。『宝性論』の種姓論で注目されるのは，agotra を論じる同 I.41，および二種種姓を論じる I.149–152 である。『宝性論』I.41 の散文釈から読み取れることは，本性住種姓は三乗に共通するが，習所成種姓は三乗への信解と客塵垢の浄化の程度に応じて異なるという点であり，本注釈の立場と共通する（本稿末尾の資料を参照）。

話を戻すと，本注釈では，上に引用した「心は本性光明であり」云々という一節の直後に，心と煩悩の関係をめぐる議論が続く。すなわちシンシャパー樹にとって樹木性は自性であるが，心にとって煩悩は自性ではないと述べられる。その直後には論難と回答が続く。

にむけて転向（回向）するからである」と明記される。

16　ただし『宝性論』自体には「一乗」という語は一度も使用されず，むしろ三乗各別の立場が垣間見られる点は注意を要する。たとえば漢訳偈本のみではあるが，大正 31, 813a17 には順三乗菩提といった表現がある。さらに『宝性論』I.41 では agotra，I.153 では acakṣus，IV.41 では śrotravikala といった存在が説かれ，如来蔵に気づく機縁が失われた者たちの存在を認める。とくに同 I.41 の散文釈では「三乗の中のいずれかの教法に対する信解」という表現がみられ，三乗各別の立場が否定されていない。Kano［2016: 37］を参照。

17　両経典の和訳はそれぞれ高崎［2004: 123］，加納［2024: 378］を参照。如来蔵思想における自性清浄心については高崎［2009: 457–461］を参照。いっぽう『瑜伽師地論』において本性住種姓は「法爾所得」とされるが三乗各別をベースとしていると考えられる。後者はグナプラバ『菩薩地注』（D4044, 145b2–146a5）を参照（岡田英作のご教示による）。

18　ただしこの記述は同書の写本の欄外注記の中に見られるものである。Kano［2022: 77］: atra ca saṃskṛtaṃ śūnyatvābhivyāptaṃ, na ca prabhāsvaraṃ cittaṃ saṃskṛtaṃ, pūrvasajātimātraprasavāpekṣatvād uttarasaṃvitprasūteḥ, saṃhatya hetupratyayair akaraṇāt.（訳）「そしてここにおいて〝有為なるもの〟は〝空であること〟によって遍充される。しかし光明心（prabhāsvaraṃ cittaṃ）とは〝有為なるもの〟ではない。〔光明心は〕集合した後に原因や条件によってつくられるものではないからである。というのは後の瞬間における心の生起は，直前の瞬間における同類の〔光明心〕のみからの生起に依拠するからである」 Kano［2016: 224–225 n. 48］も参照。

その内容は難解であるが，趣旨としては，心にとって煩悩は自性ではなく，本性光明なることが自性であると主張されていると予想される。

その後には本偈に対する語釈が続く。その中で「種姓の存在」(gotrabhāva) が「浄化の可能性」(viśuddhiyogyatā) と説明される点は注目される。後者は，『宝性論』において如来蔵に対する信の根拠となる三種の功徳のひとつ「実現可能性」(śakyatva) に対応しうる[19]。

そして人々の「性向」が多様であるのは「逆縁」(viruddhapratyaya) に遭うことによるとされる。すなわち，本来はみなブッダになる種姓を持つが，悪友などの逆縁に遭うことによって，ある者は声聞などの異なる性向をもつに至るという理解である。

(MSA III.3)

第3偈では菩薩種姓の最勝性が四点から説かれる。この偈に対する本注釈の釈文は，世親釈などから大きく逸脱するものではない。

(MSA III.4)

第4偈では菩薩種姓の自性 (svabhāva) が四点から説かれる。すなわち本性住種姓，習所成種姓，所依，能依の四点である。本注釈において同偈の釈文のテクストには判読困難な文字が多いため虫食い状に読めない箇所が点在する。そのせいで全文の解明には至っていないが，そこから読み取れる特徴的な点としては次の三つを挙げることができる。

ひとつは，いわゆる『大乗阿毘達磨経』の「無始以来の界」を説く半偈が引用され，本性住種姓という概念の教証とされる点である。同偈はたとえば『摂大乗論』ではアーラヤ識の教証とされるが，『宝性論』では種姓の教証とされる[20]。したがって本注釈が本性住種姓の教証としてこの偈を用いたのは，本注釈の独創というよりも『宝性論』に従ったものであろう。

二つ目は，「能依としての種姓」という概念に対する釈文の中で，三性説が導入される点である。すなわち本性住種姓 (所依) が依他起とされ，そこに分別 (遍計) が欠如したとき

19　浄化ないし成仏の実現可能性を意味する。残りの二つ (astitva, guṇavattva) とあわせて，Kano [2016: 32] を参照。

20　この場合は如来蔵の三種自性の一つとしての種姓である。

に円成実に至り，それが「能依としての種姓」とされる。さらに，分別が存在しないことを説く教証としては『不可思議日経』（*Acintyaprabhākarakasūtra*）の一偈が引用される。この点も世親釈などにはみられない特異な点である。

三つ目は，同偈の釈文末尾に述べられる附論の存在である。この附論では，本偈 III.4 所説の項目の総数をめぐって議論がなされ，数が四あるいは六のいずれであるのかが問題とされる。本偈 III.1 に従うと，ここには四つの項目が列挙されるはずであり，じっさい III.4ab に四つが列挙されている。しかし III.4c に説かれる二つの項目（sad と asad）もそれに加えて計算するならば，項目数が合計で六となる[21]。このように項目数を六とする説が，「ある注釈家」（vṛttikāra）の謬見としてここで紹介されている。それに対して本注釈では，項目数は四であり，III.4c 所説の二つはそこに含まれないとされ，項目数を六とする説は「迷乱」（bhrama）と評される。そして附論の末尾には，仔細をここで述べると冗長になるので省略することにし，知恵ある人は「ほかの注釈」（vyākhyāntara）を見て，推して知るべしということが述べられている。

（MSA III.5）

第 5 偈では菩薩種姓の存在を証明する四つの表徴（liṅga）が説かれる。すなわち，哀愍，信解，忍耐，浄善を行うことである。その四つの表徴を説く同偈の文言の各々に，六波羅蜜を配当する点は，本注釈の独自な解釈である（下表）。そして，その解釈の根拠として『菩薩地』の名が言及される。『菩薩地』「種姓品」では，六波羅蜜の実践者を他人がみたときに「彼は菩薩だ」と知るので，六波羅蜜こそが菩薩種姓の存在を証明する表徴だとされる。種姓は微細であり直接見ることができないため，このように表徴を通じてのみ知られ得る。

MSA III.5	Paricaya
kāruṇya	布施波羅蜜にとっての表徴
adhimukti	般若波羅蜜にとっての表徴

[21] 項目数の数え方については本篇所収の本偈・世親釈 III.4 に対する和訳注解 13 を参照。

kṣānti	忍辱波羅蜜にとっての表徴
ādiprayogataḥ	精進波羅蜜にとっての表徴
śubhasya samacāra	戒波羅蜜にとっての表徴 または布施波羅蜜などにとっての表徴
全体	禅定波羅蜜にとっての表徴

（MSA III.6）

第 6 偈では種姓の区別が四点から説かれる。すなわち確定したもの，不確定のもの，諸縁によって揺るがされるもの，揺るがされないものという四点である。

無性釈によると，「確定したもの」とは「声聞や独覚や仏の種姓に確定しているもの」であり，「不確定のもの」とは「縁の力によって声聞や独覚や仏の種姓の原因となる」とされる。そして「確定したもの」は「揺るがされないもの」であり，「不確定のもの」は「揺るがされるもの」とされる。安慧釈も大同小異である。これに対して本注釈の解釈は大きく異なる。まず次のように述べられる。

> その〔四種の〕なかで，一般的には，種姓は，**確定したもの**と**不確定なもの**という二種がある。そして確定したものとは菩薩種姓である。いっぽう不確定なものとは弟子の種姓と犀角の種姓（声聞と独覚）である。〔声聞と独覚は〕最後には，菩薩種姓だけ（eva）にむけて転向（回向）するからである。

傍点部が無性釈や安慧釈の理解と異なる点である。本注釈によると「確定したもの」は菩薩種姓のみであり，「不確定のもの」は声聞と独覚の種姓である。そして声聞と独覚は最終的には菩薩種姓だけに帰着するというので，一乗的な立場といえる[22]。

さらに本注釈の後続の文によると，「確定したもの」「不確定のもの」という両者それぞれには，「揺るがされるもの」「揺るがされないもの」という二つのカテゴリーが下位区分

22　確かに瑜伽行派文献にも菩薩へと転向する回向菩提声聞の存在は説かれるが，本注釈のように，全ての声聞と独覚が菩薩に転向することが説かれるわけではない。

として各々従属する。無性の解釈と本注釈の解釈をそれぞれ表にまとめて対照すると次のようになる。

無性釈の理解

確定したもの：声聞や独覚や仏の種姓に確定しているもの＝揺るがされないもの
不確定のもの：縁の力により声聞や独覚や仏の種姓の原因となる＝揺るがされるもの

Paricaya の解釈

確定したもの＝菩薩種姓
- 揺るがされるもの（菩薩種姓から声聞種姓または一闡提種姓になったもの）
- 揺るがされないもの（判読困難。一貫して菩薩種姓であるもののことか）

不確定なもの＝声聞・独覚種姓
- 揺るがされるもの（阿羅漢果を得る前に菩薩種姓，一闡提，独覚に転向したもの）
- 揺るがされないもの（阿羅漢果を得た直後に菩薩種姓に転向したもの）

（MSA III.7）

第 7 偈では菩薩種姓にとっての災難（ādīnava）が四点から説示される。すなわち (1) 煩悩を習慣化すること，(2) 悪友がいること，(3) 欠乏していること，(4) 他者に服従することである。このうち (1) (2) については本注釈と世親釈の内容が一致するが，(3) (4) については世親釈と逆になっている。すなわち，本注釈の (3) は世親釈の (4) に対応し，本注釈の (4) は世親釈の (3) に対応する。このように (3) (4) に関して，本注釈の順番は世親釈と合わないが，じつはこの順番は『菩薩地』所説の「白浄なる法に背反する四種の随煩悩」の順序にもとづいている。すなわち本注釈は世親釈ではなく『菩薩地』を典拠として本偈に注釈を施している。同様の傾向は先にみた第 5 偈にもみられる。そこでは「『菩薩地』に説かれた通りである」（yathoktaṃ bodhisattvabhūmau）と明言されていた。

(MSA III.8–9)

第 8，9 偈に対する本注釈の内容は，世親釈から大きくは逸脱しない。

(MSA III.10)

第 10 偈では菩薩種姓にそなわる四点の功徳が宝石の鉱脈（gotra）に喩えられる。本偈において菩薩種姓は，(1) 大菩提の因，(2) 大智慧の拠り所，(3) 聖者の三昧の拠り所，(4) 衆生利益の拠り所であると説かれる。そしてこの四点は世親釈によると，宝石の鉱脈が，貴重な宝石の拠り所，色合いが完全な宝石の拠り所，形状が完全な宝石の拠り所，量/大きさが完全な宝石の拠り所であることに比せられる。

これに対して本注釈所引の第 10 偈の c 句には，偈文自体に異読がある。その異読は上記の (2) (3) の順番を，(3) (2) と逆転させている。つまり Lévi 本は c 句を mahājñānasamādhyārya- とするが，本注釈は āryadhyānamahājñāna- とする。前者は文脈上「(2) 大智慧と (3) 聖者の三昧」と訳さざるを得ないが，samādhyārya という表現は奇妙であり「聖者の三昧」と訳すには無理がある。もし韻律上の制限がなければ *ārya-samādhi という並びになっていたであろう。いっぽう後者は「(3) 聖者の禅定と (2) 大智慧」となっており，āryadhyāna という表現は妥当である。

このような Lévi 本 c 句の (2) (3) という順番は表現に不審な点は残るものの，世親釈（梵漢蔵），無性釈，安慧釈に一致するので本来の順序であろう。それに対して本注釈の (3) (2) という順序は改変の手が加えられた後のものとみられる。どの段階で改変されたのかは未詳であるが，samādhyārya という表現が不審であったために「訂正」された可能性は十分に考えられる。注目されるのは，本注釈所引の本偈に説かれた (3) (2) という順序にあわせて，釈文に解説される順序も (3) (2) という並びになっている点である（下掲表を参照)。

また (4) に対する本注釈の説明も，世親釈と内容が異なっている。すなわち世親釈では宝石の「大きさ/分量の完全さ」(pramāṇasaṃpanna) が説かれるが，本注釈では宝石に込められた攘災招福の呪力が説かれている。衆生利益という種姓の効能と宝石の鉱脈の効能が対比される文脈であるので，いずれもそれなりに意味をなす。

以上，世親釈と本注釈の内容を表にして対照すると下記の如くになる。

MSA III.10（Lévi 本）	世親釈	
菩薩種姓	**宝石の鉱脈**	**種姓**
(1) 大菩提の因	貴重な宝石の拠り所	大菩提の因
(2) 大智慧の拠り所	色合いが完全な宝石の拠り所	大智慧の因
(3) 聖者の三昧の拠り所	形状が完全な宝石の拠り所	心の形を整える三昧の因
(4) 衆生利益の拠り所	大きさが完全な宝石の拠り所 （原石が無尽蔵にあること）	無辺の種姓を成熟させる因

MSA III.10（Paricaya 所引）	Paricaya	
菩薩種姓	**宝石の鉱脈**	**種姓**
(1) 大菩提の因	貴重な宝石の拠り所	最終的には大菩提の因
(3) 聖者の禅定の拠り所	形状が完全な宝石の拠り所	途中では心の安定の因
(2) 大智慧の拠り所	色合いが完全な宝石の拠り所	（説明なし）
(4) 衆生利益の拠り所	攘災招福の拠り所 （宝石のもつ呪力）	無辺の種姓を成熟させる因

（MSA III.11）

第 1～10 偈で菩薩種姓にまつわる九項目の説示が終わり，第 11 偈では新たな話題に移る。その話題は世親釈によると agotrastha である。本偈ではそれに五種あることが説かれる。すなわち (1) 悪行を専らなす者，(2) 白浄なる性質が断絶された者[23]，(3) 順解脱分の浄善がない者，(4) 白浄なる性質が劣った者，(5) 原因を欠いた者である。世親釈は (1) ～ (4) を「一時的に般涅槃できない者」とし，(5) を「永久に般涅槃できない者」とする。無性釈，安慧釈も同様の理解を示す。

23　原語は samudghātitaśukladharman であり，「白浄が断絶された性質の者」とも訳しうる。

これに対して本注釈は異なる理解を示す。すなわち(5)は「永久に般涅槃できない者」とはされず，「菩薩種姓としての決定をいまだ得ていない者」(bodhisattvagotrapratiniyamā-pratilambha)とされる。つまりいずれは菩薩種姓として決定される存在ともいえる。そして「永久に般涅槃できない者」というカテゴリーへの言及はみあたらない（ただし写本に難読箇所が残るために断定は控える)。これらのことが示唆するのは，ブッダになれない者はいないという本注釈の立場である。上記にみてきたように，本注釈において種姓は，本来一元的な性質をもつと解釈され，種姓の区別は客塵垢の程度の差による一時的なものとされる。ここでも，心は本性光明だけれども客塵なる障害のせいで，ある者は悪行をなすということが説かれている。したがって，客塵垢が除かれれば誰でもブッダになれるのであって，永久にブッダになれない者はいないことになる。先にみた「声聞と独覚は最後には菩薩種姓だけにむけて転向する」という第 6 偈の釈文も同趣旨である。この立場は本注釈に特有なものであり，瑜伽行派の三乗各別説とは袂を分かつものともいえよう。

このような本注釈の理解の背景には，『宝性論』の種姓説があったと考えられる。『宝性論』I.41 の散文釈において，agotra は一闡提と同一視され，彼らは大乗への憎悪のせいで一時的に般涅槃できない状態にあるが，彼らにも「本性として浄化をなす種姓」(prakṛtiviśuddhigotra[24]，本性住種姓，如来蔵）は確かにあるので，その憎悪がなくなれば，誰であっても般涅槃できるとされる（本稿末資料を参照)。

MSA I.11 に戻ると，世親釈などにおいて(1)～(4)は，(5)とは別のカテゴリーであったが，本注釈では(1)～(4)を総括するのが(5)であると解釈されている。

以上，第 11 偈所説の(1)～(5)とそれに対する安慧釈および本注釈の釈文の趣旨を並べて示すと下表のようになる。特に「原因を欠いた者」の解釈が大きく異なる[25]。

---

[24] この語については松本[2011]に詳しく検討される。

[25] なお先述の通り世親釈は(1)～(4)を「一時的に涅槃できない者」とし，(5)を「永久に涅槃できない者」とするのみであって，各項目の詳しい説明はしない。無性釈は agotra(ka)の否定辞 a の意味を二種に分けて，(1)～(4)のケースでは「非難」(kutsā）の意味，(5)では「非存在」の意味をもつとする。岡田[2019]や早島[2023]を参照。

II.11	安慧釈	Paricaya
(1) 専ら悪行をなす者	五逆を行う者	悪行を生業とする者
(2) 白浄の性質が根絶された者	邪見を持つ者	大乗を憎む者
(3) 順解脱分の浄善がない者	人天に生まれる者	輪廻的生存のみに向かう者
(4) 白浄の性質が劣った者	白浄の性質が僅かな者	順解脱分の善根がない者
(5) 原因を欠いた者	永久に涅槃できない者	**(1)～(4)の総括**

（MSA III.12）

第 12 偈は，本偈こそ回収されるが，釈文は冒頭部以外，未回収である。同じフォリオの最終行には，小さな文字で記された一行が続いており，釈文の続きと見られるが，文字も擦れており，白黒の写真画像から判読するのは困難である。

（MSA III.13）

第 13 偈は本偈，釈文ともに回収されていない。それを含むフォリオが見つかっていないためである。

凡例

本稿の翻刻，校訂，訳注を加納が担当したが，その作業は写本資料を提供して頂いた李学竹氏と葉少勇氏のご協力なしにはなしえなかった。本注釈の写本では，文字が時折重ね書きされており，写真版の画質も十分ではないため，解読困難な箇所が少なからず残った。これらの難点をひとつずつ解決するための時間的余裕がなかったため，本稿では「種姓品」の注釈全文を完全な形で提示することはかなわなかった。したがって梵文テクストは最低限の可読性を目指した暫定版であって，いわゆる批判的校訂本ではない。梵文テクストと訳の改訂は今後の課題とし，識者のご教示を請いたい。

以下には，偈頌毎に分けて，梵文テクストと試訳を提示する。本偈は太字で示した。本偈の訳は基本的に本研究会の訳に従った。ただし本注釈の内容にあわせて訳文を一部変更した箇所もある。

サンスクリットの綴り字について，r 音直後の子音重複（rvva, rmma など）は標準化した（rva, rma など）が，その他はほぼ写本通りの綴り字を提示した。たとえば yatsvabhāva**s** sa は yatsvabhāvaḥ sa への標準化をせず，aupamyārtha**n** tu は aupamyārthaṃ tu への標準化をしない。本写本では本偈を引用する直前に二重ダンダが二つ分記される場合が多く，そのまま翻刻した（|| ||）。コンマは筆者の判断で適宜追加した。いっぽう写本における明らかな誤写，脱字，衍字は訂正し注記を付した。フォリオ番号と行番号は下付きの丸括弧の中に示した[26]。校訂テクストに使用した略号は以下のとおり。

○	写本の紐穴。
|	daṇḍa.
[ ]	不鮮明な文字（別の読み方が可能な場合も含む）。
..	判読困難な 1 文字。
.	判読困難な 1 文字の中の文字要素。
{}	写本の欄外に補筆される文字列。
( )	本校訂者が追加した，写本には存在しない文字など。
ᛁ	本校訂者が追加した，写本には存在しない daṇḍa[27]。
ḫ	upadhmānīya.
ẖ	jihvāmūlīya.
em.	確定的な訂正。
conj.	暫定的な訂正試案。
Ms	梵文写本。
Ms^{ac}	梵文写本における筆記者による訂正後の読み。

[26] 序文で上記したように写本に記されたフォリオ番号「4」は実態に即した数ではないが，そのまま用いた。

[27] ただし本偈が引用された直後に写本でダンダが脱落している場合には，分節がそこにあることに疑いの余地がないため，通常のダンダを表記した。

Ms^{pc}　梵文写本における筆記者による訂正前の読み。

r　写本の表面（*recto*）。

v　写本の裏面（*verso*）。

~~xxx~~　取り消し線は写本において筆記者によって取り消された文字を示す。

xxx　下線部はテクストのタイトルを示す。

xxx　太字は『大乗荘厳経論』本偈を示す。

梵文テクスト（暫定版）

Sūtrālaṃkāraparicaya, III.1–12

（導入）

(4r1) etad evaṃ mārgāvatārāśraye siddhiśaraṇagamane nivedya prayogāvyāvṛttyāśrayaṃ bodhisattva-gotraṃ vaktavyam | tathāpratipannasya hi śaraṇapratipattyā tato 'vavādāgamanena vā sattvān vyapekṣataḥ karuṇābījaprarohe niyatagotratā jāyate |

（III.1）

sā ca viśeṣeṇa prakṛtiprabhāsvaratayā sattvamātrasaṃtānabhāvinīti yad gotrāstitvaṃ yat phalaṃ yal lakṣaṇaṃ yad avyabhicaritaṃ yad āśritaṃ yat paripanthaṃ yad guṇaṃ yat pratītyupārohāśrayaṃ ceti tat kramenoddiśati || (4r2) || ||

sattvāgratvaṃ svabhāvaś ca liṅgaṃ gotre[28] **prabhedatā |**
ādīnavo 'nuśaṃso dvidhaupamyaṃ[29] **caturvidhāḥ**[30] || (III.1)

sattvena sādhanam **agratvena** tanniyatatā **svabhāvena** tatsvarūpakathanaṃ **liṅgena** tadavya-bhicaritāvagamo **bhedenā**gantudharmāvikārit**ādīnavena** tadviruddhebhyo 'bhyutthānaṃ vyutthāne ○ 'py **anuśaṃsena** nidhicatuḥparirakṣaṇam[31] **aupamyena** durlabhatāpratyaya ity eṣāṃ kramani-yamaḥ pariganānāniyamaś ca ||[32] pratyekaṃ caturvi(4r3)dhyāc chaṭtriṃśadākāratvam ||

---

28 gotre］Ns ほか（本研究会）, gotra-］Ms Lévi
29 dvidhaupamyaṃ］Lévi, dvir aupamyaṃ Ms
30 caturvidhāḥ］Lévi, te caturvidhāḥ Ms
31 nidhicatuḥpari-］conj. nidhicatutpari- Ms
32 写本では 3 文字ほど取り消されている。

（III.2）

tatra || ||

dhātūnām adhimukteś ca pratipatteś ca bhedataḫ

phalabhedopalabdheś ca gotrāstitvaṃ nirucyate || （III.2）

（本性光明心）

prakṛtiprabhā○svaraṃ hi cittaṃ tat punar āgantukaiḫ kleśopakleśair upakliśyata itīcchantikāniyataśiṣyakhaḍgāditvena bhidyate | na hi yo yatsvabhāvas sa tam antareṇa sambhavati | śiṃśapeva vṛkṣam | bhavati ca rāgādikaluṣam api cittaṃ rāgādim antareṇa |

tathā cāsya kramikāniyatarāgādidharmopalambhaḥ, rā(4r4)gādimayasya vā | katham[33] anyathā dveṣādimayatānupraveśasambhavaḥ viṣayabhedād iti cet |

na | tathāpi svabhāvaparityāgasya naiyamikatvāt[34] | eka○sminn eva ca viṣaye na naiyatyaṃ[35] rāgādeḥ | śraddhāprasādāvegādau ca niravaśeṣam asyāptamayaḫ pratyakṣam anubhūyate sarvapramātṛbhiḥ | darśitaṃ caitad asmābhiś śūnyadvayavimarṣa iti tata evāvadhāryam | tasmād asti |

（1） **nānādhātukatvāc** cittaprabhāsvarateti | （2） yaś cāyaṃ kalyāṇamitro[pāya ..](4r5)ntaram antareṇa **prathamata eva kasyacit kvacid adhimuktiḫ** katham iyaṃ gotrabhāvaṃ[36] viśuddhiyogyatām **antareṇa syāt** | na ca prakṛtyaiva tathāvidhādhi○muktisvabhāvatvam iti śakyaṃ | （3） pratipattibhedāt viruddhapratyayopanipātena tathāvidhādhimuktyanurūpam apravartanāt | （4） astu vā dhātvadhimuktipra○tipattinaiyatyaṃ[37] tathāpi tadānulomyena[38] **phala**bhedo na syāt, dhātvadhimuktipratipattimātrasvabhāvatvāt | svabhāvasya cājahad dharma[ñ cā] .. ..(4r6) || ||

---

[33] katham] em., kathaṃm Ms

[34] naiyamikatvāt] em., naiyyamikatvāt Ms

[35] naiyatyaṃ] em., naiyyatyaṃ Ms

[36] gotrabhedaṃ] conj. (= MSABh), gotrabhāvaṃ Ms

[37] naiyatyaṃ] em., naiyyatyaṃ Ms

[38] tadānu{lo}myena

（III.3）

udagratve 'tha sarvatve mahārthatve 'kṣayātmani[39] |

śubhasya hetubhūtatvād[40] **gotrāgratvaṃ**[41] **vidhīyate** || （III.3）

gotrabalena hi saṃkleśamṛdūbhāve[42] kuśalasyātmagrahaśaithilyapravṛttam[43] ity **udagraṃ** | **sarvaṃ** ca niravaśeṣaṃ pāramitāprayogān | **mahārthaṃ** svaparārthaviṣayatvād | **akṣayaṃ** cātmagrāhaśaithilyād eva | vipākānākāṃkṣaṇād anuparata[44] uparate 'pi vā vipāke karuṇāvaśena tadasakteḥ vipākasyāprāptau prāptāv api vā tadanātmīkaraṇāt kuta(4r7)ḫ kuśalakṣayaḥ ||

（III.4）

svabhāvenāpi gotram || ||

prakṛtyā paripuṣṭaṃ ca āśrayaś cāśritaṃ ca tat |

sad asac caiva vijñeyaṃ guṇottāraṇatārthataḥ || （III.4）

（所依）

prakṛty［ā］ paripuṣṭaṃ prakṛtiprabhāsvara［tvasya prakṛti］ .. .. pra［kṛti］mātrasya ［pakṣatvād dvau］ .. .. [45] ［dhātu］m “anādikāliko dhātur” iti[46] || .. .. vikārapariniṣpattiḥ | ata eva gotram āśrayaḥ paratantr［āṇām］ | tathā ca “sarvadharmasamāśraya” iti ||

---

[39] 'kṣayātmani］ Ms, 'kṣayāya ca Lévi

[40] hetubhūtatvād］ Ms, tannimittatvāt Lévi

[41] gotrāgratvaṃ］ Lévi, gotrāstitvaṃ Ms

[42] saṃkleśa-］ em., sakleśa- Ms

[43] -graha-］ Ms^{pc}, -gra- Ms^{ac}; kuśalasyā-］ Ms^{pc}, kuśalam asyā- Ms^{ac}

[44] uparata］ conj., om. Ms. Cf. āprāptau prāptāv api vā.

[45] この行にある tro で終わる文字の後に上部欄外に補記された文言が入るはずであるが，その位置は不明である。この行の文字は判読困難な箇所が多い。上部欄外の補記には，次のようにある。{~~tro~~ bhagavān āha tam etad dhi vākyan te sadā cittaṃ prabhāsvaram iti 7}

[46] Cf. *Mahāyānābhidharmasūtra*: anādikāliko dhātuḥ sarvadharmasamāśrayaḥ | tasmin sati gatiḥ sarvā nirvāṇādhigamo 'pi ca ||

（能依）

āśṛtaṃ [47] **ca tad** aviparyāsapariniṣpattyā pariniṣpatteḥ paratantrāvabhāsasya svabhāvenaiva kalpitaśūnyatvāt । yathoktam acintyaprabhāka(4r8)rakasūtre | "asat saṃjñānvitair bālair vitarkaṃ nāma kalpitam" iti ||[48] kalpanāyāś ca kalpyārthena virahāt ।

（存在・非存在）

guṇottārakatvātmanā svarūpeṇa **sad** । **asat** tu hetvavasthāyāṃ phalātmatvābhāvāt ||

（附論）

vṛttikāramate tu prakṛtisthaṃ samudānītaṃ ceti bhedayor[49] āśrayatvam āśritatvaṃ ca sadasattvaṃ ceti dvibhedabhāvād [50] yathopādānaṅ gaṇanayā ṣaḍbhedateti sarvathaiva cāturvidhyahāniḥ । anayaiva [51] ca varṇikayā sarvatrāsya bhramo vistaraprasaṃgabhayād upekṣito 'smābhir iti vidvadbhi[r nyā]y[ād e](4r9)va vyākhyāntaradarśane 'bhyūhyaṃ ||

（III.5）

pāramitānāṃ ca gotrasahacaritānāṃ || ||

kāruṇyam adhimuktiś ca kṣāntiś cādiprayogataḥ
samācāraś śubhasyāpi gotraliṅgaṃ[52] **nirucyate**[53] || （III.5）

（1） arthiduḥkhivighātiduśśīlapāpakarmmaṇo dṛṣṭvā **karuṇā** dānapāramitā**gotraliṅgaṃ** । （2）

---

47 = āśritaṃ.

48 kalpi{tam iti ||}

49 bhedayor] em., bhedoyor Ms

50 -bhāvād] em., -bhāvā Ms

51 anyaiva] em., anayeva Ms

52 gotra-] Ms, gotre Lévi

53 nirucyate] Ms, nirūpyate Lévi

mahāyānadharm**ādhimuktiḥ** prajñāpāramitāyāḥ | (3) **ādiprayogataḥ kṣāntir** ādikarmikasyaiva pāramipratipattisahanaṃ **kṣānteḥ** | (4) ādiprayogata evākuśalācaraṇavaiguṇyena samyagācāraṇaṃ kuśalotsaha[ḥ] prabhāvaṃ vīryasya | .. .. cārāṅ [śī] (4v1) lapāramitāyāḥ | **śubhācaraṇaṃ** hi kuśaladharmasaṃgrāhakasattvārthakriyāśīlamayam | kuśalācaraṇe ca tadviruddhācaraṇanivṛttau vyāvṛttimukhena saṃvṛtiśīlamayam |

śubhasyāpīty api savyāpārānām[54] dānādipāramitāgotraliṅgaṃ |

sarvam eva dhyānapāramitāyā gotraliṅgam | yathoktaṃ bodhisattvabhūmau || || ||

(III.6)

niyatāniyataṃ gotram ahāryaṃ hāryam eva ca |
pratyayair gotrabhedo 'yaṃ samāsena caturvidhaḥ || (III.6)

caturvidho gotraḥ[55] | **pratyayaiḥ** pratyayakṛto na tu svabhāvato nāpi yathākramam upādānād veditavya iti yāvat | sa ca **samāsena** | (4v2) vistarataḥ punar akṣarāśisūtrānusāreṇa | na tu .. ..[56] |

tatra sāmānyena niyatam aniyatañ ca dvividhaṅ gotram | niyatañ ca bodhisatvagotram | aniyatam punaś śiṣyakhaḍgagotram | paryantena bodhisattvagotra eva pariṇāmāt |

niyataṃ ca dvividhaṃ hāryam ahāryaṃ ca |

ahāryaṃ [sada ..] ādita eva [.. ..]bhūtakleśa[.. .i .. .. ddhe .. māt kā]ryavaikalyāt | nāpi saṃsārādīnava[da .. nān] dharmām pratīkatvena śrāvakagotrībhūtam icchantikaniyatagotra-vyavahitaṃ[57] vā |

aniyataṃ cāhāryaṃ hāryañ ca | ahāryaṃ yad arhatphalaprāptisamanantareṇa[58] bodhisattvagotrī-bhūtatā(4v3)jātaṃ | hāryaṃ tu yad gotrastham eva bodhisatvagotrapariṇatam icchantikā-niyatakhaḍgagotrāvāptapariṇāmaṃ vā ||[59] || ○ ||

---

[54] savyāpārānām] em., savyepādānām Ms

[55] caturvidho gotraḥ] Ms, sic for caturvidhaṃ gotraṃ

[56] この 2 文字は tvān のように読めるが，意味は不明であり，訂正を要する。

[57] icchantika-] em., icchantikaḥ (?) Ms

[58] -samanantareṇa] em., -samantareṇa Ms

[59] 写本ではここに空白を埋めるための記号が七つ並ぶ。

(III.7)

kleśābhyāsaḫ kumitratvaṃ vighātaḫ[60] **paratantratā |**

gotrasyādīnavo[61] **jñeyaḥ samāsena caturvidhaḥ ||** (III.7)

kadācid api pratipakṣānāśrayaṇena pramāda[pakṣānu]○vṛttiḫ **kleśābhyāso** yadbalād avaiparītyena śikṣamāṇasyāpi śithilaprayogatvam | mūḍhasyākuśalasya pāpamitrasaṃśrayaḥ[62] **kumitratvam** | rājacau(4v4)rapratyarthikādyabhibhūtasyāsvātantryaṃ cittavibhramo **vighātaḥ** | upakaraṇavikalasya jīvitāpekṣā[63] **pāratantryam** ||

(III.8)

anuśaṃsaś ca || ||

ci○rād apāyagamanam āśumokṣaś ca tatra ca |

tanuduḥkhopasaṃvittiḥ[64] **sodvegaṃ**[65] **sattvapācanā ||** (III.8)

(1) gotrabalād akuśaleṣu tāvan na prayujyate | kathaṃcid api vā ta○tprayukto[66] vidūṣaṇādisamudācāreṇa nāpāyeṣu gacchati[67] | gacchan vā kathaṃcit sucireṇa gacchati | (2) gatasyāpi ca kṣipram evāpāyebhyo vimuktis | te(4v5)ṣu kleśaprayuktasya vipākasyātimārdavāt | (3) yāvad vā tebhyo na vimuktas tāvad asyāpāyeṣu tanvī duḫkhānubhūtiḥ | (4) pratanvyā ca duḫkhavedanayā spṛṣṭasya vicārabalena saṃsāranirvedam āśṛtya svaduḫkhena sarvvaduḫkham

---

60 vighātaḥ] Ms, vidhātaḥ Lévi

61 gotrasyādīnavo] Lévi, kleśasyādīnava- Ms (unmetrical)

62 saṃśrayaḥ] em., saṃśraya Ms

63 jīvitāpekṣā] em., jīvitopekṣā Ms

64 tanuduḥkhopasaṃvittiḥ] Lévi, duḫkhasyānubhavo nīyāt Ms

65 sodvegaṃ] Ms, sodvegā Lévi

66 kto の文字は判読困難。

67 gacchati] em., cchati Ms

anusmṛtya satvān pācayati । yadbalāt pratipakṣāvaraṇamayād[68] apāyāt[69] prajahāti || tac caitad du○ḫkhānubhave 'pi satvaparipācanaṃ[70] bodhisatvasya duḫkhenāviklavīkaraṇam । audāryāt paramo 'nusaṃśaḥ ||

(III. 9)

aupamyārthan tu || ||

suvarṇagotravaj jñeya (4v6) **m ameyaśubhatāśrayaḥ**

jñānanirmalatāyogaprabhāvānāṃ[71] **ca niśrayaḥ** || (III.9)

(1) suvarṇasyāprameyatvam ākarād utpattes, tāmrarajatavad [72] vā dāhenocchidya○māna-tvasyābhāvāt । (2) jñānapadoktā varṇasampattir varṇikānām pāripūrṇyāt । (3) nairmalyāt karma-ṇyatvaṃ mṛdusambandhābhāvenāsphuṭanadharmatvāt । (4) prabhāvasampa○nnatvaṃ jātarūpasya svabhāvena [73] cchidravato 'cchidrasyeva rakṣāhetutvāt । gotre ca karuṇāvaśād [bhūtāpra-mohatvā] jñāna [mayada] ḫ prahāṇa .. .. .. (4v7) ś cāśrayatve prabhāvaniśrayatvaṃ tataḥ parārthavṛtteḥ ||

(III.10)

api ca || ||

suratnagotravaj jñeyaṃ mahābodhinimittataḥ[74] |

āryadhyānamahājñānamahā○sattvārthaniśrayāt[75] || (III.10)

---

[68] -āvaraṇa-] conj., -ācaraṇa Ms

[69] -yād apāyāt] em., {-yād apāyā}yāt Ms

[70] -pācanaṃ] em., -pānaṃ Ms

[71] -yoga-] Lévi, yogaḥ Ms

[72] tāmra-] em., tāra- Ms

[73] svabhāvena] Ms^pc, {~~rakṣā~~}svabhāvena Ms^ac

[74] mahābodhi-] Lévi, mahābodhi Ms

[75] āryadhyānamahājñāna-] Ms, mahājñānasamādhyārya Lévi

ākarato hi ratnāni jātyāni saṃsthānavanti surūpāṇi viṣavidyudbhūtaḍākinyādidoṣaharāṇi saubhāgyaiśvaryādidharmakarā○ṇi ca | tathaiva gotram api sarvabodhijātiprativiśiṣṭamahā-bodhinimittaṃ paryavasānataḥ, antarā ca cittasthitikāraṇam anantasatvapācakaṃ (4v8) ceti ||

(III.11)

evam api prakṛtiprabhāsvaraṃ cittaṃ tathāpy āgantukāvaraṇavaśāt || || **aikāntiko duścarito**[76] **'sti kaścid** duścaritājīvatvāt || **kaścit samudghātitaśukladharmā** || mahāyānapratighāt || || **amokṣabhāgīyaśubho 'sti kaścit** || bhava eva pariṇāmanāt || **nihīnaśuklo 'sty a○pi** || mokṣabhāgīyakuśalamūlābhāvāt ||

sa cāyaṃ catūrūpo 'pi || || **hetuhīnaḥ** || **amokṣabhāgīyaśubhasya** hetuhīnatvaṃ bodhisattvagotra(4v9)pratiniyamāpratilambhāt || anyatra svartham ||

tataḫ prakṛtiviśuddhivad vaimalyaviśuddher api prāg eva bhāvaprasaṃgo 'navasara eva || [tathāpi] .. .. [ā]gantukāvaraṇamārdavāt || ||

(III.12)

> **gāmbhīryaudāryavāde parahitakaraṇāyodite**[77] **dīrghadharme**[78]
> **ajñātvaivādhimuktir bhavati suvipulā samprapattikṣamā ca |**
> **sampattiś cāvasāne dvayagataparamā yad bhavaty eva teṣāṃ**
> **taj**[79] **jñeyaṃ bodhisattvaprakṛtiguṇavatas tat prapuṣṭāc ca gotrāt ||** (III.12)

prakṛtiguṇavattvād eva ca na hīnama[dhya] ..[80] (end of folio)

---

76 duścarito] em., duścarite Ms

77 -dite] Lévi, -ditre Ms

78 写本では dīrgha の後に sattrai と読みうる二文字が取り消されている。

79 taj-] Lévi, ta Ms

80 この次に小さな文字で綴られた最終行が続くが写本画像においては判読困難である。さらにその続きの釈文および III.13 とその注釈を含むフォリオは未発見である。

試訳

（導入）

以上のように，道に入るための基盤である[81]，成就と帰依という両者（第1,2章）について教示した後に，加行から退転しないための基盤である菩薩種姓について説かれるべきである[82]。というのは，そのように（第1,2章に準じて）実践した者には，帰依の実践によって，あるいは[83]それにもとづいた教誡を受けることによって，衆生たちを顧慮することにもとづいて，悲の種子が発芽する時に，種姓の確定性が生じる（菩薩種姓が決定する）からである。

（III.1）

そしてそれ（菩薩種姓への確定）は，つぶさには本性光明なる性質（prakṛtiprabhāsvaratā）という点で，〔因位にいる〕衆生だけの〔心の〕相続に存する。（果に到達したブッダには存在しない[84]。）だから，種姓の存在性，結果，特徴，〔因果関係にかんして〕逸脱なきこと[85]，能依[86]，障害，徳性，信の成長のための基盤（pratītyupārohāśraya）[87]という以上〔の項目〕について，順次に〔第1偈が〕列挙する[88]。

種姓には，(1)存在性と(2)最勝性と(3)本質と(4)表徴と(5)区別と(6)災難と(7)

---

81 -āśraye を中性・両数・対格として理解した。所有複合語としてはとらない。

82 「加行から退転しないための」は「加行と不退転との」とも訳しうる。また-āśrayaṃ は中性・単数・主格として理解した。ただし目的格と理解して「基盤を〔教示して〕」と，nivedya を補って訳すことも不可能ではない。この一文は下記を参照。Sajjana, *Sūtrālaṃkārapiṇḍārtha*, 1v6–7: avatīrṇasya tasyaivaṃ syāt prayogasya niśrayaḥ | gotrasya cittotpādasya vibhedād dvividhaś ca saḥ ||「このように〔帰依して大乗に〕入ったその者にとっては，加行の基盤があるだろう。そしてそれ（基盤）は，種姓と発心の区分にもとづいて二種である」 Cf. 加納［2024］.

83 「あるいは」（vā）は，文脈上，「そして」（ca）と改めるべきか。

84 Cf. MSA III.4cd.

85 MSA III.1 の liṅga に対応。因と果の必然関係を意味する。すなわち煙があれば必ず火があるなどの必然的な関係を指す。

86 詳細は本稿の序文を参照。

87 詳細は本稿の序文を参照。

88 MSA III.1 に列挙される項目との対応関係については本稿の序文を参照。

利徳と(8)(9)二つの譬喩とが〔それぞれ〕四種ある。(第1偈)

(1)**存在性**によって〔種姓の存在を〕証明し，(2)**最勝性**によってそれ（菩薩種姓）を確定し，(3)**本質**によってそれ（菩薩種姓）の内実を語り，(4)**表徴**によってそれ（菩薩種姓）に関して逸脱していないことを理解させ[89]，(5)**区別**によって，客塵なる〔煩悩など〕のせいで〔種姓が〕変化を蒙ることはないことが〔説かれ〕，(6)**災難**によってそれ（種姓）に逆行する諸事からの抜済が〔説かれ〕，(7)〔災難から〕抜け出す際にも**利徳**によって宝蔵なる四種の防護が〔説かれ〕[90]，(8)(9)**〔二種の〕譬喩**によって〔菩薩種姓の〕得難さを確信すること（durlabhatāpratyaya）[91]が〔説かれた〕。以上のこれらのことについて，〔第一偈では種姓の九項目の〕順序の確定と総数の確定〔が説かれた〕。個別的には，〔九項目に各々〕四種〔ずつ〕あるから，〔総じて〕三十六の事項のあることが〔知られる〕。

(III.2)

それ（九項目）のなかで〔存在性について〕，

(1)諸々の界（dhātu，要素）と(2)諸々の性向（adhimukti）と(3)諸々の実践の区別から，そして，(4)諸々の結果の区別が確認されるから，種姓の存在することが明言される。(第2偈)

(本性光明心)

じつに心は本性光明（prakṛtiprabhāsvara）であり，しかもそれは客塵なる煩悩と随煩悩に

89　菩薩の六波羅蜜の修行（特質の顕れ liṅga）から，その人に備わる菩薩の種姓の存在が確実にあり，そこに逸脱がないことを指すと理解した。

90　「宝蔵」については未詳。MSA III.8 にも世親釈にも宝蔵に対応する表現はない。

91　durlabhatāpratyaya は，直前の pratītyupārohāśraya に対応する語である。「得難いこと」（durlabhatā）とは，菩薩種姓が優れたものであり稀少であることを意味し，そのことが二種の譬喩（III.9–10）によって説示されている。「確信」（pratyaya）については直前の pratīti と対応し，「条件」などといった意味ではなく，二種の譬喩によって種姓の稀少性を確信することを意味すると考えられる。したがって，durlabhatāpratyaya の語は，菩薩種姓の得難さを二種の譬喩によって確信することが含意されていると理解した。序文も参照。

よって汚されている。だから〔汚れに応じて〕一闡提・不定者・弟子（śiṣya = 声聞）・犀（khaḍga = 独覚）などに分けられる[92]。じつに，あるものが，ある特定の本性をもつ場合，そのものは，それ（その特定の本性）なしにはありえない。たとえば〝シンシャパー樹は樹木である〟という如くである[93]。いっぽう（ca），心は，貪等によって汚されることがあるとしても，貪などを抜きにしても存在する。（だから貪などは心の本性ではない。）

【論難】しかし（ca）そのように，これ（貪等で汚れた心）には，継起的（kramika）かつ不定（aniyata）なる貪などの〔心所〕法の獲得（upalambha）がある。あるいは（vā），貪などからなる〔心〕には〔対応する心所法の獲得がある〕。さもなくば，いったいどうして，〔貪や瞋などという〕境の違い（viṣayabheda）にもとづいて，〔心が貪の状態から〕瞋等からなる状態へと入ることがありえようか[94]，というならば，

【回答】否。なぜならば，たとえそうだとしても，〔心が貪などの〕〝本性〟（svabhāva）を捨てることは確定しているからである[95]。そしてまた，同一の境に対して〔も〕貪などは確定をもたらすもの（naiyatya）ではない[96]。また，信や浄信や高揚[97]など〔というすぐれた性質〕が存する場合には，あらゆる認識根拠の為し手（sarvapramātṛ 一切知者）たちによって，余すことなくこれ（心）のもつ，信頼できる人の（āptamaya）〔境〕が，まのあたりに経験される[98]。そしてこのことは，我々によって「二空の考察」においてすでに示された[99]。

---

92 本注釈では菩薩種姓が全ての他の種姓に通底する種姓として理解されているようである。菩薩種姓以外の種姓は一時的な煩悩によって仮にそのような状態にあるにすぎないという見解であろう。もしそうであれば『大乗荘厳経論』の種姓各別説の立場とは異なるものとなる。

93 樹木性なしにシンシャパー樹はありえないことを意味する。つまりシンシャパー樹にとって「樹木であること」は不可欠にして不可分である。

94 したがって心と貪などは本性的に関連している，という論難者の主張がここに意図されていると考えられるが，テクストは難解である。テクストの訂正も含め再考を要する。

95 難解であるが，心が一時的に貪や瞋などのダルマに染まっており，それを仮に心の〝本性〟と呼ぶとしても，そのような本性は，心において即座に捨て去られてしまうという趣旨が述べられると理解した。

96 たとえば同じ対象を見ても，人によって貪を抱くこともあれば，離貪を抱くこともあるということか。

97 āvega については「高揚」と仮に訳したが未詳。

98 この一文の拙訳は暫定案である。āptamaya を「信頼できる人の〔境〕」と訳したが未詳。内容的には，心と煩悩の関係を先に論じたので，ここでは逆に心と浄信などとの関係が論じられている。心が本性光明であると先に明言していることから考えると，心における清浄な性質は，心の本性であると考えられている可能性がある。

99 śūnyadvayavimarśa を「二空の考察において」と訳し，何らかの文献またはその中のひとつの章題またはトピックとして理解した。「我々」は本注釈の著者マハージャナを指すと理解した。

以上，まさにこれゆえに〔煩悩は心の自性でないと〕限定されるべきである。それゆえに〔種姓〕は存在する[100]。

(1)〔衆生たちは〕**種々の界（dhātu）をもつから**[101]，〔彼らには〕心における光明なる性質（cittaprabhāsvaratā）〔がある〕，という。(2)そして，これ（界）は[102]，つまり善知識の…（このあと三文字ほど判読困難）を抜きにして，**まさしく最初から，ある者には特定〔の乗〕に対する性向（adhimukti）はあるのだが，**一体どうしてこれ（性向）が，種姓の存在，すなわち浄化の可能性を抜きにして，ありうるだろうか。（多様な性向は本性光明心/種姓なしにはありえない。）そして，〔本性光明心/種姓が〕ほかならぬ本性としてそのような種類の〔二次的な〕性向を本質としているということは，ありえない[103]。(3)実践の区分にもとづいて[104]〔本性光明心/種姓は〕逆縁（viruddhapratyaya）〔たる悪友など〕に遭遇することによって，そのような種類の〔多様な〕性向に準じることになる。〔逆縁が本性光明なる一元的なありかたを〕発現させないからである[105]。(4)あるいは〔逆縁によって〕界と性向と実践が限定されるとしても，そうだとしても，それ（その限定）に準じて結果の区別があるわけではない。〔その限定は〕界と性向と実践だけを本質として持っているからである[106]。そして〔本性光明心/種姓は〕本質のダルマを捨て去らずに（ajahat）…（このあと六文字ほど判読困難）。

100　煩悩が心の自性ではないという事実が，種姓すなわち本性光明心の存在を証明するものとみなされていると理解した。すなわち心にとって煩悩は客塵垢にすぎないものであって，心の本性は光明であることが含意されているのであろう

101　以下では世親釈の文言が一部でパラフレーズされる。

102　yaś cāyaṃ については未詳である。拙訳では「界」を指すと仮に理解し，それがこの文の主語として，別の名詞である adhimukti と並記されていると理解した。テクスト自体に訂正を要するか。

103　na は śakyaṃ に掛かると理解した。本性光明心（菩薩種姓）には，汚れの程度に応じて区別があるからこそ，多様な性向（adhimukti）も成立するということがここで述べられていると理解した。

104　pratipattibhedāt については難解である。声聞乗などという誤った実践がなされることによって，逆縁に遭うということが述べられていると仮に理解した。ただし拙訳の場合，実践が原因であり，性向が結果となってしまう点で問題が残る。

105　本注釈の第三偈冒頭の文言を参照（prakṛtiprabhāsvaraṃ hi cittaṃ tat punar āgantukaiḫ kleśopakleśair upakliśyata itīcchantikāniyataśiṣyakhaḍgāditvena bhidyate）。

106　つまり，界・性向・実践の限定（naiyatya）は，暫定的なものにすぎないことが意図されていると理解した。

(III.3)

さて，浄善が(1)最高であることと，(2)十全であることと，(3)偉大な目的を持つことと，(4)無尽を自体としていることに対して，〔菩薩種姓はその善の〕原因であるから，〔菩薩〕種姓の最勝性が規定される[107]**。(第 3 偈)**

(1)じつに，〔菩薩の〕種姓の力によって雑染〔の威力〕が弱まったときに，〔菩薩の善には〕我執の減少がもたらされるので，〔菩薩の善は〕**最高**(udagra)である[108]。(2)そして〔菩薩の善が〕**十全である**(sarva)とは，〔菩薩が〕あますことなく波羅蜜を実践しているからである。(3)〔菩薩の善が〕**偉大な目的をもつ**(mahārtha)とは，自利利他を射程(viṣaya)としているからである。(4)そして〔菩薩の善が〕**無尽である**(akṣaya)とは，まさに我執が減少しているからである。異熟を殊更に欲さないことにもとづいて，異熟が消えようが消えまいが，悲によってそれ(異熟)に執着しないので，異熟を得ようが得まいが，それ(異熟)を自分の所有物と考えないのだから，どうして善の尽きることがあろうか。

(III.4)

自性(III.1)についてもまた，種姓は，つまり

それは，(1)本来的なもの(本性住)と(2)養成されたもの(習所成)とであり，(3)依り所と(4)依るものとである。さらに，諸々の功徳(guṇa)を産出する(uttāraṇa)ものという〔gotra という語の〕意味に基づいて〔種姓は，原因としては〕存在し〔結果としては〕存在しないと知るべきである[109]**。(第 4 偈)**

(所依)

「本性としての〔種姓〕」と「成長した〔種姓〕」は，本性光明なる性質…(このあと 25

---

[107] 項目(4)(5)は Lévi 本と読みが異なっており，拙訳は本注釈の読みによるものである。また項目(3)については本注釈の釈文に従って本研究会訳を一部変更した。

[108] pravṛttaṃ を pravṛttatvaṃ の意味で理解した。

[109] 本研究会訳を一部改変した。

文字ほど判読困難）界，「無始以来の界」[110]という（この後6文字ほど判読困難）…完成である。まさにこれゆえに，種姓（本性住）は，諸々の依他なるものにとっての所依である[111]。そして同様に「一切諸法にとっての所依である」[112]という。

（能依）

そしてそれ（習所成種姓）は能依である。無顛倒の完成を通じて円成実しているからである。なぜなら依他として顕現しているものは，まさに自性として（svabhāvena），分別されたものを欠く（śūnya）からである。『不可思議日経』（*Acintyaprabhākarakasūtra*）において次のように説かれた。「想念をもつ凡夫たちによって分別された，思索（vitarka）といわれるものは，存在しない（asat）」と[113]。そして〔思索が存在しないのは〕分別（kalpanā）が，分別される対象（kalpyārtha）を欠いているからである。

（存在・非存在）

諸徳性の産出という本質（svarūpa）の点で[114]，〔種姓は因として〕**存在する**。しかし因の分位において，果を本質とするものとしては存在しないから，〔種姓は果として〕**存在しない**[115]。

（附論）

いっぽう〔ある〕注釈作者（vṛttikāra）[116]の考えにおいては，「本性住と習所成という区分

110　『大乗阿毘達磨経』からの引用である。

111　この一文はうまく訳せなかった。一般的に三性説において依他起性は所依とされる。本注釈でも後続の箇所ではそのように理解できる表現が続く。この一文を整合的に理解するためには写本の難読箇所が解読されるのを待たねばならないため，保留とする。

112　『大乗阿毘達磨経』からの引用である。

113　Cf. P771: byis pa 'du shes ldan rnams kyi || log par rnam par gang brtags pa || blo de rtogs par bya ba'i phyir || de bzhin gshegs rnams 'byung ba yin || 大正 14, 670b6–7: 凡夫隨於想 如中生妄想 爲斷除我想 如來出於世。岡田英作氏のご教示による。

114　guṇottārakatvātmanā svarūpeṇa の訳であるが，ātmanā「～を自体とする」はあえて訳していない。

115　この釈は III.4d の guṇottāraṇatārthataḥ を，c 句の理由として解釈している。つまり「諸徳性をもたらすという意味によって，存在するものでありかつ存在しないものである」という意味で III.4cd を解釈している。

116　世親より後の誰かを指すとみられるが明確ではない。

には，所依性と能依性，そして存在性と非存在性という二つの区分があるから，列挙された通りに（yathopādānaṃ）数え上げると〔都合〕六種の区分となる。だから（iti）あらゆる点で，四種ということは排除される」〔とされる〕。そしてまさにこの言明（varṇikā）によって，あらゆる点で，このことについての迷乱（六種の区分を認める誤った立場）が〔なされるのであるが，その迷乱について詳しく説明すると議論が〕冗長になってしまうという恐れから，私は放置しておく（upekṣita）[117]。だから（ここでは詳しく説明しないが），知者たちによって，道理にもとづいて，別の注釈（vyākhyāntara）の見解において推定されなければならない（abhyūhyaṃ）[118]。

（III.5）

そして種姓に随伴する諸波羅蜜にかんして，

> **〔菩薩〕種姓の表徴は**[119]，**最初の加行にもとづいて**[120]，**(1) 哀愍と (2) 信解と (3) 忍耐とさらに (4) 浄善を行うこととであると明言される。（第 5 偈）**

（四種の表徴を六波羅蜜に配当する）

(1) 追求者，苦悩者，加害者，破戒者，悪行者を見た後で〔菩薩に起こる〕**悲**は，布施波羅蜜に関する種姓の表徴である[121]。(2) 大乗法への**信解**は，般若波羅蜜に関する〔種姓の表徴である〕。(3) **最初の加行にもとづいて忍耐すること**は，まさに新学者が波羅蜜（pārami）

117　本注釈において一人称複数形の代名詞は，しばしば著者自身を示す一人称の意味で使用される。varṇikā という名詞は一義的には「顔料」などを意味するが，ここでは文脈の上で varṇanā「言明」「陳述」などの意味で暫定的に理解した。後考を俟つ。

118　「別の注釈」が何を指すかは明らかでないが，文脈の上から類推すると，III.4 の四項目を正しく注釈するテクストを指すと理解できる。無性釈，安慧釈，ヴァイローチャナラクシタ注などが候補として想定される。あるいはサッジャナの釈（散逸した部分）を指すかもしれない。

119　拙訳は本注釈の読み gotraliṅgaṃ に従う。

120　ādiprayogataḥ は「最初の加行のあとにある」とも訳しうる。また「実践の初めからの」との意訳も可能。

121　『菩薩地』「種姓品」所説の「布施波羅蜜の表徴」の箇所に「そして王や盗賊や敵や火や水等といった恐怖に脅かされた衆生たちには無畏を施す」（rājacaurāmitrāgnyudakādibhayabhītānāṃ ca sattvānām abhayam anuprayacchati）とあるのを参照。また完全には対応しないが次の『菩薩地』所説の五種観察も参照（BBhD 207.20–21, BBhW 302.1–3）。くわしくは本篇所収の安慧釈和訳への和訳注解 31 を参照。五種観察は安慧釈の同偈の注釈箇所に現れる。

を実践するに堪えうることであり（sahana），忍耐に関する〔種姓の表徴である〕。(4) まさに**最初の加行にもとづいて**，不善行がないことによって〔なされる〕正行，善への熱意，威力が，精進〔波羅蜜〕に関する〔種姓の表徴である〕。…（このあと 5 文字判読困難）は戒波羅蜜に関する〔種姓の表徴でもある〕。というのは，**浄善を行なうこと**は，摂善法戒と饒益衆生戒から成るものだからである。そして善の実践において，それと背反する〔不善の〕実践が停止する際には，〔不善の〕排除という点から，〔浄善の行いは〕律儀戒を本質とする[122]。śubhasyāpi という〔偈の文言の〕api〔という語は〕，実行を伴う人々の（savyāpārānāṃ）布施波羅蜜など（禅定波羅蜜以外の五つ）に関する種姓の表徴〔について示している〕。〔そして〕全体は禅定波羅蜜に関する種姓の表徴である。〔以上は〕『菩薩地』に説かれている通りである[123]。

(III.6)

種姓は，(1) 確定したものと (2) 不確定のものと，(3) 諸々の縁によって揺るがされないものと (4) 揺るがされるものに他ならない。この種姓の区別は，まとめると四種である。（第 6 偈）

種姓は四種ある。**縁によって**とは，縁によってつくられたものということであり，自性として〔つくられたもの〕でもなく，順次に質量因にもとづいて〔つくられたもの〕でもないと知られるべきである，という意図である。そしてそれ〔種姓の区別〕は，**まとめると**〔四種である〕。しかしより詳しくいうならば，『アクシャラーシスートラ』に準じて（四文字ほど判読困難）[124]。

その〔四種の〕なかで，一般的には，種姓は，**確定したもの**と**不確定なもの**という二種がある。そして確定したものとは菩薩種姓である。いっぽう不確定なものとは弟子の種姓

122 saṃvṛti は不善の「抑止」を意味することから，不善の排除（vyāvṛtti）という表現がここで用いられている。ここでは戒波羅蜜について三聚浄戒の観点から説明されている。

123 『菩薩地』「種姓品」所説の「六波羅蜜の表徴」の箇所を主に指すと考えられるが，本釈文の内容の全てが必ずしもそこに明確に説かれるわけでもない。本稿の序文を参照。

124 趣旨としては，「しかしより詳しくいうならば，『アクシャラーシスートラ』に準じて種姓の区別は無数にあると知られるべきである」という内容が説かれていると予想される。

と犀角の種姓（声聞と独覚）である。〔声聞と独覚は〕最後には，菩薩種姓だけ（eva）にむけて転向（回向）するからである。

そして「確定したもの」（菩薩種姓）は，**「揺るがされないもの」**と**「揺るがされるもの」**という二種ある。「揺るがされないもの」とは，…（このあと 3 文字ほど判読困難）最初から（ādita eva）…（このあと 26 文字ほど判読困難）[125]。〔「揺るがされるもの」とは〕輪廻の災厄…（このあと 3 文字ほど判読困難）に顔を背けること（pratīkatva）によって〔菩薩の種姓から〕声聞の種姓になったもの，あるいは一闡提の種姓として定着したものである。

また「不確定なもの」（声聞・独覚種姓）にも「揺るがされないもの」と「揺るがされるもの」とがある。「揺るがされないもの」とは，阿羅漢果を獲得した直後に菩薩種姓となることによって生じるものである。いっぽう「揺るがされるもの」とは，まさに〔声聞や独覚の〕種姓に立脚しながら〔阿羅漢果を獲得せずに〕菩薩種姓へと転向したもの，あるいは，一闡提や不確定なものや犀（独覚）の種姓への転向を獲得したものである。

(III.7)

> **(1)煩悩を習慣化すること，(2)悪友がいること，(3)妨害があること[126]，(4)他者に服従することである。要約すると，〔菩薩〕種姓にとっての災難は四種であると知られるべきである。（第 7 偈）**

(1)あるときにはまた，能対治に依拠せずに（anāśrayaṇa），放逸の側に従うことが，**煩悩を習慣化すること**（kleśābhyāsa）であり，その威力のせいで，不顛倒に〔正しく〕学ぶ者にも，緩慢な（śithila）加行が帰結してしまう。(2)愚者にして不善な者が悪友に依拠することが，**悪友がいること**（kumitratva）である。(3)王や盗賊や敵などによって支配された者に自律性のないこと，〔および〕心の錯乱が，**妨害**（vighāta）である。(4)資具を欠如した者が生

125 写本は 26 文字ほど判読困難であるが，その箇所では，悪条件によっても揺らぐことのない菩薩種姓のことが説かれていると予想される。

126 vighāta は世親釈に従うならば「欠乏していること」と訳すべきであるが，本注釈では「妨害」の意味で注釈されているため，拙訳ではこのように訳した。

計に関して依存することが，**他者に服従すること**（pāratantrya）である[127]。

（III.8）

〔菩薩種姓の〕利徳は，

> **(1)長い時間の後に悪趣に赴くことと，(2)速やかに〔悪趣から〕脱すること，そして(3)そこで微かな苦を経験すること，(4)厭離〔心〕を伴いながら〔も〕諸々の衆生を成熟させることである。（第8偈）**[128]

(1)〔菩薩種姓をもつ者は〕種姓の威力により，不善なる〔諸の行い〕に，まず関与しない。あるいは，何らかの仕方でそれ（不善行）に関与したとしても，傷害などの振る舞いのせいで，諸悪趣に赴くことはない。あるいは，たとえ〔諸悪趣に〕赴くとしても，何らかの仕方で，長い時間をかけた後に〔悪趣へと〕赴く。(2)そして〔諸悪趣に〕赴いた者でも，ほんの一瞬で諸悪趣から抜け出す。そこ（悪趣）においては〔彼ら菩薩たちの〕煩悩と結びついた異熟は極度に微弱（atimārdava）だからである。(3)あるいはそれら（悪趣）から抜け出さない間〔でも〕，その者（菩薩種姓保持者）のもつ，諸悪趣における苦悩の経験は微弱である。(4)そして微弱な苦悩の感受によって触れられた者（菩薩種姓保持者）の内省（vicāra）の威力によって，輪廻からの厭離に依拠して，自己の苦を通じて全ての〔他者たちの〕苦を思い出して，衆生たちを成熟させる。その威力によって，対治への障害を本質とする（pratipakṣāvaraṇamaya）悪趣から〔衆生たちの苦を〕取り除く。そして，菩薩のそのような

127　以上の四項目に関して，本注釈の(3)は世親釈の(4)に対応し，(4)は世親釈の(3)に対応する。いっぽうで本注釈の(3)(4)は，『菩薩地』の関連する四項目を借用したものであり，その順序と対応する。下記の下線部は本注釈と一致する文言を示す。BBh$_D$ 7.8–12, BBh$_W$ 10.22–11.1: tatra katame te bodhisattvasya catvāraḥ śukladharmavairodhikā upakleśāḥ | pūrvaṃ pramattasya kleśābhyāsāt tīvrakleśatā āyatakleśatā cāyaṃ prathama upakleśaḥ | mūḍhasyākuśalasya pāpamitrasaṃśrayo 'yaṃ dvitīya upakleśaḥ | gurubhartṛrājacaurapratyarthikādyabhibhūtasyāsvātantryaṃ cittavibhramaś cāyaṃ tṛtīya upakleśaḥ | upakaraṇavikalasya jīvikāpekṣā ayaṃ caturtha upakleśaḥ | 本篇所収の本偈・世親釈 III.8 に対する和訳注解 21 を参照。安慧釈も同様に『菩薩地』を踏まえている（D45b7–46a3）。

128　本注釈では c 句に異読 duḫkhasyānubhavo nīyāt がみられるが，有意義な意味を読み取れなかったため，Lévi 本の読み tanuduḥkhopasaṃvittiḥ に従って訳した。本注釈の釈説箇所でも pratanvyā ca duḫkhavedanayā とあり，tanuduḥkha-の読みが支持されている。

衆生への成熟は，〔自らは〕苦を経験したとしても，〔他者を〕苦によって怯えさせないことである（aviklavīkaraṇa）。〔以上のように菩薩種姓の利徳は〕広大であるから〔菩薩種姓の〕利徳は最高である。

（III. 9）

一方，譬喩の意味について〔偈は述べる〕。

> **〔菩薩種姓は〕金の鉱脈の如くであると知られるべきである。(1)量り知れない善性の依り所であり，(2)智慧の〔依り所〕であり，(3)無垢性の具有の〔依り所〕であり，(4)威力の依り所である。（第9偈）**

(1)金が無量であることは，〔金の〕鉱脈から〔無量に〕産出されるからである。あるいは，〔金は〕，銅や銀のように加熱することによって割れてしまうことがないからである[129]。(2)〔金の持つ〕色合い（varṇa）の完璧さが，智という語句によって述べられた。〔金には〕諸々の色づける要素（varṇikā）が完全に備わるからである[130]。(3)〔金は〕無垢であるから，調柔性（karmaṇyatva）がある[131]。〔金には〕脆弱な結合が無いことによって割れない（asphuṭana）という性質をもつからである。(4)威力を完備することとは，自性として金は，裂けた物を裂けてない物の如くに保護するための根拠となるからである[132]。そして種姓においては大悲の力によって…（このあと17文字ほど判読困難） そして基盤であることにおいて，〔菩薩種姓は〕威力の基盤である[133]。そこ（菩薩種姓）から利他行が生起するからである。

---

129 「あるいは」以下の部分では，金は無限に加工できることから「無量」といわれることについて述べられていると仮に理解した。

130 varṇikā は「顔料」を意味することが多いが，通常，金は顔料ではないので，拙訳のように理解した。本注釈において「色合い」は(2)「智慧」について説かれているが，無性釈，安慧釈では(3)「無垢性」について述べられる。後者では加熱しても色合いが劣化しないことが，金の無垢性だと解釈されている。

131 世親釈において karmaṇya は，(3)ではなく，(4)「威力」の説明として用いられる。

132 別訳として「穴を持つ物を穴のない物の如くに保護する」とも訳しうるが，この一文の内容は未詳である。破損した何らかの物を補修するために金が使用されることを示しているか。

133 この文には17文字ほど判読困難な箇所があるが，可読箇所から推察するに，菩薩種姓は人々の愚痴や無知を捨てさせるための威力の基盤であるという趣旨が述べられていたと予想される。

（III.10）

さらに，

> **〔菩薩種姓は〕よき宝石の鉱脈の如くであると知られるべきである。(1)大菩提の因であるから，(2)聖者の禅定と(3)大智慧と(4)数多の衆生を利益することとの依り所であるから**[134]**。（第10偈）**

じつに鉱脈から〔もたらされた〕宝石は，(1)貴重であり，(2)〔美しい〕形状をもち，(3)すぐれた色合い[135]をもち，(4)毒や落雷や鬼神やダーキニーなどという過失（厄）を取り除くものであり，そして幸福や自在性などのダルマ（福）をもたらすものである。全く同じように，種姓もまた，(1)最終的には一切の菩提の種類の中で顕著なる大菩提の因であり，そして途中（さとりに至る以前）では（antarā），(2)心の安定（sthiti）の原因であり[136]，(4)無辺の衆生を成熟させるものである，という。

（III.11）[137]

そのように心は本性光明であるが，たとえそうだとしても，客塵なる障害によって，(1)**ある者は専ら悪行をなす**。悪行を生業とするからである。(2)**ある者は白浄なる性質（善根）が根絶されている**。大乗を憎むからである。(3)**ある者は順解脱分の浄善がない**。輪廻的生存（有）のみに向かう（回向する）からである。(4)**〔ある者は〕白浄なる〔性質〕が劣っている**。順解脱分の善根を持たないからである。

そしてそのような人は，〔以上の〕四種あわせた性質持つ，**原因を欠いた者**である。す

---

134 本注釈の c 句には異読があり，拙訳はその異読 āryadhyānamahājñāna- に従った。Lévi 本の読みは mahājñānasamādhyārya- であるが問題がある。詳しくは本稿序論の「内容概観」を参照。

135 または色形。

136 samādhi を説明する阿含の教証として引かれる経文（sthiti, saṃsthiti, avasthiti などに言及）を参照。詳しくは高務・中山[2023]および本篇所収の本偈・世親釈 III.10 に対する和訳注解 28 を参照。なお(2)と(4)の間には(3)「大智慧の因」に対応する文言があって然るべきであるが写本では脱落している。

137 MSA III.11 は全体がまとまった形では引用されず，小分けに引用される。

なわち(3)順解脱分の善を持たない者は原因を欠く。菩薩種姓としての決定をいまだ得ていないからである。その他のもの（上記(1)(2)(4)）に関しては，意味〔の理解〕は容易である[138]。

それゆえ，本性清浄と同様に，離垢清浄よりも前に〔菩提が〕存在するという帰結（修行を不要とする誤った言説）は，時宜をまったく得ない（つまり上記の五種の不備を克服した後にはじめて菩提に至るのであり，修行不要論に陥ることはない）。そうではあっても…（このあと七文字ほど判読困難）客塵の障害は脆いからである[139]。

（III.12）

彼ら〔菩薩たち〕には，甚深で広大なことを語る，利他をなす為に語られた長大な教法に対して，〔その意味を〕全く分からないままに極めて大いなる信解があり，また，よき実践（正行）における堪忍があり，そして〔実践の〕終わりに，二者にある〔完成〕よりもはるかに勝れている完成が必ず生じる。そのことは，菩薩の本来的に功徳を有する〔種姓〕とそれ（本来的に功徳を有する種姓）から養成された種姓とに基づくと知るべきである。（第12偈）

そして，〔菩薩種姓は〕まさに本来的に功徳を有するので，劣・中・(…）ではない…（このあとには判読困難な文字が一行分続く。そしてその続きの釈文および第13偈の本偈・釈文を含むフォリオは未発見である。）

【資料：『宝性論』I.41 における agotra】

以下に提示するのは，agotra について論じる『宝性論』I.41 とその散文釈の梵文テクストおよび訳である。

138　ここでは，「原因を欠いた者」が(1)～(4)を総括した存在であると説かれているようであり，菩薩種姓としての決定をまだ得ていない者とされる。いっぽう世親釈によると「原因を欠いた者」は「永久に般涅槃できない性質の者」とされ，(1)～(4)とは全く別のカテゴリーに配される。本稿の序文を参照。

139　このあたりは判読困難な文字が多く文意が不明確であるため，暫定的な理解を丸括弧に補った。おそらくここには，菩薩種姓が完全に確定するのはIII.11所説の欠点を克服した後ではあるけれど，その種姓は本性光明なる性質としてすでに先天的に潜在しているという趣旨が記されていたと予想される。

その文脈と内容を概観しておくと，まず『宝性論』本頌 I.40 では，如来蔵の機能（karman）が説かれる。すなわち如来蔵の存在が我々に輪廻への嫌悪と涅槃への希求をもたらすという機能である。その釈偈が I.41 である。その趣旨は次の如くである。もし種姓がなければ，輪廻に過失を見て涅槃に功徳を見るという正しい知見はありえない。「無種姓の者」（agotra）たちにはその知見がないからである。したがって種姓があるからこそその知見がある，という。

続く散文釈では「無種姓の者たち」が一闡提に同定され，「般涅槃できる種姓を持たない者」（aparinirvāṇagotra）とも表現される。彼らは種姓を持たないせいで，正しい知見を持たない。いっぽう種姓を持つ者は，正しい知見を持つ。すわなち善知識などの縁に応じて三乗のいずれかに対する信解を開発する（samudānayati）限り（つまり習所成種姓のある限り）[140]，正しい知見を持つに至る。

ただし一闡提（無種姓の者）に般涅槃できる見込みがないといっても，永久に見込みがないわけではなく，大乗法に対する彼らの憎悪が消えさえすれば，般涅槃できるようになる。すなわち彼らにも本性として浄化をなす種姓（本性住種姓を示す）が確かにあるのだから，必ずや浄化を達成して般涅槃できるという。ここに含意されるのは，大乗への憎悪が本性住種姓の発現を妨げるが，それが取り除かれさえすれば，彼らにも成仏が保証されるということであろう[141]。

まとめると，習所成種姓があるからこそ人は正しい知見を持ち，かたや習所成種姓を持たない「無種姓の者」（一闡提）は般涅槃できない。しかし後者にも本性住種姓は確かにあるのだから，大乗への憎悪が取り除かれたならば，彼らにも般涅槃が保証される，ということになる。

文脈から判断すると以上のような解釈が妥当と考えられるが，ただしここには「本性住

140　samudānayati という表現および文脈からすると，これが習所成種姓（samudānītaṃ gotraṃ）を示すと考えてよいであろう。この同定は Schmithausen に提唱され高崎訳［1989: 274 n. 7］に採用される。

141　大乗の『涅槃経』の場合，一闡提に如来蔵はあるが「菩提の因」（同経を聴聞すること）を欠くために成仏の機会が失われているとされる。逆に「菩提の因」を得るならば，その機会は回復されるという（加納［2024: 94 n. 17, 353 n. 68 ほか］）。したがって同経の如来蔵と「菩提の因」は，それぞれ『宝性論』I.41 に示唆される本性住種姓と習所成種姓に対応しうる。

種姓」と「習所成種姓」という語そのものが現れていない点は注意すべきである[142]。

さて本篇でみたようにMSA III.11世親釈によると，無種姓の者の中には，一時的に般涅槃できない者と，永久に般涅槃できない者がいるとされていた。ところが『宝性論』I.41では永久に般涅槃できない者はいないという。そして*Paricaya*も後者と同じ立場をとる。おそらく『宝性論』の立場に従ったのであろう。

下記に提示する梵文テクストは，Johnstonの校訂本をSchmithausenの訂正案などを踏まえて再校訂したものである。またヴァイローチャナラクシタによる*Mahāyānottara-tantraṭippaṇī*において対応する語釈が存する場合には，注釈対象となる語に脚注を施して，その語釈を付記した[143]。なおマハージャナの作とみられるもうひとつの作品*Mahāyānottaratantraparicaya*（fol. 9r7–v2）からも『宝性論』I.41に対する釈文が回収されるが，時間の都合上，その検討は今後の課題とする[144]。下記の拙訳は高崎［1989］訳を適宜参照した。agotraおよびそれに関連する語句は太字で示す。

142　たとえば『宝性論』において二種の種姓はI.149–152で明示される。そこでは二種の種姓から仏の三身がもたらされることが，如来蔵の九喩の中の後半四喩に対応させられて説かれる。すなわち本性住種姓（宝蔵喩）には自性身（宝像喩）が対応し，習所成種姓（果樹喩）には受用身（転輪王喩）と化身（金像喩）が対応させられる。

143　同注釈の梵文校訂テクストの全体はKano［2006］のAppendix Cに収録されるが，訂正版の刊行を予定している。

144　写本についてはYe, Li, Kano［2013］を参照。

『宝性論』I.41 梵文テクスト

(Johnston ed., pp. 36.7–37.9)

bhavanirvāṇatadduḥkhasukhadoṣaguṇekṣaṇam |

gotre sati bhavati etad **agotrāṇāṃ** na tad yataḥ[145] ||41||

yad api tat saṃsāre ca duḥkhadoṣadarśanaṃ[146] bhavati nirvāṇe ca sukhānuśaṃsadarśanam etad api śuklāṃśasya pudgalasya gotre sati bhavati, nāhetukaṃ nāpratyayam iti | kiṃ kāraṇam[147] | yadi hi tad gotram antareṇa syād ahetukam apratyayaṃ pāpasamucchedāyogena[148] tad **icchantikānām** apy **aparinirvāṇagotrāṇāṃ** syāt | na ca bhavati tāvad yāvad āgantukamalaviśuddhigotraṃ[149] trayāṇām[150] anyatamadharmādhimuktiṃ[151] na sa(21b)mudānayati[152] satpuruṣasaṃsevādicatuścakrasamavadhānayogena[153] | yata[154] āha | "tataḥ paścād[155] antaśo mithyātvaniyatasantānānām api sattvānāṃ kāyeṣu tathāgatasūryamaṇḍalajñānaraśmayo[156] nipatanti, teṣāṃ copakārībhūtā bhavanty[157] anāgatahetusaṃjananatayā, (Johnston p. 37) saṃvardhayanti ca kuśalair dharmair" iti[158] |

---

145 tad yataḥ] Ms. B = *Mahāyānottaratantraparicaya* fol. 9r7 = Tib (cf. Schmithausen [1971: 145]), vidyate Johnston

146 Vairocanarakṣita fol. 12v2: duḥkhe doṣadarśanaṃ duḥkhadoṣadarśanam.

147 kiṃ kāraṇam] Ms. B = Tib (cf. Schmithausen [1971]), om. Johnston

148 -cchedāyogena] Johnston, -cchedayogena Ms. B. Cf. Kano [2016: 158–159].

149 Vairocanarakṣita, fol. 12v2: viśuddhigotraṃ kartṛ.

150 Vairocanarakṣita, fol. 12v2: trayāṇāṃ śrāvakādigotrāṇāṃ madhye.

151 -dhimuktiṃ Johnston, -dhimukti] Ms. B (21r6) (Bv),

152 Vairocanarakṣita, fol. 12v2–3: yāvad anyatamagotrādhimuktiṃ na samudānayati tāvad duḥkhadarśanādi nāsti.

153 -saṃsevādicatuścakra-] Ms. B = Tib (cf. Schmithausen [1971]), -saṃsargādicatuḥśukla- Johnston. Vairocanarakṣita, fol. 12v3: saṃsevādīty ādiśabdena pratirūpadeśavāsaḥ kṛtapuṇyatā satpraṇidhiś ceti.

154 yata] Ms. B (cf. Schmithausen [1971]), yatra hy Johnston.

155 tataḥ paścād] Ms. B (?) (cf. Schmithausen [1971]), tatra paścād Johnston.

156 -jñānaraśmayo] Ms. B, Tib (cf. Schmithausen [1971]), -raśmayo Johnston.

157 teṣāṃ copakārībhūtā bhavanti] *Jñānālokālaṃkāra* (木村ほか[2004]), tān upakurvanty conj. 高崎[1989: 274 n. 64], om. Ms. B. (Johnston はここに欠字があることを報告し, 高崎はその欠字を蔵訳などから想定して tān upakurvanty と補足した。その後 *Jñānālokālaṃkāra* の梵本が発見されたため, それによって上記のように高崎案を訂正する。)

158 *Jñānālokālaṃkāra* からの引用。高崎[1989: 274 n. 64]を参照。*Jñānālokālaṃkāra*: tataḥ paścād antaśo mithyātvaniyateṣu sattvasaṃtāneṣu kāye tathāgatasūryamaṇḍalaraśmayo nipatanti, teṣāṃ copakārībhūtā bhavanty anāgatahetusaṃjananatayā, saṃvardhayanti ca kuśalair dharmaiḥ. (木村ほか[2004: 39])

yat punar idam uktam icchantiko 'tyantam aparinirvāṇadharmeti tan mahāyānadharmapratigha icchantikatve hetur iti mahāyānadharmapratighanivartanārtham uktaṃ kālāntarābhiprāyeṇa | na khalu kaścit prakṛtiviśuddhigotrasaṃbhavād[159] atyantāviśuddhidharmā bhavitum arhati | yasmād aviśeṣeṇa punar bhagavatā sarvasattveṣu viśuddhibhavyatāṃ saṃdhāyoktam |

anādibhūto 'pi hi cāvasānikaḥ svabhāvaśuddho dhruvadharmasaṃhitaḥ |
anādikośair bahir vṛto na dṛśyate suvarṇabimbaṃ paricchāditaṃ yathā ||

和訳

輪廻的生存とその苦に過失を見，および涅槃とその楽に功徳を見ることは，種姓があるからこそある。なぜならば，**無種姓の者たちに**それ（見ること）はないからである。(RGV I.41)

輪廻における苦に過失を見て[160]，涅槃における楽に利得を見るのだが，その両方とも〔の正しい知見〕は，善に分与する人にとって，種姓があるからこそあるのであって，けっして何の原因・条件もなしにあるわけではない，ということである。なぜか。なぜなら，もしそれ（正しい知見）が種姓なしにあるのならば，**般涅槃できる種姓をもたない一闡提たちに**とってすらも，何の原因・条件もなしに，つまり罪過を断ち切ることをしないままに[161]，それ（正しい知見）があることになってしまうからである。そして，正士に親近するなどの四つからなる集合（cakra）に会うことによって[162]，客塵垢を浄化する種姓が，三乗の中のい

---

[159] -viśuddhi-] Ms. B,（cf. Schmithausen［1971］），-viśuddha- Johnston.

[160] 拙訳はヴァイローチャナラクシタによる複合語分析（duḥkhe doṣadarśanaṃ duḥkhadoṣadarśanaṃ）に従うものである。*Mahāyānottaratantraparicaya*（fol. 9r7）にも同様の複合語分析がなされる（bhavaduḥkhasya doṣadarśanaṃ nirvāṇasukhasya ca guṇadarśanaṃ）。

[161] 写本の読みを保持して「何の原因・条件もないままに罪過を断ち切ることによって」と訳すことも不可能ではない。

[162] または「実践を身に着けることによって」（高崎［1989］訳）。catuścakra の内容については高崎［1989］およびヴァイローチャナラクシタの注を参照。

ずれかの教法に対する信解を開発しない限り，〔その正しい知見は〕ない[163]。

なぜならば，〔次のように世尊が〕仰ったからである。「そのあとで，最低の場合でも，邪定なる〔心〕相続をもつ衆生たちの群の中にすら，如来という日輪の智慧の光線が降り注ぎ，未来の〔成仏の〕因を知らしめることによって彼らを資益し，善なる諸徳性を通じて発展させ給うのである」と[164]。

いっぽうで〝一闡提は永久に般涅槃できない性質をもつ〟とこのように語られたのは，次のような事情である。つまり大乗法への憎悪に関して〝一闡提たることの原因〟と語られたのであって，大乗法への憎悪をやめさせるために，別時を意趣してのことである。いっぽう，〔彼らにも〕本性として，浄化をなす種姓が存するのだから，特定の誰かが，浄化できる性質を永久に持たないということは決してありえない。なぜならば，一切衆生において差別なく存する浄化の資質を意趣して，さらに世尊は〔次のように〕仰ったからである。「〔輪廻する衆生は〕じつに無始のものではあるが，決して終わりがないわけではない。〔衆生は〕自性清浄にして，常恒なる法を具えている。しかし，外から無始なる〔煩悩の〕殻によって蔽われていて，見ることができない。あたかも，金の像が〔砂や塵に〕かくされている如く」と[165]。

163　ヴァイローチャナラクシタによると，この文ではgotraがkartṛであると釈されるので，adhimuktiはsamudānayatiという動詞の目的語（karman）となる。その理解はJohnstonの読みである-adhimuktiṃ（名詞，女性・単数・対格）という語形に適合する。ただし『宝性論』の梵文写本には-adhimukti（gotraに掛かる所有複合語，中性・単数・対格）とあるので，その場合は，「三乗の中のいずれかの教法に対して信解をもつところの，客塵垢を浄化する種姓（習所成種姓）を開発（samudānayati）しない限り」という訳になる。拙訳ではヴァイローチャナラクシタの理解に仮に従った。「開発する」対象が，「種姓」であるのか「信解」であるのかという点で二つの理解は異なる。結論は保留したい。

また本文のanyatamadharmādhimuktiṃ（三乗の中のいずれかの教法への信解）について，ヴァイローチャナラクシタがanyatamagotrādhimuktiṃ（三乗の中のいずれかの種姓への信解）と表現している点は注意を要する。

164　典拠の『智光明荘厳経』では，如来の智慧の光線がまず菩薩に降り注ぎ，次いで独覚に降り注ぎ，最後に邪定衆に降り注ぐとされる。

165　この偈の和訳のみ高崎[1989]を転載した。出典は不明である。

参考文献

(和文)

上野隆平

［2014］「『大乗荘厳経論』第 XI 章第 53–59 偈の理解をめぐって――松本史朗博士の御論考に対する 3 つの疑義――」『岐阜聖徳学園大学仏教文化研究所紀要』14: 87–120.

岡田英作

［2019］「『大乗荘厳経論』における “agotrastha” 解釈の展開――ヴァスバンドゥとアスヴァバーヴァ――」『密教文化』243: 35–59.

［2024］「『大乗荘厳経論』「種姓品」の構成に関する一考察――『菩薩地』「種姓品」との対応関係に着目して――」本書所収.

加納和雄

［2006］「サッジャナ著『究竟論提要』――著者および梵文写本について――」『密教文化研究所紀要』19: 28–51.

［2021］「サッジャナとマハージャナ――11 世紀カシュミールの弥勒論書関連文献群――」『印度学仏教学研究』69(2): 118–124.

［2024］『蔵文和訳大乗アングリマーラ経』起心書房.

加納和雄・葉少勇・李学竹

［2020］「*Sūtrālaṃkāraparicaya*「帰依品」――要文抜粋――」能仁正顕編『『大乗荘厳経論』第 II 章の和訳と注解－大乗への帰依－』法藏館, 203–213.

木村高尉・大塚伸夫・木村秀明・高橋尚夫

［2004］「梵文校訂『智光明荘厳経』」『小野塚幾澄博士古稀記念論文集：空海の思想と文化』ノンブル社, 1–89.

大乗経典研究会

［2020］「郁伽長者所問経の梵文佚文――*Sūtrālaṃkāraparicaya* 帰依品より――」『インド学チベット学研究』24: 293–316.

［2021］「如来秘密経の梵文佚文――*Sūtrālaṃkāraparicaya* 帰依品より――」『インド学チベット学研究』25: 35–62.

高崎直道

［1989］『宝性論』講談社.

［2004］『大乗仏典 12 如来蔵系経典』中公文庫(初版 1975 年).

［2009］『高崎直道著作集第五巻 如来蔵思想の形成 II』春秋社(初版 1974 年).

高務祐輝・中山慧輝

［2023］「心所法に関する瑜伽行派の教証伝承——遍行・別境——」『世界仏教文化研究論叢』61: 21–51.

早島慧

［2023］「『大乗荘厳経論』注釈書における agotra」『日本仏教学会年報』87: 207–226.

松本史朗

［2011］「『宝性論』における viśuddhi の論理構造」『インド論理学研究』2: 27–37.

（欧文）

Kano, Kazuo.

［2016］*Buddha-nature and Emptiness: rNgog Blo-ldan-shes-rab and a Transmission of the Ratnagotravibhāga from India to Tibet*. Vienna: Wiener Studien zur Tibetologie und Buddhismuskunde.

［2022］Sajjana's *Mahāyānottaratantraśāstropadeśa*: A Reading Sanskrit Text and Annotated Translation. Klaus-Dieter Mathes and Kemp Camp（eds.）. *Tathāgatagarbha Across Asia*. Vienna: Wiener Studien zur Tibetologie und Buddhismuskunde, 55–91.

Johnston, Edward H.（ed.）.

［1950］*The Ratnagotravibhāga Mahāyānottaratantraśāstra*. Patna: The Bihar Research Society.

Schmithausen, Lambert.

［1973］*Philologische Bemerkungen zum Ratnagotravibhāga. Wiener Zeitschrift für die Kunde Südasiens* 15: 123–177.

Ye Shaoyong, Li Xuezhu, Kano Kazuo.

［2013］Further Folios from the Set of Miscellaneous Texts in Śāradā Palm-leaves from Zha lu Ri phug: A Preliminary Report Based on Photographs Preserved in the CTRC, CEL and IsIAO. *China Tibetology* 20: 30–47.（改訂版は下記に収録：Horst Lasic and Xuezhu Li（eds.）, *Sanskrit Manuscript from China II. Proceedings of a panel at the 2012 Beijing Seminar on Tibetan Studies, August 1 to 5*. Beijing 2016, 245–270.）

（謝辞　写本写真版の確認に際しては葉少勇氏，李学竹氏に寛大なご協力を賜った。また本研究会の先生方には様々なご教示を賜った。特に岡田英作氏には貴重なご教示を頂いた。梵文の再検討に際しては伊集院栞氏よりご教示を頂いた。心より感謝申し上げる。本稿は翻刻・校訂・訳・解説等の全てを加納が担当し，誤解や誤記などの責を負う。令和 5 年度科学研究費［18K00074］［21K00079］［22H00002］による研究成果の一部。）

『大乗荘厳経論』の構成と第Ⅲ章
――「種姓の章（種姓品）」の構造――

内藤昭文

序　はじめに

本論考の目的は，一連の拙論と同じく『大乗荘厳経論 *Mahāyānasūtrālṃkāra*』世親釈 *bhāṣya* の構成（構造）と各章の構造（構成）を解明することであり，今回は第III章「種姓 gotra 品」である。すでに指摘されているように，本論書の構成は先に成立していたと考えられる『菩薩地 *Bodhisattvabhūmi*（BBh）』（『瑜伽師地論 *Yogācārabhūmi*』「菩薩地」）の全章節をほぼそのまま継承している。ただしそれは，この第Ⅲ章「種姓品」から最終章の第 XX-XXI 章まででである。その継承する章節の主題（テーマ）と項目（トピック）を換骨奪胎して自らの立場で再論述している。そのために，新たに第 I 章「縁起品・成宗品（サンスクリット本では一章であるが，チベット訳と漢訳は前半第 1-6 偈と後半第 7-21 偈の二章とする）」と第Ⅱ章「帰依品」の二章を本論書の独自の章として増設したのである。それは，この二章の説示内容が本論書全体の制作において必要不可欠なものだからである。その意味で，その増設の意図は，本論考で言及するように，この第 III 章「種姓品」の説示内容に深く関わると考えられる[1]。

ともあれ，本論全体の構成・構造（下記の図 A）に関する筆者の理解は，後述するよう

---

[1] 本論第III章の「種姓品」の説示内容と「種姓品 Gotra-paṭala」を中心とする『菩薩地』の種姓説の関係は，当研究会のメンバーの論文・岡田英作［2011］［2014b］［2015］などに詳しい。これら一連の岡田論文は『菩薩地』を中心とする「種姓」説全般の解明を目的とするものであり，その視点は本論書の第 III 章「種姓品」の解明には有益であるが，本論書の「種姓」説はまだ明確化されていない。つまり本論書自体の説示内容とその意義が解明されているとは言い難い。その意味で，この本論考の意義があると考えている。

に，この二章の新設・増設の根底に「世親の回心」[2]という具体的な実体験と重なるものがあると考えている。この視点の説明は，先に出版した第 II 章「帰依 Śaraṇa-gamana 品」と IV 章「発心 Citta-utpāda 品」に関する拙論を参照[3]。ここでは，筆者の考える本論書の構成図を提示しておく[4]。

図 A：二つのウッダーナによる『大乗荘厳経論』の「聞・思・修」の三部構成	
[I] ウッダーナ 1 ＝ 第 I 章乃至第Ⅸ章の九章の名	聞所成 ： 何を聞き学ぶのか
[II] ウッダーナ 2 ＝ 第 X 章乃至第 XIV 章の五章の名	思所成 ： どのように思惟するのか
[III]『菩薩地』の第二ウッダーナにはあるが，ウッダーナ 2 では除外された第 XV 章「業伴品」	修所成 ： 何によって修習するのか → 第 XV 章「三種の方便」により修習

この図について要点を記しておく[5]。右欄に示したように，筆者は，『大乗荘厳経論』の構成（構造）について伝統的な仏道体系の「聞・思・修」をベースに理解している。それも「入れ子構造」であると考えている。筆者が「入れ子構造」というのは[6]，例えば，[I]

---

2 「世親の回心」の逸話は『婆藪槃豆法師傳』（「大正大蔵経」第 50 巻・No2049）などがあるが，基本的には相違がない。参考書としては『浄土仏教の思想 三 龍樹 世親・チベットの浄土教・慧遠』（講談社・1993 年），『仏教の思想 4 <唯識>』（角川書店・1970 年），また三枝充悳著，『人類の知的遺産 14 ヴァスバンドゥ』（講談社・1983 年）などを参照。それらを踏まえて筆者は内藤[2009a]2-4 頁，および内藤[2017]5-10 頁でまとめた。

3 以下の論述で，特に註解を示さずに第 II 章と第 IV 章に言及する場合，第 II 章は内藤[2020]，第 IV 章は内藤[2023]の該当偈の解読解説を参照。

4 『菩薩地』の構成は，「(i) 何を修学するのか yatra śikṣante（所学処）」「(ii) どのように修学するのか yathā śikṣante（如是学）」「(iii) 誰が修学するのか ye śikṣante（能修学）」であるが，それに先行して「種姓品」と「発心品」がある。本論書に増設された第 I 章「縁起品・成宗品」の最勝乗の「利徳」（第 1-6 偈）と大乗仏説論（第 7-21 偈）を承けた第 II 章，つまり，その仏説である「大乗の教法を帰依処とすること」を説示する第 II 章「帰依品」について，本論考で言及するように，安慧釈は「この第 III 章「種姓」の説示は，第 II 章の「帰依処に至ること」や第 IV 章の「発心」以下のテーマである諸法の生じる因である」（取意）という。この点から，ウッダーナ 1（図 A）が章名を列挙する「(I) 第 I 章乃至第 IX 章」の説示は，「第 I 章乃至第 IV 章」を『菩薩地』の (i) に対応する「第 V 章乃至第 IX 章」と区別することなく，連続した一連の説示であると考えられる。

5 詳しくは，内藤[2023]255-258 頁「序章　はじめに」参照。

6 筆者は，図 A で示したように本論書の構成を伝統的な仏道体系の「聞・思・修」を基本にして考え，さらにそれも「入れ子構造」として考えている。この理解は，一連の拙論で言及しているが，内藤[2017]16-31 頁にまとめた。また，内藤[2023]，特に 255-260 頁参照。特に，内藤[2009b]では，図 A の「[II] 第 X 章乃至第 XIV 章」が「聞・思・修」による「入れ子構造」になっているという筆者の理解を提示した。

なお，この「聞・思・修」は第IV章第 1 偈の説示では「聞・思」と「修」に二分される。つまり，「発心」に

の九章も「聞・思・修」に対応する構成になっているという意味である。さらにいえば，その各章の説示内容も原則的に「聞・思・修」の構成になっていると見做すことできると考えている。

その上で，「資糧道 → 加行道（信解行地）→ 見道（初地）→ 修道 → 究竟道」[7]という「五道説」が体系づけられていると考えられる。五道説でいえば，この図Aの[I]は「資糧道」に対応し[8]，[II]は「加行道（信解行地）」に対応する。そして，[III]はその「加行道」を内包しつつ「加行道 → 見道 → 修道 → 究竟道」の菩薩の実践行（六波羅蜜など）の具体的な内実に対応する。その具体的な内実とは第 XV 章「業伴品」で総括して示される「三種の方便」による修習である[9]。それを図式化して示す[10]。

図 B：第 XV 章の四偈が示す「三種の方便」とその対応する菩薩道の階梯		
該当偈	三種の方便：世親釈	備考
第 2 偈	(A) 波羅蜜等の菩薩の「行為を引き起こす方便（samutthāna-upāya）」	加行道
第 3-4 偈	(B) 退転する可能性のある菩薩の「行為が反転する方便（vyutthāna-upāya）」	修　道
第 5 偈	(C) 菩薩の「行為の清浄なる方便（karmano viśuddhy-upāyaṃ）」	究竟道

よる「聞・思・修」に対する「精進」という視点では，「聞・思」の正行 pratipatti が「被甲精進」であり，「修」の正行はその「被甲精進」通りの「加行精進」に対応する。研究会[2023]28-29 頁，内藤[2023]266-271 頁。

7 「資糧道 saṃbhāra-mārga」の語は，第 I 章第 15 偈世親釈にある。他の四道は第 XVIII 章「覚分品」第 102 偈世親釈に prayoga-darśana-bhāvanā-niṣṭhā-mārga という複合語の形で示される。内藤[2017]12-15 頁参照。

8 内藤[2023]277-279 頁「第 3 章第 4 節第 3 項　世俗的発心と勝義的発心の関連」参照。

9 本論書において重要なのは，初地見道悟入を転換点とする，世間的段階から出世間的段階への展開であり，その意味で「加行道（信解行地）」が最重要である。荒牧[2009]など参照。筆者は，その内容を考える場合に重要視するのが第 XX[-XXI]章「行住品」第 41 偈の説示内容である。長尾ノート(4)132-133 頁参照。本論考本文でも言及するが，そこでは「信解行地」における「地の獲得」が，「<1>信解による獲得，<2>行による獲得」という二段階として説示される。内藤[2023]266-268 頁，および 272-273 頁註解(57)参照。この二種の獲得は第 IV 章の発心の説示に深く関わると考えられる。内藤[2023]277-279 頁など参照。本論考図 J と図 S の解説，および註解(105)参照。

10 第 XV 章「業伴品」は僅か 4 偈である。そこでは「自利即利他」「智慧即慈悲」の六波羅蜜行は「三種の方便」によると示す。すなわち順次，(a)加行無分別智（自利）による衆生縁の悲（利他）の修習→(b)後得無分別智による法縁の悲の修習 → (c)後得無分別智による無縁の大悲の修習というように，向上的に展開するのである。

この展開は加行道以後の展開であるが，そのために智慧と福徳の二資糧を積むことが不可欠である。それが「資糧道」である。内藤[2023]257 頁図 B，内藤[2020]259-262 頁，内藤[2017]27-30 頁など参照。長尾ノート(3)3-8 頁参照。また，本論考註解(63)，および「第 8 章　今後の留意点」参照。

第１章　第Ⅱ章「帰依品」と第Ⅲ章「種姓品」の関連
――無性釈と安慧釈――

まず，第Ⅲ章「種姓品」の意義と位置づけについて考えておきたい。第Ⅱ章「帰依品」に続いて第Ⅲ章を説く理由について，第Ⅲ章を注釈するに当たって無性釈と安慧釈はともに，二章の関係の問いを設け，その冒頭で第Ⅱ章の最終偈第12偈を引用する。

第１章第１節　第II章の最終偈第12偈の意味することについて

その第II章第12偈について，世親釈は「[大乗という最勝乗なる]帰依処にもとづく卓越した正行 śaraṇa-pratipatti-viśeṣa について」の一偈というが，それは次のようなものである[11]。

> **このような偉大な意義のある帰依処のあり方（領域）に至った者は，[1]功徳の集まりを無量に増大せしめるに至るのである。[2]この生きとし生けるものを悲愍の意楽をもって包容して，そして偉大な聖者たちの無比なるダルマ dharma（性質：教法）を拡張せしめるのである。**（第Ⅱ章第12偈）

筆者が重視するのは，この第12偈の「このような偉大な意義のある帰依処のあり方（領域）に至った者は śaraṇa-gatiṃ imāṃ gato mahārthaṃ」の理解である[12]。世親釈導入の「帰依処にもとづく卓越した正行」とは[1]と[2]なのである。この[1][2]の自己の成熟・養育が「このような偉大な意義のある帰依処のあり方 śaraṇa-gati に至った gata 者」にあるというのである。なお，「このような偉大な意義」とは，第II章第1偈で総説的に示された「意義 artha」であり，第2-10偈で詳説された「意義」である。そして，第11偈で「六義」でまとめられた「意義」である。ここで重要な点は，菩薩に[1][2]の正行があるのは，その菩

11　研究会[2020]38-41頁，内藤[2020]281-284頁参照。

12　この和訳は研究会[2020]の第II章「和訳と注解」を少し改変したものである。今回，この両釈の和訳に当たって研究会で随分と検討した。特に，śaraṇa-gatiṃ gataḥ の gati の理解では種々の意見が出た。筆者は本論考の各所で言及するように，この-gati を重要視する。したがって，この筆者の和訳（内藤[2020]と同じ）は今回の研究会で合意した和訳とは少々異なる。研究会の合意訳は，無性釈と安慧釈の「和訳と注解」参照。

薩が「偉大な意義ある帰依処」を帰依処とするからである。すなわち「仏たること（智慧と慈悲）」を「帰依処とすること」であるが，それは「仏たること」を「基盤」とするからである。そして筆者は，このことが本論考でキー・ワードとなる gotra-stha の「住すること -stha」に対応すると考えるのである。

さて，その[1]は明らかに菩薩自身の自己成熟という「自利」である。一方筆者は，[2]をいわゆる「衆生利益」という「利他」とは考えていない。なぜならば，「**この生きとし生けるものを悲愍の意楽をもって包容して**」ということは，確かに「利他」的要素であるが，「偉大な聖者たちの無比なるダルマ dharma（性質：教法）を拡張せしめる」ための「自利を目的とする利他」にすぎないと考えられるからである。つまり，この[2]は「偉大な聖者」の菩薩自らが享受する「無比なるダルマ（性質：教法）を拡張せしめる」ことを目的とするのであり，それは自己成熟という「自利」を目的とするものである。筆者の表現であるが，[1]が「自利を目的する自利（自利的自利）」であり，[2]が「自利を目的とする利他（自利的利他）」であると理解している[13]。

ともあれ筆者は，この「領域 gati（あり方）に至る」とは仏・如来の「智慧と慈悲」のはたらきを受け入れること，あるいは「智慧と慈悲」のはらたきに包摂されることであると理解している[14]。後述するが，この「偉大な意義のある帰依処のあり方（領域）に至った者」の「種姓 gotra」こそがこの第 III 章第 12 偈の説示であり，この章の説示目的の一つであると理解している。

さらに，本論書の「構造と構成」に関する筆者の理解では，この第 II 章「帰依品」は第 IX 章「菩提品」第 7-11 偈の「無上帰依処 śaraṇatva-anuttarya」の説示と対応する[15]。その説示は，「仏たること buddhatva（智慧即慈悲）」を主語として展開する[16]。その冒頭の第 7 偈

13　筆者は，自利と利他の視点から，菩薩道の向上的修習を「自利的自利」（資糧道）→「自利的利他」（加行道）→「利他的自利」（見道・修道）→「利他的利他」（究竟道）という展開として考える。内藤[2017]38-40 頁参照。その視点をもとにした第 IV 章「発心品」理解は，内藤[2023]288-289 頁と 300-301 頁参照。

14　内藤[2020]，特に 253-254 頁参照。

15　内藤[2009a]159-160 頁註解(3)，内藤[2017]20-24 頁参照。

16　第 IX 章「菩提品」では「菩提」の内実が種々説示されるが，「仏たること」を主語として「一切種智者性 sarvākara-jñātā」（第 1-3 偈）→「無二相 advaya-lakṣaṇa」（第 4-6 偈）→「帰依処性 śaraṇatva」（第 7-11 偈）→「転依 āśraya-parāvṛtti」（第 12-17 偈）と説示は展開する。この説示順序が第 I 章前編第 1-6 偈「縁起 Ādi 品（序）」→

は総説であり，「仏たること」を帰依処とした者に対して，すべての煩悩・悪行・老病死の苦という，あらゆる困難からの救済があるという。続く第 8 偈はその詳説である。第 9 偈は「無上帰依処」の内実の説示であり，第 10 偈がその「無上」の理由の説示である。そして，第 11 偈は次のようにいう[17]。

世間のある限り，あらゆる衆生にとって仏たること（仏性）は偉大なる帰依処であると考えられる。〈1〉あらゆる災禍 vyasana（不幸）と〈2〉繁栄 saṃpatti とを[それぞれ順次]転じまた増大すること vyāvṛtty-abhydaya について[である]。

（第 IX 章第 11 偈）

この「転じ」と和訳した vyāvṛtti は，「転依」の「転 parāvṛtti」と同義であり[18]，この「〈1〉あらゆる災禍を転じること」が上記の[1]に，「〈2〉あらゆる繁栄を増大すること」が上記の[2]に対応するのである。すなわち，世間の一切衆生にとっての利益は帰依処とした「仏たること」，つまり「智慧と慈悲」のはたらきによるのである。

具体的にいえば，最勝乗を怖畏する衆生とは「極めて劣悪である[心身の]要素 dhātu（素因）」（第 I 章第 18 偈）[19]の者であるが，その者が「仏たること（智慧と慈悲）」を帰依処とすることによって，「菩薩」に相応しい身心の要素と成ること，つまり別のあり方に転回させられ養育されていくことを意味する。この転回と養育は「転依 āśraya-parāvṛtti」を意図す

後編 7-21 偈「成宗 Siddhi 品（大乗仏説論）」→ 第 II 章「帰依品」→ 第 III 章「種姓品」に対応すると理解している。内藤[2009a]9-14 頁参照。および，第 12 偈の註解(1)の特に【補記】（内藤[2009a]160-162 頁）など参照。ともあれ，この「転依」（第 12-17 偈）の内容と「種姓品」に対応する根拠については，不充分であるが，本論考の中で言及する。重要な点は，第 I 章乃至第 III 章に対応する第 IX 章の四項目すべてが「仏たること」を主語として説明されている事実である。すなわち，「一切種智者性」「無二相」「帰依処性」「転依」は「仏たること」，つまり仏の智慧と慈悲の内実である。この点については長尾ノート(2)198 頁注解(1)は重要である。

この四項目に続く項目の「仏陀所作 buddha-kāryatva」（第 18-21 偈）の説示は，それ自体が主語として説示される。ここに「菩提」の内実を説示する主語に変化があることも重視している。なお，この第 18-21 偈の説示は第 IV 章「発心品」ではなく，第 V 章「正行 pratipatti 品」に対応し，第 IV 章は第 IX 章最終偈の第 86 偈に対応する。内藤[2023]312-314 頁参照。内藤[2009a]134-137 頁と 281 頁註解(1)参照。

17 詳しくは，内藤[2009a]36-43 頁とその該当註解，および長尾ノート(1)192-198 頁参照。

18 内藤[2020]253-254 頁，および早島慧[2010]参照。

19 内藤[2009]76-77 頁参照。

る。その意味で，この第 11 偈が続く第 12-17 偈の「転依」の説示との蝶番的説示なのである[20]。その第 12 偈は次のようにいう[21]。

仏たること（仏性）とは，(a)煩悩の障害と所知に関する障害の種子が極めて長時に亘って常に付き随うのであるが，極めて広大なあらゆる種類の断によって滅尽するに至った時に，(b)その所依 āśraya が別の状態を得て，白浄な法の優れた功徳に結びついていることである。

その[転依の]獲得は，(c)極めて清浄で無分別なると，(d)極めて広く大きな対象を有するとの[二種の]智道[の修習]によるのである。 （第 IX 章第 12 偈）

この和訳中の(a)(b)(c)(d)は今回，便宜的に付加したものである。この偈は難解であるが，現時点の筆者は以下のように理解している。(b)がいわゆる向上的な初地悟入の「転依」であり，(a)がその転依の前提である。この(a)こそが，第 II 章第 12 偈の「[1]功徳の集まりを無量に増大せしめるに至るのである」と「[2]この生きとし生けるものを悲愍の意楽をもって包容して，そして偉大な聖者たちの無比なるダルマ（性質：教法）を拡張せしめるのである」に対応すると考えられる[22]。そして，(c)が加行道における加行無分別智による

20　筆者は，内藤[2009a]の論考以来，この第 IX 章「菩提品」において，「帰依処性」を説く偈に含まれる第 11 偈と「転依」を説く冒頭の第 12 偈の関係が重要だと考えている。この第 11 偈は第 7-10 偈の「帰依処性」と第 12-17 偈の「転依」の両説示に関して蝶番的役割と意味があると考えている。端的にいえば，本文中でも言及するように，第 II 章最終偈の第 12 偈の内容こそが第 III 章「種姓品」の「種姓」なのであり，最勝乗を帰依処とすることによって菩薩という存在のあり方が変化すること，つまり転じられることを意図していると考えている。

21　内藤[2009a]44-47 頁と該当偈の註解，および内藤[2017]337-339 頁参照。長尾ノート(1)198-206 頁参照。

次に引用する第 12 偈以下を概説しておく。第 13 偈では究極的に智慧が慈悲に転じることを示し，二乗などの他の転依より勝れているという。そして，その最勝なる「仏たること」の転依を第 14 偈で「如来の転依 parivṛtti」の十義として説く——十義の説明では，parāvṛtti が parivṛtti というように接頭辞が変化する点に留意——。さらに，続く第 15-17 偈は「仏たること（智慧と慈悲）」と「世間（有情世間・器世間）」の関係において，その「如来の転依」を詳説している。なお，その「智慧と慈悲が不二なること」が「仏たること」である点は第 IX 章第 1-11 偈の説示である。問題は「転依」の説示の冒頭である第 12 偈と第 13-17 偈の説相の相違である。筆者は，第 12 偈が向上的な内容，つまり智慧の視点であるのに対して，第 13-17 偈が向下的な内容，つまり慈悲の視点であると考えている。

22　この[1]と[2]が順次，本論考註解(9)で言及した「信解行地」における「地の獲得」，つまり「<1>信解による獲得，<2>行による獲得」という二つに対応すると考えられる。

見道悟入，つまり根本無分別智の直証であり，(d)が修道における後得無分別智（後得清浄世間智）という智慧の修習であると考えられる。

第１章第２節　無性釈・安慧釈が示す第 II 章と第 III 章の関係

さて，無性釈と安慧釈は共に，上記のような第 II 章第 12 偈を引用して，以下のような問答形式でもって，「第 II 章に続いて第 III 章を説く」（取意）という定型句を二度示す。それは，両章の関係に対する理由が二つ（A と B）あることを示していると考えられる。少し長いが，ここに提示する[23]。なお，詳しくは本篇所収の両注釈の「和訳と註解」を参照。

【無性釈】

【前提】［第 II 章第 12 偈を引用］という，直前に説かれたこの偈によって，〔大乗を〕帰依することに偉大な意義のあることが自利利他の両正行により示された。

【問い】以上のような自利利他の完成は，仏たること *buddhatva（仏果）を求めるすべての者にとって，無制限にあるのか，それとも何らかの制限があってのことか，というならば，

【答え】答える。〔制限が〕あってのことである。

【理由 A】［その］制限とは何か。利他の完成と功徳の集まりの増長（＝自利の完成）を具える彼は，仏種姓 *buddha-gotra を持つ者である。しかし，他の者（仏種姓を持たない者）に〔自利利他の完成があるの〕ではないから，

【結び A】それゆえに，「帰依〔の章〕」の後に，「種姓の章」〔が続くの〕である。

【理由 B1】〔また，〕不確定 *aniyata の種姓を持つ者（不定種姓）には，ある場合は〔自利利他の完成があるの〕であり，ある場合は〔自利利他の完成があるの〕ではないので〔その制限については〕断定的にはいえない。

【理由 B2】〔あるいはまた，〕その「仏たること」[24]のための資質 *bhavya のあるこ

---

[23] 基本的に，本篇の両注釈の「和訳と注解」と同じであるが，筆者の論述に合わせて若干変更がある。

[24] その「仏たること」とは，【問い】にある「求めた」対象である「仏たること」である。つまり，帰依処とした「仏たること」である。端的にいえば，菩薩乗の求めた「仏たること」は仏の智慧と如来の大悲であり，声聞乗の者が求めたものとは異なると考えられる。

とが「種姓」である。〔したがって，その〕種姓とは「仏のあらゆる特質 *buddha-dharma（＝不共仏法）」の「種子」である。種子なくして果実は見られない。
【結び B】それゆえに，それ（仏たること）を得るための資質を具えている者を対象として，「帰依〔の章〕」の後に「種姓〔の章〕」〔が続くの〕である。

【安慧釈】

【前提】‥‥と説かれた偈（第 II 章第 12 偈）によって，大乗を帰依処とした者は，自利利他の完成を成就するから，〔帰依処は〕偉大な意義を持つことを示す。

【問い】以上のように自利利他の完成を成就すること，それは無制限であるのか。〔すなわち〕声聞・独覚種姓を持つ者であれ，無種姓の者であれ，すべての者が大乗において仏など〔の三宝〕を帰依処とするならば，すべての者がその偉大な意義を得るのか。

あるいは，制限があるのか。〔すなわち〕すべての者が[大乗において三宝を]帰依しても，帰依処とする者の中のある者たちはその偉大な意義を成就するが，帰依処とする者すべてが成就するのではなく，制限があるのか。

【答え】答えとして，制限はある。

【理由 A】「仏種姓 *buddha-gotra」を持つ者たちが[三宝を]帰依処としたならば，利他の完成と諸々の功徳の集まりの増大とがある。一方，声聞・独覚種姓を持つ者や無種姓の者 *a-gotra などが，大乗の方軌 *vidhi で[三宝を]帰依処としても[25]，それらの功徳を得られない。

【結び A】それゆえ，「帰依の章」に続いて「種姓の章」を説くことにつながる。

【理由 B1】あるいはまた，不確定の種姓を持つ者たちが大乗に帰依するならば，その偉大な意義を得る。〔つまり，〕不確定の種姓を持つ者に関しては，善き師友によって済度されるならば，初めてその偉大な意義を得る。しかし，声聞などの師友によっ

[25] 筆者は，この「大乗の方軌 *vidhi」については，語が若干異なるが，第 I 章第 1 偈の「極上乗の方軌が説かれている教法に関して dharmasyottarayānadeśitavidheḥ」とある「極上乗の方軌 vidhi」であると理解している。研究会[2009]38-39 参照。

て，菩薩行を行じることから引き離されると，他の乗（声聞乗・独覚乗）において〔声聞菩提・独覚菩提それぞれを〕悟る。したがって，〔不確定の種姓を持つ者に関しては〕一方的な確定はない[26]。

【理由 B2】あるいはまた，この「種姓」[27]は，発菩提心と波羅蜜行と現等覚とのための資質 *bhavya を具えているといわれる。したがって〔その〕種姓は，それらすべての法（ダルマ）の種子である。種子なくして果実が生じることは見られない。

【結び B】それゆえ，種姓は，先に〔説かれた〕帰依，後に〔説かれる〕発菩提心〔・二利・真実〕などとして現れる諸法の因である[28]と示すために，「帰依〔の章〕」に続いて「種姓の章」を説くことにつながる。

両注釈ともに第 II 章最終偈の第 12 偈を承けて，その偈に示される「自利利他の正行の完成」，つまり成就が，最勝乗を帰依処として「仏たること」を求める者すべてにあるのかという【問い】から始まる。

まず，前段の【結び A】は「種姓が確定した者 niyata-gotra」を前提とした両章の関係の説明と考えられるが，「仏種姓 *buddha-gotra」という語で説明する。端的にいえば，「仏種姓」がある者は必ず「自利利他の正行の完成」があるというのである。筆者が注目するのは下線部分であり，引用部分では「自利 → 利他」の順序であるものが，「利他 → 自利」というように順序が入れ代わっている。この順序の入れ替わりは，自利がそのまま利他と成り，利他がそのまま自利と成ることをもって「完成」があることを示しているのである。この「完成」とは，後述する第 III 章第 12 偈（図 S）の四種の「<d>二者よりはるかに勝れた完成 saṃpatti がある」に対応すると理解している。すなわち，前者は「加行無分別智」に対応し，後者は「衆生縁の悲」に対応すると考えている[29]。端的にいえば，「仏種姓」を

26　この「一方的な確定はない」とは，菩薩としての菩提を獲得すること，つまり「〈2〉偉大な意義」の獲得が有るとも無いとも断定できないという意味である。

27　「この種姓」とは何を承けているのであろうか。筆者は，【理由 A】で示された「不定種姓」の「種姓」であると理解する。

28　各章のテーマを因果関係でいえば，第 III 章の「種姓」が原因で，第 II 章の「帰依」も第 IV 章の「発心」も結果であるという。この点については早島理[2020]が言及するが，本論考でも筆者の理解を提示する。

29　この自利と利他の逆転に対する視点については，内藤[2014]，内藤[2017]38-40 頁参照。

持つ者とは信解行地の修習の完成した者であるか，少なくとも信解行地（加行道）にある者に対応するのである。

一方，後段の【結び B】は，「種姓が確定していない者 a-niyata-gotra（不定種姓の者）」を前提とした両章の関係の説明であり，「不定種姓」の「不定」とは「自利利他の正行の完成」が不確定ということであるが，その「種姓」とは「仏たることのための資質」を意味する。端的にいえば，「不定種姓」とは，「仏たることのための資質」が「種子 bīja」の状態なのである。すなわち，「種子」という譬喩は「自利利他の正行の完成」が確定していないことを意味する。無性釈にはないが，安慧釈には，その「種姓が確定していない者」が「種姓が確定した者」と成るには善知識の教導が必要であるという。それによって，その「種子」が「根」に成ること，それも後述する第 III 章最終偈の第 13 偈の「よき[樹]根 sumūla」と成ることであると考えられる。

この「種子」に対して両注釈ともに，「種子（原因）がなければ果実（結果）はない」という因果関係を示す[30]。筆者の理解であるが，この「果実」は直接的には無上菩提の証得という仏果ではなく，「種姓が確定した者」の種姓である「仏種姓」を意味すると考えている。なぜならば，「種姓が確定していない者」が「種姓が確定した者」，すなわち「仏種姓」の者と成らなければ，仏果もないからである。そして前段【理由 A】で，「仏種姓」の者に成れば，必ず「自利利他の正行の完成」を成就すると示されているからである。

ともあれ，無性釈と安慧釈には説明表現の微妙な相違はあるが，この【理由 A】と【理由 B】の二つによって，「第 II 章「帰依品」に続いて第 III 章「種姓品」を説く」（取意）という定形の文言が二度ある。この二つが，第 III 章の前に『菩薩地』にはない第 II 章「帰依品」を新設する理由なのである[31]。特に，【理由 B】には，両注釈には表現の異なる一文（波

30　この「種子」について，この第 III 章最終偈の第 13 偈の「菩提樹」の「根 mūla」の譬喩と合わせて考えるべきかと思われる。つまり，「種子」が「根」に成るかは確定していない。根と成ってこそ樹木は生長するのであり，果実をも実らせる。世親釈は，この菩提樹の「根」を「吉祥根」といい，「最勝の種姓」の譬喩とする。両注釈のいう「仏種姓」は，この「最勝の種姓」に対応していると考えられる。端的にいえば，「種子」が「根」と成り，さらに「吉祥根」と成ることが重要なのである。

31　無性釈・安慧釈は各章冒頭で前章との関連に言及するが，この関連に関する定形の文言が第 III 章から第 IX 章まで基本的に二度提示される。また，その言及の中で，「あるいはまた yang na」の接続語で二度あるいは三度，文節が区切られる。この接続語が二度ではなく，三度ある場合の理解は難解である。

線部分）がある。筆者は，この第二の理由こそが重要であると理解している。なぜならば，本論書の「造論の意趣」が，「不定種姓の者」を菩薩の「種姓が確定した者」へと誘引することだからである[32]。

第１章第２節第１項　第 II 章と第 III 章の関係に対する理由 A
――「仏種姓 *buddha-gotra (sangs rgyus kyi rigs)」とは――

ここでは，前段の【理由 A】の無性釈と安慧釈にある「仏種姓」について確認しておきたい。この語は，この導入部分と，第 1 偈の安慧釈と，第 6 偈の無性釈と安慧釈にある[33]。種姓の区別を九つのトピックを列挙する第 1 偈には，無性釈はない。安慧釈では，その第一トピックの「(1) 存在性」，つまり「種姓が存在すること（存在性）」の説示が，声聞種姓と独覚種姓と仏種姓の語で示される。第二トピック以後では「仏種姓」の語はなく，基本的に「菩薩種姓 bodhisattva-gotra」の語があるが，その中で，「(1) 存在性」を詳説する第 2 偈安慧釈では「大乗種姓 *mahāyāna-gotra（theg pa chen po'i rigs）を自性とする者」という語がある[34]。また，第 6 偈の「(5) 区別」の説示では「確定した種姓 *niyata-gotra（rigs nges

---

32　研究会 [2009] など一連の「和訳と注解」の「序論」を参照。

33　その使用例は，(a) 本章導入部，つまり前章と本章の関係を注釈する部分では，無性釈・安慧釈に一度で，(b) 第 1 偈では安慧釈に二度（無性釈には無い）で，(c) 第 6 偈では安慧釈に二度（無性釈には無い）である。筆者は，この三箇所に使用されている点に意味があると考える。(a) は本文中に言及したように，第 II 章最終偈の「帰依処のあり方 gati（領域）に至った者」が「仏種姓」の者であることを意味すると考えられる。それを承けて第 III 章で「種姓 gotra」が説かれる。安慧釈の意図は，(b) の第 1 偈が第 III 章のテーマである「種姓」の総説であり，その種姓の説示は (a) の「仏種姓」を念頭にしたものであるという意味であろう。

一番の問題は (c) の用例である。筆者は，九つの項目を列挙する第 1 偈に対して，世親釈導入が「種姓の区別 prabheda」として，第 6 偈と同じ prabheda の語で示すのは，この第 6 偈の説示が本論書の「種姓の区別」の中の核心であることを暗示していると理解している。端的にいえば，この第 2-10 偈の「種姓」の詳説の目的は第 6 偈の四種の「種姓の区別」，つまり「確定しているか否か」と「揺るがされないか否か」なのである。その目的のために第 2-5 偈と第 7-10 偈の詳説があると考えられる。その意味で，第 1 偈は「区別性 prabheda-tā」というように，区別の本質を意図するので「性 -tā」があると理解している。

後述するように筆者は，この第 6 偈が蝶番的役割を担って，第 2-5 偈の前半四偈と第 7-10 偈の後半四偈が示されていると理解するのである。その前者は理論的説示であり，後者は実践的説示であると考えている。

34　この「大乗種姓を自性とする者」とは，「声聞種姓を自性とする者」「独覚種姓を自性とする者」とセットで示される点から，二乗（小乗）と区別する意図がある表現と考えられる。それは，利他という点で「悲愍を自性とする者」に共通する意味があると理解している。本篇の「安慧釈和訳と注解」の該当部分を参照。なお，この「大乗種姓」という語は，管見ながら，本論書には見出せない。

pa)」の説示において，声聞種姓と独覚種姓に対して「仏種姓」という語が使用されている。そのうち，「声聞たること *śrāvakatva (nyan thos pa nyid：声聞性)」の獲得の確定に対して，「仏たること」の獲得が確定していることを「仏種姓」というのである。端的にいえば，世間には種々の種姓の衆生が存在し，その中に「菩薩種姓」の衆生がいるが，それは「仏たること」の獲得が「確定している者」と「確定していない者」が混在しているのである。そのうち，「仏たること」の獲得という結果が「確定している者」を「仏種姓」を持つ者というのである。換言すれば，結果の生起に対する要素を必要かつ充分に完備したものが「確定した種姓」であると考えられる。要検討課題であるが，それは第 3 偈（図 H）の種姓に「最勝性」があることであり，それが菩薩の「種姓が確定した者」に対応すると考えられる。

さて，この「仏種姓」という語は『大乗荘厳経論』では第 IX 章「菩提品」第 77 偈世親釈に一度だけ使用される。それは以下のようなものである。少々長いが，世親釈も引用する[35]。

> [悟りを開いた]仏は一人だけでなく種々別々であることもないことについて一偈がある。
>
> **〈A〉仏陀が一人だけであることはない。〈A1〉[衆生は]個々別々の種性 gotra をもっているから，〈A2〉[福徳と智慧の資糧が]無意味にならないから，また〈A3〉[仏陀の衆生利益のはたらきは]完全であるから，〈A4〉最初[の仏陀]ということがないからである。**
>
> **〈B〉一方，[仏陀が]多であることもない。〈B1〉無垢なる所依において個別ではないからである。** （第 IX 章第 77 偈）
>
> 〈A〉「仏陀は一人だけである」というこのことは認められない。如何なる理由によってであるか。[何となれば，]〈A1〉個々別々の種性をもっているから gotra-bhedāt である。というのは，仏陀の種姓 buddha-gotra（仏種姓）に属する衆生は果てしないからであり，その場合に[その中の]一人だけが正覚を成じ，他の者が正覚を成じないという，そのようなことがどうしてあろうか[あり得ない]。‥‥（以下省略）‥‥

35　詳しくは，内藤[2009a]124-127 頁とその該当註解，および長尾ノート(1)262-198264 参照。

世親釈によれば，<A1>世間における衆生は種々の種姓を有していて[36]，その中に「仏種姓」を有する者も無数に存在し，その「仏種姓」が正覚を成就する根拠となるというのである。端的にいえば，「仏種姓」とは，「菩提」，つまり「仏たること」の証得という結果にとって原因なのである。なぜその「仏種姓に属する衆生」が無数なのかといえば，「仏たること」の智慧と慈悲は一切衆生に平等にはたらいているからである。すなわち，「仏種姓」とは，一切衆生を対象とした大乗の教法を「聞・思」することによって，「仏たること（智慧即慈悲)」，つまり智慧に裏付けられた大慈大悲を完全に受け入れたものと考えられる。

この第 IX 章第 77 偈の説示を踏まえると，無性釈・安慧釈の「声聞種性の者であれ誰であれ，大乗において仏などの三宝を帰依処とすれば，すべての者が偉大な意義（自利と利他の完成）を成就するのか」（取意）という問いに対して，「仏種姓を有する者」だけが成就するという説明は明確に理解できる。

以上のように，「仏種姓」を理解した上で，もう一度両注釈を確認してみたい。「仏種姓」を持つ者が，大乗を帰依処にしたならば，その者は「自利利他の完成を成就するから，その帰依処である大乗は偉大な意義を持つ」（取意）というのである。この場合，その者にあるのは「利他の完成と諸々の功徳の集まりの増大」といわれる。つまり，「自利利他の完成」（第 II 章第 12 偈）の「自利の完成」とは「利他の完成」に相応し，その「利他の完成」とは「諸々の功徳の集まりの増大」という「自利」に相応するのである。これは「自利即利他」を意味するが，その「自利即利他」は「仏種姓」を持つ者が大乗を帰依処としなければ成就しないということである。その意味で筆者は，「仏種姓」とは「本性住種姓」（第 4 偈図 I）に相当すると考えている。換言すれば，大乗を帰依処とすることで，大乗の教法に対する「聞・思・修」を繰り返す「決意 vyavasāya」（第 II 章第 2 偈世親釈）があって「習所成種姓」の者と成る必要があるのである。そこに「自利即利他」の成就，つまり初地見

36　この「衆生は種々の種姓を有している」とは，この第 III 章第 2 偈の「存在性（偈は sattva で世親釈は astitva)」の考え方と共通するものがあると理解している。つまり，世間に諸の衆生 sattva が存在することをもって，種姓の存在性 astitva を説くことに関係する。それは，仏の側から見れば，一切の衆生が救済対象，つまり慈悲の対象である。その衆生たちが，その大悲である仏の教法を，受け入れるか否か，またどのように受け入れるか否かが問題である。この点からも，衆生たちにある「種姓」が如来の大悲と関係していると窺える。

道への悟入がある。この理解は,「本性住種姓」と「習所成種姓」は「所依」と「能依」の関係（第 4 偈図 I）であるという説示からである。すなわち，その所依である「本性住種姓」が「仏種姓」に対応すると考えられる。

以上をまとめておきたい。第 III 章の導入部分の無性釈と安慧釈の両方で,「菩薩種姓」ではなく「仏種姓」を持つ者というのは第 II 章第 12 偈の「偉大な意義のある帰依処のあり方（領域)に至った者」を承けているからである。また，第 III 章第 1 偈と第 6 偈の安慧釈に「仏種姓」とあるのは，それが「確定した種姓」を意味するからである。以上が，第 II 章「帰依品」に続いて第 III 章「種姓品」が説かれる第一の理由なのである。

第 1 章第 2 節第 2 項　第 II 章と第 III 章の関係に対する関係 B
——「不定種姓」とは,「種姓が種子である」とは——

前段の【理由 A】が「仏種姓（確定した種姓)」のある者を前提にした説明であるのに対して，後段の【理由 B】は「不定種姓」の者を前提にした説明である。

無性釈は，その「種姓が確定していないこと」の説明で,

(1) 仏たることのための資質のあることが種姓である。

(2) その種姓とは仏のあらゆる特質の種子である。

(3) 種子なくして果実は見られない。

という。また，安慧釈は，同じく「種姓が確定していないこと」の説明で,

(1) この種姓は, 発菩提心と波羅蜜行と現等覚とのための資質を具えているといわれる。

(2) したがって〔その〕種姓は，それらすべての法（ダルマ）の種子である。

(3) 種子なくして果実が生じることは見られない。

という。この両者の(3)は「原因がなければ結果はない」という因果関係による説示であるが，それは,「種子」とは果実を実らせる資質はあるが，その結果が生じるには種々の縁が必要なのである。つまり,「種子」とは結果の成就が決定していないものを意味する。

さて，このような「種子」の語は，第 II 章「帰依品」第 5 偈で「仏子にとって最高の高貴な生まれ」の譬喩の中に使用されている。それは,「種子と生母と母胎と養母の譬喩」で

あるが，第 IV 章第 11 偈にも同じものがあるので，その両者を図式化して提示する[37]。

図 C：「最勝乗への帰依」と「勝義的発心」に関する外的要件の譬喩				
譬喩	**種子（精子）**	**生母**	**母胎**	**養母**
帰依(第 II 章第 5 偈)	菩提に心を発すこと	智慧波羅蜜	福徳と智慧の二資糧	悲(悲愍)
発心(第 IV 章第 11 偈)	教法を信解すること	勝れた智慧	禅定から成る安楽	悲(悲愍)

この譬喩の四種はすべて，菩薩自身にとっては外的環境・要件である。この四種が完備された者が「仏子 *buddha-ātma-ja」である。つまり，大乗の教法を「聞・思」することで「種子（精子）」による「発心」がある者が「仏種姓」の者であり，その三つの外的要件が最勝乗を帰依処とすることによって揃うのである。すなわち，「偉大な意義のある帰依処のあり方に至った者」（第 II 章第 12 偈）こそが四種の完備したことに対応するのである[38]。だからこそ，両注釈も上記したように，この第 12 偈を承けてまず「仏種姓を有する者」という語をもって説明するのである。

第 II 章第 5 偈の安慧釈によれば，声聞・独覚・菩薩はみな「仏子」であるが，声聞などは「仏の言葉から生まれた者」であり，菩薩は「仏の心から生まれた者」であるという[39]。つまり，仏の言葉（仏語・仏説）は釈迦牟尼仏の対機説法されたものであるが，それは「無縁の大悲 → 法縁の悲 → 衆生縁の悲」という向下的な悲の修習の「衆生縁の悲」に相当する。しかし，その説法された仏語は仏の心そのものではないのに，それに執着しているのが声聞なのである。一方，仏の心とは，その説法の根源である「無縁の大悲」，仏の智慧に裏付けられた慈悲に他ならない。端的にいえば，大乗の教法（仏語）を帰依処として，その教法をもって衆生を教導しようとした如来の大悲を求めて，大乗の教法を「聞・思・

37　第 II 章「帰依品」第 5 偈の筆者の理解は，内藤[2020]264-265 頁参照。それを踏まえた第 IV 章「発心品」第 11 偈との関連での言及は，内藤[2023]284-286 頁参照。

38　このように考えるのは，第 II 章最終偈の第 12 偈にある śaraṇa-gatiṃ gatas という -gati のある表現について，他の śaraṇa-gamana や śaraṇa-gata と同義であると考えていないからである。なお，第 II 章「帰依品」の説示内容の特異性・重要性は研究会[2020]の「序説」である早島理[2020]参照。

39　詳しくは，研究会[2020]122-123 頁参照。

修」していく者が菩薩なのである。

以上のことを踏まえて，先の【B2】の無性釈と安慧釈を考えると，「不定種姓」の「種姓」とは，「菩提を求める心」は「種子」としてあるが，「仏たること」の智慧と慈悲を帰依処として，智慧と慈悲を充分に聞熏習していない状況なのである。つまり，「生母・母胎・養母」に当たるものが完備していない状況を意味すると考えられる。その完備のためには，「生母」である「智慧」と「養母」である「悲（慈悲）」を帰依処としながら，「母胎」である「智慧と福徳の二資糧」を充分にかつ完全に積む必要がある。それが「種姓が確定していない者 aniyata-gotra」が「種姓が確定した者 niyata-gotra」，つまり「仏種姓」を持つ者と成ることである。端的にいえば，その菩薩の「種姓」とは如来の大悲（最勝乗の教法）の熏習によって形成されると考えられる[40]。

第 1 章第 2 節第 3 項　第 II 章と第 III 章の関係

第 II 章と第 III 章の関係について，A と B の二つの理由が示されている。理由 A は，「種姓が確定した者」である「仏種姓」を持つ者を前提にした理由であるが，それは「本性住種姓」の者を「習所成種姓」の者にするため，つまり最勝乗を帰依処とした「発心」ある者にするためである。一方，理由 B は，「種姓が確定していない者」を「種姓が確定した者」にするためであるというのであるが，換言すれば，「仏種姓」を持つ者，つまり「本性住種姓」の者にするためである。

この二つの理由によって，『菩薩地』の「修学」による「三部構成」の前には「種姓品」と「発心品」だけがあったが，本論書が第 I 章「縁起品・成宗品」と第 II 章「帰依品」を新たに増設した意味が理解できよう。すなわち，「世親の回心」でいえば，世親は無著を善知識として，声聞乗から菩薩乗に回心した。しかし，その世親はまだ，菩薩の「種姓が確定していない者」でしかなく，「確定した種姓の者」になるために，何を聞き学び，どのような成長・成熟することが必要なのかが問題であり，それには善知識が必要不可欠なのである。すなわち，「不定種姓」の者にとっては，最勝乗を帰依処とする者と成るには，どの

40　第 IV 章の「十種問答」（第 3-6 偈）における第一問答の「何が発心の根本 mūla（根）なのか」の問いとも対応する。研究会［2023］30-31 頁参照。筆者の理解は内藤［2023］262-266 頁参照。

ように大乗の教法を「聞・思・修」することで，菩薩としての種姓が確定するのかが重要な問題なのである。それがまさにこの第 II 章と第 III 章「種姓品」の関係に相当する。

そして，上記の「(3) 種子なくして果実[が生じること]は見られない」を承けて，両注釈は第二の【結び B】の「第 II 章「帰依品」の後に第 III 章「種姓品」が続く」（取意）という定型句を述べるが，その直前に微妙に異なる一文がある。無性釈には次のようにある。

(4) それゆえに，それ（仏たること）を得るための資質を具えている者を対象として，

この「仏たることを得るための資質を具えている者」こそが「不定種姓」の者なのである。筆者は，この「不定種姓」の者とは，第 II 章第 2 偈世親釈で「最勝乗を帰依処とした者の中に難行に耐え得ない者がいる」（取意）というように，挫折を懸念された者であると理解する。端的にいえば，大乗に回心して，大乗の教法を聴聞し始めたばかりの者である。

それに対して，安慧釈は次のようにいう。

(4) それゆえ，種姓は，先に〔説かれた〕帰依，後に〔説かれる〕発菩提心〔・二利・真実〕などとして現れる諸法の因であると示すために。

ここでは，この第 III 章「種姓品」と第 II 章「帰依品」の関係だけでなく，第 IV 章「発心品」以後の章にも言及する。これは，上記の (3) の説示を一般化すれば，「原因なくして結果はない」であり，「結果があればそれには原因がある」という因果関係である。

順序は逆転するが，後者から説明したい。後者の「第 III 章が原因であり，第 IV 章が結果である」という因果関係は理解できる。端的にいえば，菩薩にとって「発心」という結果の原因はその「種姓」なのである。この「種姓」が「仏種姓」，つまり「確定した種姓」を意味する。その上で，この「種姓」と「発心」は「本性住種姓（所依）」と「習所成種姓（能依）」の関係を意図すると考える。なぜならば，発心のない「習所成種姓」は存在しないからである。その意味で，第 III 章の説示は「習所成種姓」の「種姓」を説くことを目的としていることになる。その「習所成種姓」は第 III 章最終偈の第 13 偈の所説なのである。第 13 偈（図 U）についての筆者の理解は該当偈の解読参照。

では，前者の「第 III 章が原因で，第 II 章が結果である」とはどういうことであろうか。この場合，原因の「種姓」とは「確定していない種姓」であり，結果とは「偉大な意義ある最勝乗の領域に至った者」（第 II 章最終偈第 12 偈）の「種姓」と成ることである。それ

は，「種姓が確定すること」を意味し，それが「本性住種姓」に対応すると考えられる。その意味で，第 III 章の説示は「本性住種姓」の「種姓」を説くことを目的としていることになる。その「本性住種姓」は第 III 章最終偈直前の第 12 偈の所説なのである。第 12 偈（図 S）についての筆者の理解は該当偈の解読参照。

端的にいえば，『菩薩地』由来の「本性住種姓」と「習所成種姓」を継承しつつ（第 4 偈図 I），まず「本性住種姓」を念頭して，その「本性住種姓」ある者の具体的なあり方を説示するために第 II 章があるのである。そして，その「本性住種姓」を所依とする能依の「習所成種姓」の者を念頭にして，その具体的なあり方を説示するために第 IV 章があるのである。具体的にいえば，第 II 章との関係は，「偉大な意義ある最勝乗のあり方に至った者」（第 II 章第 12 偈）の存在が結果であり，それは不定種姓の「種姓」を原因とする因果関係なのである。第 IV 章との関係は，本性住種姓の「種姓」を原因として菩薩としての「心の生起（発心）」あるいは「意思」という結果が起こるという因果関係なのであるが，その「心の生起」がある種姓こそが「本性住種姓を所依とした，能依の習所成種姓」（取意・第 4 偈図 I）に対応するのである。

筆者の理解をまとめておきたい。本論書では，この原因である二つの「種姓」について，「本性住種姓」と「習所成種姓」とは「所依」と「能依」の関係であるといい，さらにその「種姓」は「原因としてだけ存在し，結果としては存在しない」という。そして，その「種姓」の意味は「諸功徳を産出するもの」であるという（第 4 偈図 I）。このように，『菩薩地』由来の「本性住種姓」と「習所成種姓」を継承して「種姓」を説示するのであるが，その「種姓」について「確定しているか否か」（第 6 偈図 K）の説示で本論書独自のまとめ方をする。つまり，「種姓」の詳説である第 2-5 偈は「本性住種姓」とは何かを主目的とした説示なのである。その「確定しているか否か」という点について，「諸縁によって揺るがされるか否か」（第 6 偈）という切り口でもって展開するのが第 7-10 偈である。そこで詳説されるのは「習所成種姓」とは何かを主目的とした説示なのである。

第1章第3節　第 II 章・第 III 章・第 IV 章「発心品」の展開について
――「世親の回心」の視点――

以上の第 III 章導入に関する無性釈と安慧釈の内容を踏まえて，ここでは「世親の回心」[41]と重ね合わせつつ，第 II 章「帰依品」→ 第 III 章「種姓品」→ 第 IV 章「発心品」の説示展開について考えてみたい。

周知のように，世親は大乗を非仏説であると批判していた点から，その時点では声聞の種姓であった。一方，兄無著の教化によって大乗に回心した点から，その声聞種姓は「不定種姓 aniyata-gotra（種姓が確定しないこと）」であることを意味する。ただし，「最勝乗を帰依処とした」だけでは，「その者たちは多大な難行を為さねばならないから，ある者はその難行に耐え得ない」（第 II 章第 2 偈世親釈）のである。その難行を耐え得る者こそが，先に「このような偉大な意義のある帰依処のあり方(領域)に至った者」（第 II 章最終偈・第 12 偈の）に対応する。つまり，その者の「種姓」が第 III 章の問題とするテーマの一つである。この第 II 章に関する筆者の理解は，すでに論述した[42]。その理解の中で本論考で重視するのは，菩薩が声聞などより勝れている理由は帰依処とした「最勝乗」，つまり「仏たること（智慧と慈悲)」の「殊勝なること（卓越性)」に他ならないという点である[43]。端的にいえば，この「帰依処のあり方(領域)に至る」ことは，「法界等流の聞熏習」による「聞」の成就を意味すると理解している。そして，この「帰依処のあり方(領域)に至った者」が無性釈や安慧釈の「仏種姓を有する者」に相当すると考えている。

さて，菩薩の「種姓」を主題とする第 III 章では，図 E と図 F で提示するように，第 1 偈で「種姓の区別 prabheda」のトピックが九つ列挙され，第 2-10 偈の各偈でその一つひとつが詳説される。その詳細は次章で論述するが，この第 2-10 偈の説示の中で，世親釈が明確に「菩薩種姓」というのは第 5 偈と第 7-10 偈である。筆者は，この第 5 偈について，「加

41　「世親の回心」の視点は，『大乗荘厳経論』第 I 章第 14 偈（本論考註解(108)参照）に対する長尾ノート(1)32 頁注解(4)による。内藤[2017]5-6 頁，内藤[2023]279-282 頁参照。

42　以下の第 II 章については研究会[2020]参照。筆者の理解は内藤[2020]で提示した。本論考で特に重要な点は，第 1 偈理解であるが，それは内藤[2020]243-246 頁【問題点 A】参照。また，「殊勝なること（卓越性)」については第 2-4 偈の理解であるが，それは内藤[2020]246-262 頁【問題点 B】参照。

43　その点をまとめたのが第 11 偈の「六義」による説示である。現時点の筆者は，この第 12 偈の[1]と[2]が順次，福徳と智慧の二資糧に対応し，いわゆる「資糧道」に相当すると理解している。要検討課題である。

行 prayoga の最初から」とある点から，「加行道」に当たる「信解行地」に関する説示と考えている[44]。

すでに言及したが，この第 2-10 偈の「種姓の区別 prabheda」の核心は，第 6 偈（図 K）の四種の「(5) 区別 prabheda（第 1 偈：区別性 prabheda-tā）」であり，「確定・不確定」と「揺るがされないこと・揺るがされること」の区別であると考えている。この第 6 偈が蝶番的役割を担っていて，「確定・不確定」が第 2-5 偈の理論的な説示に対応し，「揺るがされないこと・揺るがされること」が第 7-10 偈の実践的な説示に対応する。筆者が注目するのは，その第 7 偈世親釈にある gotra-stha という語で示される衆生である。この衆生は第 8 偈（図 M）の「利徳」があることによって，実践として向上的な修習の継続が可能なのである。その向上的な修習を継続できる根拠が，第 9-10 偈（図 N・図 P）で，「金」と「宝石」の「鉱脈 gotra の譬喩」で示される。なお，この gotra-stha という語と対照的に一対をなす衆生が第 11 偈の a-gotra-stha なる語で示される衆生であり，その衆生は向上的な修習が継続できないのである。

そして，第 12 偈（図 S）で「本性住種姓と習所成種姓」（第 4 偈）という二種の「種姓の偉大性 māhā-ātmya」が示される。この種姓の「偉大性」とは，「偉大な意義のある帰依処のあり方（領域）に至った者」（第 II 章第 12 偈）の種姓にある「偉大性」なのである。それは，主題の相違で説相は異なるが，第 II 章と第 III 章の両第 12 偈ともに自己成熟という自利的内容であり，衆生成熟という利他的内容ではないのである。ただし，その自己成熟は，衆生利益である利他を行じるに相応しい自己への成長を目的としている。

また，この第 III 章第 12 偈の四種の第四は，世親釈によれば，向上的な修習によって「(d) 世間の人々と声聞よりはるかに勝れた大菩提という完成 saṃpatti が生じる」[45]（取意）という。筆者は，この「大菩提の完成が生じる」とは菩薩にとって仏果の獲得を意味するとは

[44] 安慧釈は，第 2 偈と第 3 偈が声聞種姓・独覚種姓と対比しての菩薩種姓の説示であり，他が基本的に菩薩種姓（大乗種姓）の説示として註釈している。

[45] この saṃpatti はこの箇所では「成就」と漢訳されている。この語自体が多義であり，種々漢訳される。実際，本論書では種々の場面で使用され，文脈的に微妙な意味合いがあると思われる。筆者の個人的理解であるが，ここでの意味は「勝れたあり方」を意図しているように考えている。それは，用例として第 XIX 章「功徳」第 1 偈の漢訳語「勝位」に当たる。なお，第 XIX 章「功徳品」第 1 偈の長尾ノート (1) 3 頁の和訳は「繁栄」である。

理解していない。なぜならば，その比較の対象が声聞という出家者だけではなく世間の人も含まれているからである[46]。筆者は，この「大菩提の完成」とは，「自利即利他」ということであり，涅槃にも生死にも住着しない「智慧と慈悲」を受け入れたことを意味すると考えている。それによって出世間という完成があるのであり，それなしには「大菩提の証得」はないことを意図した説示表現であると考えておきたい[47]。

この第12偈を承けて，第III章最終偈の第13偈は，その世親釈導入文の「結果という点で種姓が勝れていること」という。その第13偈は以下のようなものである。

> **〈1〉極めて大いなる功徳のある菩提樹を成長させることと，〈2〉強固な安楽と苦の寂滅とを獲得することに資する。〈3〉自他の利益・安楽をもたらす結果を結ぶから，この最勝の種姓 agra-gotra はよい[樹]根の如くである。**　（第III章第13偈）

この第13偈に対する理解には，種々の意見があることは研究会を通して承知しているが，筆者の理解はすでに論述した[48]。この第13偈が第12偈と明らかに異なるのは，〈1〉〈2〉が〈3〉の自利と利他の結果を結ぶことに資する種姓であるという点にある。それを「最勝の種姓 agra-gotra」というのであるが，菩提樹の根という譬喩で，世親釈が「吉祥根 praśasta-mūla（誉れ高い根）」と呼ぶのである。筆者は，これが第4偈（図I）の「本性住種姓を所依とした能依である習所成種姓」（取意）のことであると理解している。

このような「最勝の種姓」の者に，第IV章「発心品」第1偈で示された五種の特徴の一つ，「大菩提と衆生利益を為すことを所縁とする」発心，つまり「心の生起 citta-saṃbhava」

---

[46] この世間の人と声聞の二者との比較による説示は，出世間（初地見道悟入）と関連する内容である。この二者との比較による説示は，第XVII章「供養・親近（師事）・梵住（無量）品」第42偈にあり，具合的な内容が第43-46偈で示される。研究会[2013]参照。内藤[2013]，内藤[2017]182-192頁参照。また，この説示を通して，凡夫は世間（生死）に執着し，声聞は出世間（涅槃）に執着するのに対して，菩薩は「不住生死・不住涅槃」という「無住処涅槃」を目的とするということが鮮明になる。この説示は，第XVII章第31-33偈である。研究会[2013]76-79頁，134-135頁の注解(31)の図参照。内藤[2013]，詳しくは内藤[2017]156-167頁参照。

[47] 詳しくは本論考における第13偈（図V）参照。そこで示したように，菩提樹の譬喩における「自利」に対応する「尽[智・]無生智」であると考えられる。換言すれば，この完成とは加行無分別智による完成であり，根本無分別智の直証と後得無分別智へ展開する智慧の完成であると考えられる。

[48] 内藤[2023]264-266頁参照。上記の第III章第13偈の和訳はそこで提示したものである。

があるのである。そして，第 IV 章最終偈である第 28 偈では，この「最勝の種姓」のある者を「最勝の衆生 agra-sattva」というのである。

最後に，この第 II・III・IV 章の最終偈のトピックを図式化して，筆者の理解を示しておく。なお，この図の理解には「第 7 章　まとめ」の図 X を参照。

図 D：第 II 章・第 III 章・第 IV 章各最終偈の説示の対照図		
各最終偈	各最終偈の説示のトピック	備考：私見
第 II 章第 12 偈	偉大な意義ある帰依処のあり方に至った者	種姓に住する者 gotra-stha の目標
第 III 章第 13 偈	吉祥根に譬喩される，最勝の種姓 agra-gotra	本性住を所依とする習所成の種姓
第 IV 章第 28 偈	菩提に心を発した最勝の衆生 agra-sattva	確定した種姓の者：習所成の者

視点を逆転させて説明しておく。世間において種々に存在する「菩薩 bodhisattva（菩提を求める衆生)」と呼ばれる者の中で,「発心」を意味する「心の生起」が自らの「意思」(第 IV 章第 1 偈）として自発的に起こってくる者が,「最勝の衆生 agra-sattva」(第 IV 章最終偈）である。その発心の原因が「最勝の種姓 agra-gotra」（第 III 章最終偈の第 13 偈）である。この「最勝 agra」とはどのようなものかを示すのが第 II 章第 12 偈と対応する第 III 章第 12 偈（図 S）の種姓の「偉大性」である。その「種姓」とはどのようなものかを示すのが第 III 章第 1-10 偈なのである。ただし，その「最勝の種姓」を有する者と成るためには，少なくとも「非種姓に住する者 a-gotra-stha」（第 11 偈）から菩薩の「種姓に住する者 gotra-stha」(第 7 偈）と成ることが必要不可欠なのである。

筆者は，この「住する-stha」「種姓 gotra」が確定したことが「本性住種姓」の意味であり，その種姓を所依として，向上的な「心の生起 citta-saṃbhava」，つまり「意思 cetanā」（第 IV 章第 1 偈）のあることが「習所成種姓」の意味と理解している。この「心の生起」という発心は，第 12 偈の二種の「種姓の偉大性」によるのであるが，それが第 II 章では最勝乗である大乗の教法について「聞・思・修」を為す「決意 vyavasāya」（第 2 偈世親釈）として示されていると考えられる。その結果として「偉大な意義のある帰依処のあり方(領域)に至った者」（第 II 章第 12 偈）と成るのである。それが帰依処とした「仏たること」，すなわち仏・如来の智慧と慈悲である大乗の教法を聞思して「受け入れること abhyupagama」（第

II 章第 11 偈）である。そのための第一歩が，仏説である最勝乗（大乗）の教法（第 I 章）を帰依処として受け入れること，つまり一切衆生を無上菩提へと教導するために説法された教説を聴聞することである。「種姓」とはその「聞熏習」によって形成される「要素 dhātu」なのである（第 III 章第 2 偈）。

以上が，『菩薩地』にはない二章，「序品・成宗品」（第 I 章）と「帰依品」（第 II 章）を増設した理由であり，「世親の回心」と重なるのである。すなわち，この「第 I 章→第 II 章→第 III 章→第 IV 章」の説示展開こそ兄無著による世親の教化に重なると考えられる[49]。この「世親の回心」という宗教体験は，伝統的な仏道の「聞・思・修」の「聞」が核心なのである。

第 2 章　第Ⅲ章「種姓品」第 1-13 偈の科段について

この第 III 章「種姓品」全 13 偈の科段（シノプシス）について，世親釈導入によるものは本篇の「本章目次」で提示した「科段」である。筆者の理解では，大別すると以下の(A)乃至(D)の四つのトピックで展開していると考えられる[50]。その(A)では，第 1 偈に列挙されたトピックの内容が第 2-10 偈で詳説されるのであるが，ここでは便宜的に分けて示しておきたい。

図 E：第 III 章の科段の大枠		
偈	世親釈によるトピック（筆者の理解による他章との関連）	対応図
第 1 偈	(A) 種姓 gotra の分類 prabheda について（第 I 章・大乗仏説論と関連） → 第 2-10 偈：第 1 偈の総説による九つの分類 prabheda 項目ごとの詳説	→ 図 F
第 11 偈	(B) 非種姓に住する者 a-gotra-stha について（第 I 章・大乗非仏説論と関連）	図 R
第 12 偈	(C) 本性住と習所成の種姓の偉大性について（第 II 章，特に最終偈と関連）	図 S → U
第 13 偈	(D) 結果の点で菩薩種姓が卓越していることについて（第 IV 章，特に第 1 偈と関連）	図 V → W

49　内藤[2020]参照，また内藤[2023]277-279 頁参照。

50　この第 1 偈乃至第 13 偈の説示トピックに関して，『菩薩地』を中心とした『瑜伽論』『声聞地』の対応箇所は，岡田[2014b]22-27 頁に図式化して示されている。

図 F：第 III 章第 1-10 偈の説示		
各偈：対応図	第 1 偈の区別（世親釈等）	その四種の説示内容（筆者要約）
第 2 偈：図 G	存在性 sattva （→astitva）	世間に存在する衆生のあり方の四種の点から
第 3 偈：図 H	最勝性 agratva	要因 nimitta＝善根 kuśala-mūla の四種の点から
第 4 偈：図 I	自性 svabhāva （→特徴・定義 lakṣaṇa）	種姓の特徴（定義）の四種：『菩薩地』由来の本性住と習所成の種姓。gotra の新しい語義解釈による定義。
第 5 偈：図 J	表徴 liṅga（徴相）	「加行 prayoga の最初から」表れる四種。（悲による衆生利益・利他行としての表徴）
第 6 偈：図 K	区別性 prabheda-tā （→区別 prabheda）	「確定か否か」（理論的区別）と「揺るがされるか否か」（実践的区別）の視点
第 7 偈：図 L	災難 doṣa	菩薩の種姓に住する者 gotra-stha であっても，未来世に悪趣に堕ちるという点からの四種
第 8 偈：図 M	利徳 anuśaṃsa	菩薩の種姓であれば，堕ちた悪趣でも向上的修習の継続が可能であるという点から四種
第 9 偈：図 N	金の鉱脈 gotra	智慧に相当する諸功徳の四つの所依・拠り所
第 10 偈：図 P	宝石の鉱脈 gotra	慈悲に相当する諸功徳の四つの所依・要因

第 2 章第 1 節　第 1-13 偈の説示に関する筆者の留意点

第 III 章の「構成と構造」を考えるための各偈の解読・解釈に当たって，筆者の留意点を以下，箇条書き的に示す。論述において不充分な点は今後の検討課題とする。

(1)『菩薩地』に由来する「本性住種姓」と「習所成種姓」という二種の種姓が重要である。なぜならば，この二種は第 4 偈（図 I）と第 12 偈（図 S）の二箇所で言及されるからである。特に第 12 偈は，図 E で示したように，第 II 章最終偈とリンクしていると考えられるからである。

(2) その第 4 偈（図 I）の四種について，世親釈は「本性住種姓」と「習所成種姓」がそのまま「所依」と「能依」の関係であるという。つまり，実質的には四種ではなく二種であることになる。また，この二種の「種姓」は「原因としては存在するが，結果としては存在しない」（取意）ということから，存在する「種姓」は一つであり，常に「原因」であるということになる。

(3)その第4偈（図I）では，その原因である種姓gotraを「諸の功徳を産出するもの」と語義解釈する。この語義解釈は他に類を見ない独自の解釈であると指摘される[51]。その解釈による gotra の意味は，第9-10偈（図N・図P）の「鉱脈 gotra」の譬喩による理解への布石である。

(4)第5偈（図J）の四種の「表徴 liṅga」の説示は，「加行 prayoga の初めから」とある。これが「加行道」，つまり「信解行地」を意味するのか。あるいはどのように対応するのかが問題である。また，その「表徴」は第II章最終偈の第12偈と深く関わると考えられる[52]。

(5)第6偈（図K）は，「(5a)確定した種姓」と「(5b)不確定の種姓」と，諸縁によって「(5c)揺るがされない種姓」と「(5d)揺るがされる種姓」の四種である。世親釈は，その(5a)(5b)がそのまま(5c)(5d)であるという。筆者は，この第6偈が蝶番的役割を担い，(5a)(5b)は第2-5偈の理論的な説示をまとめたものであり，(5c)(5d)は第7-10偈の実践的な説示展開への布石であると考えられる。端的にいえば，理論と実践，つまり智慧と慈悲に関連すると考えられる[53]。

(6)第7偈（図L）で「災難」が示されるが，その世親釈で「種姓に住する者 gotra-stha」という語が使用される。また，それと対比的な a-gotra-stha という語が第11偈（図R）で使用される。この二つの語を使用した説示内容と展開の意図は難解であるが[54]，重視する。

---

[51] 長尾ノート(1)71頁注解(3)には以下のようにある。

> 最後の「家系（筆者註：種姓）は徳を引き出すものとして知られるべき」の一句が家系（筆者註：種姓）gotraの語源解釈であることを Vṛtti.（筆者註：安慧釈）によって初めて知る。

このように，初期大乗の経典と論書を七十年以上も研究してきた，長尾先生をして「初めて知る」というのであるから，極めて稀な独自の解釈であると考えられる。これは，第9-10偈の「鉱脈 gotra」の譬喩にもとづくものであると考えられるが，瑜伽行唯識学派における極めて実践的で実体験的な語義解釈であると考えられる。この「譬喩」の問題については，本篇の「和訳と注解」参照。

[52] 内藤[2020]281-284頁【問題点F】参照。

[53] 同様な説示展開は，理論的説示と実践的説示による構成として，第IV章「発心品」第1-20偈と第21-28偈において見出せる。内藤[2023]260-263 頁参照

[54] 本論考註解(108)に引用する第I章第14偈（研究会[2009]66-67頁）に「種姓なき者 a-gotra」の語があるが，その世親釈は a-gotra を a-gotra-stha とは言い換えていない。これが a-gotra-stha と同義であるかどうかが問題である。本論考の図Q参照。現時点の筆者は安慧釈のように，両者を同義と理解していない。端的にいえば，「種姓に住する者 gotra-stha」とは，その者自身が内的に種姓を有していることを意味するとは考えていない。理由

(7)第8偈（図M）で「利徳」が示される。本論書では,「利徳」は「功徳」と一組であり,「災難」は「過失」と一組である。そして,「災難」は「利徳」と対比的に説示される[55]。その意味で第7偈と第8偈は一組で考えるべき内容である。

(8)「鉱脈 gotra の譬喩」が第9偈（図N）と第10偈（図P）の二つで示される意図が何かである。なお，この譬喩の「鉱脈」は「種姓」と同じく gotra という語である点に注目。

筆者は，この種姓に対する二種の譬喩について，先に図Eに記したように，第9偈が向上的に仏果に向かう智慧の諸功徳の所依であり，第10偈が向下的な「故意受生」（後述）によって衆生利益のために悲を行じる諸功徳の所依であると理解する。また，この二つは別々なものではない。上記の留意点(2)(3)に記したように,「種姓」は「原因としてのみ存在する」ものである。すなわち，智慧と慈悲は不一不二なのであり，一つの「種姓」の譬喩なのである。私見であるが，第9偈は第IX章「菩提品」の「一切種智者性」（第1-3偈：智慧）に関連し，第10偈は「無上帰依処性」（第7-11偈：慈悲）に関連し，その両者の「不一不二」が「無二相」（第4-6偈）に関連する。その意味で，第IX章において，この第1-11偈の説示とともに，それは続く「転依」（第12-17偈）も同じく「仏たること」をもって説示される点に留意。

以上のような点に留意しながら，以下各偈について，筆者の解読と理解を提示したい。

第3章　第1-10偈の説示に対する解読と解釈による理解

まず,(A)第1-10偈（図F）の説示について，筆者の解読と解釈を提示する。第1偈は，世親釈導入によれば,「種姓の分類 prabheda」を「概括 saṃgraha（総括)」した偈であり，九種のトピックが列挙されている[56]。そのトピックを第2-10偈が一つずつ詳説する。この

は，本論考註解(105)で言及する第XI章「述求品」第61偈世親釈の gotra-stho bodhisattvaḥ の用例からである。この表現は，gotra とは菩薩が住する対象，つまり菩薩にとっての外的に依拠する対象であると考えられるからである。

55　この組合せによる説示は第IV章「発心品」でも重要である。内藤[2023]290-292頁。特に,「災難」と「利徳」の組合わせの説示は世間的段階において実践的に初地見道へ向かう信解行地（加行道）の段階・過程の説示であると考えられる。

56　トピックの数を「九種」と明言するのは漢訳だけである。例えば，第XVII章第1-5偈で「供養」について「八

九種のトピックの順序は何を意味するのであろうか。

筆者は，この第 2-10 偈にある動詞表現に注目している。まず，第 2 偈は「明言される nirucayate」→ 第 3 偈は「規定される vidhīyate」→ 第 4 偈は「知られるべきである vijñeyam」→ 第 5 偈は「明言される nirucayate（確認される nirūpyate）[57]」というように説示が展開する。第 6 偈は動詞に当たるものがない。そして，第 7 偈・第 9 偈・第 10 偈は「知られるべきである」である。第 8 偈は，動詞がないが，留意点(7)で言及したように第 7 偈と一組の説示であるから，同じく「知られるべきである」内容なのである。つまり，第 4 偈と第 7-10 偈の「知られるべきである」内容こそが本論書独自に示す「種姓」の意味であり，他は先行経論や善知識にもとづく理解であると考えられる。その視点から第 2-10 偈を考えると，動詞に当たるものがない第 6 偈こそが第 1-10 偈の説示目的の内容であると考えられる。これが，上記の留意点(5)である。

第 3 章第 1 節　第 1 偈の「種姓の分類 prabheda（区別）」の概括的列挙の説示

第 1 偈は基本的にトピックの列挙（図 F）であるが，その偈に「四種がある」とある。偈単体ではその意味と意図は難解であるが，本論考では世親釈にしたがう。つまり，第 2-10 偈で各トピックにそれぞれ「四種がある」という意味に理解しておく。

それよりも筆者に違和感があるのは，この第 1 偈世親釈導入が「種姓の区別 prabheda」というが，この prabheda という語が各所で使用される点である。しかも，第 1 偈自体に「種姓には(5)区別性 prabhedatā がある」とあり，第 1 偈世親釈はその prabheda-tā を prabheda (-tā の無) と言い換えている。このトピックを詳説する第 6 偈とその世親釈導入では prabheda

---

要義」をもって説明されるが，その第八要義の内容について漢訳だけが「十一種」と明示するが，サンスクリット文やチベット訳は数に言及しない。研究会[2017]40-41 頁参照。そこに説示されるトピックの順序は，単純な並列的列挙ではなく，「供養」に関する向上的な意図をもった順序であると考えられる。この点については内藤[2017]276-279 頁参照。この「供養」と同じく，この第 III 章第 2-10 偈の「種姓」のトピックの順序には何らかの意図があると考えるべきである。本論考は，この問題点に対する筆者の答えでもある。

57　諸の写本に支持されないので，「確認される nirūpyate」（長尾ノート(1)72 頁の訳）を採用できない。しかし，本文中で示す筆者の理解を是とすれば，第 4 偈で「知られるべきである」と示された「種姓の特徴」にもとづいて，第 5 偈のように菩薩の「種姓の表徴」が「確認される」という文脈の方が整合性があると考えている。また，前半の四偈で異なった動詞を使用している方が作偈という点でも勝れているのではないかと思われる。

であり，第 1 偈自体とは異なり「性-tā」が無い[58]。また，第 2 偈自体に bheda があるが，その世親釈では prabheda となっている。このように同じ gotra を連続して説示する箇所において，prabheda-tā と prabheda と bheda という語が混在している点には違和感がある[59]。

第 3 章第 2 節　第 2 偈「(1)存在性 astitva(sattva)」による四種の説示

第 2 偈では，種姓の「(1)存在性 astitva（第 1 偈では sattva）」が「明言される nirucyate」という。この説示は，世間には衆生が種々存在するが，その衆生の相違について(1a)[構成]要素 dhātu・(1b)信解 adhimukti（性向）・(1c)正行 pratipatti（実践）・(1d)結果 phala という四種の類別（偈 bheda：世親釈 prabheda）でもって理解し[60]，その衆生の類別の根拠として「種姓」の存在することが「明言される」というのである。それを図式化する。なお，この世親釈は，声聞乗・独覚乗・菩薩乗の三乗を明確に意識しているが，説示目的は「種姓とは何か」を明らかにすることであると考えられる。

図 G：種姓の「存在性 astitva（第 1 偈 sattva）」：第 2 偈（「明言される」内容）	
諸々の衆生には(1a)乃至(1d)の類別 prabheda が確認されるから，種姓が存在する。	
第 2 偈の類別	**世親釈の説明**
(1a)要素	『アクシャ樹果の堆積経』の譬喩のように，衆生の要素の類別があるから
(1b)信解（性向）	ある衆生には，衆生ごとに三乗それぞれに対する信解の類別があるから
(1c)正行（実践）	衆生が正行を成就するか否かという点で，正行の類別があるから
(1d)結果	衆生にはその証得する菩提に上・中・下の結果の類別があるから （私見：この結果の類別は種子によるが，それは(1a)(1b)(1c)も同じ）

58　第 1 偈の prabheda-tā は音韻の問題として-tā（性）があると理解して，その有無で意味の相違はないと考えるべきかもしれない。その場合，漢訳で「性」と訳される場合が一般的な -tā を付加した理由は何であろうか。相違がないとすれば，他の無意味な置き字をもって音韻を調整したのではないかと考えてしまう。この問題に関する筆者の理解は後に本文で言及する。

59　筆者は，第 2 偈については bheda も prabheda も「類別（本和訳では「区別」）」と暫定的に訳した。理由は，その世親釈が「素因 dhātu の bheda は，そういった類のもの evaṃ-jātīyaka である」という点からである。

60　岡田[2014b]によれば，この四種の内，(1a)(1b)は『菩薩地』「種姓品」に対応箇所がなく，『瑜伽論』『声聞地』に対応箇所がある。また，(1c)(1d)は『菩薩地』「種姓品」に対応箇所がある。これが偈の「明言される」根拠の論書であると考えられる。

具体的にいえば，この世間において，声聞乗・独覚乗・菩薩乗という仏道を向上的に歩む衆生が現に実在し，それによって三乗が類別される。それは，その衆生それぞれに(1a)乃至(1d)という点で衆生存在のあり方（生き方）に相違があるからである。その類別の根拠が「種姓」であるというのである。換言すれば，それら四種の点で類別される衆生 sattva が存在すること astitva がそのまま種姓の存在 astitva であるというのである[61]。

なお，無性釈はこの第2偈の注釈箇所において，この第III章「種姓品」における「種姓」は「種子 *bīja」と「要素 *dhātu（界）」と「原因 *hetu」と同義語であるという。この点に個人的には注目している[62]。また，この第2偈の説示には三乗の存在だけではなく，釈迦牟尼仏という歴史的存在が含意されていると考えている[63]。すなわち，釈迦牟尼仏が僅か六年間の修行によって仏と成ったという事実と，その説明のジャータカ（本生説話）があるという事実である。この四種は，ジャータカにおける主人公の類別でもあると考えられる。

さて，この説示は，「結果があれば，必ず原因がある」という因果関係によって，世間に存在する衆生（結果）に対して(1a)乃至(1d)の類別から，その相違する結果の原因として

61　第2偈世親釈導入は，第1偈の sattva を astitva と言い換えている。この sattva には「存在性」の意味もあるが，一般的に「衆生」「有情」を意味する。第2偈の四種は，世間に存在する衆生を類別したものであるが，この sattva に「存在性」と「衆生」の両義を含意させていると考えられる。

62　この(1)要素 dhātu の説明について無性釈は，『多界経』の名前を出して，「種姓とは種子であり，要素と原因というのは[種姓の]同義異語である」という。なお，安慧釈にはこの同義に関する言及はない。無性釈「和訳と注解」参照。私見であるが，この無性釈の示す四種の説示と順序は，(1a)[構成]要素の相違は「種姓」により，(1b)信解の相違は「種子」により，(1c)正行の相違は「要素」により，(1d)結果の相違は「原因」によるという対応関係ではないかと考えている。これは個人的な要検討課題である。

63　この第2偈（図G）の説示内容，特に「(1a)要素」の『アクシャ樹果の堆積経』の理解については，本篇「和訳と注解」を参照。以下，筆者の理解の視点を補記しておく。

この『アクシャ樹果の堆積経』による説示は，ジャータカ（本生説話）などの釈迦牟尼仏の前生を念頭にしたものではないかと考えている。この第2偈の四種それぞれは，現在世における衆生の分類であるが，その現在世の衆生（結果）は過去世のあり方を原因としたものであり，長い年月を経た歴史的存在なのである。このような第2偈の歴史的存在としての現在世の衆生のあり方を問題にした「種姓」の説示は，第XVI章「六度（六波羅蜜）品」第16偈の説示が深く関わると考えている。そこでは，六波羅蜜の修習は六つに依拠するとされ，その第一が「ものがら upadhi（余：有余・無余の涅槃の「余」に当たる）」で，具体的には1)原因（種姓の力），2)成熟（身体的成熟の力），3)願（本願の力），4)思択考究（般若の智力）の四種である。この1)原因（種姓の力）が第2偈に対応する。また，2)成熟（身体的成熟の力）が第3偈に対応すると考えられる。この第16偈に対する安慧釈は，1)の種姓の力や2)の身体的成熟に過去世の因縁をもって説明していると考えられる。長尾ノート(3)23-24頁，特にその注解参照。本論考の「第8章」参照。また，内藤[2013]312-313頁で図P参照。

「種姓」の存在を説示している。興味深いのは，「(1c)正行」の説明で，安慧釈が引用する「舎利弗と乞眼居士」の逸話である[64]。具体的には，声聞であった舎利弗は，大乗種姓（菩薩種姓）の善知識を縁として，同じように信解を持って菩薩行の布施波羅蜜を実践していたが，波羅蜜行に耐え得ずに難行を放棄する，つまり挫折したというものである。これこそが向上的な菩薩行を成就できない衆生の存在の一例である[65]。当然それは，舎利弗という衆生存在の「(1a)要素」と「(1b) 信解」が菩薩の種姓に相応しくなく，不充分であったことを意味する。それは，大乗の教法に対する「聞・思」が充分に成就していなかったからである。そして，菩薩行を放棄したので，舎利弗は声聞乗としてこの世間を終えたのである。それが「(1d)結果」である。その意味で，舎利弗は声聞の「種姓が確定していた者」であり，菩薩の「種姓が確定していない者」（第 6 偈図 K）になるのである。

一方，同じく声聞乗であった世親は回心して，向上的な難行を放棄したと伝わっていない。つまり，世親は声聞の「種姓が確定していない者」であり，菩薩の「種姓が確定した者」と成り，諸縁によって「揺るがされない種姓」の者と成ったこと（第 6 偈図 K）を意味する。この両者の相違は何であろうか。筆者は，それを第 5 偈（図 J）の「(4)表徴 liṅga」の有無であると考えている。詳しくは第 5 偈の箇所で言及するが，舎利弗にはこの「(4)表徴」，つまり「(4b)悲愍（悲）」と「(4c)忍辱」がなかったのであろう。具体的にいえば，舎利弗が利他行である衆生縁の悲を行じていたが，それは智慧（加行無分別智）によるものではなかったのである。だからこそ，その対象者である乞眼居士の振る舞いを認めて許すこと，つまり忍辱がなかったのである。それが布施行を放棄した原因であると考えられる。

ともあれ，時代は異なっても世間には，舎利弗や世親のように種々の衆生存在がいる。その中には，大乗（最勝乗）の教法を怖畏しない構成「(1a)要素 dhātu」から成る衆生や，

64　舎利弗の逸話は，本篇の安慧釈「和訳と注解」参照。この逸話は『大智度論』によってよく知られているが，インド・チベットにその伝承は確認されていなかった。この安慧釈によってこの逸話はインド以来のものであることが確定された。岡田[2015]註(23)参照。この逸話については岡田[2021]が詳しいので参照。

65　この筆者の論述表現は，第 II 章「帰依品」第 2 偈世親釈導入の「三宝を帰依処とした者の中で，最勝乗を帰依処とした者が最高であるが，多くのなすべき難行に耐えらない者がいる」（取意）ということを踏まえたものである。研究会[2020]22-27 頁。内藤[2020]246-262 頁【問題点 B】参照。

善知識の教導のままに大乗を聴聞するという「(1b)信解」のある衆生や，さらに善知識の教導のままに「(1c)正行」を行う衆生や，「(1d)結果」として最勝乗を帰依処とし続ける衆生，すなわち「決意 vyavasāya」（第 II 章第 2 偈世親釈）のある衆生が存在するのである。これらの相違は「種姓」によるのであると説くのが第 2 偈である。筆者は，この第 2 偈の四種の説示をベースにして，第 5 偈（図 J）の説示内容へ，さらに第 12 偈（図 S・図 U）の説示内容へという展開があり，それは向上的な一人の菩薩の「種姓」の養成・成熟のあり方であると考えている。

その意味で，この第 2 偈の四種の衆生存在は，その「種姓」（原因）による大乗を帰依処とするあり方（結果）の相違なのである。これが，安慧釈のいう「第 II 章「帰依品」が結果であり，第 III 章「種姓品」が原因である」（取意）という因果関係であると考えられる。

第 3 章第 3 節　第 3 偈の「(2)最勝性 agratva」による四種の説示

第 3 偈では，種姓の「(2)最勝性 agratva」が「規定される vidhīyate」という。ここでの四種は直接的に「種姓」ではなく，種姓を要因 nimitta（発動因）とする善根 kuśala-mūla についての四種である[66]。それを次頁に図式化するが，この最勝性の四種は声聞の種姓の否定による説示である[67]。

この四種の最勝性は，声聞の善根を否定することによって，反証的に，菩薩の善根の要因である種姓の「最勝性」が「規定される」というのである。この四種は，『菩薩地』「種姓品」に部分的な対応があるとして，その「種姓品」に見出される教説の枠組みを採用して，内容的発展があると指摘されている[68]。

66　偈の「浄善 śubha」を世親釈が「善根」とするのであるが，それは第 II 章第 10 偈「他者より勝ることの意味」の説示でも同じであり，そこも声聞との対比による説示である。

67　声聞の種姓だけとの比較は「世親の回心」が背景にあるからと考えられる。この(2a)乃至(2d)の善根の区別が出世間，つまり初地見道悟入とその後のあり方を目的にしたものであるからである。本文中に言及する第 II 章第 10 偈と対比すると，向上的な方向性を意図したものと考えられる。筆者は，この四種の説示が順次，向上的な「加行道→見道→修道→究竟道」に対応していると考えているが，要検討課題である。

68　岡田[2014b]23-27 頁参照。岡田はこの点について改めて論述するという。その知見に期待したい。

図 H：種姓の「(2) 最勝性 gtratva」：第 3 偈（「規定される」内容 ← 否定による規定）		
菩薩の善根 kuśala-mūla が (2a) 乃至 (2d) であることは，種姓が要因 nimitta であるからである。		
第 3 偈：最勝性の善根	**世親釈：声聞の善根 →**	**→ 菩薩の善根（反証）**
(2a) 最高であること udagratva[69]	鍛錬されたものではない	鍛錬されたものである
(2b) 十全であること sarvatva	十力・四無畏がない	十力・四無畏がある
(2c) 偉大な意義を持つこと mahā-arthatva	利他 parārtha がない	利他がある
(2d) 無尽であること akṣayatva[70]	無余涅槃を最後とする	無余涅槃を最後としない

さて，ここと同じく「善根」を問題にして，最勝乗を帰依処とした菩薩が声聞より勝れていることは，第 II 章「帰依品」第 10 偈の「[C] 他に勝ること abhibhava (abhibhūti)」で説示されている[71]。その四種は，[1] 広大である（世間的な）善根，[2] 意義が偉大である（出世間的な）善根，[3] 無辺際である（成熟せしめる）善根，[4] 無尽なる（自在性を得ている）善根である。この [1] 乃至 [4] の四種は順序こそ異なるが，ほぼこの (2a) 乃至 (2d) と対応すると考えられる[72]。この第 II 章において，その総摂的説示の第 1 偈自体が，三宝を帰依処とすることについて「最勝乗 agra-yāna において」という限定をもって説示される。こ

69　この「<1> 最高であること」について，安慧釈（第 3 偈には無性釈は無い）は次のようにいう。「声聞の種姓は，その心が「鍛錬 *uttapta」によって煩悩障と所知障との両方を離れる善根の要因とはならない。一方，菩薩の種姓は，その心が「鍛錬」によって煩悩障と所知障との両方を離れる清浄なる善根の要因となる」（取意）ので，最高であるという。ここでは「正行 pratipatti」あるいは「加行 prayoga」と表現せずに「鍛錬」という点に留意しておきたい。本篇安慧釈の「和訳と注解」参照。私見であるが，「鍛錬」によって成長・異熟した種姓でなければ，「正行」によって煩悩障と所知障を断じて初地見道に悟入できないのであろう。

70　この「<4> 無尽であること」について，安慧釈（第 3 偈には無性釈は無い）は次のようにいう。「声聞の種姓は，無余依涅槃で一切が消滅してしまう善根の要因 nimitta である。一方，菩薩の種姓は，無余依涅槃で一切が消滅しない善根の要因である。」（取意）という。この無住処涅槃について，内藤 [2017] 31-46 頁参照。それは「涅槃にも住著せず，生死にも住著しない涅槃」である。具体的にいえば，仏・菩薩とは智慧によって煩悩に汚染されることなく，大悲によって衆生救済のためにはたらき続けるからである。このような涅槃に向かう善根の要因が菩薩の種姓なのである。その意味でも，「種姓」とは悲であり，智慧に裏付けられた大悲へと成長・成熟するものであると考えられる。

71　研究会 [2020] 36-37 頁参照。内藤 [2020] 275-278 頁，図 15 参照。

72　この内，[2] は (2c) と，[4] は (2d) に相当することは明白である。[1] は一切の法に行き渡っているという意味であり，(2b) は「すべての善根に行き渡っている」という意味であることから，内容的には相当すると考えられる。[3] は「成熟せしめる」という意味であり，(2a) は煩悩障と所知障を断じるという意味であるから，これは向上的な成熟・転回の意味である。その意味で [3] と (2a) は対応すると考えておきたい。要検討課題である。

の agra がこの「最勝性 agratva」に相応すると考えられる。端的にいえば，この菩薩の種姓の「最勝性」は「最勝乗（大乗）」を帰依処としているからである。具体的にいえば，帰依処とした「仏たること」，つまり仏・如来の智慧と慈悲を蒙り，それに随順した者の善根だから，「最勝性」があるのである。

第 2 偈（図 G）の(1a)乃至(1d)の四種は，三乗の存在性としての「種姓」であり，菩薩種姓について具体的には示されていない。その第 2 偈の四種を前提として踏まえて，この第 3 偈（第 H）の(2a)乃至(2d)の四種があると考えるべきであろう。換言すれば，第 2 偈の四種に相応しつつ，菩薩の「種姓の最勝性」を具体的に示しているのである。確かに，第 3 偈世親釈は「菩薩の種姓」と限定しないが，その世親釈では，声聞の種姓と否定しつつ，反証的に菩薩の種姓を提示し，その最勝性を浮き彫りにしている。筆者の理解としては，この最勝性の四種は，第 2 偈の(1a)乃至(1d)の四種それぞれについて，声聞の種姓と対比して，例えば「鍛錬されたものではない」などの四種の点で否定的に反証し「規定され」ていると理解すべきと考えている[73]。

それを踏まえて，筆者は以下のように理解している[74]。「最勝[乗]を帰依処とした者の中で難行に耐え得ない者」（第 II 章第 2 偈世親釈導入文の取意）がここで示される声聞乗の者である。それでもって反証される「難行に耐え得る種姓の者」とは(2a)乃至(2d)で示される善根のある者である。その最勝乗の帰依処とは第 II 章第 1 偈の四種（[A]乃至[D]の四種の意義）から成る帰依処であるが，その「[A]遍く行き渡ること」（第 II 章第 3 偈）を帰依処とする者である。それが[A1]乃至[A4]の四種として示されている[75]。具体的には，智慧に裏付けられた大乗の教法，すなわち[A1]大悲を[B]受け入れた者であり，その大悲を裏付ける智慧を順次[A2] → [A3] → [A4]と受け入れる者である。要検討であるが，筆者は，この[A1]乃至[A4]の四種がこの第 3 偈の(2a)乃至(2d)に順次対応し，上記の第 II 章第 10

73　これは，第 II 章第 1 偈の説示理解と関連する。筆者は，この説示も一種の「入れ子構造」で理解すべきであると考えているが，紙面の都合上省略する。詳しくは，内藤[2020]243-246 頁【問題点 A】参照。

74　以下の論述は，内藤[2020]246-263 頁【問題点 B】にもとづく理解である。

75　紙面の関係上，筆者理解の要点だけを示す。最勝乗を帰依処とした者は，「[A1]一切衆生を済度しようとして行じる者」→「[A-2]乗すべてにわたって巧みである者」→「[A-3]智すべてにわたって巧みである者」→「[A-4]涅槃において[生死]輪廻と寂静を一味とする者」（第 II 章第 3 偈）というように向上的に成長するのである。詳しくは研究会[2020]22-25 頁。筆者の理解は内藤[2020]246-262【問題点 B】参照

偈の四種と対応すると理解している。そのような衆生には他の衆生（声聞）に対して「最勝性」のある種姓があるというのである。

なお，この「最勝性 agratva」の説示こそが，図 D で示したように，第 III 章最終偈の第 13 偈の「最勝の種姓 agra-gotra」や，第 IV 章最終偈の第 28 偈の「最勝の衆生 agra-sattva」の「最勝 agra」に対応すると考えている。それは帰依処とした「最勝乗 agra-yāna」，つまり智慧と慈悲によるからである。換言すれば，「四種から成る偉大な意義」のある最勝乗（第 II 章第 1 偈）を帰依処とした者が「最勝の種姓」ある者と成長するのであるが，それは「仏たること」を帰依処として，その智慧と慈悲を希求するからである。具体的には，如来の大悲を[B]受け入れた abhyupagama 者は大乗の教法を「聞・思」することで[76]，その大悲を裏付ける仏の智慧と福徳の二資糧を積むからである。これによって，養育・成熟した種姓による善根が，(2a)乃至(2d)の四種であると考えられる。

第 3 章第 4 節　第 4 偈の「(3)特徴（定義）lakṣaṇa」による四種の説示

第 3 章第 4 節第 1 項　第 4 偈の説示内容の理解――gotra の語義解釈――

第 1 偈（世親釈も同じ）で「種姓の(3)自性 svabhāva」ということを詳説する第 4 偈は，その世親釈導入で，「種姓の(3')特徴 lakṣaṇa（筆者：定義）」と言い換えて，それを「知られるべきである vijñeyam」という。この言い換えの意図する所は難解であるが，筆者の理解を先に提示しておきたい。端的にいえば，第 4 偈前半 ab 句の四種が「種姓の自性」，つまり「種姓そのもの」の説示であり[77]，後半 cd 句の内容は，lakṣaṇa，つまり「定義」された「特徴」であると考えている。この ab 句は『菩薩地』由来のものであるが，それを cd 句で定義することで，「自性」の内実を「特徴」として示していると理解している。ともあ

---

[76] これは，第 II 章第 11 偈における大乗を帰依処とすることの「六義」による説示を踏まえた理解である。研究会[2020]36-39 頁参照。内藤[2020]276-281 頁参照。端的にいえば，菩薩は悲を原因として正行によって智を結果として得るのである。それには，種々の衆生の中で，最勝乗を帰依処とし，如来の悲を受け入れて abhyupagama，「聞・思・修」を継続することによって，「悲愍（悲）を本質とする者 kṛpā-ātmaka」（第 IV 章第 25 偈）と成ることが菩薩の「種姓の確定した者」であると考えられる。内藤[2023]258-260 頁，および 264-266 頁参照。

[77] 筆者の「そのもの」という表現は svabhāva（自性）を意図する訳語の一つであるが，自性は直接的に認識できないので，特徴 lakṣaṇa として示したと考えられる。なお，大乗の論書において，svabhāva を sva-lakṣaṇa と言い換える例は多い。

れ，第 4 偈の説示を図式化する。

図 I：種姓の特徴 lakṣaṇa（第 1 偈では svabhāva（自性）：第 4 偈（「知られるべき」内容））	
第 4 偈の表現	**第 4 偈世親釈の説明（ →『菩薩地』）**
(3a) 本来的な prakṛtyā 種姓	(3a') 本来的に在る prakṛti-stha［種姓］（ → 本性住種姓）
(3b) 養成された paripuṣṭa 種姓	(3b') 発展した samudānīta［種姓］（ → 習所成種姓）
(3c) 依り所 āśraya である種姓	(3c') 依り所を本質とする āśraya-svabhāva［種姓］
(3d) 依るもの āśrita である種姓	(3d') 依るものを本質とする āśrita-svabhāva［種姓］
《ab 句の世親釈》これ（偈）によって［種姓の］四種を示す darśayati。その同じ［四種の種姓］は，［(3a) が (3c) に，(3b) が (3d) に］順次対応する。 《cd 句の世親釈》さらにそれ（種姓）は，「原因たるものとしては存在し，結果たるものとしては存在しない sat-asat」のである。［この存在・非存在については，種姓 gotra の語義を］「功徳を産出するもの」と理解すべきである veditavyam。「それ（種姓）から種々の功徳が出てくる，［すなわち］，出現する」と考えて iti kṛtvā である。	

この (3a) 乃至 (3d) の四種は，第 2 偈と第 3 偈が間接的な種姓の説示であることとは異なり，この世に存在する衆生の「種姓」そのものの説示である。それは，『菩薩地』の所説を承けながら，本論書がその四種を「示す」とともに「定義」して，その「定義」された「特徴」が「知られるべきである」というのである。

上記のように，第 2 偈「存在性 (sattva / astitva)」と第 3 偈「最勝性 agratva」が第 II 章第 2 偈の「大乗を帰依処とすることの奨励」と第 3 偈の「遍く行き渡ること sarvatraga の意味 artha」に順次対応すると考えられるように，この第 4 偈は第 II 章第 4 偈の「受け入れること abhyupagama の意味」に対応すると考えられる[78]。それはまた，第 III 章第 2 偈で「明言される」といわれ，第 3 偈で「規定される」といわれた「種姓」について，この第 4 偈で「知られるべきである」というのである。この「知られるべき」内容を，世親釈は「・・・と考えて iti kṛtvā，・・・と理解すべきである veditavyam」というのである。筆者の理解であるが，この世親釈は，「聞」の内容（第 2-3 偈）をこのように思惟すべきであるというのであ

[78] この点は，内藤［2020］246-262 頁【問題点 B】参照。

る。すなわち，この第 4 偈 ab 句と cd 句の説示が，後に言及するように，「聞」と「思」の具体的な内容であると考えている。

さて，第 4 偈の世親釈は，ab 句で四種の種姓を「示す darśayati」という[79]。それは，「(3a) 本来的にある種姓＝(3a') 本性住種姓」と「(3b) 習得された種姓＝(3b'') 習所成種姓」と「(3c) 所依を自性とする種姓」と「(3d) 能依を自性とする種姓」の四種である。先行研究によれば，(3a) (3b) とは『菩薩地』に確認できる伝統的な「種姓」理解であるのに対して，(3c) と (3d) は明確には確認できないという[80]。この四種について，世親釈は「同じそれ（四種の種姓）は順序通りである tat eva yathākraman」という。この世親釈は難解であるが，この四種に関して「(3a) が (3c) に，(3b) が (3d) に順次対応する」という意味に理解する[81]。

この世親釈は，偈に示された「種姓」の四種について，『菩薩地』「種姓品」由来の「(3a) 本性住種姓」と「(3b) 習所成種姓」の二つの種姓の関係を「(3c) 所依を自性とする種姓」と「(3d') 能依を自性とする種姓」として，すなわち「所依」と「能依」の関係として「知られるべきである」というのである。この (3a) (3b) は『菩薩地』を出拠とする「聞」の内容であり，(3c) (3d) は善知識（世親にとっては無著）の教導による「聞」の内容なのである。その上で，この「種姓」が具体的に cd 句の内容で定義されるが，それは具体的な「思」の内容なのである。

これが本論書の「種姓」についての見解（世親釈の理解）であると考えられる。端的にいえば，この四種は (3c) (3d) の関係になる (3a) (3b) の二種である。第 4 偈 cd 句の説示によれば，その二種の「種姓」は「結果として存在せずに，原因としてしか存在しない」というのであるから，最終的には「種姓」は一つなのである。ともあれ，『菩薩地』「種姓品」以来の「本性住種姓」と「習所成種姓」という「種姓」について，所依と能依の関係で「知られるべきである」というのであり，この理解こそが本論書独自の特徴・定義であると考

79　この第 4 偈の説示内容に関して，どれをどう「四種」とするのか，研究会でも問題となった。詳しくは，本篇「和訳と注解」を参照。筆者の第 4 偈理解は研究会の議論を踏まえたものである。

80　岡田 [2014b] 参照。この岡田の指摘を踏まえて考えれば，「所依と能依」の説示は，弥勒に教えを受けた無著によって新たに導入された「種姓」の「特徴 lakṣaṇa（定義）」ということになると考えられる。その目的は，この第 III 章の「種姓」の説示が，第 IX 章「菩提品」の「転依」（第 12-17 偈）と対応することを意図するためであると考えている。なお，この第 IX 章第 12 偈などは本論考「第 1 章第 1 節」で言及したので参照。

81　これには，無性釈がなく，安慧釈による理解である。本篇安慧釈の「和訳と注解」参照。

えられる。

そして，世親釈の「さらに，また tat punar」として展開する説示は，四種で示された「種姓」について，もう一つの定義・特徴を示すのである。この世親釈の説明を検討しておきたい。なお，[a]乃至[c]は以下の論述のための便宜的な記号である。

> さらにまた，[a]それ（種姓）は<1>原因たるものとしては存在し，<2>結果たるものとしては存在しない。[b]種姓 go-tra は「功徳を産出するもの guṇa-uttāraṇa」という意味として理解すべきである veditavyam。[c]「それ（種姓）から諸々の功徳が出てくる[すなわち]出現する」と考えて（iti kṛtvā）である。

この世親釈の「[a]存在と非存在 sat-asat」の説示は『菩薩地』に確認できるというが[82]，その主語である「それ tat」は何を指示するのかである。具体的には四種として示された「種姓」であるが，世親釈が「順次(3a)が(3c)に，(3b)が(3d)に対応する」とした「種姓」である。その「種姓」が「<1>原因たるものとしては存在し，<2>結果たるものとしては存在しない」という。その理由を，その gotra の語義を「[b]功徳を産出するもの guṇa-uttāraṇa」という語呂合わせ的語義解釈[83]による意味で「理解すべきである veditvyam」という。なぜそのような意味になるのかといえば，「[c]それ（種姓）から諸々の功徳が出てくる[すなわち]出現すると考えて iti kṛtvā」であるという。これこそが本論書独自の「種姓」の定義による「特徴」なのである[84]。この[b]の意味が第 9-10 偈の金と宝石の「鉱脈 gotra」の譬喩に関連することは明白であり，その説示に対する布石なのである。そして，[c]の「･･･と

82　岡田[2014b]参照。

83　この語呂合わせ的語義解釈は，筆者がこの第 III 章に対応すると考える第 IX 章「菩提品」第 12-17 偈の中で，先ず第 12 偈が向上的な転回として示し，第 13 偈が仏地において智慧が慈悲へ転回するものとして示す。そして，続く第 14 偈がその具体的な「転依」の意味を語呂合わせ的語義解釈として，いわゆる「如来の転依 tathāgatānām parivṛttir」の十義として示す。筆者が対応関係にあると考える「種姓」と「転依」の説示で，同じように語呂会わせ的語義解釈が示されている点が興味深いし，何か意図があるのかもしれない。内藤[2009]46-53 頁，特に 46-49 頁とその該当註解参照。内藤[2020]279-281 頁参照，内藤[2023]273 頁(59))などを参照。
なお，語呂会わせ的語義解釈は『摂大乗論』の六波羅蜜の解釈にもある。長尾[1987]128 頁注解参照。

84　この gotra の語義説明は，正式な語源的語義解釈ではないが，注目すべきである。本論考註解(31)参照。

考えて」というのは思惟の内実，つまり「聞」による「思」の内実であると考えられる。

まとめると，ab 句の四種の(3a)(3b)は「種姓」に関する『菩薩地』を出拠する「聞」の対象であり，その二種はまた(3c)(3d)の関係であるとは善知識の教示による「聞」の対象である。さらに，cd 句の[a]は『菩薩地』を出拠とする「聞」の内容である。この[a]である「種姓」の意味は[b]の語義解釈になると理解すべきであるが，それは[c]のように思惟して知るべきであるというのである。このように，第 4 偈の説示には「聞・思」の展開が二重にも三重にも示されていると考えられる[85]。

第 3 章第 4 節第 2 項　第 4 偈の説示意図
――「転依」（第 IX 章第 12-14 偈）との対応――

以上のように，この第 4 偈の説示は，『菩薩地』由来の「本性住種姓」と「習所成種姓」を基点として，「種姓」とは何かを「聞・思」するように促していると考えられる。それは，第 12 偈で「菩薩種姓の偉大性」について，この二種の種姓で説示するための布石であると考えられる。特に，この二種の「種姓」がそのまま「依り所 āśraya（所依）」と「依るもの āśrita（能依）」の関係であるという点が重要である。この説明は，「所依が転じること」という「転依 āśraya-parāvṛtti (parivṛtti)」を意図すると考えられるからである。すでに本論考の「第 1 章第 1 節」で言及したように，筆者の本論書全体の「構成と構造」の理解では，この第 III 章「種姓品」の説示は，第 IX 章「菩提品」の第 12-17 偈の「転依」の説示に対応する。その第 IX 章第 12 偈は，菩薩道における向上的な転依，つまり煩悩障と所知障の転滅という内容である。このように「転依」を「菩提」の一つとして意味付け，しかも「仏たること」を主語として説示するのである。換言すれば，この菩薩の種姓という所依が転じるということは仏・如来の智慧と慈悲のはたらきに対応する。すなわち，智慧に裏付けられた大悲の具体的なものは大乗の教法であるが，その大乗の教法を「聞・思・修」することを通して，智慧と慈悲のはたらきによって「種姓」が養成され，成熟され，転じられるのである。このような「転依」と対応する「種姓」の説示こそが，本論書の独自の「種姓」

85　この「聞・思」による理解は，本論考註解(6)で言及したように，本論書の構成を「聞・思・修」の構成と「入れ子構造」で考えている筆者の理解である。この点は，世親釈・無性釈・安慧釈は何も言及しない。

説であると考えられる。

さて，前節で言及した世親釈の[a]「〈1〉原因たるものとしては存在し，〈2〉結果たるものとしては存在しない」とは，「結果があれば必ず原因があり，原因がなければ結果はない」という因果関係を前提にしている。すなわち，「種姓」という語は，そのような因果関係において，原因に対してのみ適用されるのである。

第 2 偈の説示から始まる一連の説示は，この世界の衆生の中に存在する菩薩を構成し存在させる原因・根拠が「種姓」であるというのである。一方，その衆生存在の菩薩が向上的に菩薩行を修習することによって，究極的な結果[86]に向かう段階において，その段階に相応した結果を順次，種々得るのである。例えば，第 13 偈（図 U）で示されるように，発心（発菩提心）・十力・四無畏などの功徳という結果である[87]。それらの原因を「種姓」というのである。すなわち，その「種姓」という原因が無ければ，向上的に得られる種々の善根や諸功徳という結果は無く，究極的な仏果も無いという意味である。

向上的な修習のどの段階であっても，獲得する善根・功徳には原因があるのであって，それらの善根・功徳を産み出すものが「種姓 gotra」であるとして，その「特徴」が「定義」されたのである。そのような功徳を産出する「種姓」となるには，大乗の教法に対する「法界等流の聞熏習」が必要不可欠であり，それによって衆生の構成要素である種姓が形成・養成・成熟されるのである。端的にいえば，世間に存在する「菩薩」と呼ばれる衆生の「種姓」とは，大乗の教法（智慧と慈悲）の「聞・思・修」を通して，向上的に養成 paripuṣṭa（成熟）される「種姓」であるが，その養成は「異熟 vipāka」でもあり，ある種の「転依」に該当するのである[88]。

当然ながら，その種姓の区別（第 2-10 偈，特に第 2-5 偈）などによって，最勝乗を帰依

86　究極的な「結果」は説示において種々の表現がある。「一切種智者性の獲得という結果」は第 II 章第 11 偈が初出である。研究会[2020]36-39 頁，内藤[2020]276-281 頁参照。「大菩提の証得という結果」はこの第 III 章第 10 偈にあるのが初出である。「無住処涅槃への悟入という結果」は，「無住処涅槃」という語はないが，その内容は第 II 章第 9 偈とその世親釈にある。研究会[2020]32-35 頁参照。この「無住処涅槃」の詳細な説示は，第 XVII 章第 32 偈を中心にして前後の第 31 偈と第 33 偈に関わるものである。研究会[2013]注解(31)と注解(44)など参照。この第 31-33 偈の説示理解については内藤[2017]156-167 頁に詳しく論じた。

87　詳しくは本篇の無性釈・安慧釈の「和訳と注解」の該当箇所参照。

88　この菩薩の成長・成熟に関して，「異熟 vipāka」を視点に言及している早島理[2023]参照。

処とするあり方が異なるのである。これが，安慧釈がいう「第 III 章が原因であり，第 II 章が結果である」（取意）という意味である。

第 3 章第 5 節　第 5 偈の「(4)表徴 liṅga」による四種の説示

第 5 偈の特徴的なのは，第 2-4 偈の四種について世親釈が「種姓 gotra」としかいわなったが，ここで初めて「菩薩の種姓 bodhisattva-gotra」であると明示される点である。そして，その菩薩の種姓の「(4) 表徴 liṅga」が，第 2 偈と同じく四種で「明言される（確認される）」のである[89]。

さて，第 2 偈（図 G）で「明言された」のは，この世間に存在する衆生のあり方の類別であった。その第 2 偈の「(1c) 正行 pratipatti」に関連して，第 5 偈では「加行 prayoga（実践行）の最初から」というと理解している。さらにいえば，筆者は，この「加行」とは直前の第 4 偈（図 I）が「聞・思」の説示であったことを承けた「修」に対応すると理解している。その意味で，第 2 偈（図 G）の「(1a) 要素 dhātu」が「聞」に，「(1b) 信解 adhimukti」が「思」に対応する，すなわち，そのような「聞・思」を経て「修」に入った菩薩には，菩薩種姓としての「(4) 表徴」が四種あると「明言される（確認される）」のである。その「表徴」とは，第 4 偈の「習所成種姓」を意味すると考えられる。

なお，この対応を是とするならば，第 3 偈（図 H）は，第 2 偈の三乗中の菩薩種姓が善根の要因である種姓の「(2) 最勝性」であると考えられるので，「本性住種姓」に対応すると考えられるが，この二つの対応関係は要検討課題である。

ともあれ，この第 5 偈の説示を，第 2 偈と対応する形で次頁に図式化しておく。

この第 5 偈の「加行 prayoga の最初から」とは，すでに言及した第 XX[-XXI] 章「行住品」第 41 偈の「信解行地における地の獲得には，〈1〉信解による獲得と，〈2〉行 carita による獲得の二種の獲得がある」（取意）という説示によれば[90]，この〈1〉が (4b) に，〈2〉が (4d) に対応すると考えられる。つまり，信解行地の地の獲得は，(4a) に始まり (4b) で成就し，(4c)

[89] この第 2 偈と同じ動詞 nirucyate は本篇の「和訳と注解」で指摘されるように，写本によってレヴィ版本の nirūpyate を校訂したものである。筆者は，訂正前のレヴィ版本のままでも魅力を感じる。

[90] 長尾ノート (4) 132-133 頁参照。「発心」との関連は内藤 [2023] 266-268 頁など参照。

に始まり(4d)で成就するという二段階なのである。その具体的な例が，後述する「舎利弗と乞眼居士」であると考えられる。

図 J：種姓の「表徴 liṅga」の四種：第 5 偈（「明言される」内容）		
第 2 偈の四種：種姓の存在性	**第 5 偈の四種：菩薩種姓の表徴**	**備考：第 IV 章第 7 偈**
種姓に関する衆生の類別	加行 prayoga（実践行）の初めから	五種の世俗的発心の四種
(2a)［構成］要素 dhātu	(4a)衆生に対する哀愍 kāruṇya →	［2］原因の力（種姓の効力）
(2b)信解 adhimukti（性向）	(4b)大乗の教えに対する信解 →	［3］根の力（種姓の成長）
(2c)正行 pratipatti	(4c)難行に対する忍耐 kṣānti →	［4］［大乗の教法の］聞法の力
(5d)結果 phala	(4d)六波羅蜜から成る浄善行 → pāramita-maya-kuśala-samācāra	［5］浄善の反復修習の力

そして，筆者は，第 IV 章第 7 偈の「世俗的発心」に対応するのではないかと考えて，それを図 J の右欄に示した。この「世間的発心」は五種であるが，その第一の［1］師友の力（善知識）による意思（発心）を除く四種に対応すると考えている。すなわち，「［2］原因の力（種姓の効力）」→「［3］根の力（種姓の成長）」→「［4］聞法の力」→「［5］浄善の反復修習の力」による発心（心の生起・意思）という展開であり，この四種はすべて種姓の養成 puṣṭi（成熟）の一貫なのである[91]。すなわち，この第 5 偈はその養成する「種姓」の「表徴 liṅga」であると考えられる。筆者は，この対応が安慧釈のいう「第 III 章の種姓が原因で，第 IV 章の発心が結果である」（取意）という因果関係であると考えている。

また，この第 5 偈の四種は世間的段階の「菩薩種姓」の「表徴」であるから，第 II 章「帰依品」第 2 偈の世間的段階から第 4 偈の出世間的段階への向上的な展開に相応すると考えられる[92]。具体的にいえば，第 II 章第 2 偈世親釈導入の「最勝乗（大乗）を帰依処とした菩薩であっても，多大な難行に耐え得ずに挫折する者がいる」（取意）のであるが，この四種の種姓の「(4)表徴」がある者こそが，挫折することなく実践行を継続できる可能性があるのである。ともあれ，上記の「世間的発心」（第 IV 章第 7 偈）からやがて「勝義的発心」

91　研究会［2023］32-33 頁参照。筆者の理解は内藤［2023］274-279 頁参照。

92　この理解は内藤［2020］246-262 頁【問題点 B】参照。特に，254-255 頁と図 5 参照。

（第 IV 章第 8 偈）と展開して，仏地に至るために必要不可欠な初地見道に悟入するのである[93]。

なお，筆者の理解では，この「(4) 表徴」が表れる者こそが第 7 偈（図 L）世親釈にある「菩薩種姓に住する者 gotra-stha」に対応する。この点は第 7 偈の解説参照。

第 3 章第 5 節第 1 節　第 2 偈と第 5 偈の関連
――「舎利弗と乞眼居士」の逸話――

さて，この第 5 偈の説示内容を考えてみたい。その場合の具体的な事例が，第 2 偈（図 G）の四種の「(1c) 正行 pratipatti」に対する安慧釈に紹介された「舎利弗と乞眼居士」の逸話である[94]。すなわち，声聞である舎利弗は，善知識の縁によって大乗の教法に対する信解が生じて，菩薩行である布施波羅蜜を行じている中で，異教徒に自らの眼を乞われ，決心して与えるのであるが，その乞眼居士の振る舞い・態度に堪えきれず，菩薩行を断念するのである。これは，菩薩の種姓としての「(4c) 忍耐 kṣānti」の「表徴」がないことを意味する。この「(4c) 忍耐」とは他者を認めて許すことであるが，それは「悲愍（悲)」であると同時に「智慧」でもある。端的にいえば，舎利弗の正行は智慧に裏付けられた「衆生縁の悲」の正行ではなかった。すなわち，それは「(4b) 信解」が菩薩のものではなく，加行の最初から衆生に対する「(4a) 哀愍 kāruṇya」がなかったことを意味する。具体的には，信解行地の「地」に対する「〈1〉信解による獲得」のないままの布施行であったのであり，信解行地にすら至っていなかったことを意味する。換言すれば，最勝乗を帰依処としていたのではなく，あるいは帰依処としていたとしても「仏たること（智慧と慈悲)」の大悲を受け入れていなかったのである。それは，大乗の教法に対する「聞・思」が不充分であり，「聞・思」の軽視があったのである。

この点を第 4 偈（図 I）の説示から言えば，難行である正行を放棄した舎利弗の「種姓」

93　研究会 [2023] 28-29 頁の第 IV 章第 2 偈など参照。この第 2 偈と第 7 偈の「世俗的発心」と「勝義的発心」の関係と展開に関する筆者の理解は内藤 [2023] 271-279 頁参照。

94　ここで，安慧釈が舎利弗の逸話に言及しないのは「菩薩種姓」の説示だからと思われる。しかし，筆者は，第 2 偈と第 5 偈の四種を比較・検討することで，またそれに「回心」が失敗した舎利弗と成功した世親を重ねて考えることで，菩薩の種姓とは何かが浮き彫りになると考えている。

は，「本性住種姓」を「所依」とした「能依」である「習所成種姓」ではなかったことを意味する。その結果，舎利弗は「悲愍を自性とする者 kṛpā-ātmaka」[95]と成ることはできずに，声聞乗としての涅槃にしか入れなかったのである。ここで明確になることは，菩薩としての涅槃（無住処涅槃）に入るためには，出世間する以前の信解行地（加行道）において，何をどのように修学するかが重要であるということである。

その意味で，第 5 偈の「(4) 表徴」，特にその最初の「(4a) 哀愍 kāruṇya 」は菩薩種姓としては最も重要視しなければならないが，それが「加行の最初から」あるというのは，その種姓が「本性住種姓」を「所依」としたもの，つまり「能依」である「習所成種姓」でなければならないのである。では，その「所依」である「本性住種姓」はどのようにして形成されるのであろうか。その説示が第 III 章第 12 偈（図 S）であると理解している。後述する該当箇所参照。

端的にいえば，「本性住種姓」が形成されるには，大乗の教法を聴聞すること，つまり「法界等流の聞熏習」が不可欠なのである。そのためには善知識の教導による，大乗の教法を「聞・思」しようとする「決意 vyavasāya」（第 II 章第 2 偈世親釈）が必要なのである。その「決意」によって大乗の教法に対する「(4b) 信解」（図 J）が成就し，世間に存在する「菩薩」に類別される衆生の「種姓」（第 2 偈・図 G）が「最勝性」ある「種姓」（第 3 偈・図 H）と成るのである。

なお，「(4b) 信解」の adhimukti は，第 2 偈（図 G）だけではなく第 12 偈（図 S）にもあるが，それは第 2 偈 (2b) → 第 5 偈 (4b) → 第 12 偈（図 S の〈b〉）という向上的な段階の「信解」を意図するが，すべて出世間以前の段階である。(2b) は先に紹介した「世間的発心」の「[1] 師友の力」によるものであり，善知識が勧めるままに大乗の教法を聴聞しているだけの段階である。そして，(4b) と〈b〉は信解行地における「〈1〉信解による獲得」の前と後に対応し，「信解」のあり方・内実が第 5 偈を経て第 12 偈へというように，菩薩の種姓に相応しいものに成っていくのである。

95 内藤 [2023] 264-266 頁など参照。

第 3 章第 6 節　第 6 偈の「(5)区別 prahheda」による四種の説示

第 6 偈は，第 2-10 偈の中で唯一，動詞的表現はないが，偈自体に「種姓の区別 gotrabheda は，まとめると samāsena この四種である」というのである。何を「まとめると」というのかを念頭におきながら，その説示内容を考えてみたい。ともあれ，第 6 偈を図式化して提示しおく。

図 K：菩薩の「種姓の区別 prabheda」の四種：第 6 偈（動詞に当たるもの無し）	
第 6 偈の四種	備考（無性釈・安慧釈の私的要約）
(5a) 確定した種姓	(5a) 三乗のどの結果（菩提）を獲得する原因（種姓）が，他の乗の結果を獲得しないという意味で，確定しているもの。
(5b) 確定していない種姓	(5b) 三乗の結果（菩提）に対する原因（種姓）が，縁（善知識）によって変わるという意味で，確定していないもの。
(5c) 諸縁によって揺るがされない種姓	(5c) どのような縁（善知識）であっても，獲得する結果（菩提）が変わらないもの。→縁によって結果が変わらない原因（種姓）。
(5d) 揺るがされる種姓	(5d) どのような縁（善知識）であるかによって，獲得する結果（菩提）が変わるもの。→縁によって結果が変わる原因（種姓）。
種姓の区別 gotra-bheda は，まとめると samāsena この四種である。	

この四種は，誰が，何を，何のために，「まとめた」のであろうか。筆者は単純に，偈の著者が本論書の第 2-5 偈の説示を承けて，その「種姓の区別」の核心を示すために，まとめたと考えている。すなわち，先に「舎利弗と乞眼居士」の逸話を題材にして言及したように，この世間に生きている衆生存在の中で菩薩乗を歩む者の「種姓」が，「(5a) 確定した niyata 種姓」なのか「(5b) 確定していない aniyata 種姓（不定種姓）」なのかが問題となるので，その理論的な第 2-5 偈の種姓説を「まとめた」のであり[96]，その二種がそのまま，向上

[96] 岡田 [2014b] も指摘するように，「(5a) 確定された niyata」と「(5b) 確定されていない aniyata」という種姓説は，第 XI 章第 53-59 偈（長尾ノート (2) 113-123 頁参照）の「一乗であること」の説示において重要なものであるだけではなく，『大乗荘厳経論』全体においても常にこの (5a) (5b) の種姓説にもとづいて説示がなされていると考えられる。また，第 IX 章「菩提品」第 8 偈の「劣乗から救護するとは，不定種性の者 aniyatagotra を大乗に専一にならせる（唯一道として専一するようにする）からである」（内藤 [2009] 36-29 頁，およびその註解参照。また長尾ノート (1) 193-194 頁参照）という説示には留意しておきたい。

的実践の継続において，「(5c)諸縁によって揺るがされない ahārya 種姓」なのか「(5d)諸縁によって揺るがされる hārya 種姓」なのかの問題に直結するからである。換言すれば，(5a) (5b)は理論的視点による「まとめ」であり，(5c) (5d)は実践的視点による「まとめ」なのである。その(5c) (5d)は続く第 7-10 偈の説示に関する布石であり，前提なのである。なお，無性釈・安慧釈は，(5c) (5d)の「諸縁」を「善知識」と明示するのは，「世親の回心」に重なるように思われる。つまり，大乗非仏説を展開していた時の世親にとっての無著のように，善知識は必要不可欠な重要な存在なのである[97]。

また，第 II 章第 11 偈の「六義」による説示を踏まえれば，大乗の教法に対する「聞・思」の点で智慧（結果）を成就する慈悲（原因）を問題にして(5a) (5b)の差異があり，その「修」の点で慈悲を発動する智慧を問題にして(5c) (5d)の差異があるのである。世親釈は，この第 6 偈の四種について「(5a)が(5c)であり，(5b)が(5d)である」というのであるが，それは「智慧即慈悲」を意味すると考えられる[98]。それは当然ながら，「本性住種姓」と「習所成種姓」の区別に関係なく，その両者にある「種姓」そのものの区別であると考えられる。

最後に，私見を記しておきたい。この第 6 偈の説示に対して，第 1 偈では「区別性 prabheda-tā」の語が使用され，その世親釈とこの第 6 偈では「区別 prabheda」（性質・本質を意味する性 -tā が無い）の語が使用される。この語の変化には拘る必要がないのかもしれないが，筆者は次のように考えている。prabheda-tā は前者(5a) (5b)の種姓に対するもので智慧を裏付ける慈悲の視点に対応し，prabheda は後者(5c) (5d)の種姓に対するもので慈悲を裏付ける智慧の視点に対応する。端的にいえば，種姓が確定か否かは慈悲の功徳によるのであり，菩薩が「悲愍（悲）を本性とする者」と成ったか否かの問題である。また，揺るがされないか否かは実践的な場面での智慧の功徳によるのであり，世間において煩悩の汚染されるか否かの問題である[99]。後者は世間における実践の中で具体的な事象として起

97　この点は，具体的には第 XVII 章第 9-16 偈の「師事 sevā（親近）」の説示を参照して考えるべきことである。研究会[2013]48-57 頁，内藤[2017]83-113 頁参照。長尾ノート(3)115-124 頁参照。

98　これは，長尾知見（長尾[2013]。内藤[2023]261-262 頁の註解(24)参照）による。つまり，『大乗荘厳経論』は，智慧と慈悲に関して，慈悲を行じるという具体的で実践的な側面の説示に力点があり，それを裏付ける智慧という理論的な説示が表裏一体のものとして含意されていると考えられる。

99　これは智慧と福徳の二資糧を積むことに関連するのであり，いわゆる加行道前の「資糧道」に対応すると考えられる。本論考註解(10) (13) (42) (43)など参照。

こるのである。たとえば，先に紹介した逸話で，舎利弗が菩薩行を放棄したようにである。

第 3 章第 7 節　第 2-10 偈の説示における第 6 偈の意味と役割について（私見）

先行研究によれば[100]，この第 6 偈（図 K）の四種は，第 7-10 偈の所説も同じであるが，『菩薩地』「種姓品」にはないものであり，『大乗荘厳経論』独自の「種姓説」とされる。その四種の内，「(5a) 確定した niyata」と「(5b) 確定していない aniyata」の語は，『菩薩地』にはないが，「摂決択分」の種姓に関する説示の中に見出されるという。一方，「(5c) 揺るがされない ahārya」「(5d) 揺るがされる hārya」の語は，『瑜伽論』の種姓に関する所説にはないが，実践者が種々の縁によって「揺るがされない」か「揺るがされる」かという文脈において種々で散見できるという[101]。

この知見を踏まえれば，本論書において，この第 6 偈の (5a) (5b) は第 2-5 偈の所説をまとめるために導入されたものであり，(5c) (5d) は以後の第 7-10 偈の実践的な説示展開への布石として導入されたものであると考えられる。特に，第 7 偈（図 L）の「(6) 災難 ādīnava」から第 8 偈（図 M）の「(7) 利徳 anuśaṃsa」の説示展開こそが，三乗のどの種姓であってもその「種姓が確定していない者」を菩薩の「種姓が確定した者」へと誘引する『大乗荘厳経論』の「造論の意趣」に合致する説示としてふさわしいと考えられる。

ともあれ，第 2-5 偈は，その実際の誘引のために『菩薩地』由来の「種姓」に関する所説を整理し理論的に示し，それを「聞・思」するのである。そのまとめとして第 6 偈の (5a) (5b) が提示され，その両者を (5c) (5d) の「修」の段階の問題に置き換えることによって，実践的な第 7-10 偈の説示に展開するのである。この意味で，第 6 偈は前半第 2-5 偈の説示と後半第 7-10 偈の蝶番的役割を担っているのである。

また，その第 2-10 偈の動詞に着目してみたい。第 2 偈では，世間に種々の衆生 sattva が

100　岡田 [2011] [2014b] [2015] など参照。特に，岡田 [2014b] 23-27 頁および注 (65) 参照。

101　岡田 [2014b] 26 頁によれば，「摂決択分」において，「確定された」という語がある。そこでは，声聞・独覚・菩薩の種姓が確定した者はその種姓が無くなることなく，確定された種姓を持たない者が確定された種姓を持つ者に成ることはないという議論の中に確認できるという。この説示は「確定した種姓」とは何かが問題になり，それを持つか持たないかの文脈である。それは「確定した種姓」を実体視した説示であると思われ，筆者には大乗仏教として違和感がある。

存在すること astitva によって三乗それぞれの種姓の「(1)存在性 astitva が明言される」。第 3 偈では，その存在する種姓の中で「(2)最勝性 agratva が規定される」。そして，第 4 偈では，その「種姓」の「(3)特徴（定義）が知られるべきである」というのである。その第 2-4 偈の所説を踏まえた第 5 偈では，「菩薩の種姓」とはどのようなものであるかについて，向上的な実践の上の「菩薩種姓の(4)表徴が明言される（確認される）」のである。その第 2-5 偈の中で唯一「知られるべきである」といわれる第 4 偈の所説が，『菩薩地』由来の種姓説を踏まえながらも，本論書の独自の理論的な種姓説の核なのである。そして，蝶番的役割の第 6 偈を介して，第 7-10 偈の実践的な視点の説示が展開されるが，それはすべて「知られるべき」ものなのである。つまり，後半の第 7-10 偈の所説は，第 4 偈が「聞・思」によって「知られるべきである」という所説であるのに対して，第 4 偈と同じく本論書の独自の種姓説なのであるが，その違いは「修」という実践的な種姓説として「知られるべきである」という所説なのである。

なお，すでに何度か言及してきたが，「最勝乗を帰依処とした者の中で，難行に耐え得ずに挫折する者がいる」（取意：第 II 章第 2 偈世親釈）のであるが，挫折せずに向上的な正行を継続できる者の「種姓」が第 9-10 偈の「鉱脈 gotra」に譬えられるものであり，その「種姓」ある者のあり方が第 7-8 偈で説示されているのである。この意味で，先に紹介したように，安慧釈が「第 II 章が結果であり，第 III 章が原因である」というのである。

第 3 章第 8 節　第 7 偈「(6)災難」と第 8 偈「(7)利徳」の説示について

第 3 章第 8 節第 1 項　「(6)災難 ādīnava」と「(7)利徳 anuśaṃsa」の関係 ――「種姓に住する者 gotra-stha」と表現される衆生について――

以上のような理解に立って，後半の第 7-10 偈の説示を考えるが，まず第 7-8 偈の所説である。この両偈は，世親釈導入のいうように，「(6)災難 ādīnava」（第 7 偈）と「(7)利徳 anuśaṃsa」（第 8 偈）を説くが，この二つは一組の説示なのである[102]。この「災難」は「過

[102] 「災難」と「過失」，および「功徳」と「利徳」の説示は，それぞれの関係を踏まえて，その説示意図を理解することが重要である。ここと同じく「災難」と「利徳」の関係による説示は，第 IV 章「発心品」第 21-23 偈で展開している。詳しくは，内藤[2023]290-292 頁。

失 doṣa（煩悩）」と因果関係であり，その「利徳」は「功徳 guṇa」と因果関係である。そして，「災難」と「利徳」は表裏一体，つまり「災難の有」は「利徳の無」であり，「災難の無」は「利徳の有」である。また同様に，「過失」と「功徳」も表裏一体なのである。この「利徳」とは将来もたらされる「功徳」の兆候であり[103]，「過失 doṣa」とは具体的には「煩悩」のことである。

第二には，第 7 偈の四種は，世親釈によれば，第 5 偈の「(4) 表徴」の説示と同じく，単なる「種姓」ではなく明確に「菩薩の種姓 bodhisattva-gotra」の四種であるという[104]。ところが，第 7 偈の世親釈では，「種姓に住する者 gotra-stha（種姓に立脚する者）」という語で説明する[105]。筆者の理解であるが，この gotra-stha という表現の意味は，菩薩にとって，gotra

---

103　「利徳」については，研究会［2013］147-148 頁参照。内容［2017］180-181 頁参照。

104　以下を補記しておく。この第 7 偈では「菩薩種姓」といいながら，gotra-stha なる語を使用して説明する。それは，第 II 章「帰依品」第 11 偈の「六義」による説示から考えれば，一切種智者性という結果は「悲を原因ととすると考えて」，聞熏習によって如来の大悲を受け入れようとする者を意図していると考えられる。筆者は，その者とは第 II 章第 3 偈の「［A］遍く行き渡ること」の［A1］乃至［A4］の四種において，［A1］の智慧に裏付けられた如来の大悲を受け入れた者になろうと「決意 vyavasāya」のある者に対応すると考えている。本論考註解（75）参照。なぜならば，この［A1］の受け入れることが成就した者こそが，本論考で何度か言及した「このような偉大な意義のある帰依処のあり方（領域）に至った者」（第 II 章最終偈の第 12 偈）に相当すると考えているからである。これは，筆者の第 II 章第 2-4 偈の説示理解による。内藤［2020］246-262 頁**【問題点 B】**参照。

105　この gotra-stha という語は，管見であるが本論書の偈にはない。世親釈ではここ以外には三箇所にある。

第一に，第 V 章「正行品」第 4-5 偈は，第 1 偈で「正行の依り所と奮闘と結果」を説き，第 2 偈で「自他の利益に区別がないこと」を説き，第 3 偈で「自利よりも利他を大切にすること」を説いたので，「三種の衆生に対して，十三種の利益でもって利他正行を行うと示すために」第 4-5 偈を説くという。その第 4 偈の「法性に立脚する者 dharmatā-sthita」を世親釈が gotra-stha と言い換える。その世親釈は次のようなものである。

> 下等と中等と上等の種姓に住する gotra-stha 三種の衆生の部類 sattva-nikāya に対して〔行う〕菩薩の利他は十三種である。――以下，十三種を列挙――，というこれらが，適宜〔行う〕，種姓に住する三者に対する菩薩の十三種の利他である。（長尾ノート (1) 118 頁参照）

これによれば，菩薩の利他行の対象は声聞・独覚・菩薩のそれぞれの種姓に住する者であるという。すなわち，菩薩には利他行を為す主体の菩薩と利他行の対象の菩薩がいて，対象の菩薩を「種姓に住する者 gotra-stha」というのである。筆者の理解では，この「種姓に住する者」とは信解行地以前の段階の菩薩であるか，三乗のどの種姓にも確定していない者であると考えている。なお，この第 V 章「正行 pratipatti 品」について，研究会は出版に向けた基礎的和訳研究は終わり，この第 III 章の次の出版が予定されている。上記の理解は筆者の個人的なものであり，編集会議での要検討課題である。

第二には，第 XI 章「述求品」で「四十四作意」第 61-73 偈を説く第 61 偈世親釈にある。四十四作意は第 III 章から第 XIX 章のテーマを網羅する作意であり，本論書の構成に深く関連する。長尾ノート (2) 148-151 頁，早島理［1973］参照。また，内藤［2023］277-278 頁註解 (75) 参照。ともあれ，gotra-stha の語は，四十四作意の最初の二つの作意を説明する中にある。つまり，［1］の「知因作意 hetu-upalabdhi-tuṣṭi-manasikāra」と［2］の「知念作

が自らのものではなく，gotra に依拠していることを意図していると考えている[106]。また，その gotra-stha の意味は，第 11 偈世親釈導入にある a-gotra-stha の語の意味するところと対

意 niśraya-tad-anusmṛti-manasikāra」の説明であり，[1]が第 III 章「種姓品」に，[2]が第 IV 章「発心品」に対応する。それは次のようなものである。

> それ（第 61 偈）の中で，ともあれ最初に［1］「原因を得て満足する」作意（知念作意）とは、［仏陀の］種姓に住する菩薩（gotra-stho bodhisattvaḥ）が，自らが諸の波羅蜜を行う種姓にあることを見て，［すでに］原因を得ていることに満足して波羅蜜の要素 dhātu（素因）を生長せしめるのである。
>
> ［2］［菩薩の］種姓に住する者 gotra-stha は無上正等菩提を得ようとの心を起こすのであるから，それから「依り所においてそれ（菩提心）を憶念する」という作意（知念作意）がある。実にこの菩薩は，諸波羅蜜行の依り所たるべき菩提心が自らにあることを認めて，「必ずやこれらの波羅蜜行は完全円満なものとなるであろう。なぜならば，我々にはこの様に菩提心が現存するのだから」と，このように作意するのである。（長尾ノート(2)126 頁参照）

まず，[1]の説示における gotra-stho bodhisattvaḥ という表現は，菩薩と種姓が別ものであることを意味すると考えられる。つまり，菩薩が作意する対象が gotra であると考えられる。また，[1]と[2]は「種姓に住する者」の思惟の内実であり，「聞・思」の段階であり，「修」に入る前段階であると考えられる。

第三には，第 XIX 章「功徳品」第 35 偈世親釈にある。それは，仏によって「菩薩である」と予言が与えられる「授記 vyākaraṇa」（第 35-37 偈）の説示にあり，次のようなものである。

> その中（第 35 偈）で「個人の区別 pudgala-bheda による」授記とは，［その個人の］1) 種姓に住している者 gotra-stha，2) 発心ある者，3) 眼前にいる者，4) 目には見えない者（現前にいない者）［という四種の］個人に対して授記があるからである。（長尾ノート(4)30-31 頁参照）

この「1) 種姓に住している者 gotra-stha」について，長尾ノートは安慧釈により，次のように指摘する。

> gotra-stha すなわち六度（筆者注解：六波羅蜜）の家系（筆者注解：種姓）と種子とがあり，かつ発心して六度の相が現れるならば授記・予言が与えられる。大乗の家系（筆者注解：種姓）でも，次の発心がないならば与えられない。従って次の発心も gotra-stha の者が自利利他のために大信を以て三宝に帰依して無上菩提に発心するとき，如来によって授記せられるのである。（長尾ノート(4)30 頁の注解(1)参照）

この注解を踏まえれば，明確な点は二つある。つまり，菩薩の種姓に住する者 gotra-stha は，発心がある場合には授記され，発心がない場合には授記されないということ。そして，発心した場合，六波羅蜜を実際に行じていなくても，その相が表れることで授記されるということ。以上を踏まえて考えると，この「六波羅蜜の相」とは「(3) 特徴 lakṣaṇa」（第 III 章第 4 偈：図 I）を踏まえた「(4) 表徴」（第 5 偈：図 J）に関連させて考えるべきかと思われる。すなわち，「諸の功徳を産出するもの」という種姓の「特徴（定義）」を意図するのである。また，「自利利他のために大信を以て三宝に帰依して，無上菩提に発心するとき」とは「勝義的発心」（第 IV 章第 8-14 偈）の生起に対応すると考えられる。詳しくは，内藤[2023]277 頁以下参照。今後の要検討課題である。

106　この菩薩の「種姓に住する者 gotra-stha」とは，自らが帰依処とした「仏たること（智慧と慈悲）」を受け入れようという「決意 vyavasāya」（第 II 章第 2 偈世親釈）のある者に相当すると考えられる。その「決意」によって，最勝乗（大乗）の教法に関する「聞・思・修」を向上的に繰り返すことで，「偉大な意義ある帰依処のあり方（領域）に至った者」（第 II 章第 12 偈）と成るのである。それが菩薩の「(5a) 種姓が確定した」者に対応すると考えられる。また，その「(5c) 揺るがされない種姓」がある者とは，第 IV 章「発心品」第 1 偈の説示である。つまり，菩薩の意思として，五つの特徴の第一である「(1) 大いなる士気ある」心の生起に対応していると理解している。研究会[2023]参照。筆者の理解は内藤[2023]266-271 頁参照。

比しながら考えなければならない。

第3章第8節第2項　第7偈の「(6)災難」による四種の説示

まず，第7偈の「(6)災難」の説示を図式化して示す。

図L：「種姓に住する者 gotra-stha」にある「災難 ādīnava」：第7偈（「知られるべき」内容）	
第7偈	第7偈世親釈（→無性釈・安慧釈）
(6a)煩悩を習慣化すること	(6a')煩悩が増大すること（多いこと）→貪欲・瞋恚・愚痴の増大
(6b)悪友がいること	(6b')不善なる師友がいること → 不善の法を喜ぶ仲間がいること
(6c)欠乏していること	(6c')生活必需品が欠乏すること → 自ら生活の為に悪業を為すこと
(6d)他者に従属すること	(6d')他者に従属すること → 他者の命令に従い悪業を為すこと
要約すると samāsena，種姓にとっての災禍 ādīnava は四種であると「知られるべき」である。	

この(6a)乃至(6d)の四種が「災難」の具体例であるが，偈の「要約すると samāsena」とは，世間において向上的に菩薩行を実践しようとする者には種々の災難があるが，それを整理して四種にまとめたと考えられる[107]。世親釈は，偈の「種姓」を「菩薩種姓」といい，「それ（四種の災難）によって，種姓に住する者 gotra-stha は諸々の功徳に向かわない」という。端的にいえば，「種姓に住する者」は，その種姓が菩薩の種姓であっても世間では種々の災難があるので，向上的な菩薩道において現状維持か後退するのである。この意味で，「種姓に住する者」とは，第6偈（図K）でいえば，「(5b)確定していない種姓」の者であり，「(5d)諸縁によって揺るがされる種姓」の者なのである。

留意すべきは(6a)である。つまり，菩薩の「種姓に住する者」であっても「(6a)煩悩を習慣化すること」があるということから，仏語である律を自らの戒として護持できていない者のことである。筆者は，この(6a)の者の内実は「種姓がない者 a-gotra」（第I章第14

[107] 筆者は，この「災難」とは大乗へ回心した世親の実体験であると考えている。その意味では，第I章第14偈の「災難」（本論考註解(108)参照）を合わせて考えるべきである。しかし，より具体的な「災難」が第XVII章第25-26偈で十二種の災難として示される。これも合わせて考えるべきである。研究会[2013]68-71頁参照，内藤[2017]141-143頁参照。

偈）と同じであると考えているが[108]，ここではあくまで「菩薩の種姓に住する者」である。すなわち，(6a)のように煩悩を習慣化することは「惑（煩悩）→業→苦」という生死流転を超過できずに，未来世において悪趣に堕ちる可能性が否定できないのである。しかし，たとえ悪趣に堕ちたとしても「菩薩種姓に住する者」には，堕ちた悪趣においても「利徳」があると説くのが[109]，続く第 8 偈（図 M）の説示である。

なお，上記したように，「過失（煩悩）」と「災難」は因果関係であるから，この(6a)は「過失（煩悩）」に相当し，(6b)(6c)(6d)が具体的な「災難」に相当するとも考えられる。

第 3 章第 8 節第 3 項　第 8 偈の「(7)利徳」による四種の説示

その第 8 偈は「(7)利徳」の説示であるという。それを図式化して示す。

108　研究会[2009]66-67 頁参照。gotra に関する語は第 III 章以前ではこの第 14 偈の agotra しかない。この偈の世親釈導入は，「さらにまた，これ（大乗）を怖畏する人々がいるが，その人々のために，[怖畏する]根拠のないものを怖畏することの災難 ādīnava と，[何が大乗を怖畏する]理由であるのかに関して一偈がある」という。その偈は次のようなものである。

> 世間の人々にとって，その根拠のないものを怖畏することは，大きな非福徳の集まりを生じさせるから，長期にわたって熱悩をもたらす。〈1〉[菩薩の]種姓がなく agotra。〈2〉正しい師友（善知識）を持たず，〈3〉智慧が出来上がっておらず，〈4〉過去に浄善を積んでいない者はこの[大乗の]教法を怖畏するのである。それによって，この世において大きな利益から退堕する。（第 I 章第 14 偈）

この第 14 偈の a-gotra は「無種姓」「非種姓」と漢訳される。一般的には，菩薩の種姓だけではなく声聞・独覚の種姓もないことと理解されるが，この安慧釈は「菩薩の種姓がない者」であるという。本論書の gotra は基本的に「菩薩の種姓」である。内藤[2009a]160-162 頁の第 IX 章「菩提品」第 12 偈の註解(1)参照。

さて筆者は，この〈1〉乃至〈4〉の災難が，第 6 偈（図 L）の「災難」の(6a)乃至(6d)に関係すると考えている。端的にいえば，「(6a)煩悩を習慣化する」者とは三乗のどの種姓であれ「〈1〉種姓がない」者に他ならない。「(6b)悪友がいる」者とは「〈2〉善知識がいない」者である。また，「(6c)欠乏している」者とは「〈4〉過去に浄善を積んでいない者」を意図し，「(6d)他者に従属する」者とは「〈3〉智慧が出来上がっていない」者に相当すると考えられる。要検討課題である。

なお，この第 I 章の「和訳と注解」に無性釈と安慧釈と合わせて再版すべく，今現在，研究会で鋭意解読中である。上記の和訳は研究会[2009]のものではなく，現在の研究会の議論を反映させた和訳である。

109　「種姓に住した者 gotra-stha」にある「利徳」とは，帰依処とした「仏たること」，つまり如来の智慧と慈悲の功徳のはたらきによって守護されることである。本論考「第 1 章第 1 節」に引用の第 IX 章「菩提品」第 11 偈参照。また，その「利徳」とは，大悲である大乗の教法を聴聞することによって，その者の「種姓」に，大悲とそれを裏付ける智慧の種子が熏習しているからであると考えられる。本論考の図 C 参照。この場合の「種姓」とは，本論考註解(105)で示した第二と第三の用例を合わせて考えなければならないが，その衆生の内的なものではなく，拠って立つ対象であると考えられる。端的にいえば，帰依処とした最勝乗であり，一切衆生のためにはたらく智慧と慈悲に相当すると考えられる。これは，要検討課題である。

図 M：種姓の「利徳 anuśaṃsa」の四種：第 8 偈（第 7 偈と一組：動詞に当たるもの無し）	
第 8 偈とその世親釈	**備考（筆者まとめの留意点）**
(7a) 長い時間を経て後に悪趣に堕ちること	安慧釈は，この (7a) 乃至 (7d) について声聞種姓と独覚種姓と無種姓の者との対比で説明する。 また，(7b) については阿闍世王の逸話が紹介される。 (7d) は，地獄の境涯でも慈悲心が生じるという点に留意。
(7b) 速やかに [悪趣から] 脱すること	
(7c) 悪趣で微かな苦を経験すること	
(7d) 悪趣に厭離心を伴いながらも，悲愍により悪趣の諸衆生を成熟させること	

この第 8 偈の四種の「(6) 利徳」の内容は，第 7 偈の「災難」と一組の説示である。つまり，「菩薩種姓に住する者」であっても，現在世で「災難」があるが，それは「過失（煩悩）」があるからである。煩悩がある限り，「惑→業→苦」の生死流転のあり方は免れないので，未来世（来世）において「悪趣に堕ちること」がある[110]。しかしたとえ悪趣に堕ちても，そこで「利徳」があるというのである。この四種の「悪趣に堕ちること」，つまり「生まれること」は，第 XX[-XXI] 章第 8 偈おける四種の「再生（故意受生）」[111]とは全く異質なものである。「故意受生」とは，信解行地以後の菩薩が衆生利益のために，すなわち悲を行じるために，自らの意思により悪趣に再生することである[112]。

筆者の理解では，この第 8 偈「(7) 利徳」の四種は，帰依処とした「仏たること（智慧と慈悲）」の「功徳」が，最勝乗を帰依処とした者に「利徳」としてはたらいていることを意

[110] 第 8 偈の (7a) apāpa-gamana を，本篇では「悪趣に赴く」と和訳する。この訳語では本文で言及する「故意受生」の一つと誤解を与えるようで，筆者には違和感がある。ここはあくまで「因果応報」によるものであると考えられるので，筆者は「地獄に堕ちること」と和訳する。安慧釈によれば，悪業を為したとしても声聞などのように直後の次生にすぐ悪趣，たとえば地獄などに堕ちることはないが，何度も生死を繰り返すうちに，地獄に堕ちることがあるという。この「直後の次生にすぐ」悪趣に堕ちないことが菩薩種姓に住する者にとっての「利徳」というのである。それは信解行地以後の「故意受生」ではない。

[111] 内藤 [2023] 289 頁図 R 参照。また，内藤 [2017] 36-38 頁，内藤 [2020] 259-260 頁参照。

[112] 第 XX[-XXI]「行住品」章第 8 偈によれば，この利他行のための「故意受生」は四種あるが，その第一は信解行地におけるものとされる。内藤 [2020] 259-260 頁，内藤 [2023] 288-289 頁参照。また，すでに言及したように，その同じ第 XX[-XXI] 章の第 41 偈によれば，「信解行地」における「地の獲得」は「〈1〉信解による獲得，〈2〉行による獲得」という二段階である。この二つの説示を踏まえて考えれば，この〈2〉の獲得こそ「故意受生」によるのである。その前段階である〈1〉の獲得には，この第 8 偈の「利徳」が必要なのであり，そのような段階の菩薩が「種姓に住する者 gotra-stha」であると考えられる。要検討課題である。

味する。このことは，本論考「第 1 章第 1 節」で言及した第 IX 章第 7-11 偈の「無上帰依処性」の内容であり，帰依処とした「仏たること」には，五種の救済が示されているが，その中に「悪趣からの救済」（第 IX 章第 8 偈）が示されている。この点は次の項で言及する。

第 3 章第 8 節第 4 項　第 IX 章の説示による「菩薩種姓に住する者」の理解（私見）

さて，第 III 章第 7-8 偈の説示における「種姓に住した者 gotra-stha」とはどのような者であろうか。筆者の理解であるが，その者は，第 II 章「帰依品」第 2 偈世親釈導入の「三宝を帰依処とした者の中で最勝乗を帰依処とした者（菩薩）が最高であるが，その菩薩にも多くのなすべき難行に耐えられない者がいるから，最勝乗を帰依処とするように奨励する」（取意）といわれている者であり，具体的には難行に耐えきれず，先に紹介した「舎利弗と乞眼居士」の逸話のように，途中で菩薩行を投げ出す可能性がある者であると考えている。

しかし，菩薩の「種姓に住した者 gotra-stha」が，最勝乗を帰依処とする者である限り，その帰依処とした「仏たること（智慧と慈悲）」の功徳がその者に「利徳」としてあり，しかも現在世だけはなく未来世にもあるという。では，「仏たること（智慧と慈悲）」の功徳，はたらきとはどのようなものなのであろうか。それが，第 IX 章「菩提品」第 7-11 偈で「帰依処性 śaraṇatva」として示される[113]。その第 7 偈はその総説であるが，第 IX 章第 1-6 偈と同じく「仏たること buddhatva」を主語として，「その同じ仏たること buddhatva（仏性）が無上の帰依処であることに関して五偈がある」というのである。その第 7 偈は次のようにいう[114]。

というのは，仏性は，<1>常にあらゆる煩悩の聚から，<2>あらゆる悪行から，およ

113　第 IX 章については，内藤［2009a］，長尾ノート（1）185-271 頁参照。この第 IX 章を構成する各項目が第 I 章乃至第 IX 章の各章に対応しているという筆者の理解は内藤［2009a］9-14 頁で言及した。それ以後，以下の論考で補完的に言及している。内藤［2013］265-268 頁，内藤［2017］19-31 頁，内藤［2020］272-275 頁，内藤［2022］255-258 頁と 312-314 頁参照。特に，内藤［2017］と内藤［2022］が重要。なお，第 X 章乃至第 XIV 章の構成と構造は内藤［2014］，第 XV 章以後の章は内藤［2020］参照。

114　内藤［2009a］36-37 頁とその註解参照。長尾ノート（1）192-193 頁参照。

び〈3〉老と死[の苦]から，[人々を]救護するからである。 （第 IX 章第 7 偈）

世親釈によれば，この偈は，最勝乗を帰依処とした者たちにとっては，その帰依処とした「仏たること」が，迷いのあり方である「〈1〉煩悩と〈2〉業と〈3〉生などの苦」という三種の汚染からその者たちを救護する，衆生利益するというのである。そして，続く第 8-11 偈でそれを具体的に詳説する。その具体例が第 8 偈で以下のように詳説される[115]。

(1)あらゆる災厄から，(2)悪趣から，(3)非方便から，(4)個体実在[の観念]から，また(5)劣乗から[救護する]。それ故，[仏性は]最高の帰依処である。

（第 IX 章第 8 偈）

この(1)はこの娑婆世界における自然災害などを含む種々の災厄であり，(2)はそのような現世における行為（業）から来世で，悪趣に堕ちないようにしたり，堕ちたとしてもその者を解放したりするという意味である。(3)は仏教以外の教えによる苦から離脱させ，(4)は二乗の教えから大乗へ回心させるのである。(5)は菩薩の種性が不確定な者 a-niyata-gotra を大乗に専一させる，つまり菩薩の種姓に確定させるというのである。これらが「仏陀の威徳 anubhāva」であるという。

さて，この第 IX 章は「菩提」の説示であるが，それが「仏たること」を主語にして，第 1-3 偈の「一切種智者性 sarvākāra-jñātā」の智慧として説示され，第 4-6 偈の「無二相 advaya-lakṣaṇa」の空性として説示され，続く第 7-11 偈の「帰依処性」の大悲として説示される。この「智慧→無二→大悲」の説示順序は「智慧即大悲（慈悲）」を意図しているのである。そして，この世で苦悩する衆生は，この「仏たること」を帰依処とすることによって，帰依処とした衆生その者を救済・成熟・教導しようとする仏・如来の智慧と大悲を受け入れるのである。それは，大乗の教法を聴聞し，聞信することである。筆者は，「種姓に住する者 gotra-stha」とはまさにこの段階の者であると理解している。当然ながら，この段階の者は煩悩を断じていないから，「災難」（第 7 偈）があるが，「利徳」（第 8 偈）がある

115 内藤[2009a]36-39 頁とその註解参照。長尾ノート(1)193-194 頁参照。

というのである。この「利徳」は無上帰依処である「仏たること」の功徳，つまり智慧による大悲のはたらきが，前兆として菩薩にはたらいていることを意味する。

第 3 章第 9 節　「鉱脈 gotra」の譬喩について

第 3 章第 9 節第 1 項　第 9 偈の「(8)大いなる金の鉱脈」による譬喩

この第 9 偈はその世親釈導入が「[菩薩種姓の] (8) 大いなる金の鉱脈 mahā-suvarṇa-gotra の譬喩」の説示といい，世親釈は明確に「菩薩の種姓」の説示という。それは第 1 偈の「二つの譬喩」の一つであり，その第 1 偈世親釈と同一である。その説示を図式化して提示する。なお，図中に収まるように要約したので，詳しくは本篇の各「和訳と注解」を参照。

図 N：種姓に対する譬喩「勝れた金鉱の譬喩」：第 9 偈（「知られるべき」内容）		
「種姓は勝れた金鉱の如し」とは「四種の功徳の依り所」となることの譬喩		
偈	世親釈：譬喩	諸注釈の要点（私的備考）
(8a) 無量の善根の所依	(8a') 豊富な金の所依	一切善法の所依（← 自利的要素の所依）
(8b) 智慧の依り所	(8b') 輝く金の所依	無分別智などの所依（← 初地悟入の所依）
(8c) 無垢性の具有の依り所	(8c') 無垢な金の所依	涅槃の所依（← 無住処涅槃の所依）
(8d) 威力の依り所	(8d') 有用な金の所依	神通の所依（← 利他的要素の所依）

この第 9 偈は，菩薩の「種姓 gotra」が (8a) 乃至 (8d) という四種の「所依 āśraya」「依り所 niśraya」である。その世親釈は，「金」を産出する「鉱脈 gotra」を「種姓」の譬喩として説示している。これは，第 4 偈 (図 I) の「諸の功徳を産出するもの」という gotra の語義解釈であることは明白である。また，偈では (8a) は向上的な修習の「所依 āśraya」であり，(8b) (8c) (8d) は「依り所 niśraya」というように語が異なるが[116]，筆者は，世親釈が後者の三つも「所依 āśraya」とする点に注目する。つまり，第 4 偈で「本性住種姓」を「所依」とすることを意図しているのではないかと考えている。特に，偈では (8a) だけが「所依」

116　この āśraya と niśraya の語はほぼ同義であると考えているが，同じ箇所で使い分けがある点から相違があるのかもしれない。その相違点は未審である。

である点に留意すると，(8a)が(8b)(8c)(8d)の内容・内実にとっても根源的な「所依」であることを意図していると考えられる。この点は要検討課題である。この四種の順序と意味は難解であるが，この(8a)乃至(8d)の四種は，すべて菩薩にとって自利的な要素のものであり，利他的な要素が希薄である[117]。

現時点の筆者は，後述する第 10 偈の四種についての「(9a)が総説で，その詳説が(9b)(9c)(9d)である」という長尾知見を[118]，第 9 偈にも適用させて理解している。つまり，「(8a)が総説で，その詳説が(8b)(8c)(8d)である」という理解である。菩薩種姓とは「(8a)無量の（量り知れない）善根」の所依であるからこそ，詳説される「(8b)智慧 → (8c)無垢性 → (8d)威力」という展開が可能なのである。この(8a)に対する安慧釈によれば（取意），勝れた金鉱が豊富な金を産出する所依となるのと同様に，この菩薩種姓もまた六波羅蜜，十地，三十七菩提分法，十力，四無畏などの量り知れない善の依り所となるという[119]。換言すれば，この四種は智慧の功徳について，(8a)は帰依処とした「仏たること」の「一切種智者性」（第 IX 章第 1-3 偈）を意図して，「(8b)智慧 → (8c)無垢性 → (8d)威力」は「加行無分別智 → 根本無分別智 → 後得無分別智（後得清浄世間智）」に対応していると考えておきたい。要検討課題である。

視点を第 III 章の説示に戻すと，(8a)の「所依 āśraya」という語は「本性住種姓」の「種姓」に相当し，(8b)(8c)(8d)の「依り所 niśraya」という語は「習所成種姓」の「種姓」に相応すると考えておきたい。しかし，この両者の「種姓」は別々のものではなく，あくまで「原因としての存在する種姓」ただ一つである。その意味で，世親釈はすべてを「所依 āśraya」に統一したのではないかと考えている。

さて，筆者の理解であるが，この第 9 偈（図 N）の四種は，声聞の種姓と比較されながら示される第 3 偈（図 H）の「(2)最勝性 agratva」の四種に関連すると考えている。第 3

117　安慧釈によれば（取意），勝れた金鉱が，そこから産出される金によって頭飾りや腕飾りなどを作ったとしても壊れることや脆さがなく，有用な金の拠り所となるのと同様に，(8d)この菩薩種姓も天眼などの神通の拠り所となるというのである。この壊れることや脆さがないとは，自利的な要素であり，利他的な意味はない。

118　詳しくは，長尾ノート(1)78 頁参照。本篇の「和訳と注解」注解(332)参照。

119　この種姓の内容はこの第 III 章最終偈の第 13 偈で，「吉祥根」に譬えられる「最勝の種姓 agragotra」の内容と一致する点が重要である。

偈の四種は善根の要因としての「種姓」の「最勝性」である。それはこの第 9 偈の「(8a) 無量の善根の所依」のことである。つまり，第 3 偈の四種をまとめると第 9 偈の(8a)一つに成るのである。その(8a)を開くと(8b)(8c)(8d)となるのである。その(8b)(8c)(8d)の種姓が「依り所 niśraya」となって，順次，第 3 偈の善根の要因として，(2b)(2c)(2d)の種姓に対応すると考えられる。ともあれ，それを図式化する。

図 O：譬喩「勝れた金の鉱脈の譬喩」：第 9 偈（「知られるべき」内容）		
第 9 偈の四種	第 3 偈：善根の要因 nimitta である種姓	私見
(8a)無量の善根の所依	(2a)最高であること（鍛錬されたものである）	自成熟の所依
(8b)智慧の依り所	(2b)十全であること（十力・四無畏がある）	1)加行無分別智
(8c)無垢性の具有の依り所	(2c)偉大な意義を持つこと（利他がある）	2)根本無分別智
(8d)威力の依り所	(2d)無尽であること（無余涅槃を最後としない）	3)後得無分別智

先の図 N で示したように，この「金」の譬喩は，自己の成熟という自利的成長である。それは，右欄に私見として示したように，向上的に得る智慧を意図し，(8b)が加行無分別智，(8c)が根本無分別智，(8d)が後得無分別智（後得清浄世間智）に対応すると考えられる。つまり，(8a)はそのための智慧と福徳の二資糧を積むことを意味するのである。その意味で，(8a)の種姓は，その種姓が(8b) → (8c) → (8d)と向上的に展開・転回していく根本的な「所依」なのである。それは，上述したように，帰依処とした「仏たること」の「一切種智者」（第 IX 章第 1-3 偈）に対応すると考えられる。

第 3 章第 9 節第 2 項　第 10 偈の「(9)大いなる宝石の鉱脈」の譬喩による説示

この第 10 偈は，第 9 偈と同じく第 1 偈の「二つの譬喩」の一つであり，その第 1 偈世親釈と同一である。その世親釈導入が「[菩薩種姓の](9)大いなる宝石の鉱脈 mahā-ratna-gotra の譬喩」の説示といい，その世親釈は明確に「菩薩種姓」であるという。ここに，「金」と「宝石」の相違はあるが，ともに種姓が「鉱脈」に譬えられている。その説示を図式化して提示する。なお，図中に収まるように要点だけを記した。詳しくは本篇の各「和訳と注解」を参照。

図 P：種姓に対する譬喩 B「勝れた宝石鉱の譬喩」：第 10 偈（「知られるべき」内容）		
「菩薩種姓は大いなる宝石の鉱脈の如し」とは「四種の功徳の依り所」の譬喩（安慧釈）		
第 10 偈	**世親釈：譬喩**	**諸注釈の要点**
(9a) 大菩提の要因 nimitta	(9a') 貴重な宝石の所依	一切煩悩障を断じた大菩提の要因
(9b) 大智慧の依り所 niśraya	(9b') 光沢完全な宝石の所依	大智慧（四智）の要因
(9c) 聖者の三昧の依り所	(9c') 形完全な宝石の所依	聖者の三昧な虚空蔵三昧等の要因
(9d) 利他の依り所	(9d') 量完全な宝石の所依	無量の衆生の智を成熟する要因

この第 10 偈では，四種の (9a) を「要因 nimitta（因相）」[120]といい，(9b) 乃至 (9d) の三種を「依り所 niśraya（基盤）」として示す。一方，世親釈は，その冒頭で「鉱脈は四種の宝石の所依 āśraya」であるといい，その譬喩の説明はすべて āśraya である。これを踏まえて菩薩種姓を詳説する中ではすべて「要因 nimitta」の語で説明する[121]。この用語の相違は何を意味するのであろうか。

ともあれ，この (9a) 乃至 (9d) は難解であるが，筆者は第 9 偈の理解で示したように，長尾知見の「(9a) が総説で，その詳説が (9b) (9c) (9d) である」（取意）にもとづいて，以下のように理解している。つまり，菩薩種姓は (9a)「大菩提（智慧即慈悲）」の要因なのである。端的にいえば，(9a) は (9b) (9c) (9d) を展開する要因である。この三種は，(9b) → (9c) → (9d) という向下的方向性の順序で説示されている。これは，(9a) が智慧即慈悲として衆生利益のために大悲を行じる要因であり，具体的には「無縁の大悲 → 法縁の[大]悲 → 衆生縁の[大]悲」というように悲を行じる要因であることを意味する。第 9 偈の図 O の右欄に準じれば，(9a) は衆生利益という三種の悲を発動する原因 nimitta（発動因）なのであり，その三種の悲は順次 (9b) (9c) (9d) を具体的な「依り所 niśraya」としていると考えられる。

120　長尾ノート (1) 78 頁では nimitta「因相」と和訳するが，多義の難解な語であり，訳語に苦労する言葉の一つである。ここでの漢訳は「成就因」であり，極めて稀な漢訳と思われる。『大乗荘厳経論』の他の箇所では「因」「義」「相」などがあるが，「相」が多い。ここでは，hetu を「原因（因）」と和訳することと区別するために「要因」と和訳する。

121　この nimitta は，第 3 偈で「菩薩種姓が四種の要因 nimitta であることによって，菩薩種姓が最勝であることを示す」（取意）とある minitta と関連することを示唆していると考えられる。要検討課題である。

第3章第9節第3項　第10偈の「大菩提」と「大智慧」について

ここでは，項を改めて，第10偈の四種の中で，(9a)が単なる「菩提」ではなく「大菩提 mahā-bodhi」である点と，(9b)が単なる「智慧」ではなく「大智慧 mahā-jñāna」である点について，筆者は，この mahā- があることで，第10偈が「利他」の意味を意識した説示であること，つまり智慧に裏付けられた大悲を意図していると理解している。

さて，音韻に制限のある偈の中で，この第10偈では，二箇所に mahā-がある点は注目すべきである。この mahā-の意味について筆者は，同じこの第III章第3偈世親釈の「[声聞乗は]利他がないから，偉大な意義を持つものではなく na ca mahārthāny aparārthatvāt」という説示を基本にして考えている[122]。

さらに，「大菩提 mahā-bodhi」については[123]，第IX章「菩提品」第50偈と第64偈の二つの説示が重要であると考える。まず第50偈を世親釈とともに引用する[124]。

> **このように得ることが困難であり，最高の功徳を具有して希有性のある[大菩提は]，常恒であり，堅固であり，救護なき者の救護である。[そのような]大菩提 mahā-bodhi を，心堅固なる者(菩薩)たちは，各々の所で，いつも，あらゆる時に，獲得している。**
>
> **[しかし，]そのことこそは世間に希有なるものでもあり，よき規定を実践しているからには希有なるものでもない。**　(第IX章第50偈)
>
> この第二[番目の]偈によって，已に成熟した諸菩薩が成熟することは，希有でもありまた希有でもないとの相[を示す]。**いつも，あらゆる時に**とは常に間断なしに[という意味]であり，**よき規定**(よき菩薩道の教え)**を実践している**とは，それ(大菩提)に随順した道を実践することである。

122　この点は，内藤[2023]265頁註解(30)参照。

123　本論書における mahā-bodhi の用例はそう多くない。筆者が本論書を三部構成（図A）と考えている第一部の「第I章乃至第IX章」まででは，本論考註解(127)の mahā-jñāna と同じく,世親釈では第I章「[序品・]成宗品」第9偈・第11偈・第14偈にあるが，偈ではこの第III章「種姓品」第10偈が初出であり，その世親釈と第12偈世親釈にある（長尾索引には未再録）。これ以後，第IV章「発心品」偈第1偈世親釈・第V章「正行品」第1偈世親釈・第IX章「菩提品」第50偈と第64偈だけである。

124　以下の引用偈の詳しい説明は紙面の都合上省略するが，詳しくは各註解の拙論と長尾ノートを参照。

これは「衆生成熟 sattva-paripāka」（第 49-55 偈）の説示の一偈である[125]。この説示の「[大菩提は]，常恒であり，堅固であり，救護なき者の救護である」という説明が第 10 偈（図 P）の (9b) (9c) (9d) に対応すると考えられる。紙面の都合上，ここではこの指摘だけにしておく。

また，第 64 偈は次のようにいう。世親釈とともに示す。

この仏陀の化作としての身体は，技芸と誕生と大菩提 mahā-bodhi と涅槃とを常に示現することによって，[人々を]解脱させるための偉大な方便である。

（第 IX 章第 64 偈）

さらに，**この**[仏陀の]**化作としての身体(応身)は**，常に教化せらるべき人々の為に，琵琶を演奏すること等を通して**技芸を**[示現し]，**また受生と等正覚と涅槃とを示現することによって，**[人々を]**解脱させるための偉大な方便である**から，利他の完成という特性をもつと知るべきである。

これは，「仏身 buddha-kāya」（第 60-66 偈）の説示の一偈であり[126]，変化身 nairmāṇika-kāya（応身・化身）を釈迦牟尼仏の生涯で説示している。偈の「大菩提 mahā-bodhi」を世親釈は「等正覚 abhisaṃbodhi」と言い換えて，誕生（受生）から涅槃までの伝道生活を，智慧に裏付けられた「偉大な方便」として，衆生利益の「利他の完成」として説明するのである。

そして，「大智慧 mahā-jñāna」については[127]，同じく第 IX 章「菩提品」の第 69 偈がある。

それ(大円鏡智)は，あらゆる智の[生じる]原因であるから，「偉大な[諸]智の鉱脈のように mahā-jñāna-ākara-upama」である。また，受用という仏性(仏たること)

125　内藤[2009a]90-91 頁と該当註解を参照。長尾ノート(1)235 頁参照。

126　内藤[2009a]108-109 頁と該当註解を参照。長尾ノート(1)249-250 頁参照。

127　本論書における mahā-jñāna の用例は少ない。本論考註解(123)の mahā-bodhi と同じく「第 I 章乃至第 IX 章」まででは，偈も世親釈もこの第 III 章「種姓品」第 10 偈が初出であり，後はこの第 IX 章「菩提品」第 69 偈だけである。

である。智の影像が生じるからである。　（第 IX 章第 69 偈）

また，それ(大円鏡智)は，**あらゆる**種類のそれら平等性**智**などの[生じる]**原因であるから**，すべての諸**智[慧]の**[原石を産出する]「**鉱脈のように**」であり[128]，また**受用という仏**でもある。

そして，[三智の]**智の影像が生じるから**，それが大円鏡智と言われる。

これは，「仏智 buddha-jñāna（四智）」（第 67-76）の説示の一偈であり[129]，大円鏡智 ādarśa-jñāna を説示している。偈の「偉大な智慧」を世親釈は「すべての智 sarva-jñāna」と言い換えているが，それは大円鏡智が衆生利益という利他のはたらきの鉱脈・蔵 ākara であり，他の三智などの仏智の要因であり，所依であるからである。それが「受用という仏性（仏たること）である」というのである。なお，それを世親釈は「受用という仏」と言い換えている点には留意がいる。これらを踏まえて，上記の第 10 偈（図 P）の(9b)を考えるべきであることは明白である。

以上の点から考えて，筆者は，第 9 偈（図 N）と第 10 偈（図 P）とは「その最初の(8a)と(9a)が総説であり，他の三種はそれぞれの詳説である」という長尾知見に賛同している。両偈の相違点は第 9 偈（図 N）が向上的方向性の説示順序であり，第 10 偈（図 P）が向下的方向性の説示順序であることである。この方向性の相違は順次，智慧と慈悲に対応すると考えられる[130]。

128　ここで「鉱脈」と和訳した語は gotra ではなく ākara（蔵）である。この「大智の蔵 mahā-jñāna-ākara」とは慈悲と不一不二の智慧の蔵であり，法蔵 dharma-ākara（真実である法の蔵）を意図すると考えられる。一方，この第 III 章で鉱脈を gotra で示すのはこの譬喩が「種姓」と一致することを示す意図であろう。

129　内藤[2009a]116-117 頁と該当註解を参照。長尾ノート(1)253-254 頁参照。

130　この向上的方向性と向下的方向性によって智慧と慈悲を考えることは，長尾[1992a][1992b][1992c]に代表される知見である。その知見の理解は内藤[2009]以来の本論書の研究における基本的視点であり，内藤[2017]10-12 頁でまとめた。特に，この知見は，第 XVII 章「供養・師事（親近）・無量（梵住）品」において，大悲大慈を考えるに当たっては重要であり，特に第 XVII 章第 19 偈の説示理解には欠くことのできない視点となったので筆者は重視している。内藤[2013]の特に 305-307 頁参照。内藤[2017]129-132 頁参照。また，小谷[2014]参照。

第 3 章第 10 節　第 1-10 偈の「構成と構造」――菩薩の「種姓」について――

ここで，第 1-10 偈の説示に対する筆者の理解をまとめておきたい。第 1 偈で示された「種姓の区別」の各トピックについて詳説する 2-10 偈は，第 6 偈の「(5) 区別」の説示を蝶番的役割として，理論的な前半第 2-5 偈の説示と，実践的な第 7-10 偈の説示とに分かれる。留意すべきは，第 7-10 偈の説示は，第 4 偈と同じく「知られるべきである」という動詞による説示である点である。つまり，前半では，第 4 偈（図 I）の「(3) 特徴 lakṣaṇa（定義）（第 1 偈：自性 svabhāva）」の説示が本論書独自の説明なのである。この第 4 偈では，世親釈は，まず「四種」と示しながら，その「(3a) 本性住種姓」と「(3b) 習所成種姓」はそのまま「(3c) 所依」と「(3d) 能依」であると説明し，「種姓」は四種ではなく二種であるとする。しかも，その二種の「種姓」は「原因としてしか存在しない」というのであるから，実質的に一つということになる。その一つである「種姓」の理解は「諸の功徳を産出するもの」であり，「鉱脈 gotra」を譬喩として示されているのである。

この第 4 偈と同じく，第 7-10 偈も「知られるべきである」といわれる内容である。すなわち，その第 7-10 偈の説示理解において，「種姓」は常に「諸の功徳を産出するもの」の意味であり，「鉱脈 gotra」の譬喩によって知るべきなのである。そして，第 7-10 偈は，第 2-5 偈で詳説された「種姓」を前提にして，その菩薩の「種姓に住する者」をもって向上的な修習が継続されることが示されている。

この「種姓に住する者 gotra-stha」と表現される者がいかなるものかを示すために，第 11 偈ではその表現に否定 a-を付加した a-gotra-stha なる者が示される。この a-gotra-stha なる者と対比することによって，gotra-stha なる者が浮き彫りになるのである。

第 4 章　第 11 偈の説示
――種姓gotraとは「般涅槃できるダルマ（性質）」ということ――

第 4 章第 1 節　第 11 偈の a-gotra-stha という衆生とは

第 11 偈の説示を考える前に，世親釈導入がいう a-gotra-stha という語について基本的に問題となる点を記しておきたい[131]。この複合語の理解は，本篇「和訳と注解」の注解(29)で示したように，チベット訳語の問題を含め，種々の問題点がある。それは，a-gotra-stha という複合語をどう理解し和訳するかの問題でもある。チベット訳からいえば，『菩薩地』などは否定辞 a-が-stha を否定するもので「種姓に住しない者（住していない者）」である。一方，本論書と無性釈は gotra の否定で「非種姓に住する者」であるが，安慧釈は「種姓がない者 *a-gotra」である[132]。

また，無性釈と安慧釈は，否定辞 a-の意味する内容を詳しく説明する中で，二つの理解を示す。すなわち，否定辞 a-は(i)非難の意味と(ii)非存在の意味の二種であるという。(i)は，種姓はあるが，それが不充分などの理由で非難される種姓である。(ii)は，種姓そのものが欠けている，存在しないという意味である。詳しくは本篇所収の両注釈の「和訳と注解」を参照。

現時点の筆者は，この a-gotra-stha を，安慧釈（図 Q）のように，-stha を無視して a-gotra（無種姓）と同一視だけはしない。なぜならば，対照的な一組で対をなすと思われる gotra-stha が単純に「菩薩種姓を有する者」を意味しないと考えられるからである[133]。つまり，この -stha がある点を重視する。ともあれ，ここで，第 11 偈を図式化して示しておきたい。

---

131 筆者の管見であるが，本論書では agogta-stha という語はここだけにしかない。

132 ここでは関連するチベット訳を対照して示しておく。

図 Q：第 III 章第 11 偈の agotrastha の理解のために（チベット訳と漢訳など）			
各テキスト	**チベット訳**	**日本語訳**	**補記（漢訳）**
世親釈	rigs med pa la gnas pa	無種姓に住する者	gotra の否定：（無性位）
無性釈	rigs med pa la gnas pa	無種姓に住する者	gotra の否定
安慧釈	rigs med pa	種姓がない者	*agotra（無種姓）と同義か
声聞地・菩薩地	rigs la gnas pa ma yin pa	種姓に住していない者	-stha の否定

133 gotra-stha については，本論考註解(105)参照。現時点の筆者は，本論書の gotra-stha について，向上的な菩薩道の段階において重要なキーワードであると理解している。筆者の理解は本論考「第 7 章」の図 X 参照。

図R：agotrastha なる者とは：第11偈（動詞に当たるもの無し）	
第11偈世親釈	**備考（私見）**
(I) 般涅槃できるダルマ（性質）が一時的にない者 ＝[i] (1) 悪行を専らなす者 (2) 善根が断たれた者 (3) 解脱の獲得に有益な（順解脱分の）善根がない者 (4) 善根の劣った者で資糧が不足している者	← 無性釈・安慧釈の〈1〉の理解 → 大悲を十分に受け入れていない者 補記：(1) 乃至 (3) は人法二無我の未証得の者であり，(4) は人無我のみ証得の声聞乗の者と考えられないか。
(II) 般涅槃できるダルマ（性質）が永久にない者 ＝[ii] すなわち般涅槃できる種姓がない者	← 無性釈・安慧釈の〈2〉の理解 → 大悲を拒絶している者

世親釈によれば，この a-gotra-stha とは「般涅槃できるダルマ（性質）のない者 a-parinirvāṇa-dharmaka」といわれ，それには「(I) 般涅槃できるダルマ（性質）が一時的にない者 tatkāla-aparinirvāṇa-dharman（時邊般涅槃法）と「(II)〔般涅槃できるダルマ（性質）が〕永久に〔ない者〕atyanta（畢竟無涅槃法）」の二種があるといい，その (I) には四種を示すが，(II) には「彼には般涅槃できる種姓がないのである」というだけである。無性釈と安慧釈の示す (i) 非難が (I) に対応し，(ii) 非存在が (II) に対応する。

この偈に関する先行研究を踏まえて[134]，その説示目的や意図を論述することは，紙面的に無理があるが，以下の点を補記しておきたい。世親釈が a-gotra-stha について「般涅槃できるダルマ（性質）のない者が意図されている」ということを，筆者の責任で言い換えれば，「種姓 gotra とは般涅槃するために必要不可欠なダルマ dharma（性質・属性）である」ということになる[135]。その意味で，この「種姓 gotra」は，直前の第9-10偈の「鉱脈 gotra」の譬喩によって示される gotra を承けたものであると考えている。

134　本篇の「和訳と注解」の該当箇所の注解参照。

135　このダルマは「第1章第1節」に引用した第II章第12偈の「無比なるダルマ」に対応すると考えられる。また，本論考註解(105)で示したが，第V章第4偈世親釈の gotra-stha は偈の dharmatā-sthita の言い換えであり，gotra が dhrmatā に対応する点は明らかであるが，その意味は難解である。この説示の言い換えの点から，この第11偈のダルマ dharma（性質）が gotra を意味すると考えるべきなのであろうが，現時点の筆者にはどのように理解すべきかまだ明確ではない。第V章の「和訳と註解」に向けて，その議論の中で諸氏の知見に期待したい。

なお，この「法性 dharmatā」を「種姓 gotra」と言い換える点が，無性釈と安慧釈の使用する「仏種姓 buddha-gotra」という語とも関連するとも考えているが，要検討解題である。

また，上述したように筆者は，この二つの譬喩は仏の「智慧」と如来の「慈悲」を意図するものであり，菩提の内実である。すなわち，第 IX 章「菩提品」では，「仏たること buddhatva」でもって説示される「一切種智者性」（第 1-3 偈）と「無二相」（第 4-6 偈）と「帰依処性」（第 7-11 偈）として説示される「智慧即慈悲」のダルマである。そして，その同じ「仏たること」で「転依」（第 12-17 偈）が示される。この説示展開から窺える構図については，すでに言及したように，「一切種智者性」が第 I 章第 1-6 偈に，「無二相」が第 I 章第 7-21 偈に，「帰依処性」が第 II 章に順次対応し，「転依」がこの第 III 章に対応すると考えられる。端的にいえば，菩薩とは「仏たること」を帰依処とし，その「智慧即慈悲」を受け入れること，つまり「聞・思・修」することで，自らの「種姓」とするのである[136]。この点から，先に「第 1 章第 2 節第 1 項」で言及した，無性釈と安慧釈に散見される「仏種姓 *buddha-gotra (sangs rgyus kyi rigs)」を考えるべきである。

第 4 章第 2 節　第 11 偈の説示意図とその目的・役割について
――a-gotra-stha と gotra-stha の意味するものについて――

ここで，第 1-10 偈の「種姓の区別」を説示し終えた直後に，どうして上記のような第 11 偈の説示があるのかについて，その説示意図と目的・役割に関する筆者の理解を，「世親の回心」を念頭にしながら，要点だけ提示しておきたい。

第 I 章では，最勝乗の大乗とは「仏たること」，すなわち「智慧と大悲」によるものであ

136　先に筆者が言い換えた「種姓 gotra とは般涅槃するために必要不可欠なダルマ dharma」という理解を是とすれば，第 IX 章の「菩提 bodhi」の内実である「一切種智者性」などの各テーマの説示展開だけではなく，第 IX 章の要所要所で使用される bauddha という語を伴う[A]乃至[D]，および[E]が重要になると考えている。すなわち，「[A]仏陀としてのダルマ bauddha-dharma」（第 10 偈）と「[B]仏陀としての心と智慧 bauddha-citta-jñāna」（第 25 偈）と「[C]仏陀としての自在性 bauddha-vibhutva」（第 40 偈）の三つの意味と役割，それを総括する「[D]仏陀としての要素 bauddha-dhātu」（第 55 偈）の意味と役割，さらにその[D]を承ける形で示される「[E]清浄なる法界 dharma-dhātu-viśuddhi」（第 59 偈）の意味と役割から考察する必要があると考えている。紙面の都合上ここでは言及しないが，この[A]→[B]→[C]は「聞→思→修」に対応し，第 IX 章の「構成と構造」理解に関係すると考えられる。内藤[2009a]14-21 頁，特に図 D と図 E と図 G 参照。また内藤[2009b]参照。

筆者の作業仮説の一つであるが，この「[A]仏陀としてのダルマ」が般涅槃するために必要不可欠なダルマに，つまり「智慧即慈悲」のダルマに相当し，それを「法界等流の聞熏習」を通して受け入れることが「転依」（第 IX 章第 12-17）に対応する第 III 章の「種姓」であることを意図していると考えている。要検討課題である。

ることを提示し（第 1-6 偈），それを承けて，大乗が仏説であることを論じている（第 7-21 偈）。後者では，大乗の所説を怖畏して，それを「聞・思」することを拒絶して，大乗非仏説を展開する者の具体的な主張やあり方を取り上げている。その大乗非仏説論者の一人が回心前の世親その人である。そのような衆生存在は，[a]非菩薩の種姓（声聞種姓）に住している者か，[b]菩薩の種姓に住していない者かである。どちらであれ，この者の「種姓」とは第 5 偈（図 J）の「表徴 liṅga（徴相））」がないのである。そして，この[a]と[b]の二つの意味を担っているのが，第 11 偈（図 R）の a-gotra-stha である。どちらにしても，それは「般涅槃できるダルマ（性質）のない者を意図する」（世親釈）のである。同じことを第 II 章の説示でいえば，大乗に回心する前の世親は，[a]最勝乗である大乗を帰依処としていない者であり，[b]「仏たること」の内実である「智慧と慈悲」を受け入れられていない者である。その両者は，大乗の教法に対する「聞・思」を軽視したり不足している者，あるいは拒否している者に他ならない。

一方，大乗へ回心した世親は，大乗を仏語として認めて受け入れた abhyupagama のである。確かにそれは「最勝乗である大乗を帰依処とする者」と成ったのであるが，菩薩の「種姓が確定した」者かどうか不明である。むしろ，その回心したばかりの世親は，第 II 章第 2 偈世親釈導入が危惧するように，「最勝乗である大乗を帰依処とする者」ではあるが，まだ「難行に耐え得ずに挫折する可能性がある者」（取意）なのである。そして，もし挫折したならば，その者は，この第 11 偈（図 R）の a-gotra-stha の二種の内の「(I)般涅槃できるダルマ（性質）が一時的にない者」に相当するのである。換言すれば，それもまた大乗の教法に対する「聞・思」を軽視したり不足している者に他ならない。このような危うい衆生が菩薩の「種姓に住する者 gotra-stha」（第 7 偈図 L）には含まれる。すなわち，菩薩の「種姓が確定していない者 a-niyata-gotra」（第 6 偈図 K）なのである。

そのような危うい衆生である「種姓に住する者」は，「般涅槃するダルマ」である種姓を自らの「構成要素 dhātu」（第 2 偈図 G）として成就していない。換言すれば，この「住する-stha（立脚する）」という対象である「種姓」は菩薩自身の内的要件ではなく，環境的な外的要件なのである。それが，第 II 章第 5 偈（本論書図 C）の「種子（心＝決意 vyavasāya＝発心）・生母（智慧＝智慧波羅蜜）・母胎（智慧と福徳の二資糧を備えていること）・養母

(悲)」(取意) の譬喩による説示である[137]。この譬喩すべてが意図するものは，仏の子 *buddha-ātma-ja である菩薩自身にとって内的要件ではなく，外的要件である。

それらは，最勝乗を帰依処とし，大乗の教法を「聞・思」する中で外的要件として完備され，さらに菩薩自らの内的なものとなっていくのであるが，その段階が「資糧道」であると考えられる。ともあれ，第 II 章第 5 偈（図 C）の環境的な外的要件が完備された者もまだ，菩薩の「種姓に住する者 gotra-stha」の一人に含まれると考えられる。その者が菩薩の「種姓が確定した者」となるために必要な要素が第 IV 章「発心品」第 11 偈（図 C）の説示である。すなわち，「種子（大乗の教法への信解）・生母（最勝の波羅蜜）・母胎（禅定による安楽が備わること）・養母（悲)」の四つの譬喩による説示である。そして，この種姓が確定するための四要素を完備しつつ[138]，「菩薩種姓に住する者」から「菩薩種姓が確定した者」に成る説示が次の第 12 偈（図 G）である。その中で，種姓に「⟨d⟩二者よりはるかに勝れた完成がある」ということが「種姓が確定すること」と対応すると考えられる。その意味で，その第 12 偈（図 G）の種姓に関する⟨a⟩⟨b⟩⟨c⟩⟨d⟩が第 IV 章第 11 偈（図 C）の四つの要素が完備していくことに対応すると考えられる。この点は要検討課題である。

さらに問題は，その確定された菩薩の種姓を原因として菩薩の「心の生起（発心)」(第 IV 章第 1 偈）があるかどうかである。換言すれば，その種姓による「心の生起」，つまり菩薩の「意思」が「世俗的発心」(第 IV 章第 7 偈）から「勝義的発心」(第 IV 章第 8-14 偈）へ転換するものであるか否かの問題である。このような向上的な「心の生起」，つまり「意思」のあることこそが「菩薩種姓が確定したこと」を意味する。すなわち，このような確定した菩薩の「種姓」が「吉祥根（誉れ高い根)」(第 13 偈：図 V）に譬えられる「最勝の種姓」なのである。その「最勝の種姓」も原因としてのみ存在する「種姓」である。端的にいえば，第 12 偈の「⟨d⟩二者よりはるかに勝れた完成がある」種姓は「本性住種姓」に対応し，その「本性住種姓」を所依 āśraya とした能依である「習所成種姓」の説示が第 13 偈に対応すると考えられる。

---

137 筆者は，この環境的な外的要件の完備した種姓が無性釈と安慧釈に散見される「仏種姓 *buddha-gotra（sangs rgyus kyi rigs)」であると考えているが，要検討課題である。

138 筆者の理解を端的にいえば，この四種の譬喩の外的要件は，「菩薩の種姓が確定すること」について，第 II 章「帰依品」第 5 偈は必要条件であり，第 IV 章「発心品」第 11 偈は充分条件であると考えている。

以上の意味で，この第 11 偈の a-gotra-stha による説示は，第 2-10 偈の「種姓」の説示，特に第 9-10 偈で譬喩によって示された gotra と無関係な者を示すことで，世間における実践的な問題に関して第 7 偈の「菩薩種姓に住する者 gotra-stha」を浮き彫りにしている。つまり，「菩薩種姓に住する者」は向上的な実践が継続することができるというのである。なぜならば，「仏たること」である「智慧と慈悲」，つまり「般涅槃できるダルマ（性質）」に住する者だからである。

このように，a-gotra-stha なる者（第 11 偈）を説示して，最勝乗に誘引することで，第 7 偈（図 L）の gotra-stha なる者へと教導しているのである。その「回心」によって，実際に種々の「災難」があっても，「利徳」（第 8 偈図 M）があるので，「惑（煩悩）→ 業 → 苦」の迷いの連鎖から離脱できる可能性が生じるのである。このような a-gotra-stha について第 II 章「帰依品」の説示からいえば，「(I) 般涅槃できるダルマ（性質）が一時的にない者」とは，三宝を帰依処としていながら，最勝乗を帰依処とすること，つまり大乗の教法の聴聞が不充分である者である。そして，「(II) 般涅槃できるダルマ（性質）が永久にない者」とは最勝乗どころか三宝すら帰依処とすることを拒否している者である。

現時点の筆者の理解であるが，この (I) が最勝乗である大乗を帰依処とした者と成ることが「種姓に住する者」なのである。その意味で，安慧釈の【説明 B】で示されるように，「(3) 種子なくして果実が生じることは見られない」という因果関係によって，「第 III 章が原因で，第 II 章が結果」（取意）ということになる[139]。ただし，この gotra-stha の gotra が「種子 bīja」であり，その種子が「根 mūla」と成り，さらに「吉祥根 praśasta-mūla（誉れ高い根）」（第 13 偈）に成長・成熟することが重要なのである。具体的にいえば，逸話の舎利弗も世親も (I) であり，二人はともに回心した。しかし，舎利弗は最勝乗の「聞・思・修」が不充分，特に大乗の教法に対する「聞」を軽視したり，「聞・思」が不足であったために，「根」にまで成長しなかったと考えられる。このように「種子」が「根」と成るには外的要件（図 C）の完備が必要なのである。具体的には，善知識に師事して，大乗の教法（智慧と慈悲）に対する基本的な「聞・思・修」が必要不可欠なのである。したがって，「種姓に住する者」となっただけでは，まだ菩薩の種姓が確定していない。これを承けて，第 12 偈は菩薩の種

139　本論考の「第 1 章第 2 節第 3 項」参照。

姓がどのようにして確定されるのかを説示していると考えられる。

以上が，難解な第 11 偈の説示に関する，筆者の考える意義と目的であるが，要検討課題が多々ある。読者からのご批判・ご意見を期待したい。

第 5 章　第 12 偈の説示
――「本性住」と「習所成」の「種姓」の偉大性――

第 5 偈第 1 節　第 12 偈の内容理解

第 12 偈は，その世親釈導入が「本来ある〔種姓〕と養成された種姓との偉大性 gotra-mahā-ātmya」というように，第 4 偈（図 I）で示された「本性住種姓」と「習所成種姓」という二つを前提にして，その種姓の「偉大性」の説示であるという。

まず，その第 12 偈の説示内容を考えるに当たって，図式化しておきたい。右欄に筆者の留意点を示す。

図 S：二種の種姓の偉大性：第 12 偈（「知られるべき」内容）	
第 12 偈の説示	**備考・私見**
〈a〉本性住種姓と習所成種姓には	この「種姓」は所依と能依の関係（第 4 偈図 I）
〈b〉利他を説く長大な大乗の教法に無知なるままに 極大な信解 adhimukti があり	← これは本性住の「種姓」に対応か（私見） ・信解行地における「〈1〉信解による獲得」に対応
〈c〉よき正行 pratipatti における忍耐があり	← これは習所成の「種姓」に対応か（私見）
〈d〉二者よりはるかに勝れた完成 saṃpatti がある。	← これが「種姓が確定すること」に対応（私見） ・信解行地における「〈2〉行による獲得」に対応

筆者は，この〈a〉乃至〈d〉の四種は，〈a〉〈b〉と〈c〉〈d〉の二段階であると考えられる。なぜならば，先に第 5 偈の解説で示した第 XX[-XXI] 章「行住品」第 41 偈の二段階の獲得，すなわち信解行地における「地の獲得」の「〈1〉信解 adhimukti による獲得」と「〈2〉行 carita による獲得」の二段階の獲得に順次，対応すると考えられるからである。

具体的にいえば，〈a〉の本性住種姓と習所成種姓の関係は所依と能依の関係であり，原因としてのみ存在する一人の菩薩の「種姓」である。その種姓に「〈b〉利他を説く長大な大乗の教法に無知なるままに極大な信解 adhimukti」のあることが，信解行地の「〈1〉信解による獲得」に対応する。これが，本性住種姓に対応すると考えられる。

その上で，その種姓には「〈c〉よき正行 pratipatti における忍耐」があるが，それは習所成種姓に対応すると考えられる。つまり，本性住種姓を所依とした能依である習所成種姓である。その種姓には「〈d〉二者よりはるかに勝れた完成 saṃpatti」があるというが，それは「〈c〉よき正行」の完成である。これが信解行地の「〈2〉行による獲得」に対応する。この〈d〉の完成は世間の凡夫と出世間的存在の声聞の二者よりも勝れたものであるというのである[140]。

この「〈d〉はるかに勝れた完成」について世親釈は，「はるかに勝れた大菩提という完成」[141]というように，「大菩提」という語を補って説明する。これは第 10 偈（図 O）の四種の第一「(9a) 大菩提の要因 nimitta」の説示に対応すると考えられる。この「〈d〉勝れた完成」の説示が迷いの世間的存在の凡夫と声聞の二者を比較対象としてなされる点から，凡夫が執着する世間（生死）と声聞が執着する出世間（涅槃）より「〈d〉勝れた完成」というのであるが，その完成は「無住処涅槃」を意味する「不住生死」という智慧と「不住涅槃」という慈悲の完成なのである[142]。これは，大悲を発動する智慧，智慧と不一不二の大悲（大慈大悲）の完成ということであり，自他平等の根本無分別智の直証であると考えられる。その意味で，この「〈d〉勝れた完成」とは，仏果の完成ではなく，初地見道への悟入の完成であると考えられる。筆者は，この「〈d〉勝れた完成」とは菩薩としての種姓の完成であり，仏果の証得が「確定した種姓」を意味すると理解している。

140　この第 12 偈の説示は，第 II 章「帰依品」第 2 偈世親釈の内容に対応する。内藤[2020]246-262 頁【問題点 B】に関連するので，特に図 5 の解説を参照。端的にいえば，出世間するまでの世間的段階の内容として声聞とは全く異質なのである。それは，第 II 章第 5 偈の「他（声聞）に勝ること」であるが，この第 III 章第 3 偈の「最勝性 agratva」の〈2a〉に対応する。この点については紙面の都合上，省略する。

141　なお，この世親釈では「大菩提の完成 saṃpatti」であって，「大菩提の獲得 prāpti」（第 I 章第 11 偈世親釈）ではない点に留意している。また，第 I 章第 14 偈（本論考註解 (108) 参照）の「この世において大きな利益から退堕する」に対する世親釈は，「大菩提への資糧という利益を得ることもなく退失するという点で，もう一つ別の災難を示すものである」という。筆者は，この「大菩提への資糧」の完全に成就することが，この第 12 偈の「大菩提の完成」に対応していると考えている。

142　「無住処涅槃」については，本論考註解 (46) (70) (87) など参照。

なお，この「〈d〉勝れた完成」は，〈c〉の「忍耐のある正行」によって得られた結果，すなわち「習所成種姓」の結果であるが，それは「結果なるもの phala-bhāva」としては存在せずに，「原因なるもの hetu-bhāva」としてのみ存在するという点（第 4 偈図 I）から，この「〈d〉勝れた完成」がある「種姓」は「結果なるもの」であるが，そのまま初地見道以後の修習の「原因なるもの」であると「知られるべき」なのである。つまり「〈d〉勝れた完成」のある種姓が「本性住種姓」に対応し，それを「所依」として初地見道以後の「能依」である「習所成種姓」でもあると「知られるべき」なのである。この筆者の理解は，要検討課題である。

換言すれば，「〈d〉勝れた完成」である「本性住種姓」を「所依」として，初地見道以後の修習があるが，その者の種姓が「能依」である「習所成種姓」に対応すると考えられる。その「習所成種姓」が次の第 13 偈の説示内容であり，「菩提樹の根」の譬喩，つまり「吉祥根」と譬喩される「種姓」である。その「吉祥根」である「最勝の種姓」において，その「悲」を原因・根拠として菩薩に「心の生起（意思）」（第 IV 章第 1 偈）があるのである。

以上のような第 12 偈と第 13 偈の関係に関する筆者の理解を図式化しておきたい。

図 T：第 12 偈と第 13 偈の説示の関係＝本性住種姓と習所成衆生の関係			
第 4 偈（図 I）	対応偈	具体的な説示内容	備考：私見
本性住種姓＝所依	第 12 偈	〈d〉勝れた完成がある種姓	〈a〉〈b〉〈c〉順次は所依能依の関係
習所成種姓＝能依	第 13 偈	吉祥根に譬えられる種姓	「心の生起」（IV・1）がある種姓

なお，筆者の「入れ子構造」の理解では，第 12 偈（図 S）の〈a〉〈b〉〈c〉は順次，「聞・思・修」に対応していると考えている。その「聞・思・修」は，ジャータカなどに示されるように，生死流転している過去世におけるものを含む。そして，〈a〉〈b〉が第 4 偈（図 I）に，〈c〉が第 5 偈（図 J）に対応すると考えているが，その説明については紙面の関係上，省略する。

第 5 章第 2 節　第 12 偈の内容と第 1-11 偈との関係

この第 12 偈の内容は，第 2-4 偈の説示の中で唯一「知られるべきである」という第 4 偈の「本性住種姓」と「習所成種姓」を前提にしていることは明白である。また，「知られるべきである」という第 7-10 偈の説示によって，菩薩の「種姓に住する者 gotra-stha」のあり方が示されるのである（第 7-8 偈）。その中で，第 4 偈の「功徳を産み出すもの」という語義解釈によって，その gotra とは智慧の「功徳を産み出すもの」であり（第 9 偈図 N），慈悲の「功徳を産み出すもの」である（第 10 偈図 P）というのである。筆者の理解では，「本性住種姓」とは智慧の「功徳を産み出すもの」を意図し，「習所成種姓」とは慈悲の「功徳を産み出すもの」を意図していると考えている。智慧と慈悲は表裏一体，つまり智慧は向下的な慈悲の修習にとって「所依 āśraya」（図 N）となり，同時に，慈悲は向上的な智慧の修習にとって「要因 nimitta（因相）」（図 P）となるのである。それと同様に，「本性住種姓」と「習所成種姓」も「種姓」としては表裏一体であり，その関係は「所依」と「能依」であるというのである。これは，要検討課題である。

さて，直前の第 11 偈（図 R）では，そのような「功徳を産み出すもの」でない「非種姓」に住する者，あるいは「功徳を産み出すもの」である「種姓」に住しない者，その二つを意図する a-gotra-stha なる者を説明することで，反証的事例として gotra-stha の「種姓 gotra」とは「般涅槃するために必要不可欠なダルマ dharma（性質・属性）である」（取意）ということが明白になった。すなわち，そのダルマは智慧と慈悲なのである。それを踏まえて，この第 12 偈（図 S）の四種は，菩薩の種姓に住する者 gotra-stha の「種姓」が「確定した種姓」と成ること，「般涅槃するためのダルマ」の完成・成就を示しているのである。換言すれば，第 12 偈における二種の「種姓の偉大性」とは第 11 偈の説示と対比的な説示なのである。

そして，この第 12 偈の説示も「知られるべきである」というように，本論書独自の重要な種姓説である。それは，第 1 偈のトピックを詳説した第 2-10 偈において蝶番的役割を担った第 6 偈でまとめた視点によって，「確定していない種姓」が「確定した種姓」に成ることを示しているのである。まず，この「惑（煩悩）→業→苦」という世間（迷いの境涯）に存在する衆生の区別から三乗の「種姓」が存在することが「明言され」（第 2 偈），その中で菩薩としての種姓の「最勝性」が「規定され」（第 3 偈），『菩薩地』由来の「本性住種姓」と「習所成種姓」の「種姓」に焦点を当てて，独自の語義解釈による gotra の意味が「知ら

図 U：第 12 偈の説示と第 2 を前提とした他の偈の説示との関係一覧（私見）		
第 12 偈の説示について，第 2 偈を前提にした他偈の説示との関係図（備考：私見）		
第 12 偈：二つの種姓の偉大性	**第 2 偈：種姓の存在性**	**備考（他偈との関連）**
〈a〉本性的 prakṛti と増大的 paripuṣṭa の種姓には	(1a) 要素 dhātu（素因）の区別が存在するから	第 4 偈：その種姓は原因としてしか存在しない
〈b〉利他を説く長大な大乗の教法に無知なるままに極大な信解 adhimukti があり，	(1b) 信解 adhimukti（性向）の区別が存在するから	第 5 偈：表徴→信解行地 (4a) 哀愍と (4b) 信解
〈c〉よき正行 saṃpratipatti における忍耐 kṣamā (kṣanti) があり，	(1c) 正行 pratipatti の区別が存在するから	第 5 偈：表徴→信解行地 (4c) 忍耐と (5d) 浄善行
〈d〉二者にある完成 saṃpatti よりもはるかに勝れている完成がある。	(1d) 結果の区別が存在するから	第 3 偈：最勝性 agratva →第 13 偈：agra-gotra
[私見]〈a〉乃至〈d〉は， (5a) 確定した種姓＝(5c) 揺るがされない種姓：それが偉大性ある種姓	[私見] (1a) 乃至 (1d) は， (5b) 不確定な種姓＝(5d) 揺るがされる種姓	第 6 偈：種姓の区別 (5a) (5b) は理論的区別 (5c) (5d) は実践的区別
【解説】〈a〉乃至〈d〉の四種は，第 9-10 偈の金と宝石の「鉱脈 gotra」に譬えられる「種姓 gotra」の偉大性である。特に〈d〉の完成は「本性住種姓」（第 4 偈）に対応し，「確定した種姓」（第 6 偈）を意図する。これは gotra の「諸功徳を産出するもの」という語義解釈による意味であり，第 9-10 偈の譬喩に対応する。そのような「種姓に住する者 gotra-stha」でも，現世で「災難」（第 7 偈）があるのは，「過失（煩悩）」があるからで，来世で悪趣に堕ちることもあるが，その悪趣でも「利徳」（第 8 偈）があるが，それは「産出される功徳」の「偉大性」の吉兆に当たる。この利徳による向上的修習の継続がある者に〈a〉乃至〈c〉を経て〈d〉の完成があるが，それは「諸縁によって揺るがされる種姓」から「諸縁によって揺るがされない種姓」に成ることで，その種姓は「般涅槃できるダルマ」である。 なお，その「利徳」は，a-gotra-stha（第 11 偈）の者にはない。		第 9-10 偈の「鉱脈」は，「(5a) 確定した種姓」の譬喩であり，第 4 偈の語義解釈の意味に対応。第 7 偈・第 8 偈の説示は「(5c) 諸縁によって揺るがされない種姓」に対応。この因としてのみ存在する「(5a) 即 (5c)」の種姓が「最勝の種姓 agra-gotra」（第 13 偈）を意図する。これは「勝れた種姓 gotra-viśeṣa」（XVII 章第 34 偈）に相応。

れるべきである」（第 4 偈）というのである。そのように整理された「種姓」の中で，菩薩の「種姓」には向上的な加行 prayoga の最初からある「表徴」が「明言されている」（第 5 偈）のである。以上の理論的な「種姓」説にもとづいて，第 7-10 偈の実践的な「種姓」説

が示されるのである。すなわち，その菩薩の「種姓に住する者 gotra-stha」（第 7 偈）は「種姓が確定していない者」に対応するが，第 12 偈ではその者が「種姓が確定した者」，それも第 9-10 偈の譬喩で示される「種姓の確定した者」と成るあり方・過程（課程）が説示されているのである。

このような第 1-11 偈の説示を踏まえた第 12 偈の四種の説示について，前頁に筆者の理解を図式化しておく。

筆者の理解の要点は，図 S の中の【解説】に示したので省略するが，以下の点を記しておく。この「本性住」と「習所成」という二種として考えられる「種姓」の「偉大性」とは，帰依処とした最勝乗（仏たること＝智慧と慈悲）に「偉大な意義」があるからである。それは，総括的には「最勝乗（大乗）を帰依処とすることが殊勝なること śaraṇa-gamana-viśeṣa」として示される四種（第 II 章第 1 偈）であり，その詳説（第 3-10 偈）である[143]。

具体的にいえば，菩薩道を歩む者の中に，舎利弗のように「難行に耐え得ずに，挫折し，放棄する可能性のある者」（第 2 偈世親釈）がいるので，その者に最勝乗を帰依処とするように奨励するのである。その帰依処とした者に，帰依処とした「仏たること」，つまり「智慧と慈悲」の功徳がはたらいて，凡夫と声聞という二者にある完成よりも「⟨d⟩遙かに勝れている完成 saṃpatti」へと養成・教導するから，その種姓に「偉大性」があるというのである。端的にいえば，この「偉大性」とは帰依処した「仏たること」，つまり智慧と慈悲が「確定していない種姓」を「確定した種姓」に養育・成熟することを意図する。

その⟨d⟩完成がある種姓とは，「偉大な意義のある帰依処 śaraṇa のあり方 gati（領域）に至った者 gata」（第 II 章最終偈の第 12 偈）の「種姓」であると考えられる。逆説的に考えれば，そこに至るまでのあり方・過程（課程）が⟨a⟩ → ⟨b⟩ → ⟨c⟩なのである。それは「本性住」と「習所成」が所依と能依の関係にある「種姓」のあり方で展開するが，この展開の課程にある「種姓」の者が「種姓に住する者 gotra-stha」（第 7 偈）である。この者はまだ菩薩の

143　第 II 章「帰依品」第 1 偈で総括的に説示される四種の理解は難解である。研究会[2020]の「和訳と注解」は研究会・編集会議を経たものである。筆者は，この「和訳」について研究会・編集会議の合意訳として一応了解したが，自らの解釈と理解は少し異なる。筆者の理解は内藤[2020]，特に 243-246 頁【問題点 A】参照。

「種姓が確定していない者」である。その者こそが，「最勝乗を帰依処とした者たちは多くの難行を為さねばならないから，ある者が難行に耐え得ない者」（第 2 偈世親釈）である。だからこそ，「最勝乗を帰依処とするように勧める」（第 2 偈世親釈）のである。その意味で，この「種姓に住する者 gotra-stha」の「種姓」を前提にして，第 II 章第 2 偈の説示があるのである。これが，安慧釈のいう「第 III 章の説示が原因で，第 II 章が結果である」（取意）という関係であると考えられる。

第 6 章　第 13 偈の「菩提樹の根」である「吉祥根」の譬喩による説示
――第 XVII 章「大悲樹」の譬喩との対照――

この第 III 章最終偈の第 13 偈は，無性釈も安慧釈も第 IV 章「発心品」の注釈冒頭で第 III 章との関連について言及するに当たって，引用する。その内容は，第 IV 章の構成と構造に関連して，第 IV 章第 3-6 偈の「十種問答」の問答(01)に対応するものである。具体的には，発心の「根本 mūla(根)」は何かという問いに対して，「悲 karunā」であると答えることに関連するのである[144]。ともあれ，その第 13 偈を図式化して示す。なお，和訳は図中に収まるように筆者が若干変えた。

図 V：「菩提樹の吉祥根」による種姓の説示：第 13 偈（動詞に当たるもの無し）	
第 13 偈の内容（abcd 句の説示展開）	備考：私見
〈1〉極広大な功徳のある菩提樹を成長させることと（a 句）， 〈2〉強固な安楽と苦の寂滅の獲得に資する（b 句）， 　この最勝の種姓 agra-gotra は（d 句）， 〈3〉自他の利益・安楽をもたらす結果を結ぶから（c 句）， 　良い[樹]根の如くである（d 句）。	〈1〉〈2〉の「資する」という種姓は第 12 偈の本性住種姓の偉大性。 〈3〉は〈1〉〈2〉の本性住種姓を所依とする能依の習所成種姓の偉大性。 この二種の偉大性が「最勝の種姓」

この図 V は，内藤[2023]で言及した筆者の理解にもとづくものであり[145]，今回はその理

[144] 研究会[2023]参照。無性釈は 90-91 頁，安慧釈は 112-113 頁，筆者の理解は内藤[2023]264-266 頁参照。

[145] この偈の理解は種々解釈が分かれて第 III 章の研究会でも議論した。また，第 IV 章の編集会でも随分議論し

解を踏まえながら，内藤[2023]で言及しなった点を主に提示することにする。

この世親釈は，「最勝の種姓」[146]の譬喩である「良い[樹]根」を「吉祥根 praśasta-mūla（誉れ高い根）」という。世親釈によれば，「〈3〉自他の利益・安楽をもたらす結果」を結実することに，〈1〉と〈2〉が資するから，つまり必要不可欠であるから，「最勝の種姓」というのである。

その〈1〉の菩提樹の幹などの「菩提樹の成長」は自利的意味の譬喩であるが，それは利他のために「〈1〉極めて広大なる功徳」を具する必要があるからである。これは自利であるが，利他を目的にしたものである。それと同様に，〈2〉「強固な安楽と苦の寂滅とを獲得すること」も自利の獲得であるが，その自利の獲得は衆生利益を実行するためである。このような「利他を目的とした自利（利他的自利）の資質」のあることが第 12 偈の「〈d〉二者よりはるかに勝れた完成 saṃpatti がある」種姓なのである。その完成とは，「(8) 金の鉱脈」（第 9 偈）と「(9) 宝石の鉱脈」（第 10 偈）の譬喩に対応させて考えれば，「(8a) 無量の善根の所依」（図 N）と「(9a) 大菩提の要因 nimitta」（図 P）としての種姓に相当すると考えられる。この鉱脈の譬喩による説示は，二つの別々の種姓を意図するのではなく，智慧即慈悲である一つの「種姓」を意味する。

端的にいえば，この〈1〉〈2〉の資する「種姓」こそが「本性住種姓」といわれるものである。そして，〈3〉を結実する「種姓」という意味では，その「本性住種姓」を所依として能依の「習所成種姓」に転じることができる「種姓」なのである。その「習所成種姓」の「種姓」が，第 9 偈（図 N）の (8b) (8c) (8d) であり，かつ第 10 偈（図 P）(9b) (9c) (9d) に相当すると考えられる[147]。

た。研究会参加者，および読者にはそれぞれの知見があると思われるが，ここでは筆者の理解による和訳を提示する。

[146] この「最勝の種姓」は，第 XVII 章第 34 偈世親釈の「勝れた種姓 gotra-viśeṣa」に対応し，それは「智慧に裏付けられた悲愍(悲)」，つまり「大悲」へと成長する「悲」であると考えられる。研究会[2013]78-81 頁，内藤[2017]167-169 頁と図 2-o 参照。長尾ノート (3) 150-153 頁参照。

[147] 筆者の理解であるが，この両者の三つ展開を次のように考えている。すなわち，(8b) → (8c) → (8d) の向上的説示順序は智慧を意味し，「加行無分別智 → 根本無分別智 → 後得無分別智」に対応する。そして，(9b) → (9c) → (9d) の向下的説示順序は大慈大悲に相当し，「無縁の大悲 → 法縁の[大]悲 → 衆生縁の[大]悲」に対応する。なお，このような展開を世親釈・無性釈・安慧釈，および長尾ノートも言及しないので，要検討課題の私見である。

そして，この〈1〉〈2〉のように「資質」の段階は「種子 bīja」としての「種姓」である。その「種子」が「根 mūla」と成ることが「確定した種姓」を意味し，「本性住種姓」に対応すると考えられる。さらに，それが単なる「根 mūla」ではなく，「よき[樹]根 su-mūla」と表現されることは「習所成種姓」を意図すると考えられる。世親釈は，その「よき[樹]根」を賞賛すべき「吉祥根」というのである。

ともあれ，この「吉祥根」とは，自利即利他を成就する原因である「種姓」を意味する。つまり，〈3〉の「自他の利益・安楽」を成就することに資する力のあることが，〈1〉と〈2〉である[148]。

さて，この「菩提樹」の譬喩は，第 XVII 章第 36-40 偈の「樹木に譬えられる悲」，つまり「大悲樹」の譬喩と関連させて考えるべきである[149]。ただし，その譬喩による説示目的が異なるので，その説示意図に留意しながら考えなければならない。「大悲樹」の成長の譬喩は，菩薩の悲そのものが大悲へと成長することを譬えるものである[150]。それは，「根」である「悲」が「大悲」へと成長することによって，「吉祥根」と成ることである。それは，菩薩自身の成長，つまり「自利」を意味する[151]。その成長によって六波羅蜜などの菩薩行が利他行として向上的に展開するのであるが，それが「菩提樹」の幹・枝などの成長である。どちらの譬喩も，その樹木の「根」は「悲(悲愍)」なのである。だからこそ，菩薩を「悲愍（悲）を本質とする者 kṛpā-ātmaka」（第 IV 章第 25 偈）というが，この表現こそ「菩薩種姓が確定した者」を意味すると考えられる。

最後に，第 XVII 章の「大悲樹」の譬喩にもとづいて，第 III 章の「菩提樹」の譬喩を対照にして図 W として示す。なお，世親釈には「菩提樹」の「根」以外の説明がないので，

148　無性釈も安慧釈も，〈1〉を自利，〈2〉を利他とする。この振り分けの意図は種々考えるべきであろうが，現時点の筆者は，〈1〉も〈2〉も衆生利益をなすことを目的とした自利の内容（利他的自利）であると理解している。

149　この「菩提樹」と「大悲樹」の呼称は長尾ノート(1)83-84 頁に準じておく。

150　研究会[2013]80-85 頁，内藤[2013]，内藤[2017]172-180 頁参照。また，小谷[2014]参照。

151　安慧釈は，偈の「良い[樹]根 rtsa ba bzang po」について「堅固な[樹]根であり，腐敗しない[樹]根である(rtsa ba brtan pa dang / rtsa ba ma rul ba'o //)」という。この腐食しない樹根となることは，第 XVII 章の「大悲樹」の説示にもとづけば，如来の慈が灌水することによる根の「吉祥根」への成長に対応すると考えられる。内藤[2013]302-307 頁参照。その意味で，菩薩自身の成長は「世俗的発心」によると考えられる。「世俗的発心」については，研究会[2023]32-33 頁，内藤[2023]274-279 頁参照。

無性釈と安慧釈を参照して図式化したものである[152]。

図 W：大悲樹(第 XVII 章第 36-40 偈)と菩提樹(第 III 章第 13 偈の無性訳・安慧釈)の対照		
大悲樹 karuṇā-vṛkṣa［筆者理解の補記］	譬喩	菩提樹 bodhi-vṛkṣa
悲［大悲へ成長 ← 大慈の灌水が不可欠］	根 mūla	菩薩種姓 → 吉祥根 ＝ 自利
忍辱 kṣānti［慈悲の実践による智慧の成長］	幹 skandha	尽［智・］無生智 ——— 自利
思惟 cintā［智慧の成長による悲の成長］ 誓願 praṇidhāna［自利即利他の智慧による］ 故意受生 janman［自利即利他の慈悲による］	枝 śākhā 葉 patra 花 puṣpa	十地 ———┐［即］ 六波羅蜜 ———┼— 利他 十力等の大功徳 ———┘
衆生成熟 sattvaparipāka［智慧即慈悲による］	果 phala	自他の利益と安楽 ← 自利即利他

この「吉祥根」といわれる菩提樹の根に譬えられる「最勝の種姓 agra-gotra」は，「金の鉱脈」（第 9 偈）や「宝石の鉱脈」（第 10 偈）の「鉱脈」のように，無上菩提（一切種智者性・無二相・無上帰依処性・転依），つまり「仏たること（智慧と慈悲）」の証得という結果の原因である。すなわち，仏果を獲得するまで向上的に菩薩行を修習するに当たって，必要なあらゆる「諸功徳を産出するもの」である。また，第 12 偈（図 U）の「⟨d⟩二者よりもはるかに勝れている完成がある」ということが「確定した種姓」を意味するが，この「吉祥根」は「諸縁によって揺るがされない種姓」なのである。そして，この吉祥根である種姓のある菩薩に「心の生起」，つまり「意思」があることになるが（第 IV 章第 1 偈），その「心の生起（意思）」の内実がどのようなものであるかが第 IV 章「発心品」の主題となるのである[153]。

---

152 長尾ノート(1)84 頁を参照した筆者の修正図である。譬喩の対応関係は無性釈と安慧釈の研究会の解読にもとづく筆者の理解である。詳しくは，本篇所収の世親釈・無性釈・安慧釈の「和訳と注解」参照。

153 本論考註解(105)で紹介した第 XIX 章「功徳品」第 35 偈世親釈を参照。特に，この説示は，gotra-stha なる衆生に対する「授記 vyākaraṇa」（第 35-37 偈）に関するものであるが，それは発心の有無によるという点は重要である。

第7章　まとめ

そろそろ本論考をまとめなければならない。本論考の目的である「第III章の構成と構造」に関する基本的理解は，論述の都合で「第4章第2節」の中で述べた。ここでは「世親の回心」を念頭にしながら，「種姓gotra」に焦点を当てて，まとめてみたい。

このgotraに関わる語は，第III章以前には第I章第14偈と世親釈に，gotraに否定辞a-のあるa-gotraの語があるだけある。このa-gotraは語形からは「種姓のない者」を意味するが，その安慧釈は「菩薩種姓のない者」であるという。これは，第I章の主題からして大乗非仏説を主張する者，すなわち声聞乗の者である。具体的にはその一人が世親である。その世親は，兄無著の教化・教導により回心したので，声聞の「種姓が確定していないa-niyata-gotra者（不定種姓の者）」（第6偈図K）であったと考えられる。しかし，回心した世親が直ちに菩薩の「種姓が確定した者niyata-gotra」に成ったわけではない。換言すれば，回心した時点の世親は，声聞の種姓も菩薩の種姓も確定していたわけではない。その「種姓」とは第11偈（図R）の説示で分かるように「般涅槃できるダルマ（性質）」であるから，その時点の世親は声聞乗としても，菩薩乗としても，般涅槃することが確定していなかったのである。菩薩としての「種姓」，つまり「般涅槃できるダルマ（性質）」とは，「諸の功徳を産出するもの」（第4偈図I）である。具体的には，第9偈（図N）の「金の鉱脈」の譬喩による智慧と，第10偈（図P）の「宝石の鉱脈」の譬喩による慈悲に相当する。

さて，その第11偈にはa-gotra-sthaの語がある。この語は「非種姓に住する者」と「種姓に住しない者」と和訳できるが，その「種姓」とは第9-10偈の譬喩で示される「功徳を産出するもの」を意味する。それは，具体的には世親釈がいう「(I)般涅槃できるダルマ（性質）が一時的にない者」か「(II)般涅槃できるダルマ（性質）が永久にない者」かである。無性釈と安慧釈によれば，(I)は(i)非難されるべき劣った種姓の者であり，(II)は(ii)種姓の全く無い者である。当然ながら，回心前の世親は(I)の意味のa-gotra-sthaであり，回心直後の世親はgotra-sthaなのである。

留意すべきは，このa-gotra-sthaのgotraは「菩薩の種姓」の意味であり，声聞の種姓ではない。回心前の世親は声聞の「種姓に住する者gotra-stha」であったからである。つまり，

「般涅槃できるダルマ（性質）」である「種姓 gotra」に「住する-stha」のであるが，声聞の「種姓」に住する者は声聞として般涅槃するだけであった。「回心」があることは，回心前には声聞の「種姓が確定していない者 a-niyata-gotra」であったということであり，それは回心直後も同じであり，菩薩の「種姓が確定していない者」でもある。そこから，菩薩の「種姓が確定した者 niyata-gotra」と成るためには，最勝乗を帰依処とし，その大乗の教法について「聞・思・修」することで，「偉大な意義ある最勝乗のあり方 gati（領域）に至った者」に成る必要があるのである。換言すれば，「種子・生母・母胎・養母」（本論考図 C）の外的要件が完備された者に成る必要があるのである。

そのためには，最勝乗を帰依処とし，仏・如来によって対機説法された種々の大乗の教法を聴聞して聞信すること，つまり「受け入れること abhyupagama」が必要であり，その上で大乗の教法を聴聞し，聞信した大乗の教法を思惟することが不可欠なのである。その内容が，第 12 偈（図 S）の「<b>利他を説く長大な大乗の教法に無知なるままに極大な信解 adhimukti がある」種姓の者と成り，「<c>よき正行 pratipatti における忍耐がある」種姓の者と成ることである。そして，「<d>二者よりはるかに勝れた完成 saṃpatti がある」種姓の者と成ることが菩薩の「種姓が確定した者」と成ったことを意味する。これが「偉大な意義のある帰依処のあり方（領域）に至った者」（第 II 章最終偈第 12 偈図 S・U）に対応するのである。筆者の理解では，このように種々に表現される「種姓が確定した者」が「本性住種姓」（第 4 偈図 I）に対応する。この「本性住種姓」を「所依」として「能依」である「習所成種姓」があるが，それが「諸縁によって揺るがされない種姓」（第 6 偈図 K）に対応する。その具体的な内実が，この第 III 章最終偈の第 13 偈（図 V・W）の「吉祥根」の譬喩でもって示されているのである。

以上の筆者の理解を図式化しておく。なお，この図の理解には図 D をも参照。

図 X：種姓 gotra の語による向上的展開の構図：私見

(0)［菩薩］種姓に住していない者 a-gotra-stha　(rigs la gnas pa ma yin pa：図 Q 参照)

［第 11 偈・図 R の(II)般涅槃できるダルマ（性質）が永久にない者］

最勝乗を帰依処とした者［第 II 章第 2 偈世親釈］

［第 11 偈・図 R の(I)般涅槃できるダルマ（性質）が一時的にない者］

(1)非［菩薩］種姓（声聞種姓）に住する者 a-gotra-stha　→　(2)菩薩種姓に住する者 gotra-stha

(3)菩薩の種姓が確定した者 niyata-gotra　←　(2')菩薩の種姓が確定していない者 a-niyata-gotra

偉大な意義のある帰依処のあり方（領域）に至った者［第 II 章最終偈第 12 偈］

(3')本性住 prakṛti-stha 種姓の者［第 III 章第 12 偈・図 S(d)］＝ 仏種姓 buddha-gotra を持つ者

所依　↓　能依

(4)諸縁によって揺るがされない種姓 pratyaya-ahārya-gotra の者

(4')習所成samudānīta種姓の者［第III章第13偈］＝ 第IV章第1偈の「心の生起」がある者

【補記】

〈a〉第 11 偈（図 R）の説明の a-gotra-stha の gotra は菩薩の「種姓」に限定せずに，三乗の「種姓」全般であるとも考えられる。しかし，筆者は第 III 章の説示対象を菩薩の「種姓」と理解しているので，上記図のように和訳した。したがって，(0)の a-gotra-stha は，「過去世を含めて，未だかって一度も大乗の教法を聴聞したことのない者」，あるいは「最勝乗を帰依処としたことのない者」を意図すると考えているが，要検討解題の私見である。

〈b〉(3')本性住種姓が「所依」，(4')習所成種姓が「能依」という関係。（第 III 章第 4 偈・図 I）

〈c〉(3')本性住種姓の者（仏種姓を持つ者）が(4')習所成種姓の者と成るには，善知識の教導によって，最勝乗の方軌にしたがって大乗を帰依処とすることが必要不可欠。（安慧釈【理由 A】）

筆者の理解では，「(1)非菩薩の種姓（声聞種姓）に住する者」が「(2)菩薩の種姓に住する者」に成ったとは，その最勝乗（大乗）を帰依処とする者に大乗の教法に対する「聞・思・修」の「決意 vyavasāya」（第 II 章第 2 偈世親釈）が生起したことをいうのである。なお，無性釈と安慧釈はその「決意」を「発心」と同義と注釈している。そして，「(2)菩薩の種姓に住する者」は，「(2')菩薩の種姓が確定していない者」である。その者が「(3)菩薩の種姓が確定した者」に成るには，いわゆる「世俗的発心」（第 III 章第 7 偈・図 J 参照）

が必要なのである。それによって，「(3') 本性住種姓」に対応する衆生存在になると考えられる[154]。この (1) → (2) → (3) の過程・課程は最勝乗を帰依処とし，大乗の教法を「聞・思・修」する一人の衆生存在にある展開であるが，そこには，世親にとっての無著のように[155]，その衆生存在に対する悲（無縁の大悲による衆生縁の悲）を行じる善知識が必要不可欠なのである。

さらに，その確定した菩薩の種姓である「(3') 本性住種姓」を所依 āśraya とした能依 āśrita である「(4) 習所成種姓」の者とは，その者に善知識が必要であるが，五種の特徴ある「心の生起」（第 IV 章第 1 偈），つまり「意思」が生起した者に対応するのである[156]。

第 8 章　今後の留意点
――本論書全体の「構成と構造」について――

最後に今後の留意点を補記して，本論考を終えたい。『菩薩地』「種姓品」では「種姓」が六波羅蜜と関連づけられて説示されているが，本論書の第 III 章では，第 5 偈（図 J）世親釈に「波羅蜜」の語が一度だけあるが，それは「加行 prayoga の最初から」といいながらも，あくまで波羅蜜の「表徴」の説示である。つまり，具体的に六波羅蜜には言及しない。また，第 12 偈（図 S）には「(よき) 正行 (saṃ) pratipatti」というが，六波羅蜜には言及しない。確かに，無性釈と安慧釈には六波羅蜜に言及する。しかしそれは，この第 III 章が六波羅蜜を放棄することなく忍耐できる資質のある「種姓」を問題にしているからに他ならない。その「種姓」が「確定した種姓」と成ることを理論的に説示して（第 2-5 偈），その「種姓」がどのように成熟・成長することで「諸縁によって揺るがされない種姓」と成るか

154　現時点の筆者の理解であるが，(1) → (2) および (2') の転回は，五種の「世間的発心」（第 IV 章第 7 偈）の第一「師友の力による発心」によるのであり，(2) および (2') → (3) の転回は，他の四種の「世俗的発心」によると考えている。本論考の第 5 偈（図 J）の解読参照。これは要検討課題である。

155　伝承では，大乗を誹謗する弟世親を心配した無著は，一計を案じ，自らの病を理由に世親を故郷のプルシャプラへ呼び戻した。対面した世親は，無著に「何の病気であるか」と尋ねると，無著は「心の重病で，それは汝に由来する」と答えたという。「汝は大乗を信ぜずして，恒に毀謗を生じたり，此の悪業を以て，必ず永く悪道に淪まん。我，今，愁苦して，命将に全からざらん。」（『婆藪槃豆法師伝』「大正大蔵経」第 50 巻 191 頁 a)。

156　研究会 [2023] 28-29 頁参照。内藤 [2023] 266-278 頁参照。この点は要検討課題である。

を実践的に説示している（第7-10偈）だけである。端的にいえば，この第III章の「種姓」の説示は，向上的な六波羅蜜に耐え得る菩薩の「種姓」，つまり「確定した種姓」即ち「諸縁によって揺るがされない種姓」（第6偈図K）とは何かが焦点であると考えられる。

その意味で，この第III章の全体の構成の大枠（図E）の「(A)種姓 gotra の分類 prabheda について」（第1-10偈図F）の説示の核心は，第2-5偈と第7-10偈の蝶番的役割とした第6偈である。その前者を承けて第12偈の説示があり，後者を承けて第13偈の説示がある。この両偈の説示こそ，順次，『菩薩地』由来の「本性住種姓」と「習所成種姓」に対する本論書の独自の理解ではないかと考えられる。また，本論書の主題は，その後者，つまり「吉祥根」に譬えられる「習所成種姓」であり，この「種姓」ある者こそが第XV章「業伴品」（図Aの[III]＝図B）に示される「三種の方便」[157]に依る六波羅蜜を行じるに相応しい者なのである[158]。

このように考えると，『菩薩地』「種姓品」における六波羅蜜と関連させる「種姓」については，この『大乗荘厳経論』では第XVI章「度摂品」第16偈に移動させていると考えられる[159]。これも，「世親の回心」，つまり「確定していない種姓」を確定させるという視点に重ねて考えると，『菩薩地』の説示を換骨奪胎した本論書の「構成と構造」による論述の一つであると考えられる[160]。この点についての詳しい論述は別の機会にしたい。

157　この「三種の方便」については，本論考図Bおよび註解(9)(10)参照。

158　筆者は，この「種姓」とは「悲愍（悲）を本性とした者 kṛpā-ātmka」といわれる者の「種姓」であり，その悲愍（悲）を裏付ける智慧を求める「勝義的発心」（第IV章「発心品」第8-14偈）が起こるに相応しい者の「種姓」であると考えている。内藤[2023]，特に279-284頁参照。

159　第XVI章第16偈の説示については本論考註解(63)参照。また，内藤[2013]312-313頁で図式化して示した。

160　『菩薩地』は，本論書の第X章「明信（信解）品」，第XI章「述求品」，第XII章「弘法品」，第XIII章「随修品」，第XIV章「教授[教誡]品」の五つ，および第XV章「業伴品」を合わせた六つ項目に対応する「節」をまとめて，一つの章の「力種姓品 Bala-gotra-paṭala」とする。この「力種姓」こそがこの第III章第13偈の「吉祥根」に譬喩される「種姓」に相当すると考えられる。この六つの前五つが本論書の三部構成（図A）の[B]に当たり，「三種の方便」（図C）によって向上的に修習する菩薩の「種姓」に対応すると考えられる。そのような「種姓」を第III章第13偈で「最勝の種姓 agra-gotra」というと考えられるのである。その一例が，第XIII章第4偈で，「聞・思・修」の三つ点から，「最勝の種姓」を有する衆生，つまり「最勝の衆生 agra-sattva」の説法のあり方で示されている。詳しくは，内藤[2023]309-312頁，特に図Wなど参照。

ともあれ，先の『菩薩地』の「力種姓」に対応する「最勝の種姓」の菩薩は，第XIV章「教授教誡品」最終偈第50-51偈で示される「最勝の衆生 agra-sattva」なのであり，次のように説示されている。

〈a〉諸仏は，[1)戒に関しては]自利のために正しく修行する者には正しい賞賛を[与える]。しかし，誤っ

【補記】前回の拙論・内藤[2023]の原稿提出からこの拙論までの 1 年間，筆者には仏教徒・僧侶としての根底を揺るがす問題が起こり，自らの仏教の理解，浄土真宗の領解が問われ続けている。その問題対応のために，この拙論制作に充分な時間が取れなかった。継ぎ接ぎ的にある時間の中で全体的な思考と推敲が分断されたが，何とか「研究ノート」的な論考の体裁にはなった。しかし，重複する記述が多く，分量も増えた。その意味では編集者泣かせの原稿であり，読者も読み辛いのではないかと危惧する。ただ，仏（智慧即慈悲）を仰ぎ，その仏説・仏語を大切にする者にとって，この「種姓」の説示は仏教徒とは何かという根本的な問いが根底にあるように受けとめている。その意味では，今回の問題とは無関係ではない。ともあれ，未熟な論考であるが，ここに編集責任者の寛恕によって掲載されることになった。読者諸氏にもご寛恕をお願いしたい。

て行じる者には叱責を与える。〈b〉そして，［今］ここで，［2)定と 3)慧に関しては］安住せしめ，探求することに専心する最勝の衆生 agra-sattva に，［それら安住と探求に］1>妨害を与えると，2>順応するとのあらゆる種類のあり方を，勝利者（仏陀）は方軌あるもの vidhivat として説示する。〈c〉それら（妨害と順応）を，［妨害するものは］断じ，あるいは［順応するものは］味方として，善逝者（仏陀）のこの教説において，瑜伽（止観）における［行］が広大性あるものとなる。（第 XIV 章第 50 偈）

<1>以上のように常に善を積み重ねて［それを］成就し，［釈迦］牟尼尊の常恒で偉大な教授を得たその者は，<2>心の三昧の極めて広大なることを得て，<3>功徳の海の彼岸に到達する一人の最勝の衆生 agra-sattva である。（第 XIV 章第 51 偈）

なお，筆者の理解であるが，本論書全体の構成を「聞・思・修」の「三部構成」（図 A）で考えると，第 50 偈の「最勝の衆生」は「聞・思」が成就した種姓の者であり，第 51 偈の「最勝の衆生」は「修」，つまり六波羅蜜に代表される菩薩の実践によって此岸から彼岸に向かう種姓の者である。すなわち，前者が菩薩として「確定した種姓」（第 6 偈図 K）の者に，後者が菩薩行の実践において「諸縁によって揺るがされない種姓」（第 6 偈）の者に対応する。また，前者が「本性住種姓」の者に，後者が「習所成種姓」の者に対応するが，その「種姓」は「所依」と「能依」の関係であり，「諸の功徳を産出するもの」である（第 4 偈図 I)。要検討課題である。

『大乗荘厳経論』「種姓品」の構成に関する一考察
――『菩薩地』「種姓品」との対応関係に着目して――

岡田英作

はじめに

『大乗荘厳経論』（*Mahāyānasūtrālaṃkāra*, 以下，『荘厳経論』）は，全21章，約800の偈頌（kārikā）とその散文注（bhāṣya）とから成る，瑜伽行派の基本典籍のひとつである[1]。偈頌と散文注の著者に関しては，今日までに様々に議論されているが，本稿では，長尾［1982: 8–13］や小谷［1984: 9–14］の見解を踏まえ，偈頌の作者をマイトレーヤ（Maitreya, 弥勒）[2]，説者をアサンガ（Asaṅga, 無著），散文注をヴァスバンドゥ（Vasubandhu, 世親）と考える[3]。

『荘厳経論』は，Lévi［1911: 10–11］を初端として，章名の一致などの点から，初期瑜伽行派の根本典籍『瑜伽師地論』（*Yogācārabhūmi*, 以下，『瑜伽論』）で古層に属する「本地分」（*Maulī bhūmi/Maulyo bhūmayaḥ*）[4]中「菩薩地」（*Bodhisattvabhūmi*）（以下，『菩薩地』）と構造

[1] 章構成，章数，偈頌数に関しては，サンスクリットと漢訳およびチベット訳との相違が指摘される。内藤［2009: 6–8］を参照。本稿ではLévi校訂本（Lévi［1907］）に従った。

[2] マイトレーヤについては実在の人物なのかという問題があるが，現在では，歴史上の人物として最初に確認できる瑜伽行派の論師はアサンガであり，マイトレーヤとは，アサンガ以前の初期瑜伽行派の者たちの総称，或いはアサンガの瞑想体験中に現れたイメージと解釈されている。高橋［2012: 74］を参照。

[3] こうした立場は，『荘厳経論』を研究の主要文献とする早島［2014］や岸［2014］も同様である。特に岸［2014: 12–16］は，これまでの研究動向を踏まえ，現在はっきりしている点として，偈頌と散文注との間に思想的差異のある点，ヴァスバンドゥに帰せられる論書との関連から散文注の著者がヴァスバンドゥである可能性の高い点を指摘する。散文注の著者をヴァスバンドゥと見做すことに関しては，李［2001: 51–60］や都［2005］を参照。

[4] 「本地分」のサンスクリット原語のうち，"*Maulī bhūmi*" については，松田［1988: 18］による「摂決択分」（*Viniścayasaṃgrahaṇī*）のサンスクリット写本に基づく指摘である。いっぽう，"*Maulyo bhūmayaḥ*" という複数形の呼称については，Deleanu［2006: 44–46］において，先の写本の用例が「本地分」の「意地」（*Manobhūmi*）

上の共通性を有することが従来指摘され[5]，『菩薩地』の『荘厳経論』に対する先行性も一般に認められている[6]。本書が取り上げる第3章「種姓品」（Gotrādhikāra）は，『菩薩地』第1章「種姓品」（Gotrapaṭala）と対応関係にあることが知られる。ここでの種姓（gotra）とは，瑜伽行派においては，菩提の獲得や般涅槃への到達に関する可能性を保証する因子として，衆生の有する資質を意味する。

『菩薩地』ならびに『荘厳経論』が構造上の共通性に関する指摘を踏まえ，従来の研究では，両論の比較を通じた考察がなされている。そうした中で，本村［2009］は，『荘厳経論』の偈頌自体の記述は簡素であるため，ヴァスバンドゥによる散文注なしにそれを理解することは困難であるが，対応する『菩薩地』の章は，偈頌の理解の手助けになることを指摘し，両論の比較検討を重要視している。

本稿では，「種姓品」に焦点化して，まず，『菩薩地』「種姓品」ならびに『荘厳経論』「種姓品」の構成を提示する。次に，両章を比較する従来の研究や拙稿［2011］［2014］を踏まえ，特に拙稿［2011］［2014］を基に，両章の対応関係を一覧表にして示した後，『荘厳経論』「種姓品」各偈と『菩薩地』「種姓品」との対応の有無を整理する。最後に，『荘厳経論』「種姓品」第7偈と第8偈との関連について，『菩薩地』「種姓品」に基づく理解を示し，この理解が『荘厳経論』の漢訳において見出される点，さらに第7偈および第8偈については第6偈を踏まえた意図的な配列の可能性があることを指摘したい[7]。

1.『菩薩地』「種姓品」ならびに『大乗荘厳経論』「種姓品」の構成

『菩薩地』「種姓品」ならびに『荘厳経論』「種姓品」の構成について，両者の比較に必要

のみを指していること，「摂決択分」において「本地分」を “Sa rnams = *Bhūmayaḥ” と示す箇所のあることに基づく指摘である。

5　本稿では，『瑜伽論』を思想的発展段階の異なるいくつかの部分を内包する，アサンガ以前の初期瑜伽行派文献と考える。『瑜伽論』の新古の層などの成立区分やその推定年代については，DELEANU［2006: 154–156; 195］に従った。

6　SCHMITHAUSEN［1969a: 819–820, n. 45］，小谷［1984: 15–47］，袴谷［1984: 58–60］などを参照。

7　なお，本稿における『荘厳経論』「種姓品」の翻訳は本書の本篇に従っているため，比較対象である『菩薩地』「種姓品」の翻訳についても，筆者の従来の研究とは違い，本篇の訳語を一部採用している。

な情報を中心に概観しよう。

1.1.『菩薩地』「種姓品」

『菩薩地』は，後に見る『荘厳経論』と違い，「種姓品」の構成や主題を明示していないため，以下では，便宜上，セクション番号（§1 など）を，内容概観に際して配する。この番号は，両章の比較の中でも使用する。「種姓品」のシノプシスを示すと，次の通りである[8]。

§1.『菩薩地』の綱領（BBh_{Wo} 1.6–15, BBh_{Du} 1.3–8, BBh_{Ro} 405.7–14）

§2. 基礎（種姓・初発心・菩提分法）（BBh_{Wo} 1.16–2.27, BBh_{Du} 1.9–2.3, BBh_{Ro} 405.15–406.17）

§3. 種姓（BBh_{Wo} 3.1–9, BBh_{Du} 2.4–9）

§4. 声聞や独覚と比した菩薩種姓を備えた菩薩の卓越性（BBh_{Wo} 3.10–12, BBh_{Du} 2.10–11）

§4.1. 二障（煩悩障・所知障）の浄化（BBh_{Wo} 3.12–19, BBh_{Du} 2.11–15）

§4.2. 4 種の様相（機根・実践・熟達・結果）（BBh_{Wo} 3.20–4.12, BBh_{Du} 2.16–26）

§5. 六波羅蜜に関する種姓の表徴（BBh_{Wo} 4.13–16, BBh_{Du} 3.1–3）

§5.1. 布施波羅蜜に関する種姓の表徴（BBh_{Wo} 4.16–6.4, BBh_{Du} 3.3–24）

§5.2. 持戒波羅蜜に関する種姓の表徴（BBh_{Wo} 6.5–7.24, BBh_{Du} 4.1–5.4）

§5.3. 忍辱波羅蜜に関する種姓の表徴（BBh_{Wo} 7.25–8.4, BBh_{Du} 5.5–9）

§5.4. 精進波羅蜜に関する種姓の表徴（BBh_{Wo} 8.5–20, BBh_{Du} 5.10–20）

§5.5. 禅定波羅蜜に関する種姓の表徴（BBh_{Wo} 8.21–9.16, BBh_{Du} 5.21–6.12）

§5.6. 般若波羅蜜に関する種姓の表徴（BBh_{Wo} 9.17–23, BBh_{Du} 6.13–17）

§5.7. 六波羅蜜に関する種姓の表徴の結（BBh_{Wo} 9.24–26, BBh_{Du} 6.18–19）

§6. 悪趣に生まれる菩薩（BBh_{Wo} 10.1–10, BBh_{Du} 6.20–25）

§6.1. 衆生と比した菩薩の持つ種姓の卓越性（BBh_{Wo} 10.10–21, BBh_{Du} 6.26–7.7）

§6.2. 白浄なる性質に違背する 4 種の随煩悩（BBh_{Wo} 10.22–11.1, BBh_{Du} 7.8–12）

§7. 菩薩が菩提を得られない 4 種の理由（BBh_{Wo} 11.2–19, BBh_{Du} 7.13–24）

8　筆者には『菩薩地』「種姓品」のシノプシスを示したものとして拙稿［2011］［forthcoming］があるが，現時点で最新の構成に関する理解を本稿では示す。なお，『菩薩地』注釈文献における構成に関する解説については，拙稿［forthcoming］で紹介し考察したが，その内容は難解な箇所もあって，「種姓品」本文との対応関係がはっきりしないなどの課題が残っており，また本稿が目的とする『荘厳経論』との比較には適さないと判断して，シノプシスには反映させなかった。

このシノプシスの分節に従って，「種姓品」の内容を概観すると，次の通りである。

「種姓品」冒頭の「§ 1.『菩薩地』の綱領」は，『菩薩地』全体の冒頭を兼ねており，そこでは，論全体の構成を 10 項目で示し，綱領偈を掲げている。続く「§ 2. 基礎（種姓・初発心・菩提分法）」では，それらの項目のうち，第 1 の項目である基礎（ādhāra）を種姓と初発心（prathamacittotpāda）と菩提分法（bodhipakṣya dharma）とに開いた後，種姓が無上正等菩提に到達するための最も根本的な基礎であると位置付け，基礎としての種姓の同義異語を列挙している。この同義異語は，基礎としての初発心および菩提分法にも適用される。

以下は種姓に関する議論を展開しており，「§ 3. 種姓」は，「その〔3 種の基礎の〕うち，種姓とは如何なるものか」（tatra gotraṃ kathamat）から始まり[9]，種姓自体を詳しく規定してゆく。すなわち，種姓をいわゆる本性住（prakṛtistha，本来的に在る）種姓と習所成（samudānīta，発展した）種姓との 2 種に分け，種姓の同義異語を列挙し，結果を欠いた種姓は微細（sūkṣma）で，結果を伴った種姓は粗大（audārika）であるというように，種姓の状態による分類を示している。

その後は，菩薩種姓に焦点化して，実践的な側面と関連させながら論を進めている。まず，「§ 4. 声聞や独覚と比した菩薩種姓を備えた菩薩の卓越性」では，声聞や独覚と比較しながら，菩薩種姓を備えた菩薩の卓越性（viśeṣa）を主張している。その主張は次の 2 つの観点を根拠としている。すなわち，「§ 4.1. 二障（煩悩障・所知障）の浄化」では，煩悩障（kleśāvaraṇa），所知障（jñeyāvaraṇa）という二障の浄化の観点，「§ 4.2. 4 種の様相（機根・実践・熟達・結果）」では，機根（indriya），実践（pratipatti），熟達（kauśalya），結果（phala）という 4 つの様相（ākāra）の観点を，である。

「§ 5. 六波羅蜜に関する種姓の表徴」以下では，六波羅蜜を実践する者が菩薩種姓を持つ者，即ち菩薩であるとして，六波羅蜜に関する種姓の表徴（liṅga）各々について，具体的に分量を割いて列挙している（§ 5.1–§ 5.6）。これは，種姓を直接知覚できるのは諸仏世尊のみなので，以上のような推論に基づく種姓の表徴を解説しているのである（§ 5.7）。

「§ 6. 悪趣に生まれる菩薩」では，六波羅蜜を実践して菩薩種姓を持つ菩薩であっても，種姓の備える白浄なる性質（śukladharma）に違背する 4 つの随煩悩（upakleśa）に完全にあ

---

9 BBh$_{\mathrm{Wo}}$ 3.1, BBh$_{\mathrm{Du}}$ 2.4; ref.（Jpn. trans.）相馬［1986: 6］,（Eng. trans.）ENGLE［2016: 5］.

るいは部分的に汚された場合，悪趣に生まれることを明かすが，「§ 6.1. 衆生と比した菩薩の持つ種姓の卓越性」では，菩薩には，悪趣に生まれた場合でも，他の衆生に比べて種姓に関して卓越性があるとして，その卓越性を解説し，「§ 6.2. 白浄なる性質に違背する 4 種の随煩悩」では，菩薩が悪趣に生まれるきっかけとなる 4 種の随煩悩を列挙している。

最後に，「§ 7. 菩薩が菩提を得られない 4 種の理由」では，菩薩が種姓を完備しても無上正等菩提を得られない 4 種の理由（kāraṇa）を解説した後，そもそも種姓がないならば菩提を決して得ないと述べて，論を終える。

1.2.『大乗荘厳経論』「種姓品」

『荘厳経論』は，第 1 偈において第 2 偈から第 10 偈までの「種姓品」の主題を示しているが，以降の第 13 偈までの主題については，各偈の内容ならびにヴァスバンドゥによる散文注の見出しを参照する他ない。これらを踏まえた本篇の「種姓品」各偈の見出しに従い，そのシノプシスを示すと，次の通りである[10]。

III.1. 種姓の分類

III.2. 種姓の存在性

III.3. 種姓の最勝性

III.4. 種姓の特徴

III.5. 種姓の表徴

III.6. 種姓の区別

III.7. 種姓の災難

III.8. 種姓の利徳

III.9. 種姓の譬喩 ＜1＞（金の鉱脈）

III.10. 種姓の譬喩 ＜2＞（宝石の鉱脈）

III.11. 無種姓

III.12. 種姓の偉大性

III.13. 樹根の譬喩

---

10 『荘厳経論』「種姓品」のサンスクリット原文のロケーションについては，本篇と対応しているため割愛する。

このシノプシスの分節に従った「種姓品」各偈の内容については，『菩薩地』「種姓品」との比較の際に概観してゆく。

2.『菩薩地』「種姓品」ならびに『大乗荘厳経論』「種姓品」の比較

前節では，『菩薩地』「種姓品」ならびに『荘厳経論』「種姓品」の構成を提示した。以下では，両章を比較する従来の研究の見解を押さえた上で，両章の対応関係を一覧表にして示した後，『荘厳経論』「種姓品」各偈を概観しながら，『菩薩地』「種姓品」との対応の有無を整理しよう。

2.1. 従来の研究概観

従来の研究のうち，宇井［1958: 43–81, esp. 46–52］は，『菩薩地』ならびに『荘厳経論』における章名の一致を出発点として，両論を比較する。特に「種姓品」の内容を比較した結果としては，『荘厳経論』の独自性に着目して，第 9–10 偈に説かれる金および宝石の鉱脈の譬喩を『菩薩地』には見出せないと指摘し，さらに，『荘厳経論』の最も顕著なこととして，本来的に在る種姓および発展した種姓に関する定義のない点と，無種姓に関する説とを挙げる。両論を比較する中で，宇井［1958: 52］は，「菩薩地と荘厳経論とが平行的の項目を有するにしても，内容上は相当な異同のあること」も指摘する。

次に，勝呂［1989: 332–398, esp. 341–346］は，『菩薩地』ならびに『荘厳経論』の教義を相互比較する中で，「種姓品」についても取り上げる。そこでは，『菩薩地』「種姓品」ならびに『荘厳経論』「種姓品」の所説が対応する程度を，『荘厳経論』を基にした比較，『菩薩地』を基にした比較のかたちで逐一提示し，所説の一致するものとやや対応のあるものを考察する。そして，不確定の種姓（aniyatagotra）などの対応のない所説を『瑜伽論』の他の箇所に見出す他，『荘厳経論』では種姓説に関する重要な概念をほぼ説明なしに用いるが，『菩薩地』や『瑜伽論』の他の箇所では比較的詳しく説明するため，『瑜伽論』の種姓説を前提として『荘厳経論』では説明を省略したとみる。また，やや対応のある所説は，「大体において，形式は対応するが内容は異なるものであって，このことは同じ主題によりながら両書が思想解釈の視点を異にする場合の多いことを示している」と指摘する。「種姓品」および「発心品」の2章を比較した後，勝呂［1989: 350］では，「両書の所説の内容には，それぞれ対応性がないということは，」「おそらく他の諸品においてもさほど変りないことと思われるので，以後の諸品については逐一検討することは省略」している。

以上のような研究を承けて，拙稿［2011］では，勝呂［1989］の比較方法を参考にして，『菩薩地』「種姓品」ならびに『荘厳経論』「種姓品」の各所説の対応の程度を一覧表にまとめ，対応のある箇所を網羅的に考察した。しかし，ここまでの研究では，『瑜伽論』の他の箇所における種姓に関する教説との対応関係に関しては，一部に言及があるのみで，十分に検討されていないため，『荘厳経論』全体にどのような種姓に関する教説があり，教説中の如何なる内容が『荘厳経論』独自の種姓説の展開として指摘できるのかが不明瞭なままであった[11]。そこで拙稿［2014］では，まず，『荘厳経論』を偈頌と散文注を区別しつつ，同論に散在する種姓説を一覧表にして網羅した。その後，『荘厳経論』「種姓品」各偈頌について，『菩薩地』「種姓品」のみならず『菩薩地』全体とそれ以外の『瑜伽論』全体の種姓に関する教説との対応関係を，一覧表にして整理の上，各偈頌ごとにその対応の有無を考察した。そして，『荘厳経論』「種姓品」は，『菩薩地』やその他の『瑜伽論』に散在する種姓に関する教説を統合し，種姓説の体系化を推し進めていることを指摘し，さらに，『荘厳経論』独自の種姓説を，「種姓品」の内で展開するものと外で展開するものという2つの視点から明らかにした。

このように筆者は，拙稿［2011］［2014］において『菩薩地』「種姓品」ならびに『荘厳経論』「種姓品」の比較研究を行ってきたが，紙面の都合もあって，具体的な教説を提示して比較検討をしてこなかった。そこで次項では，両章の対応関係を具体的に教説の原文とその訳を挙げながら検討する。

2.2.『大乗荘厳経論』「種姓品」各偈頌と対応のある『菩薩地』「種姓品」の教説の検討

『菩薩地』「種姓品」（BBh I）ならびに『荘厳経論』「種姓品」（MSA III）の構成および内容に関する対応関係を，まずは一覧表にして整理し，それから両章における教説の対応の

---

[11] THURMAN et al.［2004: 23–29］は，『荘厳経論』「種姓品」の英訳の注にて，『荘厳経論』の他章や『菩薩地』との関連箇所について言及するが，種姓説の関連箇所に関しては十分とは言えない。

有無を検討しよう。以下の表では次の記号を使用する。両章の内容がよく対応する箇所は「○」，部分的に対応する箇所は「△」で示す。また，対応があるとは言えないが，関連する教説は（丸括弧）で括って挙げる[12]。

MSA III	**BBh I**	対応
III.1. 種姓の分類	—	
III.2. 種姓の存在性	§ 4.2[13]	△
III.3. 種姓の最勝性	§ 4–§ 4.2[14]	△
III.4. 種姓の特徴	§ 3	△
III.5. 種姓の表徴	§ 5–§ 5.7	△
III.6. 種姓の区別	—	
III.7. 種姓の災難	§ 6.2	○
III.8. 種姓の利徳	§ 6.1	○
III.9. 種姓の譬喩 ＜1＞（金の鉱脈）	—	
III.10. 種姓の譬喩 ＜2＞（宝石の鉱脈）	—	
III.11. 無種姓	（§ 2,）§ 7	△
III.12. 種姓の偉大性	—	
III.13. 樹根の譬喩	—	

以下では，上掲の表に基づき，『荘厳経論』「種姓品」と『菩薩地』「種姓品」との構成および内容に関する対応の有無に関して，各偈頌ごとに検討する。なお，必要に応じて，ヴァスバンドゥによる『荘厳経論』の散文注も取り上げることとする。

12　勝呂［1989: 332–398］の比較方法を参考にしたが，同研究との対応に関する相違点については，煩雑になることを避けて，一々注記しなかった。

13　拙稿［2011］［2014］では「§4.1. 二障（煩悩障・所知障）の浄化」も挙げていたが，当該偈頌の主題と列挙項目に鑑み，本稿では修正を加えて削除した。

14　拙稿［2011］［2014］では §4.1–§4.2 としていたが，当該偈頌の主題に鑑み，本稿では修正を加えて「§4. 声聞や独覚と比した菩薩種姓を備えた菩薩の卓越性」を含めた。

『荘厳経論』「種姓品」は，種姓の中でも基本的に菩薩種姓を論じた内容を有するが[15]，第 1 偈では，その菩薩種姓の規定に際して，次のような 9 項目を列挙する。

> 種姓には，（1）存在性（sattva）と（2）最勝性と（3）本質と（4）表徴と（5）区別（prabhedatā）と（6）災難と（7）利徳と（8）（9）二つの譬喩とが〔それぞれ〕四種ある。
>
> sattvāgratvaṃ svabhāvaś ca liṅgaṃ gotre prabhedatā |
>
> ādīnavo 'nuśaṃsaś ca dvidhaupamyaṃ caturvidhāḥ || III.1 ||[16]

これらの項目は第 2 偈から第 10 偈までの主題と対応し，第 10 偈までは各主題に関して 4 種ずつ挙げて説示している。したがって，「種姓品」では，『荘厳経論』の散文注で述べるところの種姓の分類（gotraprabheda）を計 9 偈に亘って解説し，第 11 偈から第 13 偈までをそれに付随するかたちで説示するという章構成を採る。いっぽう，『菩薩地』「種姓品」では，『菩薩地』の最初の章であることから，「§ 1.『菩薩地』の綱領」で同論全体の構成を示すが，同章の主題を挙げることはない[17]。

第 2 偈では，種姓の存在性を主題に，（1）要素，（2）性向（adhimukti）[18]，（3）実践，（4）結果の区別を根拠として挙げ，それらの区別に基づき，結果的に種姓が三乗に各々区別されて，菩薩種姓が存在することを示す。

> （1）諸々の要素（dhātu）と（2）〔諸々の〕性向（adhimukti）と（3）〔諸々の〕実践の区別から，そして，（4）〔諸々の〕結果の区別が確認されるから，種姓の存在することが明言される。
>
> dhātūnām adhimukteś ca pratipatteś ca bhedataḥ |

---

[15] この理解は，「種姓品」に対する散文注において，菩薩種姓（bodhisattvagotra）という語が数箇所確認されることからも支持される（III.5, 7, 9, 10, 12, 13）。いっぽう，仏種姓（buddhagotra）という語は第 9 章に確認されるが，一例のみである（IX.77）。

[16] 本篇の世親釈第 1 偈の梵文テキストおよび和訳を参照。

[17] 『瑜伽論』「本地分」中「声聞地」（*Śrāvakabhūmi*）「初瑜伽処」の「種姓地」（Gotrabhūmi）には，「種姓地」で扱う主題の列挙がある。声聞地研究会［1998: 2–3］を参照。

[18] "adhimukti" に対する訳語について，本篇では，当該偈頌のように，生まれ持った傾向については「性向」，後に生じるようなものについては「確信」と訳し分けており，明確な区別がない場合には，「信解」と訳している。本篇の世親釈第 2 偈の和訳に対する注解を参照。

phalabhedopalabdheś ca gotrāstitvaṃ nirucyate || III.2 ||[19]

当該偈頌の主題とは異なるが，『菩薩地』「種姓品」は，「§4. 声聞や独覚と比した菩薩種姓を備えた菩薩の卓越性」に関する主題のもと，具体的に「§4.2. 4種の様相（機根・実践・熟達・結果）」において，機根，実践，熟達，結果という4種の様相の点から，三乗の修行者を比較し，菩薩種姓を備えた菩薩の卓越性を説く。

さらにまた，菩薩には，4つの様相の点で，声聞・独覚たちに比べて，卓越性があると知られるべきである。如何なる4つの〔様相の〕点でか。〔すなわち，〕機根に関することと，実践に関することと，熟達に関することと，結果に関することとである。

その〔4つの様相の〕中で，機根に関する卓越性は以下である。実に本来的に，菩薩は鋭敏な機根の者であり，独覚は中位な機根の者であり，声聞は鈍重な機根の者である。

その〔4つの様相の〕中で，実践に関する卓越性は以下である。声聞と独覚は自利のために実践する者であり，菩薩も自利のためのみならず，利他のために，〔すなわち，〕大衆の利益のために，大衆の安楽のために，世間の者たちに対する憐愍のために，神々と人間たちとの役に立つことのために，利益のために，安楽のために〔実践する者である〕。

その〔4つの様相の〕中で，熟達に関する卓越性は以下である。声聞と独覚とは，〔五〕蘊・〔十八〕界・〔十二〕処・〔十二〕縁起・処非処（有理と無理）・〔四〕諦に関して熟達し，菩薩は，〔前述の〕それに関して〔熟達し〕，また，その他のすべての学問領域に関して〔熟達する〕。

その〔4つの様相の〕中で，結果に関する卓越性は以下である。声聞は声聞菩提という結果を体得し，独覚は独覚菩提〔という結果〕を体得する。菩薩は無上正等菩提という結果を体得する。

api ca caturbhir ākārair bodhisattvasya śrāvakapratyekabuddhebhyo viśeṣo veditavyaḥ | katamaiś caturbhiḥ | indriyakṛtaḥ pratipattikṛtaḥ kauśalyakṛtaḥ phalakṛtaś ca |

tatrāyam indriyakṛto viśeṣaḥ | prakṛtyaiva bodhisattvas tīkṣṇendriyo bhavati, pratyeka-

[19] 本篇の世親釈第2偈の梵文テキストおよび和訳を参照。

buddho madhyendriyaḥ, śrāvako mṛdvindriyaḥ |

tatrāyaṃ pratipattikṛto viśeṣaḥ | (1śrāvakaḥ pratyekabuddhaś1) cātmahitāya pratipanno bhavati, bodhisattvo 'py ātmahitāyāpi parahitāya bahujanahitāya bahujanasukhāya lokānukampāyā arthāya hitāya sukhāya devamanuṣyāṇām |

tatrāyaṃ kauśalyakṛto viśeṣaḥ | śrāvakaḥ pratyekabuddhaś ca skandhadhātvāyatanapratītyasamutpādasthānāsthānasatyakauśalyaṃ karoti, bodhisattvas tatra cānyeṣu ca sarvavidyāsthāneṣu |

tatrāyaṃ phalakṛto viśeṣaḥ | śrāvakaḥ śrāvakabodhiphalam adhigacchati, pratyekabuddhaḥ pratyekabodhim adhigacchati | bodhisattvo 'nuttarāṃ samyaksaṃbodhiphalam adhigacchati |[20]

1) *śrāvakapratyekabuddhaś* BBh_{Du}

したがって，第２偈では，『菩薩地』「種姓品」における４種の様相の教説との項目上の対応が（3）実践，（4）結果の区別に認められ，いっぽう，（1）要素，（2）性向の区別には対応がない[21]。

第３偈では，浄善が（1）最高であること，（2）十全であること，（3）偉大な意義を持つこと，（4）無尽であることに関して，菩薩種姓が要因であることから，菩薩種姓の最勝性を示す。

さて，浄善が（1）最高であることと，（2）十全であることと，（3）偉大な意義を持つことと，（4）無尽〔であること〕とに関して，それ（菩薩種姓）が要因であることから，〔菩薩〕種姓の最勝性が規定される。

udagratve 'tha sarvatve mahārthatve 'kṣayāya ca |

śubhasya tannimittatvāt gotrāgratvaṃ vidhīyate || III.3 ||[22]

これら４項目は具体的に何を指すのか明瞭ではない。『菩薩地』「種姓品」は「§ 4. 声聞や独覚と比した菩薩種姓を備えた菩薩の卓越性」を主題としているため，菩薩種姓が勝れていることを扱う点で，両章には主題上の対応が認められる。

---

20 BBh_{Wo} 3.20–4.12, BBh_{Du} 2.16–26; ref.（Jpn. trans.）相馬［1986: 7］,（Eng. trans.）ENGLE［2016: 7–8］.

21 第２偈の各項目の具体的な内容に関しては，拙稿［2015］において，『瑜伽論』かヴァスバンドゥによる『荘厳経論』の散文注かに基づく２通りの解釈の可能性があることを考察した。

22 本篇の世親釈第３偈の梵文テキストおよび和訳を参照。

さて，そういう種姓を備えた菩薩たちには，一切の声聞・独覚たちを越えて，当然，他の一切の衆生たちを〔越えて〕，この上ない卓越性があると知られるべきである。

tena khalu gotreṇa samanvāgatānāṃ[1)] bodhisattvānāṃ sarvaśrāvakapratyekabuddhān atikramya[2)] prāg evānyān sarvasattvān[3)] ([4]niruttaro viśeṣo veditavyaḥ[4)] |[23]

[1)] *samanvāgatā* BBh$_{Wo}$ [2)] *atikrāmyanti* | BBh$_{Wo}$ [3)] *sattvān* BBh$_{Du}$ [4)] *niruttaraviśeṣaṃ veditavyam* BBh$_{Wo}$

さらに，声聞や独覚種姓と比べた菩薩種姓の卓越性を，二障の浄化（§ 4.1）および 4 種の様相（§ 4.2）の点から説く。「§ 4.2. 4 種の様相（機根・実践・熟達・結果）」については直前の偈頌で取り上げたので，以下，「§ 4.1. 二障（煩悩障・所知障）の浄化」のみを挙げると，次の通りである。

それはなぜか。略説すると，浄化は以下の 2 つである。〔すなわち，〕煩悩障の浄化と所知障の浄化とである。それ（二障の浄化）について，一切の声聞・独覚たちの持つそういう種姓は，煩悩障の浄化の点で浄化されるが，所知障の浄化の点では〔浄化され〕ない。いっぽう，菩薩種姓は，煩悩障の浄化の点のみならず，所知障の浄化の点で浄化される。それ故に，〔菩薩種姓は，〕あらゆるもの（種姓）よりも最も卓越したこの上ないものと言われる。

tat kasya hetoḥ | ([1]dve ime[1)] samāsato viśuddhī, kleśāvaraṇaviśuddhir jñeyāvaraṇaviśuddhiś ca | tatra sarvaśrāvakapratyekabuddhānāṃ tadgotraṃ kleśāvaraṇaviśuddhyā viśudhyati, na tu[2)] jñeyāvaraṇaviśuddhyā | bodhisattvagotraṃ punar api kleśāvaraṇaviśuddhyāpi jñeyāvaraṇaviśuddhyā viśudhyati | tasmāt sarvaprativiśiṣṭaṃ[3)] niruttaram ity ucyate |[24]

[1)] *dvividhe* BBh$_{Wo}$ [2)] *taj* BBh$_{Wo}$ [3)] *sarvataḥ pariśiṣṭaṃ* BBh$_{Wo}$

『菩薩地』「種姓品」との対応関係を考慮すると，当該偈頌の各項目について，(1) 最高であることは機根ないし二障の浄化，(2) 十全であることは熟達，(3) 偉大な意義を持つことは実践，(4) 無尽であることは結果の点から述べていると考えられるが，『荘厳経論』の散文注では，偈頌の 4 項目を順次，善根に関して，(1) その練度，(2) 十力や四無畏といった徳目，(3) 利他の実践，(4) 涅槃という結果の点から解説する。

23　BBh$_{Wo}$ 3.10–12, BBh$_{Du}$ 2.10–11; ref.（Jpn. trans.）相馬［1986: 6］,（Eng. trans.）Engle［2016: 6］.

24　BBh$_{Wo}$ 3.12–19, BBh$_{Du}$ 2.11–15; ref.（Jpn. trans.）相馬［1986: 6–7］,（Eng. trans.）Engle［2016: 6–7］.

こ〔の偈〕では，〔菩薩種姓が〕四種の要因であることによって，〔菩薩〕種姓の最勝性を示している。実にその〔菩薩〕種姓は，〔浄善つまり〕諸善根が（1）最高であることと，（2）十全であることと，（3）偉大な意義を持つことと，（4）無尽であることとに関する，要因である。なぜならば，声聞たちの諸善根は，（1）その〔菩薩の諸善根の〕ように鍛練されたもの（uttapta）ではなく，（2）〔十〕力・〔四〕無畏などがないから，〔声聞の諸善根は〕十全ではなく，（3）利他がないから，〔声聞の諸善根は〕偉大な意義を持つものではなく，（4）無余依涅槃を最後とするから，〔声聞の諸善根は〕無尽ではない。

atra gotrasya caturvidhena nimittatvenāgratvaṃ darśayati | tad dhi gotraṃ kuśalamūlānām udagratve nimittaṃ sarvatve mahārthatve 'kṣayatve ca | na hi śrāvakāṇāṃ tathottaptāni kuśalamūlāni na ca sarvāṇi santi balavaiśāradyādyabhāvāt | na ca mahārthāny aparārthatvāt | na cākṣayāṇy anupadhiśeṣanirvāṇāvasānatvāt |[25]

（1）最高であることに関しては，散文注の善根（kuśalamūla）と『菩薩地』「種姓品」の機根（indriya, § 4.2）とで用語に相違はあるが，修行者の素養を表す点に類似性がある。（3）偉大な意義を持つことに関しては，『菩薩地』「種姓品」の実践（§ 4.2）とともに，利他の有無を基準としている点で，両章の内容はよく対応する。しかし，(2) 十全であることおよび (4) 無尽であることの内容に関しては，『菩薩地』「種姓品」との対応を見出し得ない。以上の対応関係に鑑み，第 3 偈では，『菩薩地』「種姓品」の教説の枠組みを採用しながら，内容自体に発展性が認められると言えよう。

第 4 偈では，主題である種姓の特徴を規定する 4 項目の数え方に複数の可能性がある。本篇の提示する訳は，『荘厳経論』の散文注などに従い，（1）本来的なのと（2）養成されたのと（3）依り所と（4）依るものとの 4 項目で数えるが，拙稿［2014］は，『菩薩地』「種姓品」との対応関係に重きを置いて，(i) 本来的なのと養成されたの，(ii) 依り所と依るもの，（iii）存在と非存在，（iv）諸々の功徳を産出するものという意味の点から知られるべきものという 4 項目で数える[26]。以下では，拙稿［2014］の数え方で論を進めるが，便宜上，本篇の訳を提示する。

25　本篇の世親釈第 3 偈散文注の梵文テキストおよび和訳を参照。

26　当該偈頌の項目の数え方については，本篇の世親釈第 4 偈の和訳に対する注解を参照。

そ〔の種姓〕は，(1) 本来的なのと (2) 養成されたのとであり，(3) 依り所と (4) 依るものとである。さらに，諸々の功徳を産出するものという〔「gotra」という語の語源的解釈の〕意味に基づいて〔原因としては〕存在し〔結果としては〕存在しないと知るべきである。

prakṛtyā paripuṣṭaṃ ca āśrayaś cāśritaṃ ca tat |

sad asac caiva vijñeyaṃ guṇottāraṇatārthataḥ || III.4 ||[27]

『菩薩地』「種姓品」は，当該偈頌と同様の主題を有する「§ 3. 種姓」において，種姓の定義的特徴を規定する。

その〔3 種の基礎の〕中で，種姓とは如何なるものか。略説すると，種姓は 2 種である。〔すなわち，〕本来的に在る（本性住）〔種姓〕と発展した（習所成）〔種姓〕とである。その〔2 種の種姓の〕中で，本来的に在る種姓は，菩薩たちの持つ特殊な六処である。それ（特殊な六処）は，同一性を保ちながら連続して来て無始の時以来の，ものの本質を通じて獲得されたものである。その〔2 種の種姓の〕中で，発展した種姓は，過去世に善根を習慣化することに基づいて獲得されたものである。それ（種姓）は，以上の意味において，2 種ともが意図されたのである。

さらに，そういう種姓は，種子とも言われ，要素，本性とも〔言われる〕。さらに，達成された結果を有さないそれ（種姓）は，結果を欠いて，微細である。達成された結果を有する〔種姓〕は，結果を伴って，粗大である[28]。

27　本篇の世親釈第 4 偈の梵文テキストおよび和訳を参照。

28　種姓の微細・粗大の問題に関して，『瑜伽論』「声聞地」の「種姓地」では，より詳しく議論が展開する。

そういう種姓は，微細と述べられるべきか，或いは粗大〔と述べられるべきか〕。答える。微細と述べられるべきである。なぜか。その〔種姓としての〕種子によって結果が生じず，結果が達成されないならば，それ故に，それ（種姓）は，微細と言われる。結果が生じ，結果が達成された時に，種子であるそれと結果であるそれは一纏めにされて，それ故，そういう種姓は，粗大と言われると理解されるべきである。

rigs de phra ba'am | rags[1)] pa zhes brjod par bya zhe na | smras pa | phra[2)] ba zhes brjod (D2a5) par bya'o || (P2b4) ci'i phyir zhe na | sa bon des 'bras bu ma bskyed cing 'bras bu ma grub na ni des na[3)] de phra ba zhes bya'o || gang gi tshe 'bras bu bskyed cing 'bras bu grub par gyur pa de'i tshe na ni sa bon gang yin pa de (D2b1) dang 'bras bu gang yin pa de gcig tu (P2b5) bsdus nas de'i phyir rigs de rags pa zhes bya bar rtogs par 'gyur ro ||

1) *rigs* D　2) *pha* P　3) om. *na* P

（ŚrBh$_{T1}$ 4.4–9, D 2a4–b1, P 2b3–5; T〔30〕395c26–396a3, 巻 21; ref.（Jpn. trans.）声聞地研究会［1998: 5］）

tatra gotraṃ katamat | samāsato gotraṃ dvividham | prakṛtisthaṃ samudānītaṃ ca | tatra prakṛtisthaṃ gotraṃ yad bodhisattvānāṃ ṣaḍāyatanaviśeṣaḥ | sa tādṛśaḥ paraṃparāgato 'nādikāliko dharmatāpratilabdhaḥ | tatra samudānītaṃ gotraṃ yat pūrvakuśalamūlābhyāsāt pratilabdham | tad asminn arthe dvividham apy abhipretam |

tat punar gotraṃ bījam ity apy ucyate, dhātuḥ prakṛtir ity api | tat punar asamudāgataphalaṃ sūkṣmaṃ vinā phalena | samudāgataphalam audārikaṃ saha phalena |[29]

この規定で，本来的に在る（prakṛtistha）種姓と発展した（samudānīta）種姓との二種姓に分け，さらに，種姓を結果の有無に基づき微細・粗大に分けて議論している。各規定は，偈頌の各項目のうち，項目上（i）本来的なのと養成されたのと，内容上（iii）存在と非存在とに対応が認められ，いっぽう，(ii) 依り所と依るものおよび（iv）諸々の功徳を産出するものという意味の点から知られるべきものには対応がない。この対応については，『荘厳経論』の散文注を踏まえるとより明確になる。

こ〔の偈〕によって，四種の種姓を示す。(1) 本来的に在る（本性住）〔種姓〕と，(2) 発展した（習所成）〔種姓〕と，(3) 依り所を本質とする〔種姓〕と，(4) 依るものを本質とする〔種姓〕とであり，その同じ〔四種の種姓〕は〔(1) と (3) と，(2) と (4) が〕順次対応する。さらにまた，それ（種姓）は原因としては存在し，結果としては存在しない。

etena caturvidhaṃ gotraṃ darśayati | prakṛtisthaṃ samudānītam āśrayasvabhāvam āśritasvabhāvaṃ ca | tad eva yathākramam | tat punar hetubhāvena sat phalabhāvenāsat |[30]

当該偈頌の文言のうち，(i) 本来的なのと養成されたのは，『菩薩地』「種姓品」における本来的に在る（本性住）と発展した（習所成）という文言で言い換えられ，(iii) 存在と非存在は，結果の有無に基づいて区分されることから，『菩薩地』「種姓品」における種姓の微細・粗大に関する議論と内容上の対応が認められる。したがって，本稿では，(iii) 存在と非存在という項目が『菩薩地』「種姓品」の教説と内容上対応することから，本篇の提示する訳と異なり，当該偈頌の後半の内容もまた，種姓の本質に関する規定であると見做し，4項目を数えた。

29 BBh$_{Wo}$ 3.1–9, BBh$_{Du}$ 2.4–9; ref.（Jpn. trans.）相馬［1986: 6］,（Eng. trans.）ENGLE［2016: 5–6］.

30 本篇の世親釈第 4 偈散文注の梵文テキストおよび和訳を参照。

第 5 偈では，菩薩種姓の表徴として，（1）哀愍，（2）信解（adhimukti），（3）忍耐，（4）浄善を行うことを列挙する。

〔菩薩〕種姓に関する表徴は，実践の初めからの，（1）哀愍と（2）信解と（3）忍耐とさらに（4）浄善を行うこととであると明言される。

kāruṇyam adhimuktiś ca kṣāntiś cādiprayogataḥ |

samācāraḥ śubhasyāpi gotre liṅgaṃ nirucyate || III.5 ||[31]

『菩薩地』「種姓品」では，仏世尊以外は種姓を直接知覚できないことから（§ 5.7），修行者の種姓が菩薩種姓であることを推論するために，六波羅蜜に関する種姓，すなわち菩薩種姓の表徴を詳述している（§ 5–5.6）。以下，「§ 5. 六波羅蜜に関する種姓の表徴」および「§ 5.7. 六波羅蜜に関する種姓の表徴の結」のみを提示する。

菩薩の持つ，諸波羅蜜に関する種姓の諸々の表徴は，以下の 6 つが完備されている。〔すなわち，〕布施波羅蜜に関する種姓の表徴，持戒・忍辱・精進・禅定・般若波羅蜜に関する種姓の表徴である。それら〔の表徴〕により，以下のように他の者たちが，「彼は菩薩である」と了解する。…（中略）…

菩薩の持つ，以上これらの，種姓の諸々の表徴は，粗大で推論に基づくと知られるべきである。いっぽう，実際〔の種姓〕を確定することについては，諸仏世尊のみが直接知覚するのである。

ṣaḍ imāni bodhisattvasya pāramitānāṃ gotraliṅgāni[1)] saṃpadyante, yair evaṃ pare saṃjānate “bodhisattvo 'yam” iti, dānapāramitāyā gotraliṅgaṃ śīlakṣāntivīryadhyānaprajñāpāramitāyā gotraliṅgam | ...

tānīmāni bodhisattvasyaudārikāṇy ānumānikāni gotraliṅgāni veditavyāni | bhūtārthaniścaye tu buddhā eva bhagavantaḥ pratyakṣadarśinaḥ |[32]

[1)] *gotraliṅgānāṃ* BBh$_{Wo}$

当該偈頌の 4 項目のうち，（4）浄善を行うことは六波羅蜜に対応すると考えられ，『荘厳経

---

31 本篇の世親釈第 5 偈の梵文テキストおよび和訳を参照。

32 BBh$_{Wo}$ 4.13–16, 9.24–26, BBh$_{Du}$ 3.1–3, 6.18–19; ref.（Jpn. trans.）相馬［1986: 7, 12］，（Eng. trans.）ENGLE［2016: 8, 16］.

論』の散文注もまた，(4) 浄善を行うことに対して，「〔六〕波羅蜜から成る善を行うこと」（samācāraś ca pāramitāmayasya kuśalasya）と言い換えることから[33]，これを支持している。いっぽう，種姓の表徴としては，『菩薩地』「種姓品」には (1) 哀愍，(2) 信解，(3) 忍耐との対応がない。

第 6 偈では，種姓の区別として，(1) 確定したものと (2) 不確定のもの，(3) 諸々の縁によって揺るがされないものと (4) 諸々の縁によって揺るがされるものの 4 種があると述べる。

> 種姓は，(1) 確定したものと (2) 不確定のものと，(3) 諸々の縁によって揺るがされないものと (4)〔諸々の縁によって〕揺るがされるものに他ならない。この種姓の区別は，まとめると四種である。
>
> niyatāniyataṃ gotram ahāryaṃ hāryam eva ca |
> pratyayair gotrabhedo 'yaṃ samāsena caturvidhaḥ || III.6 ||[34]

これら 4 項目何れも『菩薩地』「種姓品」に対応がない。

第 7 偈では，菩薩種姓にとっての災難として，次のような 4 項目を列挙する。

> (1) 煩悩を習慣化すること，(2) 悪友がいること，(3) 欠乏していること，(4) 他者に服従することである。要約すると，〔菩薩〕種姓にとっての災難は四種であると知られるべきである。
>
> kleśābhyāsaḥ kumitratvaṃ vighātaḥ paratantratā |
> gotrasyādīnavo jñeyaḥ samāsena caturvidhaḥ || III.7 ||[35]

『菩薩地』「種姓品」には，「§ 6. 悪趣に生まれる菩薩」を主題とする教説がある。

> そして，諸菩薩の持つそういう種姓は，本来的に，以上のような功徳を伴い，賢善で善くて白浄なる性質を備えたものであるので，遂行し難く，最も優れ，不可思議で，不動で，無上なる如来の境地を得るための原因たることに限り適合し，〔如来の境地を得るための原因たること以外の〕他のあり様に適合しない。加えて，菩薩は，白浄なる性質に違背する 4 つの随煩悩に，完全にか部分的にか汚された者でない限り，これ

---

[33] 本篇の世親釈第 5 偈散文注の梵文テキストおよび和訳を参照。

[34] 本篇の世親釈第 6 偈の梵文テキストおよび和訳を参照。

[35] 本篇の世親釈第 7 偈の梵文テキストおよび和訳を参照。

ら白浄なる性質を実に本来的に伴った者である。そして,〔菩薩が随煩悩に〕汚されているときに，彼は，これら白浄なる性質に関して観察されず，また，時には諸々の悪趣に生まれる。

yasmāc ca tadgotraṃ bodhisattvānāṃ prakṛtyaivaṃ[1)] guṇayuktaṃ bhadraṃ kalyāṇaṃ śukladharmasamanvāgatam, tasmāt tāvad durabhisaṃbhavasya śreṣṭhasyācintyasyācalasyānuttarasya tathāgatasya padasyāvāptaye hetubhāvena yujyate, ([2]anyathā na[2)] yujyate[3)] | tāvac ca bodhisattva ebhiḥ śukladharmaiḥ[4)] prakṛtyaiva yukto bhavati, yāvan na śukladharmavairodhikaiś caturbhir upakleśaiḥ sakalavikalair upakliṣṭo bhavati | yadā[5)] copakliṣṭo bhavati, sa tadaiṣu ca śukleṣu dharmeṣu na saṃdṛśyate, apāyeṣu caikadopapadyate |[36]

[1)] *prakṛtyaiva* BBh$_{Du}$ [2)] *nānyathā* BBh$_{Wo}$ [3)] *yujyeta* BBh$_{Wo}$ [4)] *śuklair dharmaiḥ* BBh$_{Wo}$

[5)] *yataś* BBh$_{Wo}$

そこではその後，悪趣に生まれた場合の菩薩の持つ種姓の卓越性（§ 6.1）と悪趣に生まれるきっかけ（§ 6.2）を説示しているが，このうち,「§ 6.2. 白浄なる性質に違背する 4 種の随煩悩」において，当該偈頌と同様の説示が認められる。

それでは，菩薩の持つ，それら白浄なる性質に違背する 4 つの随煩悩とは如何なるものか。過去世に放逸な者が，煩悩を習慣化するから，激しい煩悩の状態と長期間の煩悩の状態であること，これが第 1 の随煩悩である。曚昧で不善な者が，悪友と一緒にいること，これが第 2 の随煩悩である。尊師・夫・王・盗賊・敵対者などに服従する者が，独立せず，心が不安定であること，これが第 3 の随煩悩である。生活必需品を欠いた者が，生活を気にかけること，これが第 4 の随煩悩である。

tatra katame te bodhisattvasya catvāraḥ śukladharmavairodhikā upakleśāḥ | pūrvaṃ pramattasya kleśābhyāsāt tīvrakleśatāyatakleśatā cāyaṃ prathama upakleśaḥ | mūḍhasyākuśalasya pāpamitrasaṃśrayo 'yaṃ dvitīya upakleśaḥ | gurubhartṛrāja([1]caura[1)])pratyarthikādyabhibhūtasyāsvātantryaṃ cittavibhramaś cāyaṃ tṛtīya upakleśaḥ | upakaraṇavikalasya jīvikāpekṣāyaṃ caturtha upakleśaḥ |[37]

[1)] *cora* BBh$_{Wo}$

[36] BBh$_{Wo}$ 10.1–10, BBh$_{Du}$ 6.20–25; ref.（Jpn. trans.）相馬［1986: 12–13］,（Eng. trans.）ENGLE［2016: 16–17］.

[37] BBh$_{Wo}$ 10.22–11.1, BBh$_{Du}$ 7.8–12; ref.（Jpn. trans.）相馬［1986: 13］,（Eng. trans.）ENGLE［2016: 18］.

当該偈頌の 4 項目のうち，（1）煩悩を習慣化することは第 1 の随煩悩，（2）悪友がいることは第 2 の随煩悩，（3）欠乏していることは第 4 の随煩悩[38]，（4）他者に服従することは第 3 の随煩悩に対応するため，説示順序に異同はあるものの，両章の内容はよく対応する。ただし，『荘厳経論』では，これら 4 項目を菩薩が悪趣に生まれるきっかけであるとは明示していない。

第 8 偈では，菩薩種姓に関する利徳として，次のような 4 項目を列挙する。

> （1）長い時間の後に悪趣に赴くことと，（2）速やかに〔悪趣から〕脱すること，そして（3）そこで微かな苦を経験すること，（4）厭離〔心〕を伴いながら〔も〕諸々の衆生を成熟させることである。
>
> cirād apāyagamanam āśumokṣaś ca tatra ca |
> tanuduḥkhopasaṃvittiḥ sodvegā sattvapācanā || III.8 ||[39]

『菩薩地』「種姓品」では，「§ 6.1. 衆生と比した菩薩の持つ種姓の卓越性」において，当該偈頌と同様の説示が認められる。

> 悪趣に生まれる場合でも，菩薩には，彼以外の悪趣に生まれた衆生たちに比べて，種姓に関して大きな卓越性があると知られるべきである。ここでは，菩薩は，永い時間を経て，或る時には，如何なる時でも，諸々の悪趣に生まれる。そして，〔悪趣に〕生まれ，速やかに諸々の悪趣から脱する。そして，悪趣に生まれた他の衆生たちのようには，悪趣の激しい苦の経験を経験せず，その〔悪趣の〕微かな苦の経験に触れ，過度な畏怖嫌厭を起こす。そして，そこに生まれて苦しめられた彼ら衆生たちに対して，仏陀の持つ偉大な悲愍の原因である同じそういう種姓によって促されているので，悲愍の心を獲得する。以上，このような類の事が，悪趣に生まれる場合，彼（菩薩）以外の悪趣に生まれた衆生たちに比べて，菩薩の持つ卓越性であると知られるべきである。
>
> apāyopapattāv api bodhisattvasya tadanyebhyo 'pāyopapannebhyaḥ sattvebhyo gotrakṛto mahān

[38] （3）欠乏していることについては，『荘厳経論』の散文注において，「生活必需品が欠乏していること」（upakaraṇa-vighāta）とされることから，この理解を支持している。本篇の世親釈第 7 偈散文注の梵文テキストおよび和訳を参照。

[39] 本篇の世親釈第 8 偈の梵文テキストおよび和訳を参照。

viśeṣo veditavyaḥ | iha bodhisattvo dīrgheṇa kālena kadācit karhicid apāyeṣūpapadyate | upapannaś cāśu parimucyate 'pāyebhyaḥ | na ca tathā tīvrām āpāyikīṃ duḥkhāṃ vedanāṃ vedayate, tadyathānye 'pāyopapannāḥ sattvāḥ, tayā1) pratanvyā2) duḥkhayā vedanayā spṛṣṭo 'dhimātraṃ saṃvegam utpādayati | teṣu ca sattveṣu tatropapanneṣu duḥkhiteṣu kāruṇyacittaṃ pratilabhate, yaduta tenaiva gotreṇa buddhamahākaruṇāhetunā codyamānaḥ | ity evaṃbhāgīyo 'pāyopapattau bodhisattvasya tadanyebhyo 'pāyopapannebhyaḥ sattvebhyo viśeṣo veditavyaḥ |[40]

1) *tayāpi* BBh_{Wo}　2) *tanvyā* BBh_{Du}

当該偈頌の 4 項目のうち，（3）そこで微かな苦を経験すること，（4）厭離心を伴いながらも諸々の衆生を成熟させることには，項目の分け方の点で『菩薩地』「種姓品」と若干の相違が見られるが[41]，両章の内容はよく対応する。

なお，以上の第 7 偈および第 8 偈に対応する『菩薩地』「種姓品」の教説は，説示の順序が入れ替わっている。両偈頌の配列に関しては，次節で考察する。

第 9 偈および第 10 偈では，種姓（gotra）を鉱脈の意味で用い，菩薩種姓を金や宝石の鉱脈に喩える。

〔菩薩種姓は，〕金の鉱脈の如くであると知られるべきである。（1）量り知れない善性の依り所であり，（2）智慧の〔依り所〕であり，（3）無垢性の具有の〔依り所〕であり，（4）威力の依り所である。

〔菩薩種姓は〕よき宝石の鉱脈の如くであると知られるべきである。（1）大菩提の因（nimitta）であるから，（2）大智慧と（3）聖者の三昧と（4）数多の衆生を利益することとの依り所であるから。

suvarṇagotravaj jñeyam ameyaśubhatāśrayaḥ |
jñānanirmalatāyogaprabhāvāṇāṃ ca niśrayaḥ || III.9 ||
suratnagotravat jñeyaṃ mahābodhinimittataḥ |

[40] BBh_{Wo} 10.10–21, BBh_{Du} 6.26–7.7; ref.（Jpn. trans.）相馬［1986: 13］,（Eng. trans.）Engle［2016: 17］.

[41] 『菩薩地』「種姓品」には，悪趣に生まれた菩薩種姓の卓越性が何種挙がっているのか明確ではない。本篇の世親釈第 8 偈散文注の和訳に対する注解では，5 種と理解した上で，「『菩薩地』は，悪趣に生まれる菩薩と衆生との相違をこの五つを挙げるが，『荘厳経論』はそれを四つにまとめて，第 III 章内の記述の一貫性を保とうとしたものと思われる。なお，『菩薩地解説』は明確に五種の相違があると注釈している」と指摘している。

mahājñānasamādhyāryamahāsattvārthaniśrayāt || III.10 ||[42]

金および宝石の鉱脈の譬喩では各々，菩薩種姓が 4 種のものの依り所であることを述べるが，何れも『菩薩地』「種姓品」に対応がない。

以上の第 10 偈までで，第 1 偈の種姓の分類に示された主題の解説を終えて，以下では，それに付随するかたちで，3 つの偈頌を説示する。まず，第 11 偈では，次のような 5 種の者を列挙する。

> (I)（1）ある者は悪行を専らなす者であり，(2) ある者は白浄〔なる善根〕が根絶された性質の者である。(3) ある者は順解脱分の浄善がない者であり，(4)〔ある者は〕白浄なる〔性質〕が低級な者である。さらにまた，(II)〔ある者は〕原因を欠いた者である。
>
> aikāntiko duścarite 'sti kaścit kaścit samudghātitaśukladharmā |
>
> amokṣabhāgīyaśubho 'sti kaścin nihīnaśuklo 'sty api hetuhīnaḥ || III.11 ||[43]

これら 5 種の者は具体的に何を指すのか明瞭ではない。『菩薩地』「種姓品」との対応関係を考慮すると，「§7. 菩薩が菩提を得られない 4 種の理由」では，種姓を完備した菩薩が無上正等菩提をさとることができないことに関する 4 種の理由に加え，種姓がなければ決して無上正等菩提をさとることができないことの計 5 項目を説示している。

> 以上のように菩薩が種姓を完備しても，4 つの理由により，無上正等菩提をさとることが出来ない。如何なる 4 つ〔の理由〕によってか。この世で，菩薩は，菩提への道を顛倒なく説示する仏陀や菩薩という善き師友に，そもそも会わない。これが第 1 の理由である。また次に，菩薩が善き師友に会っても，菩薩の諸々の学事を，顛倒して把握し，顛倒して修学する。これが第 2 の理由である。また次に，菩薩が善き師友に会い，菩薩の諸々の学事を顛倒なく修学しても，その〔修学したことの〕専念に際して専念が弛み，怠慢であり，懸命で継続的な精進を備えていない。これが第 3 の理由である。また次に，菩薩が善き師友に会って菩薩の学処を顛倒なく修学し，その専念に際して精進を始めても，諸々の菩提分法が永い時間を経て積集されないから，機根が未成熟であり，菩提資糧が円満していない。これが第 4 の理由である。種姓がある

42　本篇の世親釈第 9・10 偈の梵文テキストおよび和訳を参照。

43　本篇の世親釈第 11 偈の梵文テキストおよび和訳を参照。

ならば，以上の〔4つの理由に示された菩提を得るための〕理由を欠くから，〔無上正等〕菩提を得ず，いっぽう，〔以上の理由を〕具備するから，〔無上正等菩提を〕得るのである。しかし，種姓がないならば，全く全然如何なる場合でも，〔無上正等〕菩提を決して得ないと知られるべきである。

caturbhiḥ kāraṇair evaṃ gotrasaṃpanno 'pi bodhisattvo na śaknoty anuttarāṃ samyaksaṃbodhim abhisaṃboddhum | katamaiś caturbhiḥ | iha bodhisattva ādita eva kalyāṇamitraṃ na labhate 'viparītabodhimārgadaiśikaṃ buddhaṃ vā bodhisattvaṃ vā | idaṃ prathamaṃ kāraṇam | punar aparaṃ bodhisattvo labdhvāpi kalyāṇamitraṃ viparītagrāhī viparītaṃ śikṣate bodhisattvaśikṣāsu | idaṃ dvitīyaṃ kāraṇam | punar aparaṃ bodhisattvo labdhvāpi kalyāṇamitram aviparītaṃ śikṣamāṇo bodhisattvaśikṣāsu tasmin prayoge śithilaprayogo bhavati kusīdo nodagrapratatavīryasamanvāgataḥ | idaṃ tṛtīyaṃ kāraṇam | punar aparaṃ bodhisattvo labdhvāpi[1)] kalyāṇamitram aviparītaṃ śikṣamāṇo bodhisattvaśikṣāsu [(2]tasmiṃś ca[2)] prayoga ārabdhavīryo 'paripakvendriyo bhavaty aparipūrṇabodhisaṃbhāro[3)] dīrghakālāparijayād bodhipakṣyadharmāṇām[4)] | idaṃ caturthaṃ kāraṇam | gotre saty etatkāraṇavaikalyād bodher aprāptiḥ, sāṃnidhyāt tu prāptir bhavati | asati tu gotre sarveṇa sarvaṃ sarvathā bodher[5)] aprāptir eva veditavyā ||[44]

[1)] *labdhvā* BBh$_{Du}$ [2)] *tasmin* BBh$_{Wo}$ [3)] *aparipūrṇasaṃbhāro* BBh$_{Wo}$ [4)] *bodhipakṣāṇāṃ dharmāṇām* BBh$_{Wo}$, *vodhipakṣyadharmāṇām* BBh$_{Du}$ [5)] *bodhar* BBh$_{Du}$

したがって，5項目の列挙という枠組みとしては両章が対応し，いわゆる種姓に立脚した者と種姓に立脚しない者（a-gotrastha）を扱っていると理解できる[45]。ただし，『荘厳経論』の

---

44 BBh$_{Wo}$ 11.2–19, BBh$_{Du}$ 7.13–24; ref.（Jpn. trans.）相馬［1986: 13–14］,（Eng. trans.）ENGLE［2016: 18–19］.

45 『菩薩地』「種姓品」は，「§2. 基礎（種姓・初発心・菩提分法）」において，基礎を解説し，そこで種姓に立脚しない者についても言及する。

種姓に立脚しない人は，種姓がないので，発心しても，努力に依拠して〔も〕，無上正等菩提を円満し得る資質のない者である。それ故に，この観点で，菩薩が発心しなくても，菩薩行への専念が実行されなくても，種姓は基礎と知られるべきである。

agotrasthaḥ pudgalo gotre 'sati cittotpāde 'pi yatnasamāśraye saty abhavyo 'nuttarāyāḥ samyaksaṃbodheḥ paripūraye | tad anena paryāyeṇa veditavyam anutpāditacittasyāpi bodhisattvasyākṛte 'pi bodhisattvacaryāprayoge gotram ādhāra iti |

（BBh$_{Du}$ 1.18–21, BBh$_{Ro}$ 406.5–10; ref.（Jpn. trans.）相馬［1986: 6］,（Eng. trans.）ENGLE［2016: 4］）

しかし，「種姓品」は『菩薩地』の最初の章であるため，最初は『菩薩地』全体の構成についての解説が続いて

散文注では，第 11 偈は種姓に立脚しない者を主題とし，その者が一時的か永続的かについて問題となっており，種姓に立脚した者への言及はない[46]。

種姓に立脚しない者（agotrastha）の弁別について一偈がある。…（中略）…

ここでは，種姓に立脚しない者とは，般涅槃できる性質のない者が意図されている。そしてそれ（般涅槃できる性質のない者）は，要約すると二種である。(I) 般涅槃できる性質が一時的にない者と，(II)〔般涅槃できる性質が〕永久に〔ない者〕である。(I) 般涅槃できる性質が一時的にない者は四種である。(1) 悪行を専らなす者，(2) 善根が断たれた者，(3) 順解脱分の善根がない者，(4) 善根の劣った者で資糧が不足している者である。一方，(II) 般涅槃できる性質が永久にない者とは原因を欠いた者である。〔すなわち〕彼にはまさに般涅槃できる種姓がないのである。

agotrasthavibhāge ślokaḥ | ...

aparinirvāṇadharmaka etasminn agotrastho 'bhipretaḥ | sa ca samāsato dvividhaḥ | tatkālāparinirvāṇadharmā atyantaṃ ca | tatkālāparinirvāṇadharmā caturvidhaḥ | duścaritaikāntikaḥ samucchinnakuśalamūlaḥ | amokṣabhāgīyakuśalamūlaḥ | hīnakuśalamūlaś cāparipūrṇasaṃbhāraḥ | atyantāparinirvāṇadharmā tu hetuhīno yasya parinirvāṇagotram eva nāsti |[47]

『荘厳経論』の散文注の挙げるこれら 5 種の者と『菩薩地』「種姓品」の挙げる 5 項目とを比較すると，最後の般涅槃できる性質が永久にない者については，その者の永続性，不可能性の点に，『菩薩地』「種姓品」に言及される種姓のない場合の説示との内容上の対応を認めることができるが，その他の者の対応については不明な点が残る。第 11 偈では，『菩薩地』「種姓品」の教説にある 5 種の枠組みを採用しながら，第 3 偈と同様に，内容自体に発展性が認められると言えよう[48]。

おり，実質的な種姓の解説となるのは「§3. 種姓」からである。『荘厳経論』「種姓品」が概して『菩薩地』「種姓品」の構成順序を考慮していることから判断すると，第 11 偈が依拠するのは「§7. 菩薩が菩提を得られない 4 種の理由」であるため，「§2. 基礎（種姓・初発心・菩提分法）」を先に挙げた表では（丸括弧）で括った。

46 なお，第 11 偈自体に “agotrastha” や “agotra” という語はなく，第 1 章「縁起品･成宗品」第 14 偈に “agotra” という語を確認できるのみである。ただし，ここでの無種姓とは菩薩種姓がないこと，菩薩種姓以外の種姓を意図している。具体的には，能仁編［2009: 66–67］を参照。

47 本篇の世親釈第 11 偈散文注の梵文テキストおよび和訳を参照。

48 ヴァスバンドゥを含めた『荘厳経論』における “agotrastha” 解釈の展開については，拙稿［2019］，早島［2023］を参照。

第 12 偈では，第 4 偈に説かれた，本来的種姓と養成された種姓とに相当する 2 種の種姓に基づく偉大性を説くが，『菩薩地』「種姓品」に対応がない。

彼ら〔菩薩たち〕には，甚深で広大なことを語る，利他をなす為に語られた長大な教法に対して,〔その意味を〕全く分からないままに極めて大いなる信解があり，
また，よき実践（正行）における堪忍があり，
そして〔実践の〕終わりに，二者にある〔完成〕よりもはるかに勝れている完成が必ず生じる。そのことは，菩薩の本来的に功徳を有する〔種姓〕とそれ（本来的に功徳を有する種姓）から養成された種姓とに基づくと知るべきである。

gāmbhīryaudāryavāde parahitakaraṇāyodite dīrghadharme
ajñātvaivādhimuktir bhavati suvipulā saṃprapattikṣamā ca |
saṃpattiś cāvasāne dvayagataparamā yad bhavaty eva teṣāṃ
taj jñeyaṃ bodhisattvaprakṛtiguṇavatas tatprapuṣṭāc ca gotrāt || III.12 ||[49]

第 13 偈では，自他の利益・安楽をもたらすという結果（果実）を持つという点から，菩薩種姓が良い樹根に喩えられ，結果に基づいて菩薩種姓が最勝であることを述べるが，『菩薩地』「種姓品」に対応がない。

強固な安楽の獲得と〔強固な〕苦の寂滅とに資する，この最勝の種姓（菩薩種姓）は，自他の利益・安楽をもたらすという結果（果実）を持つから，極めて大いなる功徳のある菩提という樹の成長に資する，良い樹根の如くである。

suvipulaguṇabodhivṛkṣavṛddhyai ghanasukhaduḥkhaśamopalabdhaye ca |
svaparahitasukhakriyāphalatvād bhavati sumūlavad agragotram etat || III.13 ||[50]

以上の計 13 偈で，『荘厳経論』「種姓品」は，種姓に関する説示を終える。

2.3.『菩薩地』「種姓品」に対応のない『大乗荘厳経論』「種姓品」の所説

『荘厳経論』「種姓品」の各偈の内容を概観する中で，『菩薩地』「種姓品」との対応関係について検討した。以下では，拙稿［2014］に依拠して，『菩薩地』「種姓品」に対応のない『荘厳経論』「種姓品」の所説の中でも，『荘厳経論』における種姓説の展開にとって重要な

49　本篇の世親釈第 12 偈の梵文テキストおよび和訳を参照。
50　本篇の世親釈第 13 偈の梵文テキストおよび和訳を参照。

ものについて触れておこう。

対応のない所説については,『菩薩地』および『瑜伽論』の他の箇所に散在する種姓に関する教説との対応を見出し得る場合がある。このうち,第6偈の (2) 不確定のものという種姓の区別は,『瑜伽論』で新層に属する「摂決択分」(*Viniścayasaṃgrahaṇī*) の「有余依無余依二地決択」の教説において,不確定の種姓 (*aniyatagotra) という語として確認できる[51]。これは,条件次第で菩薩と同じように無上正等菩提という結果を獲得し得る,菩提に進展する (*bodhipariṇatika, 廻向菩提) 声聞の持つ種姓として規定されたものである。

『荘厳経論』における種姓説には,「種姓品」の外と「種姓品」の内とでの展開が認められるが,「種姓品」外での展開として,「種姓品」第 6 偈の有する意義は大きい。当該偈頌が列挙する 4 項目のうち,(2) 不確定のものについては,第 11 章「述求品」(Dharma-paryeṣṭyadhikāra) の一乗たることを主題とする議論 (XI.53–59) において,重要な要素として大きく取り上げられている。すなわち,一乗たることの理由として種姓の区別を挙げ,

---

51 もし菩提に進展する阿羅漢が無上正等菩提をさとるならば,なぜ一切の阿羅漢もが菩提に進展しないのか。答える。種姓に差異があるからに他ならない。すなわち,実に阿羅漢たちの中でも,或る阿羅漢は倶分解脱して無余依涅槃界へ般涅槃し,或る者は慧解脱だけによって〔般涅槃〕するという区別が見られるので,それ故,種姓に差異があることにより,一切の阿羅漢は菩提に進展しないと知られるべきである。…(中略)…

菩提に進展する彼は,実に最初から,声聞種姓を持つ者であると述べられるべきか,或いは菩薩種姓を持つ者であると述べられるべきか。答える。不確定の種姓を持つ者 (*aniyatagotra) であると述べられるべきであって,不確定の衆生の集まり (不定聚) を設定することと類似する。彼 (不確定の種姓を持つ者) は,般涅槃し得るものの本質のある部類 (*nikāya) の中で,確定した者であると知られるべきである。

gal te dgra bcom pa byang chub tu yongs su (1)'gyur bar(1) gyur pa bla na med pa yang dag par rdzogs pa'i byang chub mngon par rdzogs par 'tshang (P141b1) rgya bar 'gyur na | ci'i phyir dgra bcom pa thams cad kyang byang chub tu yongs (D125b6) su 'gyur bar(2) mi 'gyur zhe na | smras pa | rigs kyi bye brag kho na'i phyir te | 'di ltar dgra bcom pa rnams nyid la yang dgra bcom pa la la ni (P141b2) (3)gnyis ka'i(3) cha las rnam par grol zhing phung po'i lhag ma med pa'i mya ngan las 'das pa'i dbyings su yongs su mya ngan las 'da' (D125b7) bar byed la | la la ni shes rab kyis rnam par grol ba kho nas byed pa'i bye brag snang bas (P141b3) de'i phyir rigs kyi bye brag nyid kyis na dgra bcom pa thams cad byang chub tu yongs su (4)'gyur bar(4) mi 'gyur bar rig par bya'o || ...

byang chub tu yongs su (P142a1) 'gyur ba de ci dang po nyid nas nyan thos kyi rigs can yin par brjod par bya'am | 'on te byang chub sems dpa'i rigs can yin par brjod par bya zhe na | smras pa | ma nges pa'i rigs (D126a6) can (P142a2) yin par brjod par bya ste | ma nges pa'i sems can gyi tshogs rnam par gzhag pa dang 'dra'o || de yongs su mya ngan las 'da' ba'i chos can nyid kyi [ris](5) su ni(6) nges pa yin par rig par bya'o ||

(1) *'grub par* D (2) *ram* D (3) *gnyi ga'i* D (4) *'grub par* D (5) *rigs* DP Cf. 聚 (*nikāya) T (6) om. *ni* P

(D zi 125b5–126a6, P 'i 141a8–142a2; T [30] 749b2–25, 巻 80; ref. (Tib. & Ger. trans.) SCHMITHAUSEN [1969b: 62–67], (Jpn. trans.-partial) 松本 [2013: 340])

不確定の声聞を如何に大乗に引き込むのかを中心課題としているのである[52]。それだけではなく，不確定のものについては，この他の章にも認められ（XII.19），散文注に基づけば，さらに他の章でも扱っていることが知られる（IX.8; XVII.29–30）[53]。したがって，『荘厳経論』「種姓品」以外の箇所で議論の中心となる種姓説は，不確定のものに関してであると言える。

いっぽう，『荘厳経論』「種姓品」第9–10，12，13偈もまた，『菩薩地』「種姓品」に対応する教説を見出し得ないが，これは『荘厳経論』「種姓品」内での展開として捉えることができる。まず，第9–10偈は，第4偈所説の(4)にある諸々の功徳を産出するもの(guṇottāraṇatā)という語義解釈による種姓に関する規定と連動した偈頌と言えよう[54]。すなわち，菩薩種姓は，金や宝石に喩えられる，諸々の功徳の依り所として，諸々の功徳を産出するのである。種姓に関するこの規定は，金や宝石の鉱脈から産出する金や宝石のように，菩薩種姓を拠り所として産出する諸々の功徳という「結果」に対して焦点をあてることに影響を与えている[55]。

次に，第12偈は，第2偈所説の種姓の存在性としての4種の区別を主に敷衍して，特に菩薩種姓に関して述べていると言えよう。すなわち，菩薩には，【III.2-（1）要素】本来的に功徳を有する種姓とそれ（本来的に功徳を有する種姓）から養成された種姓とに基づき[56]，【(2)

52　当該箇所のテキストとその和訳に関しては上野［2014b］，当該箇所の考察に関しては松本［2013］，上野［2013］［2014a］を参照。

53　各用例については，拙稿［2018b］を参照。

54　こうした理解は，後代の注釈文献の第9・10偈に対する注釈において，功徳／徳性という語が確認されることからも支持される。本篇の安慧釈第9・10偈のチベット訳テキストおよび和訳，ならびに附論の加納論文「サッジャナ作『荘厳経論要義』「種姓品」」所収の【資料2：ゴク・ロデンシェーラプによる「種姓品」への注釈】の第1，9，10偈に対する注釈の和訳を参照。

55　第9–10偈の順序に着目すると，この順序は，例えば智慧が大智慧へというように，金の鉱脈の功徳が宝石の鉱脈の功徳に変容することを意図している，と理解することができる。偈頌の順序にこのような意図が認められるならば，『荘厳経論』は，功徳という「結果」に重点を置きながら，功徳という結果の段階的変容もまた意識していることになるだろう。なお，金の鉱脈から宝石の鉱脈へという配列に関して，『十地経』（*Daśabhūmikasūtra*）からの影響が考えられる。詳しくは，拙稿［2014］を参照。ただし，本稿で示した金の鉱脈と宝石の鉱脈との関係について，『荘厳経論』の散文注を始めとする諸々の注釈文献に認められない点は，注意が必要である。

56　要素（dhātu）と種姓（gotra）とは同義異語の関係である。本稿「1.1.『菩薩地』「種姓品」」を参照。瑜伽行派における種姓の同義異語に関しては，拙稿［2018a］を参照。

性向】甚深で広大なことを語る，利他をなす為に語られた長大な教法に対して，その意味を全く分からないままに極めて大いなる信解（性向）があり，【(3) 実践】よき実践（正行）における堪忍があり，【(4) 結果】実践の終わりに，二者にある完成よりもはるかに勝れている完成が必ず生じるのである[57]。第13偈もまた，第2偈所説の（4）結果の区別を敷衍して，特に菩薩種姓に関して述べていると見做せよう。

以上のように，『荘厳経論』における種姓説には，「種姓品」外と内とでの展開が認められるが，両展開ともに「種姓品」の規定を踏まえている。そして，こうした展開を『荘厳経論』における種姓説の独自性と言うことができよう。

3. 『大乗荘厳経論』「種姓品」第7偈と第8偈との関連ならびに配列

『荘厳経論』「種姓品」所説の計13偈のうち，『菩薩地』「種姓品」の教説とよく対応する偈頌として見出し得たのは，第7偈「III.7. 種姓の災難」および第8偈「III.8. 種姓の利徳」である。以下では，『菩薩地』「種姓品」の教説の理解を踏まえて，両偈頌の関連ならびに配列について検討しよう[58]。

『荘厳経論』「種姓品」第7偈および第8偈と対応する『菩薩地』の教説は，「§ 6. 悪趣に生まれる菩薩」という一貫した主題の中にある。繰り返しになるが，そこでは，菩薩種姓を持つ菩薩であっても，種姓の備える白浄なる性質に違背する4つの随煩悩に完全にあるいは部分的に汚された場合，悪趣に生まれることを明かすが（§ 6），菩薩には，悪趣に生まれた場合でも，他の衆生に比べて種姓に関して卓越性があると言って，その卓越性を解説し（§ 6.1），菩薩が悪趣に生まれるきっかけとなる4種の随煩悩を列挙している（§ 6.2）。このうち，「§ 6.1. 衆生と比した菩薩の持つ種姓の卓越性」が第8偈「III.8. 種姓の利徳」，

57　第12偈における本来的に功徳を有する種姓とそれ（本来的に功徳を有する種姓）から養成された種姓とに関しては，第4偈所説の（i）本来的と養成されたという種姓の特徴との関連，信解に関しては，第5偈所説の（2）信解という種姓の表徴との関連，堪忍（kṣamā）に関しては，第5偈所説の（3）忍耐（kṣānti）という種姓の表徴との関連も見出し得る。この点については，MSA研究会（龍谷大学）にて高務祐輝氏よりご指摘を賜りました。記してお礼申し上げます。

58　当該の両偈頌については，拙稿［2011: 110–109］［2014: 35, n. 65］や本篇の世親釈第8・9偈散文注の和訳に対する注解の中でも，『菩薩地』「種姓品」の教説を交えた言及がある。

「§6.2. 白浄なる性質に違背する4種の随煩悩」が第7偈「III.7. 種姓の災難」とよく対応する。『菩薩地』「種姓品」の教説との対応関係を考慮すると，『荘厳経論』の当該の両偈頌は，菩薩は種姓の災難がきっかけとなって，悪趣に生まれたとしても，悪趣において種姓の利徳がある，という連続した内容を有していると理解することができる。これと類似した理解は，漢訳『荘厳経論』第8偈の散文注にのみ，次のように示されている[59]。

菩薩種姓には前述のような災難があり，もし悪趣に堕ちたとしても，〔悪趣の〕中においてまた4種の利徳があると知られるべきである。

菩薩種性雖有如前過失，若墮惡道，應知於中復有四種功德[60]。

すなわち，漢訳『荘厳経論』は，「種姓品」第8偈を第7偈と関連付けており，『菩薩地』「種姓品」の教説を踏まえた理解と同じ方向の理解を示していると言える[61]。

ただし，『荘厳経論』「種姓品」第7偈および第8偈と，両偈頌と対応する『菩薩地』「種姓品」教説との説示内容の順序が逆転している点については，『菩薩地』「種姓品」の教説の理解だけでは説明できない。この点については，『荘厳経論』「種姓品」第6偈の所説と関連する可能性がある。当該偈頌の(4)諸々の縁(pratyaya)によって揺るがされるもの(hārya)については，『菩薩地』にもその他の『瑜伽論』にも種姓説の文脈として対応を見出し得ないが，“hārya”という語は，勝呂［1989: 343］の指摘するように，『瑜伽論』において語自体は散見される。その中でも，「本地分」中「意地」(*Manobhūmi*)における，人が生まれてくる過程の解説に，条件(pratyaya, 縁)と牽引されるもの(hārya, 揺るがされるもの)[62]と

---

[59] 当該箇所については，長尾［2007a: 75, n. 1］や本篇の世親釈第9偈散文注の和訳に対する注解において言及がある。

[60] T［31］595a1–2, 巻1.

[61] こうした理解は，長尾［2007a: 75, n. 1］が紹介し，また本篇の各注釈文献の第8・9偈に関する解説箇所にあるように，『荘厳経論』に対する後代の注釈文献には認められず，そこでは，当該の両偈頌を関連がないように注釈を施している。

[62] “hārya”に対する訳語は文脈によって異なる。例えば，『荘厳経論』では，“ahārya”および“hārya”という語が他の章に認められる（VIII.1, 9–10; X.3, 5）。これらの用例について，長尾［2007a: 156, n. 5］は，“hārya”を「改宗」の意味に理解し，“ahārya”を「〔信念が〕堅固なること」と訳し，また，長尾［2007b: 6］は，“hārya”を「奪去せられた〔信〕」と訳す。しかし，このような訳は，異なる文脈から導き出されたものであるため，長尾［2007a: 73］自身もまた，種姓の文脈においては，“ahārya”を「退堕せざる」，“hārya”を「退堕する」というように，異なる訳を与えている。本稿では，本篇と異なり，「意地」の教説を根拠として，以下「牽引される」という訳語をあてている。

が同時に認められる教説がある。

また，〔生まれた彼は（sa jātaḥ），〕条件に従って牽引される者である。すなわち，五趣に赴く諸条件か，涅槃に赴く諸条件かによって。

yathāpratyayahāryaś ca bhavati yaduta pañcagatigamanapratyayair vā nirvāṇagamanapratyayair vā ||[63]

すなわち，人は五趣や涅槃に赴く条件に従って牽引されることで，条件に合致したところに赴くのである。これに関連して，『菩薩地』「種姓品」では，菩薩が菩薩種姓を備えていたとしても，4種の随煩悩次第で，悪趣に生まれることもあると説く。このうち，4種の随煩悩が条件に相当し，菩薩は4種の随煩悩という条件に従って悪趣に牽引される，と理解できる。そして，『荘厳経論』「種姓品」第6偈では，このような悪趣に生まれる菩薩の持つ種姓を説明するために，(3) 諸条件によって牽引されないもの（本篇：諸々の縁によって揺るがされないもの），(4) 諸条件によって牽引されるもの（本篇：諸々の縁によって揺るがされるもの）という種姓の区別を設けたと考えることもできよう。この推測が許されるならば，第6偈の種姓の区別に基づき，第7偈では，悪趣に生まれる条件として，菩薩種姓にとっての災難を挙げ，第8偈では，菩薩が悪趣に赴く際の菩薩種姓に関する利徳を挙げる，というように，第6偈から第8偈までは一連の流れを持っていることとなる。この場合，第7偈および第8偈と『菩薩地』「種姓品」との説示内容の順序の入れ替えについても，第6偈と第7偈との関連から説明ができよう[64]。

おわりに

本稿では，拙稿［2011］［2014］を基に，『荘厳経論』「種姓品」各偈頌と対応のある『菩薩地』「種姓品」の教説について，具体的な教説を提示して比較検討を行ってきた。その結果を整理すると，次のことが指摘できる。

63　$\mathrm{YBh_{Bh}}$ 30.4–5.

64　『荘厳経論』の散文注以降の注釈文献では，第6偈の内容について，(1) 確定したものが (3) 諸条件によって牽引されないものと，(2) 不確定のものが (4) 諸条件によって牽引されるものと解釈している。この解釈の場合，種姓の区別が4項目あると言いつつ，実質2項目になってしまうという問題が残る。

『荘厳経論』「種姓品」は，第 2，3，4，5，7，8，11 偈の計 7 偈において，程度に差はあるが，説示項目や内容との対応を『菩薩地』「種姓品」に見出し得る。したがって，『荘厳経論』「種姓品」は，『菩薩地』「種姓品」の構成や教説といった枠組みを採用しながら，対応しない部分に思想的な発展性が認められるのである。いっぽう，『菩薩地』「種姓品」にまったく対応のない第 6，9–10，12，13 偈の計 5 偈のうち，第 6 偈は「種姓品」以外の章でも議論が展開する種姓に関する規定であり，第 9–10，12，13 偈は「種姓品」内の種姓に関する規定と連動して展開する偈頌である。以上のように，『荘厳経論』における種姓説には，「種姓品」外と内とでの展開が認められ，これを同論の種姓説の独自性と見做し得る。

『荘厳経論』「種姓品」第 7 偈と第 8 偈との関連や配列については，両偈頌が『菩薩地』「種姓品」の教説とよく対応するため，両偈頌の理解の手がかりとなり得る。すなわち，同教説は，悪趣に生まれる菩薩という一貫した主題を有しているが，この理解を第 7 偈および第 8 偈に適用すると，第 7 偈と第 8 偈とは関連付けられるのである。この関連付けは漢訳『荘厳経論』の記述からも支持される。さらに，当該の両偈頌と対応する教説の説示内容の順序が逆転している点については，第 6 偈の種姓の区別として規定される（4）諸条件によって牽引されるもの（hārya）を前提に，悪趣に生まれる条件として第 7 偈を説くというように，第 6 偈と第 7 偈とを関連付けていることに起因していると推測される。したがって，第 7 偈および第 8 偈については，第 6 偈を踏まえた意図的な配列の可能性があるのである。

以上のように，『荘厳経論』「種姓品」の偈頌の内容や配列の理解には，『菩薩地』「種姓品」が手助けになることがある。今後も『荘厳経論』の偈頌を読み進めるにあたっては，『菩薩地』などの『荘厳経論』以前の文献に基づく理解にも注意を払う必要があるだろう。

略号一覧

BBh_{Du}	*Bodhisattvabhūmi*,（Skt. ed.）Dutt［1966］.
BBh_{Ro}	*Bodhisattvabhūmi* I-partial,（Skt. ed.）Roth［1977］.
BBh_{Wo}	*Bodhisattvabhūmi*,（Skt. ed.）Wogihara［1930–36］.
Ch.	Chinese
D	sDe dge Edition of the Tibetan Tripiṭaka
om.	omitted in

P	Peking Edition of the Tibetan Tripiṭaka
Skt.	Sanskrit
ŚrBh$_{T1}$	*Śrāvakabhūmi* I,（Skt. ed.）声聞地研究会［1998］.
T	大正新脩大蔵経
Tib.	Tibetan
YBh$_{Bh}$	*Yogācārabhūmi*, *Manobhūmi*,（Skt. ed.）BHATTACHARYA［1957: 11–72］.
荘厳経論	大乗荘厳経論（*Mahāyānasūtrālaṃkāra*）
瑜伽論	瑜伽師地論（*Yogācārabhūmi*）

一次文献

Mahāyānasūtrālaṃkāra
（Skt. ed.）III: 本篇世親釈梵文テキスト.
（Ch.）T［31］（1604）589b20–661c21, 13 巻, 波羅頗蜜多羅訳.

Yogācārabhūmi
Maulī bhūmi/Maulyo bhūmayaḥ
Manobhūmi
（Skt. ed.）BHATTACHARYA［1957: 11–72］.
Śrāvakabhūmi
（Skt. ed.）I: 声聞地研究会［1998］.
（Tib.）D（4036）1b1–195a7, P［110］（5537）1a1–236a8.
（Ch.）T［30］（1579）395c1–477c1, 14 巻, 玄奘訳.
Bodhisattvabhūmi
（Skt. ed.）WOGIHARA［1930–36］, DUTT［1966］, I-partial: ROTH［1977］.
Viniścayasaṃgrahaṇī
（Tib.）D（4038）zhi 1b1–zi 127a4, P［110–111］（5539）zi 1a1–'i 142b7.
（Ch.）T［30］（1579）579a1–749c18, 30 巻, 玄奘訳.

参考文献（和文・欧文）

和文

宇井伯寿
［1958］　『瑜伽論研究』大乗佛教研究 2, 東京：岩波書店。

上野隆平
［2013］　「『大乗荘厳経論』「求法品」の一乗説――第 XI 章第 54 偈の読解と位置づけに関して――」『印度學佛教學研究』62-1: 413–410。

［2014a］　「『大乗荘厳経論』第 XI 章第 53–59 偈の理解をめぐって――松本史朗博士の御論考に対する 3 つの疑義――」『岐阜聖徳学園大学仏教文化研究所紀要』14: 87–120。
［2014b］　「『大乗荘厳経論』第 XI 章第 53–59 偈――テキストと和訳――」『インド学チベット学研究』18: 50–82。
岡田英作
［2011］　「瑜伽行派における種姓論の展開に関する一考察――『菩薩地』「種姓品」と『大乗荘厳経論』「種姓品」――」『密教學會報』49: 120–105。
［2014］　「『大乗荘厳経論』「種姓品」における種姓説――『瑜伽師地論』における種姓説の受容をめぐって――」『佛教史學研究』57-1: 20–38。
［2015］　「『大乗荘厳経論』における種姓の存在根拠――「種姓品」第 2 偈を中心に――」『高野山大学密教文化研究所紀要』28: 96–80。
［2018a］　「瑜伽行派における種姓の同義異語――『瑜伽師地論』を中心として――」『密教文化』240: 134–109。
［2018b］　「瑜伽行派の種姓説における “aniyata” の理解――ヴァスバンドゥによる注釈文献を中心として――」『密教文化』241: 90–67。
［2019］　「『大乗荘厳経論』における “agotrastha” 解釈の展開――ヴァスバンドゥとアスヴァバーヴァ――」『密教文化』243: 162–138。
［forthcoming］　「『菩薩地』「種姓品」の構成に関する一考察――『菩薩地』注釈文献をもとに――」『密教文化』249/250。
小谷信千代
［1984］　『大乗荘厳経論の研究』京都：文栄堂書店。
岸清香
［2014］　『『大乗荘厳経論』第十八章「菩提分品」の研究――初期瑜伽行唯識学派における菩薩行について――』筑波大学博士論文。
声聞地研究会
［1998］　『瑜伽論 声聞地 第一瑜伽処――サンスクリット語テキストと和訳――』大正大学綜合佛教研究所研究叢書 4，東京：山喜房佛書林。
勝呂信静
［1989］　『初期唯識思想の研究』東京：春秋社。
相馬一意
［1986］　「梵文和訳「菩薩地」（1）――種姓の章，発心の章――」『佛教學研究』（龍谷大学佛教學會）42: 1–26。
高橋晃一
［2012］　「初期瑜伽行派の思想――『瑜伽師地論』を中心に――」高崎直道監修『唯識と瑜

伽行』シリーズ大乗仏教 7，東京：春秋社，73–109。

内藤昭文

［2009］　『『大乗荘厳経論』「菩提品」の講読——和訳と註解——付・梵蔵漢和対照テキスト』京都：永田文昌堂。

長尾雅人

［1982］　『摂大乗論 和訳と注解』上，インド古典叢書，東京：講談社。

［2007a］　『『大乗荘厳経論』和訳と註解——長尾雅人研究ノート——（1）』京都：長尾文庫。

［2007b］　『『大乗荘厳経論』和訳と註解——長尾雅人研究ノート——（2）』京都：長尾文庫。

能仁正顕編

［2009］　『『大乗荘厳経論』第 I 章の和訳と注解——大乗の確立——』龍谷叢書 20，京都：自照社出版。

袴谷憲昭

［1984］　「〈法身〉覚え書」『インド古典研究』6: 57–79; repr.『唯識文献研究』東京：大蔵出版，2008，474–501。

早島慧

［2014］　『中観・瑜伽行派両派における二諦説解釈の研究——『大乗荘厳経論』第 VI 章「真実品」を中心として——』龍谷大学博士論文。

［2023］　「『大乗荘厳経論』注釈書における agotra」『日本佛教學會年報』87: 207–226。

松田和信

［1988］　「ダライラマ 13 世寄贈の一連のネパール系写本について——『瑜伽論』「摂決択分」梵文断簡発見記——」『日本西藏學會々報』34: 16–20。

松本史朗

［2013］　「瑜伽行派の一乗思想」『仏教思想論』下，東京：大蔵出版，225–376。

都真雄

［2005］　「『大乗荘厳経論』長行の著者は誰か——無着・世親の修道論の差異からの考察——」『佛教學セミナー』82: 20–35。

本村耐樹

［2009］　「『大乗荘厳経論』「述求品」と『菩薩地』「真実義品」の関係」『印度學佛教學研究』57-2: 1002–997（141–146）。

李鍾徹

［2001］　『世親思想の研究——『釈軌論』を中心として——』インド学仏教学叢書 9，東京：山喜房佛書林。

欧文

BHATTACHARYA, Vidhushekhara

[1957] *The Yogācārabhūmi of Ācārya Asaṅga: The Sanskrit Text Compared with the Tibetan Version*. Calcutta: University of Calcutta.

DELEANU, Frolin

[2006] *The Chapter on the Mundane Path (Laukikamārga) in the Śrāvakabhūmi: A Trilingual Edition (Sanskrit, Tibetan, Chinese), Annotated Translation, and Introductory Study*, 2 vols. Studia Philologica Buddhica, Monograph Series 20. Tokyo: International Institute for Buddhist Studies.

DUTT, Nalinaksha

[1966] *Bodhisattvabhūmi [Being the XVth Section of Asaṅgapada's Yogācārabhūmi]*. Tibetan Sanskrit Works Series 7. Patna: Kashi Prasad Jayaswal Research Institute (Second Edition: Patna, 1978).

ENGLE, Artemus B.

[2016] *The Bodhisattva Path to Unsurpassed Enlightenment: A Complete Translation of the Bodhisattvabhūmi*. Boulder: Snow Lion.

LÉVI, Sylvain

[1907] *Mahāyāna-sūtrālaṃkāra: exposé de la doctrine du Grand Véhicule*, Tome I: Texte. Paris: Librairie Honoré Champion; repr. Kyoto: Rinsen Book Co., 1983.

[1911] *Mahāyāna-sūtrālaṃkāra: exposé de la doctrine du Grand Véhicule*, Tome II: Traduction, introduction, index. Paris: Librairie Honoré Champion; repr. Kyoto: Rinsen Book Co., 1983.

ROTH, Gustav

[1977] "Observation on the First Chapter of Asaṅga's Bodhisattvabhūmi." *Indologica Taurinensia* 3/4: 403–412; repr. In *Indian Studies (Selected Papers)*, ed. H. Bechert and P. Kieffer-Pülz, 165–174, Bibliotheca Indo-Buddhica 32. Delhi: Sri Satguru Publications, 1986.

SCHMITHAUSEN, Lambert

[1969a] "Zur Literaturgeschichite der Älteren Yogācāra-Schule." In *Zeitschrift der Deutschen Morgenländischen Gesellschaft*, Supplementa I.3: 811–823; repr. In *Lambert Schmithausen Collected Papers*, Volume I: 1963–1977, ed. F. Deleanu et al., 101–114. Studia Philologica Buddhica Monograph Series 34a. Tokyo: International Institute for Buddhist Studies, 2016.

[1969b] *Der Nirvāṇa-Abschnitt in der Viniścayasaṃgrahaṇī der Yogācārabhūmiḥ*. Österreichische Akademie der Wissenschaften, philosophisch-historische Klasse, Sitzungsberichte, 264, Band, 2. Abhandlung. Wien: Hermann Böhlaus Nachf.

THURMAN, Robert A. F. et al.

[2004] *The Universal Vehicle Doscourse Literature (Mahāyānasūtrālaṃkāra)*. New York: American Institute of Buddhist Studies.

WOGIHARA Unrai
［1930–36］ *Bodhisattvabhūmi: A Statement of Whole Course of the Bodhisattva (Being Fifteenth Section of Yogācārabhūmi)*, 2 vols. Tokyo; repr.『梵文菩薩地経』東京：山喜房佛書林，1971。

＊　＊　＊

謝辞　本稿で扱った『大乗荘厳経論』の読解について，筆者も参加する MSA 研究会（龍谷大学）のメンバーから多くの有益なご助言を賜りました。記してお礼申し上げます。
本研究は JSPS 科研費の若手研究（JP20K12805）の助成による研究成果の一部である。

Mahāyānasūtrālaṃkāra III

梵和索引

1. この索引は，本書所収のMSA第III章のサンスクリット校訂テキストに対応するものであり，その所在と対応和訳を付した。
2. 見出し語は，原則として長尾編 Index にあげられる MSA 第 III 章に出る項目を基本に収録したが，新たな項目も加えた。
3. 所在の表記について，見出し語に続く，例えば “1v” は当該項目が，第1偈と，時には，その世親釈にも出ることを示し，単なる数字 “1” は，第 1 偈の世親釈にのみ出ることを示す。§ 記号は，世親釈が標題として偈の導入部に掲げる言葉であることを示す。

A

a-kalyāṇa-mitratā 7　不善なる師友がいること

a-kṣaya 3v, 3　無尽

Akṣarāśi-sūtra 2　『アクシャ樹果の堆積経』

a-kheda 12　倦み疲れることがない

a-gotra-stha 11§　種姓に立脚しない者

agratva 1v, 1　最勝性

atyantam 11　永久に

atyantâparinirvāṇa-dharma 11　般涅槃できる性質が永久にない

adhimukti 2v, 2, 5v, 5, 12v, 12　性向，確信，信解

a-niyata 6v　不確定のもの

an-upadhiśeṣa-nirvāṇa 3　無余依涅槃

-avasānatva 3　無余依涅槃を最後とする

anuśaṃsa 1v, 1, 8§　利徳

a-parârthatva 3　利他がない

a-parinirvāṇa-dharmaka 11　般涅槃できる性質のない

a-paripūrṇa-saṃbhāra 11　資糧が不足している

a-parimāṇa 2　無量

apāya 8　悪趣

-gamana 8v　悪趣に赴くこと

artha　意味

gāmbhīryâudārya- 12　甚深で広大な意味

sahiṣṇuta- 5　耐えることという意味

avasāna 12v, 12　終わり

a-sat 4v　存在しない

astitva 1　存在性

a-hārya 6v, 6　揺るがされないもの

Ā

ādi-prayogatas 5v, 5　実践の初めからの

ādīnava 1v, 1, 7v, 7§　災難

āśu-mokṣa 8v　速やかに脱すること

āśraya 4v, 10　依り所

-svabhāva 4　依り所を本質とする

aprameya-kuśala-mūla- 9　量り知れない善根の依り所

abhijñâdi-prabhāva- 9　神通などの威力の依り所

ameya-śubha- 9v　量り知れない善性の依り所

kleśa-nairmalya-prāpti- 9　煩悩に関する無垢性の獲得の依り所

catur-vidha-ratna- 10　四種の宝石の依り所

āśrita 4v　依るもの

-svabhāva 4　依るものを本質とする

U

uttapta 3　鍛練されたもの

utpādita 2　生ぜしめられた

udagratva 3v　最高であること

ud-√tṝ

uttaranti 4　出てくる

ud-√bhū

udbhavanti 4　出現する

udvegā 8v　厭離

upapanna 8　生まれた

upalabdhi 2v, 13v　確認される，獲得

upa-√labh

upalabhyate 2　認められる

upasaṃvitti 8v　経験すること

E

evaṃjātīyaka 2　そういった類のもの

AI

aikāntika 11v　専ら

AU

aupamya 1v, 1　譬喩

mahā-ratna-gotra- 10§　大いなる宝石の鉱脈に譬喩されること

mahā-suvarṇa-gotra- 9§　大いなる金の鉱脈に譬喩されること

KA

karuṇāyamāna 8　悲愍しながら

karmaṇya 9　柔軟な

kāruṇya 5v, 5　哀愍

kumitratva 7v　悪友がいること

kuśala 5　善

kuśala-mūla 3　善根

a-mokṣa-bhāgīya- 11　順解脱分の善根がない

samucchinna- 11　善根が断たれた

hīna- 11　善根の劣った

kleśa　煩悩

-abhyāsa 7v　煩悩を習慣化すること

-bāhulya 7　煩悩が増長すること

kṣamā 12v　堪忍

kṣānti 5v, 5　忍耐

kṣipram 8　速やかに

GA

√gam
　gacchati 8　赴く
gāmbhīryâudārya-vāda 12v　甚深で広大なことを語る
guṇa 4, 7, 13v　功徳
　-uttāraṇa 4　功徳を産出するもの
　-uttāraṇatā 4v　功徳を産出するもの
　-vat 12　功徳を有する
gotra 1v, 1, 3, 4, 5v, 6v, 6, 7v, 8, 10　種姓
　agra- 13v　最勝の種姓
　-agratva 3v, 3§　種姓の最勝性
　-astitva 2v, 2§　種姓が存在すること
　-prabheda 1§　種姓の分類
　-bheda 2, 6v　種姓の区別
　-viśeṣaṇa 13§　種姓が卓越していること
　-stha 7　種姓に立脚した者

GHA

ghana 13v　強固な

CA

citta 10　心
cira 8v, 8　長い時間

JA

jātya 10　貴重な
√jñā
　a-jñātvā 12v, 12　分からないままに
jñāna 9v　智慧
　-āśraya 9　智慧の依り所

TA

tat-kālâparinirvāṇa-dharma 11　般涅槃できる性質が一時的にない
tat-prapuṣṭa 12v　それから養成された

DA

dīrgha-dharma 12v　長大な教法
duḥkha 8, 13v　苦
　tanu- 8v　微かな苦
duścarita 11v　悪行
　-aikāntika 11　悪行を専らなす
duṣkara-caryā 5　難行
dvaya-gata-parama 12v　二者にある〔完成〕よりもはるかに勝れている

DHA

dhātu 2v　要素
　-prabheda 2　要素の区別
　-bheda 2　要素の区別

NA

nimitta 3, 10v　要因，因
nimittatva 3v　要因であること
　ārya-samādhi- 10　聖者の三昧の因
　mahā-jñāna- 10　大智慧の因
　mahā-bodhi- 10　大菩提の因
　mahā-sattva-paripāka- 10　数多の衆生を成熟する因
niyata 6v, 6　確定したもの
nirmala 9　無垢な
nirmalatā-yoga 9v　無垢性の具有
nir-√vac
　nirucyate 2v, 5v　明言される
nirvoḍhṛ 2　成し遂げる
niśraya 9v, 10v　依り所
nihīna-śukla 11v　白浄なる〔性質〕が低級な

PA

paratantratā 7v　他者に服従すること
para-hita-karaṇa 12v　利他をなす
para-hita-kriyā 12　利他をなす
parârtha 3　利他
parinirvāṇa-gotra 11　般涅槃できる種姓
pari-√pac
　paripācayati 8　成熟させる
paripācana　成熟
　an-anta-sattva- 10　無辺の衆生を成熟させる
paripuṣṭa 4v, 12　養成された
pāratantrya 7　他者に服従すること
pāramitā 5　〔六〕波羅蜜
prakṛti 4v, 12　本来的な
　-guṇa-vat 12v　本来的に功徳を有する
　-stha 4　本来的に在る
prati-√i
　pratyetavya 2　承認されるべきである
pratipatti 2v, 12　実践
　-bheda 2　実践の区別
prati-saṃ-√vid
　pratisaṃvedayate 8　経験する
pratyaya 6v, 6　縁
　-vaśa 2　縁の力
pratyekam 1　それぞれ
prabhāva 9v　威力
prabhāsvara 9　輝く
prabhūta 9　豊富な
prabheda 1, 6§　分類，区別
prabhedatā 1v　区別
pra-√vṛt
　pravartate 7　向かう
praśasta-mūla 13　誉れ高い樹根

PHA

phala 2v, 4　結果

-bheda 2v　結果の区別
phalatas 13　結果という点で
phalatva 13v　結果（果実）を持つ

BA

bala-vaiśāradya 3　〔十〕力・〔四〕無畏
bījânurūpatva 2　種子に従うもの
bodhi 2　菩提
bodhivṛkṣa 13　菩提という樹
-vṛddhi 13v　菩提という樹の成長
bodhisattva 8, 12v　菩薩
bodhisattva-gotra 5, 7, 9, 10, 12, 13　菩薩種姓

MA

mahā-jñāna 10v　大智慧
māhâtmya 12　偉大性
prakṛti-paripuṣṭa-gotra- 12§　本来的な〔種姓〕と養成された種姓との偉大性
mahā-bodhi 10v, 10, 12　大菩提
mahā-yāna-dharma 5　大乗の教え
vistīrṇa- 12　詳細な大乗の教法
mahā-ratna-gotra 10　大いなる宝石の鉱脈
mahârtha 3　偉大な意義
mahârthatva 3v　偉大な意義を持つこと
mahā-sattvârtha 10v　数多の衆生を利益すること
mahā-suvarṇa-gotra 9　大いなる金の鉱脈
√muc
mucyate 8　脱する
mṛduka 8　軽微な
mokṣa-bhāgīya 11v　順解脱分

YA

yathākramam 4, 6　順次対応する，順次
yāna-traya 2　三乗

RA

ratna 10　宝石

LA

lakṣaṇa 4§　特徴
liṅga 1v, 1, 5v, 5§　表徴
laukika 12　世間の者

VA

vighāta 7v　欠乏していること
upakaraṇa- 7　生活必需品が欠乏していること
vi-√dhī
vidhīyate 3v　規定される
vipula 12　大いなる
viśiṣṭa 12　卓越している
vaiśāradya 3　〔四〕無畏

ŚA

śama 13v　寂滅
śukla 11v　白浄
śubha 3v, 5v, 11v　浄善
śrāvaka 3, 12　声聞

SA

saṃvigna-cetas 8　厭離心
saṃsthiti 10　形
saṃgṛhīta 1　概括されている
saṃgraha 1　概括した
sat 4v　存在する
sattva 1v, 2, 5, 8　存在性，衆生
　-pācana 8v　衆生を成熟させること
samācāra 5v　行うこと
samādhi 10　三昧
　-ārya 10v　聖者の三昧
samāsatas 11　要約すると
samudānīta 4　発展した
samudghātita 11v　根絶された
saṃpatti 12v, 12　完成
saṃpanna　完全な
　pramāṇa- 10　量が完全な
　varṇa- 10　色彩が完全な
　saṃsthāna- 10　形が完全な
saṃprapatti 12v　よき実践
sarvatva 3v, 3　十全であること
sukha 13v　安楽
　-kriyā 13v　安楽をもたらす
su-mūla 13v　良い樹根
su-ratna-gotra 10v　よき宝石の鉱脈
suvarṇa 9　金
　-gotra 9v　金の鉱脈
su-vipulā 12v　極めて大いなる
sva-para-hita 13v　自他の利益
　-phala 13　自利・〔利〕他という果実（結果）
svabhāva 1v　本質

HA

hārya 6v, 6　揺るがされるもの
hīna-madhya-viśiṣṭa 2　低級・中級・上級
hetu 4　原因
　-hīna 11v, 11　原因を欠いた

略号表　List of Abbreviations

写本

Ns	NGMPP Reel No. A114/1（Nepal Saṃvat 798 = 1678 CE）
Nk	NGMPP Running No. E34132, Reel No. E1768（紀年不明）
N2	NGMPP Running No. E36591, Reel No. E 1923/5（Vikrama Saṃvat 1947 = 1900 CE）
B	龍谷大学図書館所蔵大谷探検隊収集梵本写本* No. 614（紀年不明）

*龍谷大学図書館所蔵の梵本写本については、龍谷大学仏教文化研究所編，龍谷大学善本叢書 14『梵文大乗荘厳経論写本』（1995 年）および龍谷大学仏教文化研究所編，『龍谷大学図書館所蔵大谷探検隊収集梵文写本』（CD-ROM 版, 2001 年）を参照されたい。

テキスト

AAĀ	*Abhisamayālaṃkārālokā Prajñāpāramitāvyākhyā*, See Wogihara［1932–1935］.
AAV	*Abhisamayālaṃkāravṛtti*, See Pensa［1967］.
AKBh	*Abhidharmakośabhāṣya*, See Pradhan［1967］.
AS	*Abhidharmasamuccaya*, See 早島理［2003］.
ASBh	*Abhidharmasamuccayabhāṣya*, See 早島理［2003］.
BBh$_{D}$	*Bodhisattvabhūmi*, See Dutt［1966］.
BBh$_{W}$	*Bodhisattvabhūmi*, See Wogihara［1930–36］.
BBhVy	*Yogācārabhūmau Bodhisattvabhūmivyākhyā*, D No.4047, P No.5548.
DBh	*Daśabhūmikasūtra*, See Rahder［1926］, Kondo［1936］.
MSA	*Mahāyānasūtrālaṃkāra*, See Lévi［1907］.
MSABh	*Mahāyānasūtrālaṃkārabhāṣya*, See MSA.
MSAṬ	**Mahāyānasūtrālaṃkāraṭīkā*, D No.4029, P No.5530.
MSg	*Mahāyānasaṃgraha*, See 長尾［1982］［1987］.
MSgBh	**Mahāyānasaṃgrahabhāṣya*, D No.4050, P No.5551.
Pari	*Sūtrālaṃkāraparicaya*, See 加納［2024b］(本書所収).
PsP	*Pañcaviṃśatisāhasrikā Prajñāpāramitā*, See Kimura［1992］.
PSVy	**Pratītyasamutpādavyākhyā*, D No.3995, P No.5496.
SamBh	*Samāhitā Bhūmiḥ*, See Delhey［2009］.
SAVBh	**Sūtrālaṃkāravṛttibhāṣya*, D No.4034, P No.5531.
SNS	*Saṃdhinirmocanasūtra*, See Lamotte［1935］.
ŚrBh$_{I}$	The 1st *yogasthāna* in the *Śrāvakabhūmi*, See 声聞地研究会［1998］.

ŚrBh$_{II}$	The 2nd *yogasthāna* in the *Śrāvakabhūmi*, See 声聞地研究会［2007］.
TJ	*Tarkajvālā*, D No.3856, P No. 5256.
TrBh	*Triṃśikābhāṣya*, See Buescher［2007］.
TSP	*Tattvasaṃgrahapañjikā*, See Shastri［1968］.
Vair	Vairocanarakṣita's **Sūtrālṃkāravivṛti.* See 加納［2024a］(本書所収).

大正	大正新脩大蔵経.
婆沙論	阿毘達磨大毘婆沙論　大正 27, No.1545.
倶舎論	阿毘達磨倶舎論　大正 29, No.1558.
声聞地	瑜伽師地論本地分中声聞地　大正 30, No.1579.
菩薩地	瑜伽師地論本地分中菩薩地　大正 30, No.1579.
顕揚論	顕揚聖教論　大正 31, No.1602.
荘厳経論	大乗荘厳経論　大正 31, No.1604.
集論	大乗阿毘達磨集論　大正 31, No.1605.
雑集論	大乗阿毘達磨雑集論　大正 31, No.1606.

その他

C	Co ne edition of the Tibetan Tripiṭaka.
Chi.	Chinese translation.
D	sDe dge edition of Tibetan Tripiṭaka.
E^F	舟橋［1985］所収の校訂テキスト.
E^L	Lévi［1907］所収の校訂テキスト.
E^{L2}	Lévi［1911］脚注に示された訂正.
E^N	長尾［2007a］所収の校訂テキスト.
em.	emended
G	dGa' ldan Golden Manuscript bsTan 'gyur.
Index	Index to the *Mahāyāna-sūtrālaṃkāra*, See Nagao［1958］［1961］.
N	sNar thang edition of the Tibetan Tripiṭaka.
Ng	rNam gyal chos sde Collection.
NGMPP	Nepal-German Manuscript Preservation Project (NGMCP = Nepal-German Manuscript Cataloguing Project).
om.	omitted
P	Peking edition of the Tibetan Tripiṭaka.

Skt.	Sanskrit
Tib.	Tibetan translation.

書籍と学術論文

Buescher, Hartmut

[2007] *Sthiramati's Triṃśikāvijñaptibhāṣya: Critical Editions of the Sanskrit Text and its Tibetan Translation*, Wien: Verlag der Österreichische Akademie der Wissenschaften.

Delhey, Martin

[2009] *Samāhitā Bhūmiḥ: Das Kapitel über die meditative Versenkung im Grundteil der Yogācārabhūmi*, Wiener Studien zur Tibetologie und Buddhismuskunde 73, Wien: Arbeitskreis für tibetische und buddhistische Studien, Universität Wien.

[2013] "The *Yogācārabhūmi* Corpus: Sources, Editions, Translations and Reference Works," Ulrich Timme Kragh (ed.), *The Foundation for Yoga Practitioners: The Buddhist Yogācārabhūmi Treatise and Its Adaptation in India, East Asia, and Tibet*, Harvard Oriental Series 75, Cambridge, Mass. & London: Department of South Asian Studies, Harvard University, pp. 498–561.

Dutt, Nalinaksha

[1966] *Bodhisattvabhūmi [Being the XVth Section of Asaṅgapada's Yogācāra-bhūmi]*, Tibetan Sanskrit Works Series 7, Patna: Kashi Prasad Jayaswal Research Institute (Second edition: Patna, 1978).

Eckel, Malcolm David

[2008] *Bhāviveka and His Buddhist Opponents*, Harvard Oriental Series 70, Cambridge, Mass. & London: Harvard University Press.

Engle, Artemus B.

[2016] *The Bodhisattva Path to Unsurpassed Enlightenment: A Complete Translation of the Bodhisattvabhūmi: Ārya Asaṅga*, Boulder, Colorado: Snow Lion.

Gokhale, V. V.

[1978] "Yogācāra Works Annotated by Vairocanarakṣita (Discovered in the Tibetan Photographic Materials at the K. P. Jayaswal Research Institute at Patna)," *Annals of the Bhandarkar Oriental Research Institute* 58/59 (1977–78), pp. 635–643.

Gonda, Jan

[1939] "The Meaning of the Word Alaṃkāra," S. M. Katre & P. K. Code (eds.), *A volume of Eastern and Indian studies: presented to professor F.W. Thomas, C.I.E., on his 72nd birth-day 21st March 1939*, New Indian Antiquary, extra series I, Bombay: Karnatak Publishing House, pp. 97–114; repr. *Selected Studies*, vol. II, Leiden: E.J. Brill, 1975, pp. 257–274.

Kano, Kazuo

［2008］ “A Preliminary Report on Newly Identified Text Fragments in Śāradā Script from Zhwa lu Monastery in the Tucci Collection,” Francesco Sferra（ed.）, *Manuscripta Buddica, Vol. I: Sanskrit Texts from Giuseppe Tucci's Collection, Part I*. Roma: Istituto Italiano per l'Africa e l'Oriente, pp. 381–400.

［2016］ *Buddha-nature and Emptiness: rNgog Blo-ldan-shes-rab and a Transmission of the Ratnagotravibhāga from India to Tibet*, Vienna: Vienna Series for Tibetan and Buddhist Studies.

Kimura, Takayasu

［1992］ *Pañcaviṃśatisāhasrikā Prajñāpāramitā V*, Tokyo: Sankibo Busshorin.

Kondo, Ryuko

［1936］ *Daśabhūmīśvaro nāma Mahāyānasūtraṃ*, Tokyo: Daijo Bukkyo Kenyokai; repr. Kyoto: Rinsen Book Co., 1983.

Kragh, Ulrich Timme

［2013］ “The *Yogācārabhūmi* and Its Adaptation: Introductory Essay with a Summary of the Basic Section,” Ulrich Timme Kragh（ed.）*The Foundation for Yoga Practitioners: The Buddhist Yogācārabhūmi Treatise and Its Adaptation in India, East Asia, and Tibet*, Harvard Oriental Series 75, Cambridge, Mass. & London: Harvard University Press, pp. 22–287.

Lamotte, Étienne

［1935］ *Saṃdhinirmocana Sūtra: L'Explication des Mystères*, Louvain & Paris: Bureaux du Recueil, Bibliothèque de l'Université & Librairie d'Amérique et d'Orient, Adrien Maisonneuve.

［1949］ *Le traité de la grande vertu de sagesse de Nāgarjuna (Mahāprajaparamita-śāstra), Tome II: Chapitres XVI-XXX*, Louvain: Bureaux du Muséon; repr. 1967.

Lévi, Sylvain

［1907］ *Mahāyāna-sūtrālaṃkāra: Exposé de la Doctrine du Grand Véhicule, Tome I Texte*, Paris: Libraire Honore Champion; repr. Kyoto: Rinsen Book Co., 1983.

［1911］ *Mahāyānasūtrālaṃkāra: Exposé de la Doctrine du Grand Véhicule, Tome II Traduction, Introduction, Index*, Paris: Libraire Honore Champion; repr. Kyoto: Rinsen Book Co., 1983.

Luczanits, Christian

［2016a］ “Portable Heritage in the Himalayas, The Example of Namgyal Monastery, Mustang: Part I, Sculpture,” *Orientations* 47/2（March）, pp. 120–129.

［2016b］ “Portable Heritage in the Himalayas, The Example of Namgyal Monastery, Mustang: Part II, Books and Stupas,” *Orientations* 47/5（June）, pp. 2–12.

Matsumoto, Shiro

［1997］ “A Critical Exchange on the Idea of *Dhātu-vāda*: Response,” Jamie Hubbard & Paul L. Swanson (eds.), *Pruning the Bodhi tree: The Storm over Critical Buddhism*, Honolulu: University of Hawaii Press, 205–207, pp. 452–453.

Nagao, Gadjin M.

[1958] *Index to the Mahāyāna-sūtrālaṃkāra, Part I*, Tokyo: Nippon Gakujutsu Shinkokai.

[1961] *Index to the Mahāyāna-sūtrālaṃkāra, Part II*, Tokyo: Nippon Gakujutsu Shinkokai.

[2000] "The Bodhisattva's Compassion Described in the *Mahāyānasūtrālaṃkāra*," Silk Jonathan A. (ed.), *Wisdom, Compassion and the Search for Understanding: The Buddhist Studies Legacy of Gadjin M. Nagao*, Honolulu: University of Hawai'i Press, pp. 1–38.

Okada, Eisaku

[2013] "*Agotrastha* in the *Bodhisattvabhūmi*: The *Paripākapaṭala* and the *Bodhisattvaguṇapaṭala*," *Journal of Indian and Buddhist Studies* 61-3, pp. 146–150.

[2014] "Buddhist Training of Living Beings by the Bodhisattva in the *Bodhisattvabhūmi*: Focusing on the Salvation of the *Agotrastha*," *Journal of Indian and Buddhist Studies* 62-3, pp. 179–183.

[2016] "The Development of the Five-*Gotra* Theory in the Yogācāra School: In Accordance with the *Sūtra* Commentaries," *Journal of Indian and Buddhist Studies* 64-3, pp. 175–179.

Pensa, Corrado

[1967] *L'Abhisamayālamkāravrtti di Ārya-Vimuktisena: primo Abhisamaya: Testo e note critiche*, Serie Orientale Roma 37, Roma: Istituto Italiano per il Medio ed Estremo Oriente.

Pradhan, Prahlad

[1967] *Abhidharmakośabhāṣya of Vasubandhu*, Tibetan Sanskrit Works Series 8, Patna: Kashi Prasad Jayawal Research Institute.

Rahder, Johannes

[1926] *Daśabhūmikasūtra et Bodhisattvabhūmi: Chapitres Vihāra et Bhūmi*, Paris: Paul Geuthner.

Ruegg, D. Seyfort

[1976] "The Meaning of the Term *Gotra* and the Textual History of the *Ratnagotravibhāga*," *Bulletin of the School of Oriental and African Studies* 39-2, University of London, pp. 341–363.

Sakuma, Hidenori

[2007] "In Search of the Origins of the Five-Gotra System," *Journal of Indian and Buddhist Studies* 55-3, pp. 1112–1120.

[2020] "Was There Really Only One Commentator Named Sthiramati?," *Studies In Philosophy, Institute of Philosophy* 45, University of Tsukuba, pp. 39–61.

Schmithausen, Lambert

[2014] *The Genesis of Yogācāra-Vijñānavāda: Responses and Reflections*, Kasuga Lectures Series 1, Tokyo: The International Institute for Buddhist Studies.

Shastri, Swami Dwarikadas

[1968] *Tattvasaṅgraha of Ācārya Shāntarakṣita with the Commentary 'Pañjikā' of Shrī Kamalshīla*, 2 vols., Bauddha Bharati Series, Varanasi: Bauddha Bharati.

Park, Changhwan

[2014] *Vasubandhu, Śrīlāta, and the Sautrāntika Theory of Seeds*, Wiener Studien zur Tibetologie und Buddhismuskunde 84, Wien: Arbeitskreis für Tibetische und Buddhistische Studien, Universität Wien.

[2017] "Śrāvakayānists, Yaugācārabhūmikas, Sautrāntikas on the Notion of *Ṣaḍāyatanaviśeṣa* as *Bīja*," Seongcheol Kim & Jundo Nagashima (eds.), *The Śrāvakabhūmi and Buddhist Manuscripts*, Tokyo: Nombre, pp. 81–93.

Sernesi, Marta

[2020] "A Mongol Xylograph (*hor par ma*) of the Tibetan Version of the *Mahāyānasūtrālaṃkārabhāṣya*," Vincent Tournier, Vincent Eltschinger, and Marta Sernesi (eds.), *Archaeologies of the Written: Indian, Tibetan, and Buddhist Studies in Honour of Cristina Scherrer-Schaub*, Napoli: Unior Press, pp. 527–549.

Thurman, Robert

[2004] *Universal Vehicle Discourse Literature (Mahāyānasūtrālaṃkāra)*, Treasury of the Buddhist Sciences series, New York: Columbia University Press.

Wogihara, Unrai

[1930–36] *Bodhisattvabhūmi: A Statement of Whole Course of the Bodhisattva (Being Fifteenth Section of Yogācārabhūmi)*, 2 vols., Tokyo; repr.『梵文菩薩地経』,東京: 山喜房佛書林, 1971.

[1932–35] *Abhisamayālaṃkārālokā Prajñāpāramitāvyākhyā: The Work of Haribhadra, together with the Text Commented on*, 7 vols., Tokyo: Toyo Bunko; repr. Tokyo: Sankibo Busshorin, 1973.

Yamabe, Nobuyoshi

[1990] "*Bīja* Theory in *Viniścayasaṃgrahaṇī*," *Journal of Indian and Buddhist Studies* 38-2, pp. 929–931.

[1997a] The Idea of *Dhātu-vāda* in Yogacara and *Tathāgata-garbha* Texts, Jamie Hubbard & Paul L. Swanson (eds.), *Pruning the Bodhi tree: The Storm over Critical Buddhism*, University of Hawaii Press, pp. 193–204; 441–452.

[1997b] "A Critical Exchange on the Idea of *Dhātu-vāda*: Riposte," ibid., pp. 208–219; 453–461.

[2017] "Once Again on "*Dhātu-vāda*," *Critical Review for Buddhist Studies* 21, pp. 9–43.

Ye Shaoyong, Li Xuezhu, Kano Kazuo

[2013] "Further Folios from the Set of Miscellaneous Texts in Śāradā Palm-leaves from Zha lu Ri phug: A Preliminary Report Based on Photographs Preserved in the CTRC, CEL and IsIAO," *China Tibetology* 20-1, pp. 30–47; revised ed.: Horst Lasic and Xuezhu Li (eds.), *Sanskrit Manuscript from China II. Proceedings of a panel at the 2012 Beijing Seminar on Tibetan Studies, August 1 to 5*, Beijing: China Tibetology Publishing Hause, 2016, pp. 245–270.

阿部貴子
［2008］　「『瑜伽師地論』における止・挙・捨について」『智山学報』57, pp. 21–40.
［2023］　『瑜伽行派のヨーガ体系――『瑜伽師地論』「声聞地」の研究――』, 法藏館.
荒牧典俊
［1974］　『十地経』（大乗仏典 8）, 中央公論社（再版: 中公文庫, 2003 年）.
［2013］　「『大乗荘厳経論』第 XVII 章の和訳と注解――供養・親近・無量とくに悲無量――：序説」」, 研究会［2013］所収, pp. 1–31.
宇井伯壽
［1961］　『大乗荘厳経論研究』（大乗仏教研究三）, 岩波書店.
上野康弘
［2011］　「蔵訳『荘厳経論安慧釈』における著者問題――安慧作とすることへの若干の疑問――」『印度學佛教學研究』60-1, pp. 110–114.
上野隆平
［2015］　「『大乗荘厳経論』の仏陀観――Pratiṣṭhādhikāra（基盤の章）研究――」（龍谷大学博士論文）.
岡田英作
［2011］　「瑜伽行派における種姓論の展開に関する一考察――『菩薩地』「種姓品」と『大乗荘厳経論』「種姓品」――」『密教学会報』49, pp. 49–64.
［2012］　「『瑜伽師地論』における種姓――agotrastha の理解をめぐって――」『密教文化』229, pp. 65–87.
［2013］　「『瑜伽師地論』における paripūrṇabīja について――*Yogācārabhūmi-vyākhyā* の解釈をめぐって――」, Acta Tibetica et Buddhica 6, pp. 121–143.
［2014a］　「『菩薩地』における agotrastha の救済――菩薩の発願および教化対象の基準を中心に――」『高野山大学密教文化研究所紀要』27, pp. 105–120.
［2014b］　「『大乗荘厳経論』「種姓品」における種姓説――『瑜伽師地論』における種姓説の受容をめぐって――」『佛教史學研究』57-1, pp. 20–38.
［2014c］　「『『菩薩地』における衆生の成熟と教化――教化の手立てをめぐって――」『印度學佛教學研究』63-1, pp. 419–422.
［2015］　「『大乗荘厳経論』における種姓の存在根拠――「種姓品」第 2 偈を中心に――」『高野山大学密教文化研究所紀要』28, pp. 113–129.
［2016］　「瑜伽行派における五種姓説の成立――瑜伽行派の註釈文献を中心として――」『密教文

化』236, pp. 113–136.
［2018a］　「瑜伽行派における種姓の同義異語――『瑜伽師地論』を中心として――」『密教文化』240, pp. 33–58.
［2018b］　「瑜伽行派における種姓説の展開――初期瑜伽行派から中期瑜伽行派へ――」（京都大学博士論文）.
［2018c］　「瑜伽行派の種姓説における“aniyata”の理解――ヴァスバンドゥによる注釈文献を中心として――」『密教文化』241, pp. 77–100.
［2019a］　「『大乗荘厳経論』における“agotrastha”解釈の展開――ヴァスバンドゥとアスヴァバーヴァ――」『密教文化』243, pp. 35–59.
［2019b］　「「五姓各別」説とインド瑜伽行派――種姓のない者の源流と展開を中心として――」『日本佛教學會年報』85, pp. 52–78.
［2021］　「舎利弗と乞眼婆羅門――文献間の伝承の異同を中心として――」『密教文化』247, pp. 109–133.
［2023］　「『菩薩地』における衆生観」『日本佛教學會年報』87, pp. 181–206.
小谷信千代
［1984］　『大乗荘厳経論の研究』, 文栄堂書店.
［2014］　<書評・紹介>「往還二廻向論の源流をもとめて――近年発刊された『『大乗荘厳経論』第XVII章の和訳と注解――供養・師事・無量とくに悲無量――』の紹介のために――」『佛教学セミナー』99, pp. 52–63.
梶山雄一・赤松明彦
［1989］　『大智度論』（大乗仏典　中国・日本篇　1）, 中央公論社.
加納和雄
［2004］　「ゲッティンゲン大学所蔵ラーフラ・サーンクリトヤーヤナ撮影梵文写本Xc14/1, XC14/57について」『密教文化』212, pp. 35–63.
［2006］　「サッジャナ著『究竟論提要』――著者および梵文写本について――」『密教文化研究所紀要』19, pp. 28–51.
［2013］　「ヴァイローチャナラクシタ作『大乗荘厳経論』注――第17章注釈箇所のテクストと試訳――」, 研究会［2013］pp. 221–257.
［2014］　「宝性論の展開」『如来蔵と仏性』（シリーズ大乗仏教 8）, 春秋社.
［2021］　「サッジャナとマハージャナ――11世紀カシュミールの弥勒論書関連文献群――」『印度學佛教學研究』69-2, pp. 118–124.
［2023］　「ヴァイローチャナラクシタ作『大乗荘厳経論』注――「発心品」注釈箇所のテクストと試訳――」, 研究会［2023］所収, pp. 196–203.
［2024a］　「ヴァイローチャナラクシタ作『大乗荘厳経論』注――「種姓品」注釈箇所のテクストと

試訳——」，本書所収.

［2024b］　「サッジャナ作『荘厳経論要義』「種姓品」」，本書所収.

加納和雄・葉少勇・李学竹

［2020］　「*Sūtrālaṃkāraparicaya*「帰依品」——要文抜粋——」，研究会［2020］所収，pp. 203–213.

［2023］　「*Sūtralaṃkāraparicaya*「発心品」」，研究会［2023］所収，pp. 205–254.

［2024］　「*Sūtrālaṃkāraparicaya*「種姓品」」，本書所収.

楠本信道

［1998］　「adhimukti 研究——Mahāyānasūtrālaṃkāra X.9-10 世親釈・安慧釈の和訳——」『哲学』50, pp. 95–107.

［1999］　「大乗荘厳経論における ‘adhimukti’ の意味」『印度學佛教學研究』47-2, pp. 113–115.

［2001］　「『縁起経釈』における無明の語義解釈——世親の否定詞論——」『印度學佛教學研究』50-1, pp. 169–172.

［2007］　『倶舎論における世親の縁起観』，平楽寺書店.

研究会

［2009］　『『大乗荘厳経論』第 I 章の和訳と注解——大乗の確立——』（龍谷叢書 XX），能仁正顕（編集）・荒牧典俊ほか（執筆），自照社出版.

［2013］　『『大乗荘厳経論』第 XVII 章の和訳と注解——供養・師事・無量とくに悲無量——』（龍谷大学仏教文化研究叢書 30），能仁正顕（編集）・荒牧典俊ほか（執筆），自照社出版.

［2020］　『『大乗荘厳経論』第 II 章の和訳と注解——大乗への帰依——』（龍谷大学仏教文化研究叢書 40），能仁正顕（編集）・荒牧典俊ほか（執筆），法藏館.

［2023］　『『大乗荘厳経論』第 IV 章の和訳と注解——菩薩の発心——』（龍谷大学仏教文化研究叢書 44），若原雄昭（編集）・能仁正顕ほか（執筆），法藏館.

西蔵文典研究会

［1979］　『安慧造『大乗荘厳経論釈疏』——菩提品（I）——』（西蔵文献による仏教思想研究 第 1 号），山喜房佛書林.

五島清隆

［2017］　「チベット訳『梵天所問経』——和訳と訳注（6）——」『インド学チベット学研究』21, pp. 87–122.

三枝充悳

［1997］　『大智度論の物語（二）』，第三文明社.

佐久間秀範

［2007a］　「『瑜伽師地論』に見られる成仏の可能性のない衆生」『哲学・思想論集』32, pp, 1–27.

［2007b］　「五性格別の源流を訪ねて」『加藤精一博士古稀記念論集 真言密教と日本文化』下巻，ノンブル社, pp. 265–305.

［2012］　「瑜伽行唯識思想とは何か」『唯識と瑜伽行』（シリーズ大乗仏教 7），春秋社, pp. 19–72.

［2013a］　「無性と安慧」『法華仏教と関係諸文化の研究 伊藤瑞叡博士古稀記念論集』，山喜房佛書林, pp. 747–765.

［2013b］　「註釈家スティラマティは一人か？」『佛教學』55, pp. 59–86.

釋惠敏（恵敏）

［1990］　「『声聞地』の「種姓」について」『佛教學』29, pp. 13–31.

［1991］　「『声聞地』の「不住種姓」について」『仏教文化』27, pp. 46–68.

［2012］　「梵本《大乘莊嚴經論》之研究　百年簡史與未來展望」『正觀雜誌』62, pp. 5–97.

声聞地研究会

［1998］　『瑜伽論声聞地 第一瑜伽処——サンスクリット語テキストと和訳——』（大正大学綜合佛教研究所研究叢書第 4 巻），山喜房仏書林.

［2007］　『瑜伽論声聞地 第二瑜伽処 付：非三摩呬多地・聞所成地・思所成地——サンスクリット語テキストと和訳——』（大正大学綜合佛教研究所研究叢書第 18 巻），山喜房仏書林.

資延恭敏

［1974］　「Sūtrālaṃkāra-Piṇḍārtha（荘厳経論総義）の和訳と研究」『密教文化』107, pp. 70–39.

相馬一意

［1985］　「梵文和訳「菩薩地」(1)——種姓の章，発心の章——」『佛教学研究』42, pp. 1–26.

［1988］　「菩薩地の随煩悩（upakleśa）について」『印度學佛教學研究』36-2, pp. 825–832.

高崎直道

［1966］　「GOTORABHŪ と GOTRABHŪMI」『金倉博士古稀記念』，平楽寺書店, pp. 313–336.（高崎［2010: 245–271］再録）

［1967］　「GOTRABHŪMI 覚え書き——特に『般若経』の十地をめぐって——」『駒澤大学仏教学部研究紀要』25, pp. 1–27.（高崎［2010: 273–314］再録）

［1973］　「種姓に安住する菩薩—瑜伽行派の種姓論——序説——」『中村元博士還暦記念論集 インド思想と仏教』，春秋社, pp. 207–222.（高崎［2010: 373–390］再録）

［1974］　『如来蔵思想の形成——インド大乗仏教思想研究——』，春秋社.（高崎［2009a, b］再録）

［2009a］　『如来蔵思想の形成 I』（高崎直道著作集 第四巻），春秋社.

［2009b］　『如来蔵思想の形成 II』（高崎直道著作集 第五巻），春秋社.

［2010］　『如来蔵思想・仏性論 II』（高崎直道著作集 第七巻），春秋社.

高務祐輝・中山慧輝

［2022］　「心所法に関する瑜伽行派の教証伝承——遍行・別境——」『世界仏教文化研究論叢』61, pp. 21–51.

谷口富士夫

［1997］　「『現観荘厳論』における尽智・無生智」『印度學佛教學研究』45-2, pp. 170–174.

常盤大定

［1973］　『佛性の研究』，国書刊行会.

内藤昭文

［2009a］　『『大乗荘厳経論』「菩提品」の講読――和訳と註解――付・梵蔵漢和対照テキスト』，永田文昌堂.

［2009b］　「MSA の構成と第 IX 章「菩提の考察」の構造――ウッダーナ（X, k.1）の理解を踏まえて――」『インド学チベット学研究』13, pp. 1–38.

［2010］　「『大乗荘厳経論』第 IX 章における「法界清浄の六義」理解――bauddhadhātu と dharmadhātu の意図する構造――」『インド学チベット学研究』14, pp. 1–20.

［2013］　「『大乗荘厳経論』の構成と第 XVII 章「供養・師事（親近）・無量の章」の構造」，研究会［2013］所収, pp. 265–313.

［2014］　「『大乗荘厳経論』の構成と構造――二つのウッダーナ（MSA, X.1 & XV.1）の理解を踏まえて――」，『龍谷大学佛教文化研究所紀要』52, pp. 3–30（若原雄昭ほか「仏教写本の文献学的研究」, pp. 1–54 所収）.

［2017］　「『大乗荘厳経論』「無量の章」講読――第 XVII 章「供養・師事・無量の章」の解読と解説――」，永田文昌堂.

［2020］　「『大乗荘厳経論』の構成と第 II 章――「帰依処とすることの章」の構造――」，研究会［2020］所収, pp. 241–292.

［2023］　「『大乗荘厳経論』の構成と第 IV 章――「発心の章」の構造――」, 研究会［2023］所収, pp. 255–314.

長尾雅人

［1978］　『中観と唯識』，岩波書店.

［1982］　『摂大乗論　和訳と注解 上』，講談社.

［1987］　『摂大乗論　和訳と注解 下』，講談社.

［1992a］　「中観から唯識へ――『中論』と『中辺分別論』の比較を通して――」『龍谷大学仏教文化研究所紀要』31, pp. 207–222.

［1992b］　「仏教の基本的な考え方について」『真宗教学会誌』4, pp. 3–20.

［1992c］　「仏教的思索の方向性」『豊山教学大会紀要』20, pp. 1–21.

［2003］　「『大乗荘厳経論』の和訳と注解――第一章第一偈から第六偈まで――」,『佛教学研究』58/59, pp. 1–22.

［2007a］　『＜大乗荘厳経論＞和訳と註解――長尾雅人研究ノート（1）――』，長尾文庫.

［2007b］　『＜大乗荘厳経論＞和訳と註解――長尾雅人研究ノート（2）――』，長尾文庫.

［2009］　『＜大乗荘厳経論＞和訳と註解――長尾雅人研究ノート（3）――』，長尾文庫.

［2011］　『＜大乗荘厳経論＞和訳と註解――長尾雅人研究ノート（4）――』，長尾文庫（Nagao

［1958］を修正し再入力して収録）.

長尾雅人・梶山雄一・荒牧典俊

［1976］　『世親論集』（大乗仏典 15），中央公論社（再版: 中公文庫, 2005 年）.

野澤静証

［1936］　「利他賢造『荘嚴經論初二偈解説』に就て」『宗教研究』13-2, pp. 60–80.

［1938］　「智吉祥造『荘嚴經論總義』に就て」『佛教研究』2-2, pp. 104–154.

袴谷憲昭

［1981］　「三乗説の一典拠――*Akṣarāśi-sūtra* と *Bahudhātuka-sūtra*――」『仏教の歴史的展開に見る諸形態 古田紹欽博士古稀記念論集』創文社, pp. 127–142.（袴谷［2001: 236–251］再録）

［1994］　『唯識の解釈学――『解深密経』を読む――』，春秋社.

［1999］　「*Yogācārabhūmi* における 64 種の有情分類リストについて」『駒澤短期大学研究紀要』27, pp. 139–172.

［2001］　『唯識思想論考』，大蔵出版.

［2005］　「無性の文証の確認」『駒澤短期大学研究紀要』33, pp. 21–160.

袴谷憲昭・荒井裕明（校注）

［1993］　『大乗荘厳経論』（新国訳大蔵経瑜伽・唯識部 12），大蔵出版.

早島理

［1973］　「菩薩道の哲学――＜大乗荘厳経論＞を中心として――」『南都佛教』30, pp.1–29.

［1982］　「唯識の実践」『唯識思想』（講座大乗仏教 8），春秋社, pp. 145–176.

［1994］　「諸行刹那滅 "kṣaṇikaṁ sarvasaṁskṛtam" ――*Mahāyānasūtrālaṁkāra* 第 XVIII 章 82・83 偈の解読研究――」『長崎大学教育学部社会科学論叢』47, pp. 27–35.

［2003］　『インド大乗仏教瑜伽行唯識学派における聖典継承と教義解釈の研究』，平成 13 年度～平成 14 年度日本学術振興会科学研究費補助金基盤研究（C）(2)（課題番号: 13610019）研究報告書.

［2006］　「長尾雅人先生の思い出――長尾塾 35 年――」『日本西藏學會々報』52, pp. 103–107.

［2007］　「大乗仏教の人間観――瑜伽行唯識学派を中心に――」『仏教思想の奔流――インドから中国・東南アジアへ――』（光華選書 4），自照社, pp. 3–124.

［2020］　「序説」，研究会［2020］所収, pp. 1–16.

［2023］　「序説 瑜伽行派における菩薩道の構造――『大乗荘厳経論』(*Mahāyānasūtrālaṃkāra*) を中心に――」，研究会［2023］所収, pp. 1–14.

早島慧

［2010］　「『唯識三十論』における二種の転依」『印度學佛教學研究』59-1, pp. 128–131.

［2019］　「『大乗荘厳経論』「種姓品」における *Akṣarāśisūtra*――何故「多界修多羅」と訳されたのか――」『印度學佛教學研究』68-1, pp. 163–168.

［2021］　「『大乗荘厳経論』安慧釈の撰述問題―― *“rgya gar skad du”* という表現に注目して――」『印度學佛教學研究』70-1, pp. 103–109.
［2023］　「『大乗荘厳経論』注釈書における agotra」『日本佛教學會年報』87, pp. 207–226.
富貴原章信
［1975］　「瑜伽論五難六答」『佛教学研究』31, pp. 21–37.
藤田祥道
［1990］　「『盪塵経』について――瑜伽行派の修道論との関連性から――」『龍谷大学大学院研究紀要』11, pp. 35–51.
舟橋一哉
［1987］　『倶舎論の原典解明――業品――』, 法藏館.
舟橋尚哉
［1983］　「ネパール諸写本対比による大乗荘厳経論の原典――第一章、第二章、第三章を中心として――」『仏教学セミナー』38, pp. 18–33.
［1985］　『ネパール写本対照による大乗荘厳経論の研究』, 国書刊行会.
三宅伸一郎
［1997］　「ガンデン寺所蔵金写テンギュールについて」『日本西藏學會々報』41/42, pp. 33–44.
古坂紘一
［1985］　「菩薩の特徴について」『密教文化』152, pp. 41–61.
松本史朗
［2004］　「瑜伽行派と dhātu-vāda」『仏教思想論』上, 大蔵出版, pp. 55–218.
宮崎展昌
［2023］　『蔵文和訳 阿闍世王経』, 起心書房.
室寺義仁
［2000］　「金剛喩定について」『密教の形成と流伝 高野山大学密教文化研究所紀要』（別冊）2, pp. 89–118.
室寺義仁・高務祐輝・岡田英作
［2017］　『『瑜伽師地論』における五位百法対応語ならびに十二支縁起項目語』, 山喜房佛書林.
矢板秀臣
［2005］　「『大乗荘厳経論』における「大悲樹」の喩と三句思想」『智山学報』54, pp. 119–134.
［2013］　「菩薩の徳――『菩薩地』菩提功徳品の研究――」『成田山仏教研究所紀要』36, pp. 59–103.
山部能宜
［1987］　「初期瑜伽行派に於ける界の思想について――*Akṣarāśisūtra* をめぐって――」『待兼山論叢』哲学篇 21, pp. 21–36.
［2002］　「書評と紹介 袴谷憲昭著『唯識思想論考』」『宗教研究』76-2, pp. 361–369.

芳村博実
［1987］　「信解（adhimukti）の対象となる仏陀（Buddha）」『日本佛教學會年報』53, pp. 51–66.
若原雄昭
［2023］　「『菩薩地』第 II 章「発心」の和訳と注解」研究会［2023］所収, pp. 315–372.

〜〜〜〜〜〜〜〜〜〜〜〜〜〜〜〜〜〜〜〜〜〜〜〜〜〜〜〜

あとがき

2023年3月に第IV章を出版したばかりで，異例のペースで編集作業を進め，既刊の「和訳と注解」(I, II, IV, XVII)シリーズに本書を加えることができた。コロナ禍を経て，新陳代謝をはかりながら研究を継続し出版できたことをこの研究会メンバーと共に喜びたい。特にこのたび編集の労をとってくれた早島慧に感謝の意を述べたい。またこの一年，本願寺派では「新しい領解文」が発布されたことにより，宗門全体が不安と戸惑い，不信と疑惑，怒りと悲しみで揺れ動いた一年でもあった。その問題の解決に奔走し多忙をきわめつつも，本書の刊行に一方ならず力を尽くしてくれた内藤昭文にも御礼を申しあげたい。

さて本書のテーマである「種姓」(gotra)は，インド文化を特徴付けるキー概念であり，インドに興起した仏教の発展を考える上で，避けては通れない問題である。

かつてインドを訪れたポルトガル人がインド人社会の風習を見て，血統を意味する「カスタ」(カーストの語源)の語によってその特徴を表現した歴史を思い起こす。

しかし，考えてみれば，仏教において宿命的な「生まれ」の概念は釈尊によって否定されたはずではなかったのか。一体，ここで言う「種姓」はどのような意図のもと，どのような意味で用いられているのであろうか。また『菩薩地』を承け，『大乗荘厳経論』(以下，MSA とも略す)のテキスト構成上，種姓はどのような位置を占めるのであろうか。筆者の勉強不足もあり，これが本書を読んだ時の率直な感想であった。これらの点については，序説の早島理論文、附論の内藤論文および岡田論文を参照されたい。

ここでは私見を交えながら，バラモン文化に親近性をもち，ブッダ最古の言葉を伝えるとされる『スッタニパータ』の種姓の用例をもとに，愚考をめぐらしてみよう。

ある行乞のバラモンは五百金の布施が断わられたために，相手のバラモンに「頭は七つに裂け落ちよ」と呪詛する。呪いをかけられたバラモンの怖れおののく様子を見た神は，その呪縛を解くために，甘蔗王の末裔，釈子ブッダを紹介する。呪いをかけられ，ブッダに教えを請うたバラモンがバーヴァリー「種姓」とされた(V.1019)。そのバーヴァリーを師とする十六弟子が順次ブッダに質問するが，その第一にアジタ，第二にティッサ・メッテーヤ，すなわち後代に種姓をマイトレーヤとする慈氏・弥勒に同一視される人物名があげられている点は興味深い。なぜなら，一説には伝説の弥勒菩薩こそ，この MSA を含め，瑜伽行派が根本聖典とする，「弥勒論書」の原作者とされるからである。アジタと兜率天上の弥勒菩薩がどのように結び付いたのか，そのストーリーを想像し描いてみるのもおもしろい。

ビンビサーラ王と対話する中で，ゴータマ・ブッダみずから自身の種姓を語っている。すなわち，「太陽」に由来する先祖を種姓（Ⓟ gotta）とした釈迦族の生まれ（ⓅⓈ jāti）であり，その釈迦族の家系（ⓅⓈ kula）から出家した身であることをビンビサーラ王に名乗っている（III.423）。

バラモン，クシャトリヤ，ヴァイシャ，シュードラという四姓のヴァルナが『リグ・ヴェーダ』に説かれる原人解体の神話に由来することは周知の通りであるが，次第に形骸化していくヴァルナ社会において，特にバラモンやクシャトリヤといった上位階級の生まれの正統性を保証する概念として用いられていたのが種姓であったと，一先ず理解した。

梵語の gotra は「牛小屋」や「牛の群れ」を原義とするという。『スッタニパータ』はその語源に踏み込もうとしている。すなわち，バラモンは梵行を実践する限り，法に護られていた（II.288）。牛は父母兄弟や親族のように最上の友とされ，薬を生み出し安楽を与えるなどの利益あるものとして尊ばれた。そのためバラモンは決して牛を殺すことはなかった（II.297）。その限りにおいて，誰しもが種姓に護られていた（II.315）。しかし，バラモンが欲望に駆られて甘蔗王に近づき，供犠を名目としてクシャトリヤに牛を殺させたとき，法は廃れバラモンの権威も失墜していった。その時バラモンは「生まれ」に傲慢であったとも記されている。そのような状況下で，真のバラモンとは何かを求め，「最上の牛」を意味する，ゴータマ・ブッダの姿にブラフマニズムの理想を見ようとしたのが『スッタニパータ』の伝える仏教であったように思える。

本書では，種姓は「界」の語によって語られた（MSA III.2）。無性・安慧によれば，「種子」「原因」と同義異語とされたが，具体的に言えば，その界とは認識が成立するための根本要素としての十八界である。人は性向が異なっている。それを個性と言うこともできるであろう。認識に基づいて，何を好み，何を嫌い，何を求めるのか，そこにどのような煩悩がはたらいているのか，それは各々違っている。衆生が多様であり無量である根拠が界を成分とした種姓に求められ，その上で仏道修行の三類型にまとめられ括られたのであろう。

また種姓は「功徳を産出するもの」と語源解釈された(III.4)。種姓は資質として機能するが，実質的には界として仏が説いた「法」のはたらきを意味していると言えよう。そういう意味で，仏法僧の三宝に帰依した多様な衆生すべてに，解脱・涅槃という目的達成のための因・根拠として「仏種姓」が語られることになる。

では本来なら同一性が保たれるべき種姓に，本性住と習所成という二段階の種姓が説かれるのはなぜなのであろうか。先に「功徳を産出するもの」と種姓は定義されたが，本性住の種姓とは，第 I 章で説かれた，教法そのものが持つ「本性としての徳」(I.3)を意図したものと思われる。三宝に帰依して世間の種姓を捨て，新たに仏道を歩む者として種姓を得た者が，甚深・広大なる法が説き明かされた大乗法を依り所として修行に勤め励むことにより，自身の菩薩としての種姓を養成し確信していく。そのように如来の家系に生まれた仏子として生まれ変わっていく。

羅什訳『維摩詰所説経』弟子品中の維摩と舎利弗との問答が示しているように，声聞の舎利弗は煩悩を断ずべきものとして聞き学んでいた。しかし，菩薩は「不断煩悩而入涅槃」であって，煩悩を断ずべきものとは見ていない。生存への愛は煩悩であるが，愛があればこそ他者を慈しむ大悲が生まれてくるからである。眼の布施を要求されるままに応じた舎利弗であったけれども，眼をもらった行乞者の傲慢な態度に怒りを覚え，布施波羅蜜の菩薩行を放棄してしまった，というエピソードを安慧は伝えている(III.2)。人として，法として，煩悩にどのように向き合うことができるのか，その資質に呼応して，「声聞種姓」「独覚種姓」「菩薩種姓」といった，三宝に帰依した修行者における種姓の設定があると見ることができよう。そのように界を成分とする衆生の種姓は内外の諸条件によって変動しうること，すなわち種姓自体が縁起の法に収められたものであることを，本書が示そうとしていることは疑いない。そういう意味で，「種姓」という伝統的表現を用いながらも，換骨奪胎して大乗に基づく新たな意味を与えようとしている。

安慧は，種姓の利徳を示すにあたって五逆の罪業を犯した阿闍世を譬喩に出すが，彼の種姓を菩薩種姓としているのも興味深い(III.8)。

世親は，無種姓に一時的に般涅槃できない者と永久に般涅槃できない者が居るとしている(III.11)。前者には，善根を断じた者(断善根)が含まれ，また無性や安慧によれば，五逆の罪業を犯した者があげられる。彼らは大乗の〈涅槃経〉に説かれる「一闡提」(icchantika)と同一概念とは言えなくとも，対比しうるであろう。「一切衆生悉有仏性」を説きながらも，「一闡提を除く」と明言する法顕訳と，明言しない曇無讖訳の間には，一見「悉有仏性」の理解に違いがあるように見える。しかし，本書の「無種姓」の概念を介して理解するならば全く矛盾はない。安慧は無種姓に石などの非情を譬喩としてあげるが，はたして永久に般涅槃できない有情が居るのであろうか。仏のみぞ知ると言うしかない。

ところで先日，本学世界仏教文化研究センター・大蔵経総合研究班では，佛教大学の松田和信先生をお迎えして「荘厳経論と大乗荘厳経論」と題した講演会を開催する機会を得た。阿含経典に説かれたブッダの法が，仏教詩人アシュヴァゴーシャ(馬鳴)により梵語のカーヴィヤ調の韻文に読み込まれ，今は失われた膨大な『荘厳経論』にまとめられたという。「大乗」とは言え，共通するタイトルや用語をもちいる『大乗荘厳経論』が同論と無関係ではあり得ないことを力説された。そのご講演の内容は，我々にとって大変刺激的なものであり，今後そういった新たな視点からMSAを解読する必要性があることを実感した。

末尾となるが，今後とも読者諸氏には忌憚のないご意見やご批判，あるいは情報の提供をお願いして，筆を置くこととする。

2024年2月

能 仁 正 顕　しるす

翻訳・執筆者紹介

上野隆平（うえの　りゅうへい）　龍谷大学講師

岡田英作（おかだ　えいさく）　愛媛大学特定助教

桂　紹隆（かつら　しょうりゅう）　龍谷大学名誉教授

加納和雄（かのう　かずお）　駒澤大学准教授

北山祐誓（きたやま　ゆうせい）　龍谷大学講師

桑月一仁（くわつき　かずひと）　龍谷大学講師

間中　充（けんちゅう　みつる）　龍谷大学世界仏教文化研究センター嘱託研究員

高務祐輝（たかつかさ　ゆうき）　龍谷大学講師

内藤昭文（ないとう　しょうぶん）　龍谷大学元助教授

中山慧輝（なかやま　けいき）　ライプツィヒ大学客員研究員

能仁正顕（のうにん　まさあき）　龍谷大学教授

早島　理（はやしま　おさむ）　滋賀医科大学名誉教授

早島　慧（はやしま　さとし）　龍谷大学准教授

藤田祥道（ふじた　よしみち）　龍谷大学世界仏教文化研究センター嘱託研究員

若原雄昭（わかはら　ゆうしょう）　龍谷大学名誉教授

Vo Thi Van Anh（ヴォ・ティ・ヴァン・アン）　ベトナム仏教学院大学講師

龍谷大学仏教文化研究叢書 49

『大乗荘厳経論』第Ⅲ章の和訳と注解
――菩薩の種姓

2024 年 3 月 31 日　初版第 1 刷発行

編　者　早島　慧
発行者　西村明高
発行所　株式会社 法藏館
〒 600-8153
京都市下京区正面通烏丸東入
電　話　075(343)0030(編集)
　　　　075(343)5656(営業)

印刷・製本　中村印刷株式会社

ISBN 978-4-8318-7780-2　C3015　*Printed in Japan*
乱丁・落丁本の場合はお取替え致します